胡適前傳。

邵建 著

代序——讓「胡適」重返歷史前臺

邵建

　　胡適，1891 年出生，1962 去世，享年七十餘。19 歲時（1910）通過前清華的庚款考試，先後留學於美國的康乃爾大學和哥倫比亞大學，1917 年完成哲學博士的考試，回國後因蔡元培邀請，任北京大學教授。回國前夕，一篇發表在《新青年》雜誌上的〈文學改良芻議〉，使古老的中國發生了一場白話文運動，這是一次劃時代的語言革命，以致我們今天通行的語體得拜那場運動之賜，胡適也由此奠定他在中國的影響。天下何人不識君，那個時代有個口頭禪，居然是「我的朋友胡適之」。然而，20 世紀下半葉，形勢陡轉，胡適的形象一落千丈。1950 年代，大陸中國發起轟轟烈烈的批胡運動。幾十年後（2003），海南出版社出版了堂皇九卷的《古史考》，其中前四卷就是那個時代（1949-1980）批胡運動的史料彙編。近三百萬的大批判文字，集成了這厚厚的四卷大開本，它像小山一樣堆在我的書桌上，盯著它就像打量一個怪異的時代。

　　就我本人而言，接觸胡適很晚，在我讀中學的 1970 年代，是沒有胡適書讀的，如果偶然碰上，那肯定是在批判的材料中。但，儘管沒讀過胡適，胡適在我的心目中卻是一個反面形象，記得「走狗」兩個字庶幾便是我腦海中對這個形象的最早勾勒。多年後，等到我自己系統地讀胡時，胡適在中國的命運已經走過了一個大大的「之」字。文革結束後的 1980 年代，大陸中國逐步對胡適重開評價，這是一個「去妖魔化」的過程。胡適作為一個研究對象，逐步從學術領域過渡到文化領域和思想領域。隨著人們對胡適和胡適思想的深入，已經沉入歷史背影中的胡

適再度走向歷史前臺。以致一個我很尊敬的老人在他去世前這樣語重心長：21 世紀是胡適的世紀。

當然，這裏的「胡適」已不僅是他自己，而是某種精神的象徵。問題是，今天，如果我們把「胡適」作為 21 世紀的文化選擇，那麼，由他所代表的精神座標到底是什麼呢？

胡適一生和他的思想都相當豐富，有這樣一篇寫胡適的文章，內容沒看，但題目卻過目未忘：他什麼都沒有完成，但卻開創了一切。這句話非常到位，庶幾可以視作胡適的墓誌銘。在 20 世紀中國文學史、中國學術史、中國思想史、中國教育史以及 20 世紀歷史本身都留下歷史軌跡的胡適，他的豐富的精神遺產，放在今天，我以為有這樣一點——這也是胡適身上最突出的一點——可以成為我們這個時代的精神樞要，那就是：「寬容」。

什麼是寬容？應該說在中國本土的傳統中幾乎找不到這樣的精神資源。作為一種價值之光，20 世紀以來，它主要是靠當年留學英美的那波知識份子輸入和奉持，而胡適就是其中最重要的代表。在牛津、朗門或韋伯斯特等大辭典中，寬容通常解釋為對不同於己的信仰、思想和行為的容忍和承認。美國一位宗教思想家甚至把它視為「一種和思想及行為與眾不同者建立和維持共同體的品質和能力」。是的，社會作為一個異質共同體，組成它的人有不同的信仰、相異的文化背景，這就決定了他們的處世態度和對事物的看法無法一致。那麼，這樣一群人如何在社會中共存呢？如果我們不是強調彼此之間鬥爭的話，寬容就是構成社會和社會和諧的必要條件。社會中的每一個人都有責任培養自己的寬容意識和能力。

然而，20 世紀中國最匱乏的精神資源之一，就是寬容。20 世紀是一個奉行「鬥爭哲學」的世紀，寬容則是這種哲學的反面，它由於被誤認為是軟弱、妥協和不徹底，因此，奉持這種價值的胡適自然也就成為那個時代的反面。胡適是一個自由主義者，一生為傳播自由的理念盡心勞力。然而，他在他的晚年卻以「容忍與自由」為題，連續作文兩篇

（其中一篇是講演），強調的是同一個主旨「容忍」。他說：十七八年前，我最後一次會見我的母校康乃爾大學的史學大師布林先生，那天談話很多，有一句話我至今沒有忘記：我年紀越大，越感覺到容忍比自由更重要。胡適把這句話稱之為「不可磨滅的格言」，進而申說：「有時我竟覺得容忍是一切自由的根本，沒有容忍就沒有自由。」這裏的容忍，就是容忍異己。在胡適看來，「沒有容忍『異己』的雅量，就不會承認『異己』的宗教信仰可以享自由」。當然胡適也清楚，真正做到容忍並不容易，「因為不容忍的態度是基於『我的信念不會錯』的心理習慣，所以容忍『異己』是最難得，最不輕易養成的雅量。」

　　在「容忍與自由」之後，胡適有信給蘇雪林。信中再度重覆了一個至今尚未引起我們充分注意的詞：「正義的火氣」。胡適是很鄭重地談這個詞的，在說過有關《紅樓夢》的一大段問題後，胡適筆鋒一轉：「現在我可以談談『正義的火氣』。你若記得我前年發表的〈容忍與自由〉，就可以明白我所謂「正義的火氣」是什麼。『正義的火氣』就是自己認定我自己的主張是絕對的是，而一切與我不同的見解都是錯的。一切專斷，武斷，不容忍，摧殘異己，往往都是從『正義的火氣』出發的。」為了說明這一點，胡適在「容忍與自由」中甚至舉了自己年輕時的一個例子。年輕的胡適是一個無神論者，他痛恨迷信，因此，也痛恨在他看來是迷信之類的《西遊》《封神》，認為它們是「惑世誣民」。在一篇文章中，胡適不惜借《禮記‧王制》中的話表明自己的態度：「假於鬼神時日卜筮以疑眾，殺」，亦即殺掉那些借鬼神以疑眾的人。在這裏，胡適是斬釘截鐵的，因為他是在反迷信。反迷信還不對嗎？這裏正有著「明確的是非」，所以胡適不憚以「熱烈的好惡」顯示自己的決絕。此時，胡適方才十七歲。可是，十幾年後，胡適在北大，北大的一些「衛道士」卻要「殺」胡適了，理由也是《禮記‧王制》中的話，所謂：「學非而博……以疑眾，殺」。什麼叫「學非而博」？此「非」即「是非」之非。既然，你所學的東西是不對的，且又以此惑眾，那就該「殺」。這裏，「明確的是非」和「熱烈的好惡」也是一點都不含

糊。於是，晚年的胡適把這己對人和人對己的兩件事並作一類，說：無論「當年我要『殺』人，後來人要『殺』我，動機是一樣的：都只因為動了點『正義的火氣』，就都失掉容忍的度量了。」

胡適在美國接受的是自由主義教育，自由主義和容忍有著內在的邏輯關聯。在一個不寬容和反寬容的社會中，每個人的自由選擇事實上是談不上的。執於此，在新文化運動發端之初，年輕的胡適在推進它時始終能以寬容的態度面對文化論敵。長期以來，我們幾乎是一面倒地歌頌新文化運動的偉大功績，與此同時，我們可能忽略了它的一個致命的隱患：不寬容。這個不寬容體現在胡適的同道身上。或者說，胡適的「寬容」和他的同道的「不寬容」構成了新文化運動中的一個內在的裂痕，它最終導致了新文化運動團體的分裂。如果說這場運動已經形成了我們20世紀的文化傳統，那麼，今天我們倒真需要反問一下，這是一個怎樣的傳統？至少，由它的「不寬容」所導致的歷史負面性，我們今天還缺乏到位的體認。

不妨以粗線條勾勒一下這個運動的輪廓。1917 年 1 月，胡適的〈文學改良芻議〉發表後，陳獨秀嫌改良不夠，又做了篇態度更激烈也更極端的〈文學革命論〉。人在紐約的胡適看了後，心中不安，便致信陳獨秀：「此事之是非，非一朝一夕所能定，亦非一二人所能定。甚願國中人士能平心靜氣與吾輩同力研究此問題。討論既熟，是非自明。吾輩已張革命之旗，雖不容退縮，然亦決不敢以吾輩所主張為必是而不容他人之匡正也。」顯然，胡適的態度是寬容的，也是懇切的。可是，陳獨秀讀了信，大不以為然，他給胡適回了封公開信，卻如同一份宣言書：「鄙意容納異議，自由討論，固為學術發達之原則，獨於改良中國文學當以白話為正宗之說，其是非甚明，必不容反對者有討論之餘地；必以吾輩所主張者為絕對之是，而不容他人之匡正也。」陳胡間的一通書信，構成了新文化運動中同一陣營的不同文化對比。如果胡適的主張是對話和討論，陳的態度則是「不容」和「一言堂」。這是「文化霸權」，也是「正義的火氣」的自然流露。而陳唯一的理由就在於，白話

的主張是「對」的、「是非甚明」的。陳獨秀沒有考慮到，所謂「對」和「是非甚明」都是一種「認為」，而「認為」常常是人各認為。當你認為「對」就不容討論，哪怕即使「對」的是你，這樣的邏輯也將導致文化專制──「對」的專制。

在這種邏輯下，我們看到，北大教授錢玄同披掛上陣。他比陳獨秀更進一步的是開始罵人了，在陳獨秀〈文學革命論〉的當期，以「通信」為題，錢玄同寫到：「頃見五號《新青年》胡適之先生〈文學芻議〉，極為佩服。其斥駢文不通之句，及主張白話體文學說最精闢……具此識力，而言改良文藝，其結果必佳良無疑。惟選學妖孽、桐城謬種，見此又不知若何咒罵。」緊接著，針對上述陳獨秀「必不容反對者有討論之餘地」，錢接過話頭：「此等論調雖若過悍，然對於迂繆不化之選學妖孽與桐城謬種，實不能不以如此嚴厲面目加之。」以為自己「對」，就不容別人「反對」，甚至還罵人。我們今天回看五四，有些東西實在可以看得很清楚了。可是，在什麼意義上，「能作散文之桐城鉅子，能作駢文之選學名家」（錢玄同語）就要被罵為「謬種」和「妖孽」？新文化運動，其實是新文化運動者罵人在先，並且以罵鳴鑼開道。你看，對方還沒出陣，它就把未來的敵手給「妖魔化」。有趣的是，錢氏不但罵以壯行色，還唯恐人家不罵，居然懸擬被罵者將「若何咒罵」。此公罵字當頭，理直氣壯，不就是認為自己「對」，自己正義在胸、真理在手嗎？

更有遞進的是魯迅。1926 年了，新文化運動已有 10 年的歷史，白話文早已取代文言文。可是，魯迅對於反白話文的態度是：「我總要上下四方尋求，得到一種最黑，最黑，最黑的咒文，先來詛咒一切反對白話，妨害白話者。即使人死了真有靈魂，因這最惡的心，應該墮入地獄，也將決不改悔，總要先來詛咒一切反對白話，妨害白話者。……只要對於白話來加以謀害者，都應該滅亡！……只要對於白話來加以謀害者，都應該滅亡！」敵人不投降，就叫它滅亡：當年，蘇俄的高爾基也說過類似的話。兩人的態度，何其相似乃爾。

　　那麼，胡適呢？和以上幾位相比，胡適是理智的、寬容的，同時也是孤立的，面對來自美國留學生對《新青年》罵人和不容討論的批評，胡適在《新青年》上表態：「本報將來的政策，主張儘管趨於極端，議論定須平心靜氣。一切有理由的反對，本報一定歡迎，絕不致『不容人以討論』。」然而，胡適只能代表他個人，無以代表《新青年》群體。上述新文化運動的領袖或先鋒，在文化氣度及其方式上，比例是 1：3。這樣一個格局，表明新文化運動以陳、錢、魯的方式為主導，胡適則註定要被邊緣化。因此，新文化運動的路線圖由胡適而陳獨秀而錢玄同而魯迅，就是從「平等討論」到「不容匡正」到「罵」到「咒」。這條「不寬容」的邏輯一路下行，必然付諸「不寬容」的行動。

　　於是，我們看到，1925 年 11 月，北京知識界（左翼）在政黨背景下策劃倒段運動。11 月 29 日下午，天安門廣場集聚著被運動來的學生、工人約五萬，散會後，群眾遊行示威。其中部分隊伍手執旗幟，上書打倒《晨報》及輿論之蟊賊等標語，浩浩蕩蕩，直衝宣武門大街的《晨報》館而去。在現場，人們一邊高呼「人民有集會結社言論出版自由」，一邊以「正義的火氣」，點燃沖天大火，把恰恰象徵著言論自由的《晨報》館燒成灰燼，而《晨報》不過發表了煽動者素所不能容忍的主張。事後，從新文化運動中已經分別走出但還保持私誼的胡陳兩人論及此事，胡適發表了自己的看法，陳獨秀卻在信中反問：「你以為《晨報》不該燒嗎？」陳獨秀的邏輯一以貫之，當他以為自己是唯一的「對」，他就能在《新青年》上不允許別人討論；同樣，他以為自己是唯一的「對」，他也就能（只要他能夠的話）不允許對方存在或消滅它。不寬容的邏輯必然導致縱火這種表達「正義火氣」的方式，而這種方式又不斷升級……，終於，它釀就了 20 世紀這一百年來的血與火。

　　胡適不是沒有意識到其中的危險，針對陳獨秀的反問，他的批評可謂嚴厲：「你我不是曾同時發表一個『爭自由』的宣言嗎？《晨報》近年的主張，無論在你我眼裏為是為非，絕沒有『該』被自命爭自由的民眾燒毀的罪狀；因為爭自由唯一的原理是：『異乎我者未必即非，而同

乎我者未必即是；今日眾人之所是未必即是，而眾人之所非未必真非。』爭自由的唯一理由，換句話說，就是期望大家能容忍異己的意見與信仰。凡不承認異己者的自由的人，就不配爭自由，就不配談自由。」批評過後，胡適抑制不住自己的感慨，新文化運動過去了，「但這幾年以來，卻很不同了。不容忍的空氣充滿國中，」令胡適驚心的是，這個不容忍的力量並不是舊勢力，他們已經沒有摧殘異己的能力了。「最不容忍的乃是一班自命為最新的人物」，而且是新文化運動中的領頭人物，以及由他們培養出來的青年學生。這讓胡適感到「悲觀」，他說：「我怕的是這種不容忍的風氣造成之後，這個社會要變成一個更殘忍更慘酷的社會，我們愛自由爭自由的人怕沒有立足容身之地了。」

噫吁兮！胡適是杞人憂天嗎？歷史不幸如此，使我們倍感寬容的重要。當年，從新文化運動中的言論不寬容，發展到這裏，就邏輯地變成一把火，以至再往下，我們分明可以把握這其中的發展脈線。這條「不寬容」的脈線四處橫溢，它給 20 世紀的中國文化和文化以外的中國帶來了致命的傷創，甚至驅導我們走上包括文化領域在內的「鬥爭哲學」的不歸路。這條路，你死我活，一走就是一百年。

血與火的一百年！今天，我們終於在時間上走出了那個世紀，我們在價值上也走出了嗎？答案懸疑。就這個時代而言，三十年來的精神蛻變，從歷史上走失了的胡適又回來了，這個時代開始重新認讀胡適。但，儘管如此，胡適這個形象以及由它體現的寬容精神，是否成為這個時代的價值認同？沒有，遠遠沒有。即使在今天，在新文化運動已經翻過九十年日曆之後，我依然感到，在我們的精神世界裏，寬容依然是一種稀缺元素。如果進一步把它落實到自己，我不得不承認，雖然我認同並欣賞寬容，但寬容的能力在我身上依然低弱，除了自身的性格偏激，畢竟我還吃過前一時代的精神之奶，中過「毒」的我尚需長期克己。

今天，寬容的求取，是為了社會這個共同體的和諧，而和諧本身又必然要求著寬容。不止一次有人指出：和諧的「和」就是口中有糧，和

諧的「諧」則是人人都能說話。前者姑置，後者如果像當年陳獨秀那樣「不容」異己的言論，哪怕你是正確的，所得也不過是「正確的專制」。現代社會，又有哪一種專制不認為自己是正確的呢，包括法西斯。因此，我們可以不要「正確」，但絕不能取捨「專制」。21世紀的今天，我們為「和諧」而努力，就是為「寬容」而努力，我們需要的不僅是寬容的意識和能力，我們更須要寬容的制度（不妨想想那種不寬容的制度是如何建構起來的吧）。胡適和弘揚胡適的意義，正在於此。因為胡適的一生，就是為制度寬容而努力的一生，儘管他直到去世都沒有看到這種制度的到來。

　　正如 21 世紀是胡適的世紀，並非指的是實然，那是一個文化老人的文化企盼；本文這裏的走近「胡適」，其訴求也就是走近「寬容」，從而讓我們生活的這個世紀成為一個非血火的寬容世紀。那麼，丈量一下吧，我們離寬容，到底還有多遠。記得 2003 年 8 月，我和朋友們從績溪小路一步步走近胡適，心中抱著一份期待；今天，我們這個世紀也在一步步走近胡適，心中更抱一份期待。我期待我們這個世紀鑄「鬥爭」之劍為「寬容」之犁，我期待我們能為這寬容世紀的到來作出努力、哪怕是抗爭的努力──這是一件多麼幸福的事，就像當年胡適所做的那樣。

　　讓這個世紀早日到來吧！

　　讓我在此馨香禱祝！

目次

第一部分　成長年代（1891-1910）

一、「我是安徽徽州人」

1891 年 12 月 17 日，一個離今天遙遠的日子，一個離今天並不遙遠的人——胡適，出生於上海大東門外。

雖然出生在上海，但 1950 年代在美國，人屆晚境的胡適為哥倫比亞大學的「中國口述歷史學部」作口述自傳時，第一句話就是「我是安徽徽州人」。

談起徽州，胡適像打開了話匣子，充滿了對家鄉的思念和感情：徽州乃安徽最南面的一個府，所轄有六個縣。胡適的祖籍是績溪，其餘五縣分別是歙縣、休寧、黟縣、祁門和婺源。胡適特地說，宋代朱熹雖然出生在福建，但婺源卻是他的祖籍。抗戰前後，婺源曾被中央政府劃入江西，但婺源與徽州有長久的歷史淵源，居民引以為榮，不願脫離母省，所以群起反對，發起了一個「婺源返皖」的運動，結果婺源終於回到了安徽。可是，幾年後，中央政府失手大陸，胡適歎息著說：婺源又被劃給江西了。

「武嶺突起於剡溪九曲之上，獨立於四明群峰之表，作中流之砥柱，為萬山所景仰……嶺之上，古木參天，危崖畫立。其下有溪，流水瀠洄，遊魚可數……隔溪之綠竹與嶺上之蒼松，倒影水心，澄澈皎潔，無異寫真……」

這一段叫做〈武嶺樂亭記〉的文字，駢散交錯，形勝宜人，它在民國時代曾被選入國文教材，除了文字稱美，更重要的，它寫的正好是蔣介石的故鄉。把寫浙東的文字遊移到皖南，並非錯接。筆者車行

徽州時，對一邊是嶺一邊是溪的徽州山道產生了上述文字的幻覺，面對窗外不斷移動的青山秀水，一車人都在慨歎：難怪這裏出了胡適。

偉人莫不是都要誕生在大自然的崇山清水間？

當胡適年輕時暴得大名，蔡元培為他的《中國哲學史大綱》寫序，稱「適之先生生於世傳漢學的績溪胡氏」。其實，此胡非彼胡。績溪胡氏是指世居績溪城裏的胡氏宗族，如胡培翬及其先人，他們有家學傳統。而胡適祖上世代鄉居，以小本經營為生，與城裏胡氏並不同宗。胡適並不高攀，特意指正。不過，依據績溪上莊胡氏的族譜，身份卻要比績溪胡氏顯赫得多。其始祖胡昌翼，本姓李，乃晚唐昭宗之子。這個皇裔生來倒楣，正逢朱溫之亂，其母何皇后在匆忙中把自己的兒子託付給來長安宦遊的婺源人胡三公，所以逃得朱溫屠手。為報恩，昌翼改「李」為「胡」。後唐同光年間，他以「明經登第」，胡三公以皇室身份告知，遂不仕，繼續在民間倡明經學。所以世稱「明經胡氏」。而胡適，對自己族譜的態度是「存而不論」，只認為是否可靠不可知。不過信也好，不信也好，他已經是自昌翼而始的「明經胡氏」第四十二代孫了。

初，昌翼公隨胡三公來婺源，而自二世祖胡延政始，因其「峰巒明秀」便遷居績溪了。具而言，胡適的世居是安徽→徽州→績溪→上莊。晚年胡適在臺灣回憶，兒童時還在上莊參加過族人對始祖昌翼公一千歲的祭典。談到故鄉，胡適總是充滿感情，總是抱著「維桑與梓，必恭敬止」的態度。這個在上海出生，以績溪為籍，又數度遠渡重洋，最後回臺灣度過晚年的人，一生行止與水相關，孔云「智者樂水」，其人抑智者歟？

胡適一生回家次數寥寥，但一生都難以忘懷自己的家鄉。可是，家鄉的人對他怎麼樣呢？2003 年 8 月，和朋友在績溪上莊拜訪胡適故居，時正逢學校放學，連問了路邊兩個小學生胡適是誰，誰知都搖頭不說。是不知道、還是有什麼顧忌？我不解。真不知上莊人是怎麼看

待這個前輩鄉賢的，這個不是生於上莊卻是從徽州山道走出去的人哪，是 20 世紀中國大地上的一個「先知」。

胡適，字適之。原名洪騂，小名嗣穈（音門）。

二、幼年失怙

幼年失怙，中年亡妻，老年喪子，人生三大傷痛，胡適即逢其一。

胡適的父親胡傳（1841-1895），字鐵花，號鈍夫。20 歲時遭太平天國之亂，死了自己的原配妻子馮氏。亂後，赴上海龍門書院修習三年，清代大儒劉熙載為其院長。劉熙載要求受課的學生每天都要寫「日程」和「日記」。前者記每天為學的進度，後者記學習的心得和疑慮。書院對「日程」和「日記」都有特別印好的格式，要求學生按規格來記錄。給胡適留下印象最深的，是那些印好格式的題頭，上面都是些宋代大儒朱熹和張載的話，其中一份張載的語錄是「為學要不疑處有疑，才是進步」。對此，胡適盛稱為「這是個完全中國文明傳統之內的書院精神」。按說胡適留美甚早，一生又多次涉身海外，在美國居住就達二十五年之久，已經是他生命的三分之一了，儘管如此沐遍歐風美雨，但胡適依然很儒，或者說是洋其外而儒其中。這與他的童年經歷和接受的教育有關。就張載這一條語錄言，它深深地影響了胡適的一生。胡適不僅把它作為學問的指南，而且更由為學而為人，寫下了這樣的格言「做學問要在不疑處有疑，待人要在有疑處不疑」。

參加過科舉接受過書院教育同時深受宋明理學影響的胡傳，後得某官人的賞識而逐步步入仕途，雖然是小官。1892 年 2 月，胡傳在淞滬任上因「能吏」而調往臺灣。海上，他甚至寫下了這樣的詩句：「天風假我一帆便，海水誰澄萬里清」，可見，這是一個志在天下的儒生，可惜天不假年。

　　一年後，胡適在他母親的帶領下，連同他的四叔、二哥、三哥等，千里迢迢，同往臺灣。在臺灣，一家三口，其樂融融。不到三歲，胡傳就開始給胡適破蒙，自己做教師。本來，胡傳用紅塊方字是教他續弦妻子、胡適生母馮順弟的，但，同時也教了胡適。而馮順弟有時也成了胡傳的助教。當胡適他們離開臺灣時，母親已經認得了近千個字，小嗣穈也跟著認上了七百多。

　　胡適他們離開臺灣是因為甲午戰敗，臺灣屬戰備區，局勢緊張，因此 1895 年 1 月，胡適與其母及四叔、三哥返回大陸，二哥留下來陪父親。從 1893 年 2 月到 1895 年元月，幼小的胡適在臺灣生活了近兩年，那時他怎麼也不會料到，他的晚年也將在這個風雨飄搖的島上度過。

　　同樣，胡適包括他的母親也不會料到的是，他們離開臺灣，也就是永別了自己的父親和丈夫。1895 年 4 月，清政府和日本簽訂了「馬關條約」，承認朝鮮獨立，割讓臺灣島、澎湖列島、遼東半島給日本，還要賠二萬萬兩白銀。臺灣人強烈不幹，他們有被遺棄的感覺，相傳李鴻章是這樣對慈禧太后說：臺灣山不清，水不秀，鳥不語，花不香，棄之不足惜。但臺灣人很快就成立了自救的「臺灣民主國」，推巡撫唐景崧為民主國大總統，原黑旗軍首領劉永福為軍事領袖，準備開展抗日鬥爭。

　　兩個不幸的是，這東亞第一個民主國壽命如此短暫，它實際上只存活了數周，甚或短到幾天，就壽終正寢了，它亡於臺灣的淪陷。另外一個不幸，是此時的胡傳因水土不服，得了嚴重的腳氣，雙腿浮腫，以至左腳不能行動。當他意識到問題嚴重，因而「自請開缺回籍治病」時，清政府已電令在台官員「陸續內渡」了。胡傳離開自己的任所台東，一路辛苦，來到臺灣臨時省會所在地台南，卻被劉永福扣了下來，硬要他幫自己的忙。於是又羈留了一些時日，病情不等人，卻在一天天加重，兩腳終於癱瘓了。最後劉看實在不行，而且留著也沒用，便開恩放行。可惜時日已晚，回天無力。胡傳西渡廈門沒幾天

就死在廈門了，死於腳氣。然而，民國 21 年，胡適在他的《四十自述》裏，卻把他父親的病逝和臺灣的亡國聯繫起來，稱自己的父親為「東亞第一個民主國的第一個犧牲者」。這兩個「第一個」，前面的雖然短命卻名副其實，而第二個「第一個」顯然是胡適姑妄言之，我們也只能姑妄聽之。[1]胡適一生好名，可見如此！

此時胡適隨同母親已經回到家鄉績溪了，喪父的胡適才三歲零八個月。多年後，胡適還能記得，父親的死信到家時，他母親正在家中老屋的前堂，坐在房門口的椅子上。她聽到讀信人讀出的不幸的消息，連人帶椅倒在房門檻上。一時間，滿屋都是哭聲，連尚不懂事的胡適也覺得「天地翻覆了」。

在後來的胡適看來，他離開自己的父親時不過三歲，幾個月後父親去世，自己也不足四歲，因此他認為自己不曾受過父親思想上的直接影響。但他也認為，自己終究是他的兒子，他留給自己的大概可以有這兩個方面，一方面是遺傳上的，一方面是一點程朱理學的遺風。胡適的話大致沒錯，胡傳的東西在他身上不多，他身上更多的是她母親的東西，即使在形貌上胡適也不肖像他父親，而頗似其母，尤其中年以後他的眼睛和母親越來越像，更無論性格。

三、「我都得感謝我的慈母」

幼年失怙，對一個孩童來講很容易造成心理上的殘缺，這種殘疾無疑對其人格會產生不小的影響，甚至是一生的影響。比如魯迅就是這樣。

---

[1] 1950 年代，在唐德剛為胡適所作的口述自傳中，胡適轉稱自己的父親為「『臺灣民主國』的殉難者之一」，從「第一」到「之一」，庶幾可也，然亦未確。一不死在臺灣，二是死於腳氣，「殉難」云云？

　　嚴格地說，魯迅還不是幼年失怙，1896 年，魯迅的父親周鳳儀因肺出血拖了若干年，最終不治，他比胡適父親的死要晚上一年。魯迅 1881 年出生，胡適 1891 年出生，魯迅比胡適整整大 10 歲。胡傳去世時，胡適年僅 4 歲，而周鳳儀去世，魯迅已經四四一十六歲了，正由少年變青年。然而，父親的死和前此因祖父賄賂科場而發生的家庭變故，給魯迅心靈造成極大創傷，一生都未平復。

　　據年譜，魯迅父親死後，魯迅「曾代表家庭出席本房家族會議。會議企圖作出損害他家利益的決定，……雖然遭到長輩聲色俱厲的斥責，強迫他簽字，但始終不屈服。會後曾表示十分憤慨。這時由於家中祖遺的四、五十畝水田，在父親死前已經賣完，家庭經濟破產，常常遭到社會的歧視和壓迫。這一類事情給魯迅刺激很深，他曾憤然地說：『有誰從小康人家而墜入困頓的麼，我以為在這途路中，大概可以看見世人的真面目』。」[2]在王曉明的《無法直面的人生》中，也有魯迅相關的表述：「我小的時候，因為家境好，人們看我像王子一樣；但是，一旦我家庭發生變故後，人們就把我看成叫花子都不如了，我感到這不是一個人住的社會，從那時起我就恨這個社會。」[3]仇恨的種子發了芽！從早年的「恨這個社會」到晚年的「我也一個都不寬恕」，所以，我們不難理解魯迅為什麼每每說：「我向來是不憚以最壞的惡意來推測中國人的」。這固然有後來的社會現實的因素，但少年家變給魯迅帶來的精神重創，實為這種心理症候埋下伏筆。對此，和魯迅相得復相失的胡適有過精彩的見解，那已是 1956 年的事了，魯迅墳前墓木已拱。時胡適寓居美國，他的朋友房兆楹給他看自己剛完成的新作〈魯迅的祖父〉。讀後，胡適在日記中留下了一段知人論世的議論：

---

[2]　魯迅博物館編《魯迅年譜》卷 1，第 46-47 頁，人民文學出版社，1981。
[3]　轉引王曉明《無法直面的人生》第 13 頁，上海文藝出版社，1993。

「此文甚有趣味，可以使我們知道，魯迅早年確因其祖父曾有犯重罪，『斬監侯』，而受親友冷落的苦痛。致有憤世多疑忌的心理！」[4]

然而，同樣是遭遇家庭變故，同樣是父親早亡，甚至自己年齡更小，為什麼魯迅到晚年「一個都不寬恕」，而晚年的胡適卻一再聲稱「容忍比自由更重要」？「不寬容」和「容忍」楚河漢界般地區分了胡適和魯迅，以至使他們兩人成為兩種不同文化的表徵。如果說嚴峻的魯迅那面相就是一副不寬容，胡適呢，他一生的行止彷彿就是「容忍」的人格化。就胡適而言，除了他後來留美接受了自由主義的教育，一個未必不是更重要的原因，即他早年還是在無意識狀態中就受到了母親的人格感染。

胡傳死後，家中財政同樣遇到困難，全靠胡適二哥在上海開茶葉店調度經營。但胡適的大哥是個敗家子，不事生產，卻染上了吸鴉片和賭博。錢到手就花光，花光就回家找值錢的東西去當，當完就到處去借，因而留下了一屁股的爛賬。每到除夕，胡家總是要來一大幫討賬的人，每人一盞燈籠，坐在大廳的兩排椅子上，遲遲不走。胡適的大哥照例是躲了出去，那麼誰來支撐這個場面呢？只有胡適的母親。在胡適記憶中，母親是走進走出，逕自作自己的事，打理年夜飯，謝灶神，當是沒有看見這些人。可是近半夜了，快要封門了，討債的人還是不走，無奈，母親出得門去，央一位本家鄰居來幫忙，每一債戶多少拿上一點錢。於是，一個一個燈籠便走了出去，消失在夜色中。大哥這才敲門回來，而母親卻不露一點怒色。這樣的情形，胡適說，他已經經歷了六七次。

---

[4]　曹伯言《胡適日記全編》卷8，第455頁，安徽教育出版社2001。

可以比較的是，魯迅的父親去世後，我們幾乎看不到魯迅母親的影子。家裏的擔子是由長子魯迅接過去的，家族開會，也是由長子魯迅去參加。所以，所有的世態炎涼都由魯迅一人飽嚐，這就決定了受傷的魯迅日後對這個社會的態度。胡適是幸運的，父親死時，自己太小，上有母，長有兄，雖然「天地翻覆」，但所有的擔子都由他母親承受下來，並且在母親的呵護下長大。母親自己承受了種種壓力，卻始終沒有讓小胡適受到一點傷害，年少的胡適在心理上不曾遭受魯迅那樣的扭曲。

成年後，胡適的心理不但是健康的，這樣的健康當拜胡母之賜；而且正如胡適所說：「我母最大的秉賦就是容忍」。胡母的容忍，言未傳卻身以教，它直接成為胡適一生力倡寬容並身體力行的根苗。

胡適的母親馮順弟（1873-1918），是胡傳的三房，1889 年初嫁胡傳時，胡傳 48 歲，她才 16 歲，兩人相差 32 歲。而胡傳死去的二房曹氏卻留下了三男三女，長子亦即胡適的大哥胡嗣稼比她還大兩歲（1871），胡適的二哥和三哥是孿生，生於 1877 年，也只比她小 4歲。胡傳死時，年僅 23 歲的馮順弟，面對這樣一個複雜的大家，其難處可想而知。

這是一個例子。胡傳死時，留有幾張遺囑，給馮順弟的遺囑中，說胡適天資聰穎，應該讓他讀書。胡適 11 歲那年，有一天二哥、三哥都在家，胡適母親向他們說：嗣穈已經 11 歲了，你老子叫他唸書，你們看看他唸書唸得出來嗎？看似問，其實是要回答。但二哥始終不曾開口，三哥卻冷笑道：哼，唸書！胡適母親沒辦法，忍氣坐著，回到房裏才掉淚。因為，一家財政全在二哥手上，儘管自己是忙裏應外。

在胡適眼中，母親氣量大，性子好。可是兩個嫂子卻很糟糕，一個最無能又最不懂事，一個很能幹卻氣量狹小。她們之間常常鬧意見，只因為胡適母親的和氣，她們還不曾公然互相打罵。但，她們鬧

氣時，總是沉下臉來不說話，叫人難看。在胡適眼裏，二嫂生氣時，臉色會變青，更是嚇人。她們對胡適母親鬧氣時，也是如此。就是從這個時候起，胡適懂得生氣時那張臉的可怕。他後來寫下這樣的文字：「我漸漸明白，世間最可厭的事莫如一張生氣的臉；世間最下流的事莫如把生氣的臉擺給旁人看。」[5]

如果我們流覽胡適一生的照片，他的照片是很多的，不難發現，十張照片八張笑。這一點，也正可與魯迅的照片形成對比。胡適的笑是自然的，發自內心的，哪怕就是在美國被冷落做寓公時，你看他在自己那狹小寓所中的照片，依然是那麼笑容可掬。笑面人世本身就是一種寬容。胡適甚至把笑留給自己所不待見的人。

最近，美國的何炳棣教授在他一本新書中回憶他 1950 年代和胡適的交往，其中一段說他在臺灣時住在胡適的任所，南港中央研究院院長的新居，新居裏發生的一幕，給他留下了很深的印象：

「某日上午 9 時左右，我剛要進城，廚子向胡先生遞上一張名片。胡先生相當生氣地流露出對此人品格及動機的不滿。但想了一想，還是決定接見。當我走出門時正聽見胡先生大聲地招呼他：『這好幾個月都沒聽到你的動靜，你是不是又在搞什麼新把戲？』緊接著就是雙方連說帶笑的聲音。可以想見，這才是胡先生不可及處之一：對人懷疑要留餘步；盡量不給人看一張生氣的臉。」[6]

世俗的解讀，可能會說胡適這個人城府很深。胡適固有城府，但如果讀過胡氏早年的那段話，想必城府之外也會獲得何氏那樣的理解吧。

這個馮順弟，既是小寡婦，又是後母和後婆，在一個陳舊的大家庭內，無法不做到事事留心和容忍。胡適大哥的女兒只比胡適小一

---

[5]　胡適《四十自述》，轉《胡適文集》卷 1，第 55 頁，北京大學出版社，1998。

[6]　何炳棣《讀史閱世六十年》，第 319 頁，廣西師範大學出版社，2005。

歲，在胡適母親那裏，她的飲食服裳總是和胡適一樣。兩人如果有小的爭執，也只能是胡適受責怪。後來胡適的二嫂也生了兒子，她們生氣時總是打罵孩子來出氣，一面打，一面用尖刻的話罵給別人聽，胡適的母親只能裝作聽不見，忍不住了，就悄悄走出門，到左鄰右舍那裏坐一會兒。再忍不住了，就躲進自己的房間獨自垂淚，或「柔聲大哭」。在年少的胡適看來，母親的容忍和眼淚幾乎每次都有神秘的效果。「我總聽得有一位嫂嫂的房門開了，和一個婦人的腳步聲向廚房走去。不多一會，她轉來敲我們房門了。她走進來捧著一碗熱茶，送給我的母親，勸他止哭。母親接了茶碗，受了她不出聲的認錯。然後家裏又太平清淨得個把月。」（〈我的信仰〉）

　　1918年，馮順弟以45歲的低齡去世，胡適在〈先母行述〉中把上述一段轉化為文言：

> 「先母內持家政，外應門戶，凡十餘年。以少年做後母，周旋
> 諸子諸婦之間，其困苦艱難有非外人所能喻者。先母一一處之
> 至誠至公，子婦間有過失，皆容忍曲喻之；至不能忍，則閉戶
> 飲泣自責；子婦奉茶引過，始已。」

這段頗見文言功底的概括，足以讓人感受到胡母那難以讓人道盡的經歷。尤其一個「始已」，結穴得體，舉重若輕，更給人留下「不已」的回味餘地。這回味，對胡適來講就是一輩子的事了。多年後，在母親身邊生活過九年，又獨自在人海「混」了二十多年而沒有一個人管束過自己的胡適，以這樣的筆墨表達了對母親的感戴：

> 「如果我學得了一絲一毫的好脾氣，如果我學得了一點點待人
> 接物的和氣，如果我能寬恕人，體諒人，——我都得感謝我的
> 慈母。」（《四十自述》）

四、童學書目

胡適在臺灣時隨同父母識字，已經認得近七百，回到家鄉績溪後，母親就把他送到四叔開辦的學堂，因其破蒙，5 歲上的他便不再讀識字性的《三字經》《百家姓》《千字文》了。

他念的第一本書是父親胡傳自己編就談做人道理的《學為人詩》，第二部書也是胡傳自編略述哲理的《原學》。第三部書是《律詩六抄》，胡適記不清是誰編選的了。而下，便是傳統國學書目《孝經》、朱子的《小學》，由朱熹集注的《論語》、《孟子》、《大學》、《中庸》、《詩經》、《易經》、包括他人注釋的《書經》、《禮記》等，皆不出儒家十三經範圍（無有子部），而且偏於宋代朱熹的新教儒學。胡適自五歲始，便對上述經典「讀習並記誦」。

後來 11 歲時，接觸史部，始讀司馬光的《資治通鑑》。出於興趣，胡適還把歷代帝王及其年號編成七字歌訣，以資記憶。這一工作做了，雖然沒有編完，但稿子也遺失了。後來胡適把這一沒完成的工作戲稱為「我的整理國故的破土工作」。

以上便是胡適在接觸西學前的國學根底，這就可以理解，胡適為什麼終其一生是儒生，哪怕他一出洋就是七年，回來後穿西服、戴眼鏡、倡西化。在某種意義上，胡適這種讀書經歷讓人生羨，先國學而西學，因而中西兼備，那一代學人大抵如此。比較之下，我輩今人，往往兩不相通。雖享其白話福澤，但代價是，於國學不亞西文陌生。不說數典忘祖，《尚書》又曾讀通幾篇。無怪今人有倡讀經者，實乃出自文化反省中的無根之痛。

更慶幸地是，胡適九歲時，中國古典文化在他眼前又展開了另一片天地。

這完全是一次偶然。有一次在玩耍中，小胡適走進學堂後面的臥房，看見美孚煤油板箱裏的廢紙堆中露出一本書，抽出來一看，兩頭

都被老鼠咬壞了，書面也扯破了，胡適便站在紙箱邊把這本破書一口氣看完，它就是《水滸》。從此一發而不可收拾，由《水滸》到《三國演義》，然後又是《儒林外史》、《聊齋志異》、《紅樓夢》、《琵琶記》、《夜雨秋燈錄》、《薛仁貴東征》、《薛丁山征西》、《五虎平西》、《雙珠鳳》等。這一類文藝性的書雖然在內容上「天懸地隔」，但它一則給胡適以趣味，另則使胡適在語言上不自覺受到白話散文的訓練。於是多年後，趣味讀書發酵為五四時期轟轟烈烈的白話文運動。胡適所以堅執地稱這場「新文化運動」為「文藝復興」，並不是機械照套 12 世紀以來義大利的佛羅倫斯，而是因為在他自己的意念中，他的白話文原本就是要復興宋代以還民間文學傳統中的白話口語。

補：到美國留學後的胡適，曾回憶自己少年讀書，一則聲稱：「然所讀小說尚不少。後來之文學觀念未必非小說之功」；另外也坦承：「……以家人干涉之故，所讀小說皆偷讀者也。其流毒所及蓋有二害，終身不能挽救。一則所得小說良莠不齊，中多淫書，如《肉蒲團》之類，害余不淺。……二則余常於夜深人靜後偷讀小說，其石印小字之書傷目力最深，至今受其影響。」[7]

五、「糜先生」

回到績溪後的胡適，身體比較弱，因為在臺灣時，曾經生過大半年的病。此時他號稱 5 歲（其實不足），還不能跨過一個七八寸高的門檻。送到學堂讀書時，也總是由別人把他抱上一隻高凳，上去就下不來，想翹課都不能。當然，胡適從來也沒想到要翹課，相反，他常

---

[7] 曹伯言《胡適日記全編》卷 2，第 348 頁。

常奇怪，和自己同學的小夥伴，為什麼情願挨罵挨打，挨大家笑罵，而不願唸書。小小的胡適幾乎天生就是一個讀書種子，不但如此，他從小就被鄉鄰稱為「先生」，一個小小的「穈先生」。

因為體弱，不能跟那些孩子一道玩耍，而母親只要胡適唸書，也不准他和其他孩子亂跑亂跳，所以，在鄉鄰的眼裏，胡適從小就是文縐縐的。那些老輩都說胡適「像個先生的樣子」，於是乾脆叫他「穈先生」。這個綽號很快就傳開了，小胡適覺得自己被這樣稱呼了，就不能不作出先生的樣子來，更不能跟那些頑童撒野了。胡適自述道：「有一天，我在我家八字門口和一班孩子『擲銅錢』，一位老輩走過，見了我，笑道：『穈先生也擲銅錢嗎？』我聽了羞愧的面紅耳熱，覺得大失了『先生』的身份！」（《四十自述》）

現在看來，胡適當年的鄉鄰們的確是先知，他們或許無意中從這個文弱的少年身上看到了某種跡象，他們的稱呼也給這個少年以積極的心理暗示。多年後，小小的「穈先生」未負村望，到底成了一個領其時代風騷的大先生。

不過，「穈先生」的稱謂對小胡適來說，有得有失。胡適本來就沒有什麼嬉戲的能力和習慣，大人再鼓勵他作先生樣，更使他失去了兒童快樂的遊戲生活。每年秋天，同庶祖母下田割稻時，胡適總是坐在樹下看小說。不愛動的他，在十來歲時，和夥伴組織了一個戲班，在村田裏玩耍，小胡適演的也都是諸葛亮之類的文角。只有一次例外，他演《水滸》中的史文恭，被花榮一箭從椅子上射下來。及長，胡適還不忘說：這算是我最活潑的玩藝兒了。

童年塾學，讓胡適得到很多，也失去不少。讀書寫字是會了，文字思想也打下了底子，它決定了胡適一生就是在書文之間討生活。然而，胡適不甘，你怎麼就知道我不能做別的？只可惜，舊式塾學原本就是讓你讀書做人當先生，其他它是不問的，也無以提供多樣發展的機會。一次，胡適的村子裏籌辦太子會，有人提議讓胡適加入前村的

崑腔隊學吹笙笛，族裏長輩反對，說年紀太小，不能跟著太子會到處走。於是胡適便失去了這學習音樂的機會，以後一輩子也沒拿過樂器，也不懂樂譜，甚至不知道自己到底有無音樂的天姿。圖畫也是這樣。小胡適和其他孩子一樣，都喜歡用竹紙蒙在小說書的石印繪像上，不是畫英雄，就是摹美人。不料，有一天被先生發現了，不但臭罵一頓，而且抽屜裏的圖畫都被搜出來撕毀。小胡適嚇呆了，沒准後世也可能是一個著名的畫家就這樣夭折了。

六、「僧道無緣」

　　鄉塾時代的胡適，當然談不上自己的思想，但如果說別人的思想給他以影響，這影響最大的，莫過於無神論了。胡適終其一生都是個無神論者，留學北美時，雖然一度想「洋出家」，但耶穌的力量終於未敵無神的力量。這股力量不自其外，乃是少年讀書時種下的胚胎。

　　當然，話也許不必那麼絕對。推其原始，胡適無神論的思想與其父不無有關。胡傳是一個恪守儒學正宗的人，尤推宋儒，對釋道兩教持強烈的反對態度。在胡適故家的大門上，還有他四書開辦學堂的門頭上，都有一張被日光曬淡了的橫條「僧道無緣」，這成了胡氏這個理學家庭的一塊招牌，也成了胡適自己一生中的信仰防線。以上胡適曾云：父親留給他的有兩個方面。一方面是遺傳，因為我是「我父親的兒子」，另一方面就是程朱理學的遺風。以筆者觀之，胡適得自其父的，其實也就這一點。就此而言，以上兩方面是可以作為同類項合併的。

　　把來自父親的隱性因素去掉，胡適無神思想的發蒙是在他 11 歲上，他的無神啟蒙老師是理學家朱熹，不，進一步說應該是史學家司馬光，不，更進一步應該說是哲學家范縝。

　　就有那麼一天，胡適在溫習已能背誦但不甚了了的朱子《小學》，這位理學家引來了一段史學家司馬光的話，引動了胡適的注意。那話是「形既朽滅，神亦飄散，雖有剉燒舂磨，亦無所施」。胡適的父親雖然反釋，但死的早，四叔不久也外出做官，於是，家中的母親，包括其他女眷，都獲得了信佛的自由。胡母是個虔誠的佛教徒，家裏早有神龕。為了胡適的身體和以後能有出息，胡母沒少求神拜佛。母子一路出去，凡有寺廟處，胡母總要停下來，拉著胡適進去拜揖許願。因此，小胡適其實是生在一個佛味很濃的家庭，自小就習於神魔鬼怪天堂地獄之類。此刻，他一個人靜靜地讀書，忽然讀到來自朱熹書中司馬溫公的家訓，司馬氏那形神關係的精要解剖，使他感到醍醐灌頂。誦念再三，胡適終於跳了起來，「亦無所施」不就是其奈我何？哈哈，以前地獄間那面目可憎的閻王鬼怪，頓時讓小胡適感到一點也不害怕了。

　　以上司馬光的話並非原創而是有藍本的。後來，二哥從上海回來，建議先生讓胡適直接讀《資治通鑒》。又有一天，胡適在司馬通鑒第 136 卷上，讀到了司馬氏記載的齊梁時人范縝反佛言論：「縝著《神滅論》，以為『形者神之質，神者形之用也。神之於形，猶利之於刀。未聞刀沒而利存，豈容形亡而神在哉？』此論出，朝野喧嘩，難之，終不能屈。」此刻，小胡適尚未讀過《神滅論》，這段由司馬氏所攝述出來的話，胡適細心數了一下，一共 35 個字。夠了，就這化繁為簡的 35 個字的議論，尤其是其間精彩的比喻，把胡適腦子裏的無數鬼神都趕跑了，從此以後，胡適就成了個徹徹底底的無神論者。

　　范縝對胡適的影響，不僅在鬼神的有無上，《通鑒》中同時記載了他與竟陵王蕭子良就「因果」問題而發生的爭論。文字是這樣：

　　「子良篤好釋氏，招致名僧，講論佛法。道俗之甚，江左未有。或親為眾僧賦食行水，世頗以為失宰相體。范縝盛稱無佛。子良曰，

『君不信因果，何得有富貴貧賤？』縝曰，『人生如樹花同發，隨風
而散，或拂簾幌，墜茵席之上；或關籬牆，落糞溷之中。墜茵席者，
殿下是也。落糞溷者，下官是也。貴賤雖復殊途，因果竟在何處？』
子良無以對。」

范縝是一個善用比喻的人，打破這因果輪迴的，也是一個比喻。
這比喻讓胡適很服氣。這服氣也很樸素。自小，家族中長輩就用輪迴
說教，讓小孩知道不聽話來世變豬狗。現在，有司馬光告訴他世界上
沒有地獄；又有范縝告訴他世界上也沒有輪迴。那還怕什麼？小胡適
有了一種解放感。他信服他們的話，就是他們教他「不怕」。

「不怕」的胡適看起來文縐縐，但他的心裏也有著相當的反叛意
識。這時，他要用新獲得的無神意識和神來一次惡作劇了。

正月裏的某一天，外出拜年的胡適和外甥回家看燈，外甥的長工
挑著新年糕餅跟在後頭。半路上，路過一個村口的亭子時，胡適看亭
子裏供著幾個神像，便對外甥說：這裏沒有人看見，我們把這幾個爛
菩薩拆下來扔到茅廁裏如何。外甥顯然被嚇住了，雖然他聽胡適說過
世上本無鬼怪的話，卻不曾想他真的會動手搗毀神像。外甥的長工也
急忙勸阻：菩薩是萬萬不能得罪的。可是胡適聽不進去，平時在母親
的壓力下磕頭磕慣了，這次非要出出氣不可。他真要拿石子去擲神像
了，正巧村子裏有人下來，胡適的毀神行為才得以未遂。

這次行為很見胡適的一個特點。雖然文乎其文，但不乏反叛性，
而這種反叛，又由於自身的性格，最終未能貫徹到底。1929 年，他和
剛剛上臺的國民黨的對抗，有類於此。這是他一生中最漂亮的也是唯
一的政治反抗，拿起石頭要擲，也擲了出去，但，神像未倒，訓政未
完，胡適便收手了。當然，此是後話。

也是後話的胡適離開家鄉，先到上海，後到美國。在上海，他可
以在文本上痛痛快快地打鬼了，十幾歲的他，在《競業旬報》上著文

〈論毀除神佛〉，就神而言，胡適不是把它當做宗教看，而是當作迷信看。即使到了美國，面對這樣一個新教國度，耳濡目染，亦未能最終皈依。按理，胡適接受的是英美自由主義的教育，奇怪的是，英美自由主義本自於新教改革後的宗教寬容；但胡適受洗於自由主義卻始終未能受洗於誕生了它的基督耶穌；而且還不是沒有這樣的機會和可能。

據胡適留美日記（1911 年 6 月 18 日）：

> 「……下午紹唐為余陳說耶教大義約三時許，余大為所動。自今日始，余為耶教信徒矣。是夜 Mr.Mercer 演說其一生所歷，甚動人，余為墮淚。聽眾亦墮淚。會終有七人起立自願為耶穌教徒，其一人即我也。」[8]

後來胡適自云「『遂為耶氏之徒』一層，後竟不成事實」。緣由固在胡適看來他們是用「感情」的手段捉人，是在玩一種「把戲」（可惜所述不詳）。但，范縝的力量大於基督的力量，當是更為深沉的原因。經此變故，不難看出，胡適對無神論就像他對樂觀的態度一樣，已經是「不可救藥」的了。

有學人對胡適作為一個無神論者，持肯定態度。筆者不然。筆者認為，胡適如果是一個基督教徒，並不減低其價值；正如他一生都是無神論者，也並不能因此使他價值生輝。有神無神，不是個是非問題，而是一種信仰。信仰而已，它是一種權利，屬於選擇的自由，兩造都不必互相輕視。而胡適後來把信神一概斥為「迷信」和「愚蠢」，這其中未必就沒有他個人的偏差。

比較明顯的是他晚年的一個例子。1961 年 9 月 19 日，在胡頌平為胡適年譜長編所作的外譜中，有這樣的記載：

---

[8]　曹伯言《胡適日記全編》卷 1，第 106 頁。

　　「這兩天先生有點怕聽電話的聲音；因為梅貽琦的病已經到了危險的境地，如果有人電話來，只怕是他不幸的消息。……

　　今天下午到台大醫院去檢查身體，……檢查之後，先生要去看梅貽琦，但他們都勸先生不要上去，說：『梅太太同一屋子人在祈禱，在唱歌。現在只求上天保佑了。』先生四點半回來，很沉痛的大聲說：『這是愚蠢！我本來很想看看梅先生，他也渴望能夠見見我。他還沒死，一屋子愚蠢的女人在唱歌祈禱，希望升天堂。——這些愚蠢的女人！」[9]

　　梅貽琦是清華的老校長了，也是胡適的老朋友。怕聽電話，胡適其情可感；但後來那通未近人情的惱怒，卻很難不讓人吃驚。其中三個「愚蠢」，更是叫人感到胡適的不寬容，儘管胡適一生在寬容問題上無論說、做，俱為一流。面對一個逝者，基督徒肯定有他不同於無神論的方式，他用他的方式與神溝通、超度亡靈，同時寄託自己的哀思。如果這種方式沒有強制別人和影響別人，又有什麼不可以？而別人則未必應該從他自己的信仰或不信仰來指責，更無論罵什麼「愚蠢」。再說，什麼是「愚蠢」，有神論和無神論的尺度也不會一樣，他們完全可以用這個詞互責。

　　然而，《胡適傳論》的作者胡明先生卻為胡適作了正面的闡釋，說：

　　　「胡適一生最是欣賞一個『忍』字，又最講究『容忍』的態度。但他時常說：『任何事我都能容忍，只有愚蠢，我不能容忍』。為了梅貽琦『進天堂』這件事他幾乎失了常態，失了修養，正可見出他對『進天堂』愚蠢思想行為的深惡痛絕和不能

9　胡頌平《胡適之先生晚年談話錄》，第 219 頁，中國友誼出版公司，1993。

容忍。這與他少年時代鑄塑成的無神論思想是前後一貫的，顛沛造次，不肯須臾忘卻，老而彌堅，確實難能可貴。」[10]

筆者不能同意這段評論，它的潛文本無非是，無神論是正確的，而有神論是錯誤的。然而，正如以上所說，這不是一個是非問題，而是一個價值問題。因此，我所能同意的就是胡適在這件事上「失了常態，失了修養」，原因就在於不寬容。這是非常可惜的！在我看來，一個寬容的無神論者，他可以自己不信神，但卻不可以不尊重神的信仰者。如果不能抱以同情之理解，也斷不能使用「愚蠢」這樣含有語言暴力的詞。「僧道無緣」的胡適（其實無緣於「僧」而非「道」）在無神論上的「我執」，使他終於犯了一次由他自己指出過的「正義的火氣」的毛病。

我想，適之先生如果活著，他會聽進去我的意見的吧。

七、出山

新出版的《胡適口述自傳》（廣西師範大學出版社，2005 年）在其最後的「附錄」中，有胡適手繪的家鄉地圖一幅。那是 1956 年冬，胡適與唐德剛討論他自己的傳記寫作時，興頭之上，便找出一本地圖，用薄紙蒙在上面，把家鄉的地圖畫給唐德剛看。看來，胡適的畫技的確沒有長進，自孩提時用竹紙蒙在石印繪像上贏得先生一頓痛罵後，胡適的畫技即止於此。舊教育之弊，於是可見。

讀《胡適口述自傳》，開篇就是「我是安徽徽州人」的胡適對徽州及其周圍地理的介紹，詳之又詳，想必當時胡適口述之不足，要以

---

[10] 胡明《胡適論傳》上，第 112 頁，人民文學出版社，1996 年。

畫圖補充之。當胡適介紹徽州的一府六縣以及和徽州相鄰的省份時，如東北面的江蘇，正東面的浙江，南面的福建（不直接毗連）和西南的江西，我們看到，由他手繪的地圖勾勒得更是清晰明瞭。從文字到地圖，從地圖到文字，筆者往復數次。在看什麼呢？在看胡適出山的路。

胡適出山，一路往東到浙江，然後折向東北，目的地即出生地：上海。

難於想像胡適出山的路。從胡適的手繪看，績溪和杭州幾乎在同一條緯線上（查地圖略高一點）。於是，視線沿著這根看不見的緯線，也沿著看不見的迢迢山路，想像著小胡適一路東行，如何用了七天的時間，走出這片大山，走向海洋，走向一種新文明……，不禁獨自慨歎良久。

假如胡適不出山，胡適的一生就是另外一種樣子，最大的可能，就是像他二哥，經營一家茶葉店，至多是個連鎖店，成為一個掌櫃，成為一個儒商。事實上，胡適在出山前一年，已經被家中送到涇縣的親戚那裏去學做藥店生意了。

然而，胡適終於出山了，他不但改變了自己，同時也在一定意義上改變了 20 世紀中國文化的軌跡。就新文化運動而言，並非胡適不出則如天下蒼生何。沒有胡適，也會有張適、李適和王適。但，歷史畢竟沒有點將王適、張適和李適，而是選擇了胡適，同時也選擇了由胡適（們）造就的那段轟轟烈烈的文化運動。如果歷史無以回避，那麼，回過頭來，真不禁要為胡適慶倖，為他少年出山慶幸。在山泉水清，出山泉水潔，這是胡適最初的轉捩點。第一步出山，第二步出洋，不出山又何以出洋？於是，出山復出洋的胡適終於得以成為後來的胡適了。

這是 1904 年，年譜說是 2 月，春寒料峭。是時，胡適尚不足 13。他隨著到上海治病的三哥，去尋求「新教育」。至於胡適出門念書，以前是有過波折的。三哥：「哼，唸書」，二哥沉吟不語，胡適都有

記載，也都記得。但，「父親的遺囑究竟是父親的遺囑，我是應該唸書的」，這句話語氣夠重。果然，二哥未違父命，胡適終於帶著一個母親的愛，帶著一個讀書的習慣，也帶著一點點的懷疑精神上路了……。

八、在梅溪學堂跳級

胡適到上海，直到六年後離開，六年間換了四個學校：梅溪學堂、澄衷學堂、中國公學、新中國公學。

上海是個大世界。初到上海的胡適，純粹是個鄉巴佬，什麼都不懂。初進梅溪學堂，拜見堂主張先生時，許多小學生還圍過來看。不懂上海話，又不曾開筆寫文章，因此，全校六個班次，小胡適被排在了五班，差不多是最低的了。這個學堂只開設三門課：國文、英文、算學。國文課上的那些蒙學文本，對在家鄉讀了很多古書的胡適來說，根本就不當回事，他的精力是放在後兩門上。然而，也就是他的不當回事的國文課，使小胡適進學堂後不到一個半月就連跳四級。

胡適記得很清楚，口氣也很大，「到了第四十二天，我的機會來了」，言下之意，他似乎對自己的鄉下人的身份有點耿耿於懷。那就讓我們看看胡適在《四十自述》中關於這一段的「優勝記略」吧。

教《蒙學讀本》的沈先生在講一課書的一段引語：「『傳曰：二人同心，其利斷金。同心之言，其臭如蘭。』沈先生隨口說這是《左傳》上的話。我那時已勉強能說幾句上海話了，等他講完之後，我拿著書，走到他的桌邊，低聲對他說，這個『傳曰』是《易經》的《繫辭傳》，不是《左傳》。先生臉紅了，說；『儂讀過《易經》？』我說讀過。他又問：『阿曾讀過別樣經書？』我說讀過《詩經》、《書經》、《禮記》。他問我做過文章沒有，我說沒有做過。他說，『我出個題目，撥儂做做試試看』。他出了『孝弟說』三個字，我回到座

位上，勉強寫了一百多個字，交給先生看。他看了對我說：『儂跟我來』。我捲了書包，跟他下樓走到前廳。前廳上東面是頭班，西面是二班。沈先生到二班課堂上，對教員顧先生說了一些話，顧先生就叫我坐在末一排的桌子上。我才知道我一天中升了四班，居然做第二班的學生了。」

從五班升到二班，其實是升了三級，胡適偏說四級，有這麼演算法的嗎？不免一點點虛榮。

可是，歡喜胡適剛坐下，問題就來了。這一天，正好作文，頭上懸著兩道題：一、論題：原日本之所由強；二、經義題：古之為關也將以禦暴，今之為關也將以為暴。胡適沒有做過經義題，連想都不敢去想。日本題呢，連日本在哪裡都不知道，從何做起。一個人坐在那裏暗自發急。

然而，救駕的到了。小胡適正為難時，只見學堂的門房進來，遞給顧先生一個紙條。原來胡適的三哥病危，二哥遠在漢口，店裏只有派人來叫小胡適。顧先生准許胡適回去，並讓他下週四再交這篇文章。小胡適如同得到大赦一般，抄下題目就急急忙忙同來人回店。至，三哥尚能說話，但不到幾個鐘頭，就死了，在死前還幫上一把的自己弟弟的手腕上。

第三天，胡適二哥從漢口趕回。待喪事料理完畢，胡適才把自己升班的事告訴二哥，並問了他寫日本的那個題目該參考哪些書。二哥便撿了一些書裝了一籃子，內中有《明治維新三十年史》、《新民叢報彙編》等。小胡適費了幾天工夫，勉強湊上一篇交了上去，便自認為也會做經義了。

幾個月後，小胡適便升到頭班。

九、思想的胎孕（Ⅰ）

1905 年，小學沒畢業的胡適從梅溪學堂轉到澄衷學堂，這樣做就是為了不參加官方舉辦的小學畢業考試而要做個「新人物」。

在澄衷教員中，一個叫楊千里的先生對胡適影響很大。這個楊先生就在胡適的作文本上題了四個字「言論自由」，也許這是胡適第一次接受這種來自異邦的思想表達，它對當時的胡適造成什麼樣的心理影響於書無證。但，我們可以看到的是，胡適為了這四個字整整努力（或抗爭）了一生。

也是這位楊先生，在課堂上以嚴復的《天演論》作讀本，這是胡適第一次接觸這本書，「高興的很」。也是在澄衷期間，胡適又讀了也是嚴復筆譯的《群己權界論》。這兩本書，第一本譯自英人赫胥黎的《Evolution and Ethics》，書名應譯為《進化論和倫理學》。第二本譯自英人穆勒（今則為「密爾」）的《On Liberty》，本當譯為《論自由》，嚴復又自出機杼為「群己論」。

功不可沒的嚴又陵以他的譯著風靡了一個時代，影響了不止一代的知識份子。但，即以這兩本書而論，前者的影響遠遠壓倒了後者，時人不僅低估了後者對我們來說其實是更重要的意義，同時又未必沒有錯會前者的意義。但，不管怎樣，自 1898 年《天演論》問世以來，由中國知識界和它所帶動的中國社會就進入了一個「天演」時代。一時間，「淘汰」、「競存」、「物競天擇」、「適者生存」、「自然選擇」成了不脛而走的詞，許多人用它們作自己的名字也成了一時之選。大名鼎鼎的陳炯明就自號為「競存」。無籍小名的胡適在學堂裏登記的名字是從家鄉帶過來的胡洪騂，當胡洪騂請他二哥給自己起一個學名時，他二哥想了片刻，說的就是：用「適者生存」中的「適」字如何。於是，「胡適」這個名字就從他二哥的建議中誕生了。

　　就這兩本書在中國影響的不成比例，從胡適和魯迅這 20 世紀的兩個知識份子身上也可以看出。胡適分別在〈我的信仰〉和《四十自述》中提到自己讀過這兩本書，但，鋪開來談的是「天演論」，密爾的「論自由」只是提及。魯迅呢，魯迅對這兩本書的態度更耐人尋味。據魯迅好友許壽裳回憶，魯迅對嚴復的《天演論》不僅熟讀，還能背誦其中好幾篇。而對《論自由》，對不起，魯迅自己就這樣說：「……譯得最費力，也令人看起來最吃力的，是《穆勒名學》和《群己權界論》的一篇作者自序，其次就是這論，後來不知怎地又改稱為《權界》，連書名也很費解了。」[11]可見，魯迅對作為自由主義經典的「這論」從內容到書名都沒有什麼興趣。

　　從思想分析的角度，我們沒有理由說魯迅是一個自由主義者，儘管學界不少人認為是。但，對胡適作為一個自由主義者大家肯定沒有疑義。1905 年，胡適讀「論自由」才十四歲，其時魯迅二十多了。「論自由」終於成為胡適的思想資源，這從以後才可看出。而魯迅即使後來，依然表現出對自由主義的漠然。無論在胡魯身上，還是整個知識界，《論自由》的命運不若《天演論》，這固然有其時代的因素（按胡適在〈我的信仰〉中的說法：「達爾文的言論，尤其是它在社會與政治上的運用，對於一個感受惰性與濡滯日久的民族，乃是一個合宜的刺激」），但，同時也說明，兩本書一本所帶出的是國族問題，一個所揭櫫的是關於個人權利的問題，只要它們放在一起，後者就很難同前者抗衡。直到今天，情形恐怕依然。這倒可以丈量，一百年來，從上個世紀初的昨天到這個世紀初的今天，我們到底走出去了多遠。

11　魯迅〈二心集‧關於翻譯的通信〉，《魯迅全集》卷 4，第 380 頁，人民文學出版社，1982。

然而，對《論自由》的冷落和對《天演論》的熱狂，又到底給我們帶來了什麼？當時的問題，或問題的關鍵，到底是我族和他族的關係，還是我族內部自身的關係？顯然，時人眼睛關注的是前者，於是，我們從我們需要的角度讀解「天演論」，把自然界「天何言哉、天何言哉」的自然運演推衍為脫離其本義的「你吞噬我我反噬你」的社會達爾文主義。於是「天演」的本意（Evolution）被遮蔽了。「天演」者，「Evolution」也，意為演變、演化，它是指一事物演變成另一種更複雜、更好狀態的事物的轉變過程。這個過程是漸進的（A gradual process），因此，就其本質而言，它是改良的而非革命的（Revolution）。然而，這樣一個詞，這樣一個對 20 世紀作為「革命」世紀具有致命解毒作用的一個詞，卻一再地被我們誤讀。因此，很滑稽地是，我們叫了一個世紀的「天演」（Evolution），卻幹了一個世紀的「革命」（Revolution）。

不就是相差一個字母嗎（Evolution 和 Revolution）？然而，一字之隔，咫尺千里。落實到社會實踐中，它們的差別真可謂天翻地覆。

畢竟，洪駟不是一匹快馬，可以看到的是，胡適是一個堅定的改良主義者，他是吃透了「天演」的本意，並沒有稍加誤解。且看他1952 年回臺灣的一次講演，在談到達爾文的進化論時（胡適稱之為「生物演化論」），指出：「所謂進步，所謂演化，並不是整個籠統忽然而來的；是由一點、一滴、一尺、一寸、一分的很微細的變遷來的」。[12]臺灣李敖頗能把握胡適的這一思想，他有一段評論，筆者認為極具眼界，因而過錄：

「赫胥黎的《天演論》影響到嚴復，使他變成一個『開明之保守主義者』，『以思想之通例衡之，凡《天演論》與歷史學派之思想家殆均有此傾向』。這種傾向，使受過實驗主義洗禮的胡適逐漸變為一

---

[12] 胡適〈杜威哲學〉，《胡適文集》卷 12，第 368 頁。

個改良主義者，使他不能接受任何籠統的主義和進化觀，不能接受『一蹴即就』式的『階級鬥爭的方法』，不相信什麼全面解決，解決以後又一成不變，『放之四海而皆準，俟諸百世而不惑』等等的高論。

所以，這是胡適思想定形的一個起點，這個起點使他一開步就不談什麼主義，不接受共產思想，不贊同激烈或暴力的革命，使他一開始就主張走改進的路，主張『一點一滴的改造』，使他最後成為『一個自由主義的右派、一個保守的自由主義者』，而『在急進者的眼中，太不夠火辣辣的了。」[13]

李敖說胡適思想定型的一個起點，指的正是他讀「天演」和「自由」的階段。這兩個詞相加，後來的胡適就成了「一個保守的自由主義者」。相形之下，魯迅對「自由主義」的揚棄，再加上他晚年又揚棄了進化論而偏採階級鬥爭論，因此，在和胡適對比的意義上，我們可以說他是「一個激進的革命主義者」（可見魯迅的名言：「改革最快的還是火與劍」）

「一個保守的自由主義者」，適之也。

「一個激進的革命主義者」，樹人也。

一個世紀下來，胡適的至今未「適」，樹人的已經「樹」了幾代。

十、思想的胎孕（Ⅱ）

在澄衷階段，除了嚴復的譯著，本土思想家給胡適影響最大的就是梁啟超。胡適接觸梁啟超開始於他二哥給他撿的那一籃子書，裏面有梁氏的《新民叢報彙編》。《新民叢報》是梁氏其人 1902 年在日本創辦的一份報紙，該報主張君主立憲，反對孫中山的反滿革命。然

---

[13] 李敖《胡適評傳》，第 94 頁，文匯出版社，2003。

而，悖反的是，一份主張改良反對革命的報紙，卻起到了鼓吹革命的作用。他自詡為那「筆鋒常帶情感」的文字，充滿了激濁揚清、摧枯拉朽的力量。胡適說：「我們在那個時代讀這樣的文字，沒有一個人不受他的震盪撼動的」。那時胡適十幾歲正是最容易受感動的年齡。

「破壞亦破壞，不破壞亦破壞」，這其實已經是革命的鼓動了，儘管梁任公也很文學地說：「一曰無血之破壞，二曰有血之破壞。……中國如能為無血之破壞乎？吾馨香而祝之。中國如不能不為有血之破壞乎？吾衰経而哀之。」然而，為了進步，就要破壞，而要破壞，還顧得上它是否流血。何況，你要破壞，肯定有人不給破壞，兩股力量相強，又豈能有不流血之便宜哉。那一枝文學的筆，那一塊情感的墨，只顧自己快意恩仇，哪管它以後洪水滔天。梁任公終於要苦笑著面對自己的文字效果了，當然，在另外的意義上，他也可以很得意。

1912 年 11 月 10 日，來到美國已有兩年的胡適在讀報日記中還盡情地頌贊梁啟超：

> 「梁任公為吾國革命第一大功臣，其功在革新吾國之思想界。十五年來，吾國人士所以稍知民族思想主義及世界大勢者，皆梁氏之賜，此百喙所不能誣也。去年武漢革命，所以能一舉而全國回應者，民族思想政治思想入人已深，故勢如破竹耳。使無梁氏之筆，雖有百孫中山、黃克強，豈能成功如此之速耶！近人詩『文字收功日，全球革命時』，此二語惟梁氏可以當之無愧。」[14]

到了 1931 年，40 歲的胡適對梁啟超的「破壞亦破壞，不破壞亦破壞」的革命口訣終於說出了這樣的話「後來他雖然不堅持這個態度了，而

---

[14] 曹伯言《胡適日記全編》卷 1，第 180 頁。

許多少年人卻衝了上去，不肯縮回來了」。當年梁啟超所影響的一代人，與其後魯迅所影響的一代人，頗有其相同相近處，至少有一點，他們靠的是他們那枝富有文學感染力的筆和筆中飽含的情感。其不同者，梁啟超是令人炙手的「熱」情感，魯迅則是閃著寒光的「冷」情感；更不同者，魯迅原本就是要革命的，而梁啟超原本是要改良的。

在那無窮的文字魅力之外，胡適受梁啟超影響最深的就是他的「新民說」。梁氏自號「中國之新民」、「新民子」，他的報紙又叫《新民叢報》，可見他的心思全部貫注在這一點上。胡適把「新民」的意義解釋為「要改造中國的民族，要把這老大的病夫民族，改造成一個新鮮活潑的民族」。其實，梁啟超的「新民」首先就是「新人」，只有使人新，才有民族新。那麼如何「新人類」，途徑便在文化。自戊戌失敗後，梁啟超把目光從政治拉向文化，試圖以新文化啟蒙民眾，革新民眾。這本來不存問題，政治道途既被壅塞，便從文化側入，時勢使然也。但，文人往就一途，習性中便把話說到極致。不妨看看當時為胡適所吸引的梁啟超的話：「苟有新民，何患無新制度，無新政府，無新國家！」

梁啟超的「新民」運動其實就是後來五四前後的「新文化運動」，我們今天習稱為「思想啟蒙」的便是。就啟蒙而言，梁啟超實為陳獨秀、胡適、魯迅等人的先聲，這正應了「眉先生，鬚後生，後生卻比先生長」之言。我們今天說到「啟蒙」，想到的便是五四，便是陳、胡、魯，殊不知，這對梁啟超很不公平，更無言胡適等本身就受過梁的啟蒙。

把這兩段啟蒙打通，一個歷時彌久的「病灶」便起伏而現。如果把梁啟超的「苟有新民，何患無新制度，無新政府，無新國家」之語，比同於魯迅的「此後最要緊的是改革國民性，否則，無論是專制，是共和，是什麼什麼，招牌雖換，貨色照舊，全不行的。」二語如出一轍，都有一種「文化決定論」的味道。「新民」在文化，「改

革國民性」也在文化。文化的緊要自不待言，也不能排斥。但，文化努力就是一切嗎？文化努力就能包打天下嗎？它居然可以排斥並不排斥它的政治努力和制度努力嗎？當然，這是五四後的問題，姑且按下。胡適是一個積極的啟蒙者，但並不持文化決定論，他在啟蒙中的表現，有勝於梁魯之地，這是後話。但，胡適在理論上，始終不曾看出梁啟超包括後來的魯迅所存在的問題。

胡適繼續稱頌自己的啟蒙之師，也是私淑之師。在胡適的回憶中，自己是從梁啟超大量的通俗文字中第一次知道了霍布士，知道了笛卡爾，知道了盧梭，知道了邊沁、達爾文、康德等一大批泰西思想家。梁啟超本人是一個欣賞西方文明的人，他的「新民」理論，就是要用進步的西方文明來汰洗古老的東方文明，從而使人「更新」。至於西方文明的優點，胡適讀梁讀多了，便從梁文中概括：「顯著的是注重公共道德，國家思想，愛冒險，私人權利觀念與熱心防其被侵，愛自由，自治能力，結合的本事與組織的努力，注意身體的培養與健康等。」（胡適的〈我的信仰〉）對梁啟超的文章，胡適情不自禁地說：「它們開了給我，也就好像開了給幾千百別的人一樣，對於世界整個的新眼界。」

一個人在十四、五歲時，正是個體人格初步形成的階段，也正是分外渴望汲取知識的階段。這個階段的胡適很幸運地離開家鄉，來到上海這個早已開埠的「十里洋場」，經由他的二哥，經由他的楊先生，更經由嚴復和梁啟超，他接觸了來自東西的很多很多的思想。儘管這些思想彼此雜糅又並存良莠，從中比較、選擇、剔取、消化也是以後的事，但此時的胡適張開他那打量世界的好奇的眼睛，也張開他那健康的思想之胃，貪婪地汲取各種各樣的新知識。此時，一個少年孩的思想雖然還談不上被形塑，但已經不知不覺地暗中結胎了。至於最後能結出一個什麼樣的「正果」，是「橘」還是「枳」，就要看他後來向何處去、往何處行了。

十一、「為公學得了個好學生」

在中國留學史上，1909 年大致是個界限，此前，亦即在胡適那波因庚款而留學北美的新浪潮以前，滿清政府留學放洋主要放的是東洋。東洋西洋不一樣，這從回來後的留學生的價值取向可以看出。留學東洋的往往革命居多，就像留學西洋的更容易成為自由主義者。這不獨胡適魯迅如此，比如陳獨秀、李大釗都是從日本回來的，而陳西瀅、徐志摩、梁實秋等打死他也不會革命。這就應了那句俗：吃什麼奶長什麼肉，同理，接受什麼教育就容易成為什麼人，當然除教育外，也不排除自身性格氣質境遇等原因。東洋西洋，水土不同，設若把胡魯換個個，他們的知識信仰也保不准會顛之倒之、「橘」之「枳」之的。

19 世紀末，清政府感到生存危機，派遣大量留學生到日本留學（實際上這更促成了自己的短命）。至 1905 年光緒三十一年，在日本的留學生已多達萬人。這一年，受清政府之命，日本文部省頒發一紙〈取締清國留學生規則〉，主要是取締留日學生的各種政治活動。不知背景的留日學生，一石激起千重浪，最著名者，是《猛回頭》的作者陳天華為抗議在日本大森海灣蹈海而死，誓不回頭。他的死更敲響了留學生心中的「警世鐘」。在日同盟會迅即分成兩派，一派以秋瑾為代表，主張全體留學生立即歸國，以示抗議；另一派以汪精衛、胡漢民為代表，主張忍辱負重，繼續留學日本。兩派主張統不到一起，便各行其是。憤而回歸國的留學生大約只有千數人，顯然是少數，但他們自不甘心，商議之下，便在上海給自己辦了個學校，叫中國公學。時為 1906 年。

這年夏天，胡適已在澄衷學堂做了班長，還在學堂裏發起組織了一個「自治會」。可是有自治精神的他，為班上一個同學的開除，提出抗議，不但無效，而且還被校長懸牌警告。不平之中，正好中國公

學夏天招生，已有去意的胡適在朋友的勸說下，前去報考。考上後，小學又沒有畢業的他就開始讀中學了。

胡適考試時，監考的總教習是馬君武，國文題目是「言志」。一個老而俗的題目似乎沒有引起他的注重，以至以後回憶時自己到底寫了些什麼都忘記了。但沒有忘記的是，馬君武先生告訴他，看了胡適的卷子後，便讓其他幾位先生傳看，大家都說：「為公學得了個好學生」。馬君武沒有料到的是，20 年後，這個好學生居然成了中國公學的好校長。他也沒料到的是，20 年後，也是他的一席時評，引動了胡適的批判激情，遂有了一場和國民黨相齟齬的「人權風波」，以至好端端的公學校長也幹不下去了。馬君武還沒料到的是，下野的胡適居然反過來推薦他當了中公校長。

對中國公學來說，得到了胡適這樣一個好學生，但，對胡適來說，是不是也得到一個好學校呢？這個學校很怪，某種意義上，它是個反清革命的大本營。這些革命志士們在穿著上是那個時代的「現代派」，用胡適作為學生的眼光去看：許多同學都是剪了辮子，穿著和服，拖著木屐，一派日本樣。同樣，在一位周姓教師的眼中：那些學生有的穿吳服，有的著木屐，有的鬍鬚長長的，20 年後的他說，如果有人現在請我去教類似的一個班，我看見了一定會倒退而出。這些服裝怪異的革命黨，倒也照顧小胡適，三年多時間，沒有人動員他加入同盟會，連辮子也不曾勸他剪。原來是大家看他能讀書，將來可以做學問，便不勸他加入革命了。

但，愛護歸愛護，需要時也要叫小胡適為革命做點貢獻。「有一晚十點鐘的時候，我快睡了，但君來找我，說，有個女學生從日本回國，替朋友帶了一隻手提小皮箱，江海關上要檢查，她說沒有鑰匙，海關上不放行。但君因為我可以說幾句英國話，要我到海關上去辦交涉。我知道箱子裏是危險的違禁品，就跟了他到海關碼頭，這時候已

過了十一點鐘，誰都不在了，我們只好快快回去。第二天，那位女學生也走了，箱子她丟在關上不要了。」

這段「四十自述」中的文字寫於三十年代初，到 1953 年，從美國回台的胡適在一次中公校友的歡迎會上，對這段本來無所謂驚險的經歷重新敘述了一次：

「我當時英語比較還好，記得有天夜晚已經就寢，同學們將我喊起來，要我到海關辦交涉，因為有位留日的女學生從日本回國，為革命黨運送武器，箱子裏藏有大批的手槍炸彈，被海關扣下來，我便冒險的前去交涉，但後來實在無法可想，只好不談東西，將人營救出來作罷。」

同一所指的不同能指，比較這前後的不同，無論是胡適說的，還是我們感覺到的，都是蠻有「意思」的。

不革命的胡適幹什麼？他參加了那波革命學生組織的「競業學會」，這個學會第一件事就是辦了張《競業旬報》，胡適是這張報紙的熱心投稿者。一篇叫〈地理學〉的稿子在胡適看來是自己的「第一篇白話文字」。頗有自知之明的胡適這樣評價自己早年的文字，說它「已充分表現出我的文章的長處和短處了。我得長處是明白清楚，短處是淺顯。」就淺顯而言，胡適說「二十五年來，我抱定一個宗旨，做文字必須要叫人懂得，所以我從來不怕人笑我的文字淺顯。」中國公學時代的胡適是和《競業旬報》聯繫在一起的。幾十期下來的報業實踐，從投稿到編稿到承包，胡適收穫頗多。這是他第一次以言論的方式介入社會公共事務。從早年的《競業旬報》到晚年的《自由中國》，從中可以理出一條頭緒長長的胡適言論史，這是胡適一生中的最重要的一個生活側面，它的起點就是「競業」。另外，「競業」階段，胡適充分享受了言論自由，後來的報紙簡直就是他的了，沒有人干涉他的表達；因此，胡適有了一個絕好的「發表思想和整理思想的機會」。那個階段的許多言論，都成為後來胡適的某些思想的出發

點。再者，胡適在表達的方式上亦即白話文的使用上也獲得了很好的鍛煉，從此，白話文成了胡適主動選擇的表達工具，七八年後，胡適出洋回來，重拾白話文，說「這件工具使我能夠在中國文學革命的運動裏做一個開路的工人」。

十二、墮落時代

好景不長。1908 年秋，中國公學頓起風波。學生和學校當局為該校的評議部和執行部鬧出很大糾紛，結果一百多個學生不服校方的強力壓制，集體退學，另組「中國新公學」。風潮開始時，胡適因為腳氣回家養病，回來後，便參加了這一運動，並被推舉為學生方的大會書記，做記錄、起草宣言。事後，胡適雖然不在校方開除之列，卻也義不帝秦，退學中公了。

這時的胡適已經換了三個學校了，卻連一張小學畢業證書都沒拿到。在新公時，家庭又遇到了困難。胡適二哥經營不當，欠債太多，上海的店面只有讓給債權人。影響到胡適，連宿舍費都交付不起了。於是胡適只有住進了《競業旬報》社，吃住都由社裏包，每一期還拿十塊編輯費。這期間，為了解決生計，胡適還承擔了新公學的英語教學任務，這是老生教新生，年齡只不過大學生幾歲而已。不過他教的兩個班後來出了幾個名人，比如饒毓泰、楊銓（杏佛）、嚴莊、張奚若等，這讓胡適一直到老年都自矜不已，經常掛在嘴頭上。

然而，新公畢竟是短命的，支持了一年多，便難乎為繼了。於是經人調停，兩個中國公學準備合併。只要學生願意回去，老公學承認新公學的學歷，並承擔下新公學所欠的債務。胡適不願回老公學，新公學又面臨解散。於是，拿了兩三百元欠薪的胡適便失學了。在上海這麼多年，先後換了四個學校，卻沒有拿到一個學校的文憑，胡適連

家都不敢回了，事實上也難以回去了。「兩年之中，我的家事敗壞到不可收拾的地步」，大家庭維持不下去，大哥二哥已經分家了。當時胡適表示自己能獨立，不要家中產業。而此時，母親最心愛的妹妹和弟弟又先後死去，自己亦在病中。這個家又如何能回？

　　校事家事自己事，無一前途。十八來歲的胡適，「混」在上海，第一次陷入了人生的低谷。

　　「余自十月一日新中國公學淪亡以來，心緒灰冷，百無聊賴，凡諸前此所鄙夷不屑為之事，皆一一為之」。[15]這是胡適《藏暉室日記》的題頭，而三本《藏暉室日記》倒是很誠實地記載了自己所謂的「鄙夷不屑為之事」。這都是些什麼事兒呢？「從打牌到喝酒，從喝酒又到叫局，從叫局到吃花酒，不到兩個月，我都學會了」（《四十自述》）。跟誰學的？就是那幫留日回來的革命黨的中公老同學。胡適後來回憶說：「在那個憂愁煩悶的時候，又遇上一班浪漫的朋友，我就跟著他們墮落了」（《四十自述》）。胡適從新公學搬出後，就是和林君墨（恕）、但怒剛（懋辛）、唐桂梁（蟒）住在一起（或靠近），「這些人都是日本留學生，都有革命黨的關係；在那個時候各地的革命都失敗了，黨人死的不少，這些人都不高興，都很牢騷。」（《四十自述》）他們窮愁潦倒，於是就放浪形骸，而且還很有理由。這幫革命黨，不過就是革命＋女人，或者政治與性。把革命當女人玩，把女人當革命幹，兩者都能捨命。前者看起來冠冕堂皇，其實未必就不是力比多的釋放方式，後者倒是他們的本色，很真實的。所謂「近朱者赤」，童男子胡適跟著「浪漫」的他們不免「枳」了起來。

　　鈔胡適 1910 年陰曆初六日的日記，以作一觀：

15　曹伯言《胡適日記全編》卷 1，第 3 頁。

「……晚課既畢，桂梁來邀外出散步。先訪祥雲不遇，遂至和
記，適君墨亦在，小坐。同出至花瑞英家打茶園（圍），其家
欲君墨在此打牌，余亦同局。局終出門已一句鐘（「句」應為
「點」，筆者）。君墨適小飲已微醉，強邀桂梁及余等至一伎
者陳彩玉家，其家已閉戶臥矣，乃敲門而入。伎人皆披衣而
起，復欲桂梁打牌。桂梁以深夜驚人清夢，此舉遂不可卻。余
又同局，是局乃至天明始終。是夜通夜不寐，疲極矣，然又不
敢睡。六時以車獨歸，強自支持，改學生課卷三十冊。」[16]

胡適早回，是因為當日上午九時還有課。那課，一夜不眠的他當然也
只能「強自支撐」了。在胡適薄薄的《藏暉室日記》中，類似這樣打
茶園、喝花酒、聽戲、玩牌、叫局之類的事，記載頗多，胡適自己還
是誠實的，用他的話，「我那幾個月之中是在昏天黑地裏胡混。」那
個《競業旬報》時的胡適儼然換了一個人。

　　也就是在本年，胡適在北京考上了庚款留學，此時的清華學堂還
在籌建中。胡適沒在清華讀一天書，但考取了後來和清華發生關係的
官費留學。那麼，胡適是否算清華出生？胡適自己曾稱清華為「母
校」，說自己是清華「校友」，看來有點太過，頂多只能說「前清
華」。設若胡適真的出生清華，真的在這所留美預備學校濡染過它所
特有的美式教育，胡適還會像在上海灘那樣為自己都不屑為的鄙夷之
事呢？

　　應該不會。

　　這不妨是一個參證。清華出生後來又留美的梁實秋晚年回憶自己
年輕時和創造社的交往，創造社都是留日的，也都是革命的，他們同
樣「浪漫」。梁實秋回憶自己到上海時和他們的接觸，「驚異的不是

16　曹伯言《胡適日記全編》卷1，第26頁。

他們生活的清苦，而是他們生活的頹廢，尤以郁為最（指郁達夫，筆者）。他們引我從四馬路的一端，吃大碗的黃酒，一直吃到另一端，在大世界裏追野雞，在堂子裏打茶圍。」敘述完後，梁實秋還不忘補一句「這一切對一個清華學生是夠恐怖的」。梁實秋所恐怖的，也正是那些留日學生帶著胡適玩的把戲。後來郁達夫到北京，找到梁實秋，提出兩個要求，一是帶自己到圓明園去憑弔遺址，一是去逛北京的四等窯子。梁實秋寫到：「前者我欣然承諾，後者則清華學生夙無此等經驗，未敢奉陪。」[17]

　　清華就是清華，留日就是留日。但，清華的潔身自好，此時的胡適當然沒有，假如他幾個月後所去的不是西美而是東日，真不知會變為何物。當然這裏不想對創造社以及其他留日學生作什麼評價，他們的所作所為，是他們的修為，也是他們的私德，以傳統眼光，文人狎邪屬於風流倜儻。只是這樣的風流要搞性革命還可以，可是他們還要搞社會革命，那革命的質地也就可想而知。回觀二十世紀中國革命，最初是留日主導，繼而是留俄主導。呔，中國還就攤上了這兩個好鄰居調教出的那些好好學生。

　　在胡適的墮落時代中，這個人不能不提及，他就是王雲五。我們都知道他是大名鼎鼎的商務老闆，並且創立了四角號碼檢索法，可是最初他卻是新中國公學的老師，胡適是他的學生，而正是這個學生，多年後又推薦自己的老師進了商務，這才有王雲五的一片新天地。這一段佳話，此處不提。此時胡適除了喝酒打牌，意志消沉外，「僅有三事，一曰索，索債也；二曰借，借債也；三曰質，質衣物也。」這天，王雲五來到了自己學生的住處，據胡適當天日記：「先生詢余近況，力勸遷居，實則此間藏垢納污，萬難久處」。[18]約半個月後，胡適

---

[17]　轉引宋益喬《新月才子》，第 28-29 頁，山東畫報出版社，2000。

[18]　曹伯言《胡適日記全編》卷 1，第 4 頁，本節下兩條分別第 14 頁、第 18 頁，未另注。

又和那些朋友出去喝酒,回來後知道王雲五來訪不遇,約他五時再見面,原來是要告訴他這樣一件事。據胡適日記:「五時余往訪之。蓋雲五為余薦華童公學教授國文,事成始見告,其意至可感念也。」在後數日的日記中,胡適繼續記載:「雲五勸余每日以課餘之暇多譯小說,限日譯千字,則每月可得五、六十元,且可以增進學識。」不知道王雲五看中了這個學生的那個方面,一而再、再而三地替其操心費力。胡適能遇上這樣一個老師,尤其又是在如此窮愁的狀態中,真可謂「有福了」。

但,此時的胡適,儘管做了華童的教師,生活有了點進項,卻還不能從陷進去的泥淖中拔出腳來。所謂「積重難返」,看來雖未「積重」卻也未必容易「返」。真正使胡適知「返」的,還是迷途上走出更遠的這樣一件事。1910 年陰曆 2 月 12,胡適的日記很簡單:「上課。是夜,唐君國華招飲於迎春坊,大醉,獨以車歸。歸途已不省人事。」待醒來,胡適發現,自己已經躺在巡捕房的地上了。

原來,胡適這一晚像趕場子一樣,先在堂子裏喝酒,後又在茶館裏打茶圍。因為第二天要上課,不得已,放下牌做車先走了,此時,胡適已醉得很深。這是一個風雨之夜,那拉車的車夫見車上的人醉得呼呼大睡,難免不動心思。結果,胡適身上的錢被掏去了,馬褂被剝去了,還要剝皮袍,胡適下意識反抗了。於是,車夫拉著車子跑了,胡適在後面追了,帽子丟了,鞋子掉了,車夫沒追上,卻遇見巡捕了。巡捕拿著燈向胡適面孔一照,醉意中的胡適勃然大罵了。巡捕要帶他去巡捕房,拿著剩下的一隻鞋子的胡適劈頭就打了。兩人抱在一起不放,就同甘共苦一起滾到泥濘裏了。兩人都受了傷,也滿身是泥,但巡捕制服不了喝醉了的胡適。無奈,他吹起了警笛,喚住了一輛馬車,兩個車夫幫巡捕捉住了胡適,胡適就睡到巡捕房了。

天明時胡適從醉夢中醒來,居然還不知所以。待訊問時,胡適才慢慢明白了一切。那個巡警和胡適都是滿身泥濘,只是,胡適的衣服

是濕的，他卻是乾的。乾，是因為烘乾，但他不敢弄掉泥污，因為這是證據。這個巡警在巡捕頭面前沒有一點優勢，好像是犯事的兩造，問什麼答什麼。這可是滿清時代的員警呀！胡適並沒有因為和員警打鬥而被作任何處置，只是被罰了五元用作那個巡警的養傷費和賠償費（陪那個打碎的燈），然後走人。

　　到的家來的胡適面對鏡子看到了自己受傷的臉，忍不住歎起了「天生我才必有用」的句子，心裏萬分懊喪。他感到對不起他的慈母，在家裏日日夜夜懸念著自己，期望著自己，而自己竟然是這份模樣。眼淚雖然沒掉一顆，但精神上卻發生一個大轉機。在母愛的作用下，胡適從「萬念都灰之中，忽作萬一之希冀」，他當天就辭退了華童公學的教職，認為自己「不配」，很快他就決定參加當年的留美庚考，他的同鄉和朋友許怡蓀也積極鼓勵他。

十三、「我很挨近榜尾了」

　　關於留美庚款，留美後的胡適寫過一篇考證性的〈美國退還庚子賠款記〉。

　　在胡適的敘述中，美國得到清政府的陪款後，一分為三，一是補償當時陸軍所用軍費，一是補償當時海軍所用軍費，一是補償當時美國在華公民的損失用費。把三者相加，再用賠償總數一減，發現還有十二兆多一點的盈餘。1907 年，美國總統羅斯福在國情咨文中頒佈，「即以盈餘之數，交還中國，以為友誼之證」。在其具體說明中，羅斯福表示「此邦宜竭力助中國之教育發達，使此地大人眾之帝國，能振拔以適於今日之競爭世界。即如招致中國學生來此邦留學高等教

育，亦達此目的之一法也。」[19]次年，美國國會通過議案，批准羅斯福總統的提議，表示羅總統有權處理這批多餘款額，至於何時退還中國以及如何退還，俱由總統決定。是年，美國駐北京公使照會中國政府，告以退還多餘賠款之事，清政府答書曰：「敝國聞貴國大伯里璽天德曾有願中國學子留學貴邦之言，且敝國亦素仰貴國教育之發達，是以敝國政府現已決意用此退還之賠款，每年派遣學生若干人，至貴國留學。」（引同上）庚款實行從 1909 年開始，1910 年，清政府勘定京西清華園為校址，籌建學校。這樣便有了最初的清華學堂，就有了後來的清華學校，就有了更後來並且一直到現在的清華大學。雖然，國立清華大學原是以滿清皇族公園「清華園」為名，本義為「水木清華」。但筆者閱讀時發現，民國時代一位鄉村老學究對清華作過一次獨闢蹊徑的演繹，說：

「清華清華，清就是大清，華就是華盛頓。」

胡適是 1910 年參加庚款考試的，此前已經有過一年。1909 年是第一級，這級的官費生是 47 人。胡適是第二級，本級人數為 70。這兩級學生值得大書特書的是，第一級出了個後來是清華校長的梅貽琦，第二級出了個後來是北大校長的胡適之。

胡適決定考官費後，便閉戶讀書兩個月，然後，隨同二哥到北京，住在北京的女子師範學校即後來惹出多少風波的女師大，又埋頭攻讀了一個月。考試是七月份的事，先後分兩場，第一場國文和英文，及格後才能考第二場的各種學科。國文的題目是「不以規矩不能成方圓說」，胡適開頭就是「矩之作也，不可考矣。規之作也，其在周之末世乎？」於是下邊就開始考據起「矩先規後」的問題來。在胡適看來，那位批卷子的老先生多半也有考據癖，否則，只談規矩而不

---

[19] 胡適〈美國退還庚子賠款記〉，《胡適文集》卷 9，第 650 頁，北京大學出版社，1998。

論方圓多少也是跑題了，但他的作文卻得了滿分。英文六十分，兩門平均八十分，排名第十。第二場考的是西洋史、動物學、物理學等學科，胡適考得並不理想。所賴第一場考得不錯，兩場往平處扯，因此發榜時，胡適總分為 59.17 分，榜上排為第 55 名。放洋總為 70 人，胡適總算考取了。但，排到這個位次，胡適也只有說「我很挨近榜尾了」。

「那一天，有人來說，發榜了。我坐了人力車去看榜，到史家胡同時，天已黑了。我拿了車上的燈，從榜尾倒看上去（因為我自信我考的很不好），看完了一張榜，沒有我的名字，我很失望。看過頭上，才知道那一張是『備取』的榜。我再拿燈照讀那『正取』的榜，仍是倒讀上去。看到我的名字呢！仔細一看，卻是『胡達』，不是『胡適』。我再看上去，相隔很近，便是我的姓名了。我抽了一口氣，放下燈，仍坐原車回去了，心裏卻想著，『那個胡達不知是誰，幾乎害我空高興一場！』」[20]

胡達，字明復，江蘇無錫人，同胡適同齡，但沒有任何關係。赴美後兩人一道就讀康乃爾，1927 年因病去世，為紀念，胡適寫了篇追想性的文字，不惜道出自己早年的「光榮」經歷。本來，胡適一直用的是胡洪騂這個名字，只是偶爾用「胡適」為筆名，這次到北京考試，怕考不上被人笑話，才臨時改用胡適，從此以後，胡洪騂就正式變成胡適了。

民國二十三年二月，胡適在南京的竺可楨家中看到他保留的當時的榜文，便託他抄了一份給自己。寄來後，胡適請人重抄一份貼在自己的日記裏，並做了一系列的統計。其中一個統計便是同榜 70 人的省份排名，各省考上人數的順序是：江蘇 20、浙江 14、廣東 10，直隸 3、安徽 3、福建 3、四川 3、貴州 2、湖南 1、廣西 1、山東 1。從胡適的統計看，江浙不愧讀書地，兩省總和便遠超全國一半。

---

[20] 胡適〈追想胡明復〉，《胡適文集》卷 4，第 661 頁。

胡適考上後，他的二哥從東北回來和胡適談話，要他到美國學鐵路工程，或路況工程，而不要他學文學哲學等，也不要他學準備做官的政治法律。胡適因對工程之類實在不感興趣，又不便辜負兄長的希望，便折衷選了農學。他的考慮是，從大處講是「以農報國」，就像當年魯迅留學日本是「以醫報國」；從小處講，農學的好處是不收學費，這樣可以省下官費的一部分寄給母親家用。

由於行期匆忙，胡適來不及回家和母親告別，只好把自己的辮子剪下託人帶回績溪老家交母親留存。8月上旬，胡適在上海的電車上丟了官家發放的三百元服裝費，臨時籌借了一筆錢，把定制的服裝取出來。當時胡適沒敢和家裏講，直到了美國，才寫信告訴本家一位族叔。很戲劇地是，這三百元為一洋人檢得，他查明了胡適的地址，把錢存在郵局裏，要胡適本人寫信給郵局證實身份再發還。這樣一件事，自然使胡適對西方和西方人產生了初步的好感。

從1909年10月新中國公學解散，胡適的人生轉了一個彎，他消沉了近半年的時間，這段時間，胡適成了個他一生中唯有過一次的悲觀主義者，以牌、酒、戲、茶度日，同時兼兼課。但一次巡捕房的經歷，像頓悟一般，使胡適幡然醒悟，從人生的谷低開始往上爬。短短幾個月，他的人生就柳暗花明，出現了根本性的轉機。胡適一生都該感謝那個巡捕房，感謝自己走出巡捕房後所作出的那個選擇，因為人生可供選擇的要緊關頭並不多，也許幾次，也許就一次。但要看你能否抓住，抓住不抓住，就是人生兩重天。這一次，胡適抓住了，負笈北美，學成海歸，否則還會有後來的胡適嗎。

1910年8月16日，胡適在上海乘「中國」號輪去美國。

第二部分　負笈北美（1910-1917）

一、路線圖與時間表

　　胡適一生好作日記，令人奇怪的是，他第一次出洋讀書，在那近一個月的太平洋之旅中，居然無一字記載，真辜負了那漫長旅途的大好時光（當然也有可能是丟了，胡適曾自云：「1910 年 8 月以後，有日記，遺失了」）。我們並不知道胡適出國伊始的經歷和心歷，儘管我們很想知道。好在從他追憶友人和給朋友的信中，還可以窺其點滴。

　　剛到美國，胡適便給國內朋友寫信，由此我們知道了他此行東去的「路線圖」。8 月 16 日從上海啟程，駛向茫茫的太平洋，經過東鄰日本時，胡適不止一次地上岸盤桓。在太平洋東岸，最初抵達的是三藩市，時間 9 月 10 日。休息兩天後，換乘火車向東，大約四天路途，來到芝加哥。又一日，方到美東紐約州的綺色佳（Ithaca），這個小城就是胡適此行的目的地，亦即胡適將要就讀的康乃爾大學之所在。

　　為補胡適記錄之不足，不妨抄一下趙元任的回憶錄。趙元任和胡適同榜錄取，胡考了第 55 名，而趙卻名列「榜眼」。他和胡適「一葦杭之」，同船赴美，後來又同在康乃爾就讀，一農學，一數學。以後，胡適投奔哥倫比亞，趙卻進了哈佛。回國後，胡適任教北大，趙是清華國學院的「四大導師」之一。再以後，他們又成為終生莫逆。在趙的筆下，他們的行程是：

　　「我們到達三藩市，正趕上看慶祝加州於 1910 年加入聯邦日……。我們這批清華學生由蔣夢麟等人來接，夢麟那時是加州大學四年級學生……。他們引導我們去看三藩市的景色，包括 1906 年大地

震尚未清除的廢墟……。不久我們這批人便被分成較小單位，分別送往各大學，大多在東部各州。我們搭乘橫越大陸的火車去到水牛城（Buffalo），然後換車到綺色佳，由一位高年級學生金邦正（後為清華學校校長）來接。以前選送的第一批清華學生，大多數送到高中讀書，他們覺得高中課程太過淺顯，這是北京政府的錯誤。這次，我們全部送到大學，有些人甚至被承認具有稍高學分。我和另外十三位中國學生，獲准進入康乃爾大學，作一年級生，包括胡適（當時英名為 Suh Hu）和周仁……。」[1]

從西部的三藩市向東橫貫美國大地，剛剛上岸的胡適對這塊新大陸印象頗佳，他在上封信中寫到：「途中極蒙學界歡迎，每至一城，可不費一錢而得周遊全市。美國風俗極佳。此間夜不閉戶，道不拾遺，即一切遊戲之事，亦莫不決決然有大國之風，對此，真令人羨慕。」人對異地總會有種新鮮感，因此胡適如此羨慕美國並不奇怪。奇怪的是對日本，日本對胡適來說也是初到的異地，但它沒有留給胡適一丁點兒好印象，以至胡適在信中剛剛誇過美國之後，筆鋒陡轉：

> 過日本時如長崎、神戶、橫濱皆登岸一遊。但規模之狹，地方之齷齪，乃至不如上海、天津遠甚。居民多赤身裸體如野蠻人，所居屬矮可打頂、廣僅容膝，無幾無榻，作書寫字，即伏地為之，此種島夷，居然能駸駸稱雄於世……[2]

語多不屑，這就是胡適對日本的最初的態度。

---

[1]　趙元任《從家鄉到美國》，第 110 頁，學林出版社，1997。

[2]　胡適〈致胡紹庭、章希呂、胡暮僑、程士範〉，《胡適全集》，卷 23，第 23 頁。安徽教育出版社，2003。

　　奇怪的是，同樣從上海乘船赴美，同樣也在日本上岸觀光，對日本的觀感卻截然兩樣：這是若干年後，同樣是清華留美學生蕭公權對日本的首次印象，可與胡適形成比對：

> 船到日本，停泊了一天。我們全數上岸去橫濱和東京「觀光」。雖然「走馬觀花」，時間短促，兩市街道的整潔固不必說，人民普遍的有禮貌和守秩序，尤其給我以深刻的印象（例如坐公用電車的人都自然地、自動地，按到來的先後在車站上排成一列，電車來了，讓車上的乘客下車之後，才魚貫上車，絕不擁擠先入。這雖然「無關宏旨」，但確是國民軍育程度的一種表現）。我此前和許多中國人一樣，不大看得起「東洋人」。現在我開始修改我的態度。[3]

胡適赴美是 1910 年 8 月 16 日，小他六歲的蕭公權則是 1920 年 8 月 23 日（他們都是趕美國大學的秋季開學），時差不過十年零七天。可是從胡蕭兩人的文字看，落差好像是幾個世紀。一個彷彿還在「化外」，一個卻忽地井然有序並高度文明。是他們當中哪一個觀感走偏，還是日本十年就飛躍了一個時代？

　　「此種島夷，居然能駸駸稱雄於世界」，胡適不服又不解的，這裏不妨繼續用蕭公權的回憶來回答。1920 年初到美國的蕭公權，就讀密蘇里大學，當時遠東學生，除中國十多人外，尚有日本、印度、菲律賓等若干。在蕭眼裏，那幾個菲律賓的學生熱衷於結交美國姑娘，學業無甚出色。印度那位學醫，但喜歡放言高論，但，所說往往不著邊際。讓蕭看重的，是日本學生，一共三位，其中一位不但與蕭公權

3　蕭公權《問學諫往錄》，第 47 頁，學林出版社，1997。

同隸哲學，而且在一個宿舍又同住一年。近距離的觀察，讓蕭公權感觸良深：

> 他同其他兩個學生（似乎是一個學農，一個學工）都潛心向
> 學，毫不外務，他們樸實的態度給我以良好的印象。民國九年
> 我經過日本時已感覺到我們看輕「東洋小鬼」是一個錯誤，現
> 在我更覺得日本學生的不可輕視。我曾想，如果日本的青年人
> 大部分都像這幾個日本留學生，這個島國的前途未可限量。從
> 我們中國人的眼光去看，確是可怕。中國的同學笑我時時與日
> 本學生來往，送給我一個「親日派」的徽號，其實我並不親日
> 而有點畏日。[4]

回到這時尚不知畏日的胡適。

　　胡適在美國讀書費時七年，這是一個大致的「時間表」：

　　1910 年 9 月 30 日，康乃爾大學開學，胡適入其農學院習農。

　　1912 年春，三個學期過後，第四學期開始，胡適因興趣決定棄農學文，轉入康大文學院就讀，學習課程有哲學、政治、經濟和文學等。

　　1914 年 6 月 17 日，胡適完成了八個學期的學習，參加康乃爾大學的本科畢業典禮，獲學士學位。由於中國學生一般讀書用功，不少人三年就讀完了四年的課程。胡適也是如此，他本科第四年其實是在該校的研究部讀研究生的課程，主修依然是哲學。本科畢業後，胡適沒有離開康大，而是在研究部又讀了一年，直到次年轉入哥倫比亞大學為止。

---

[4]　蕭公權《問學諫往錄》，第 58 頁。

1915 年，因仰慕美國實驗主義大宗師杜威，胡適於 9 月 20 日離開綺色佳（此時，胡適在康乃爾已經讀書生活了五年），次日抵達紐約，註冊進入哥倫比亞大學哲學系研究部，隨從杜威讀博士。

1917 年 5 月 22 日，經過哥大近兩年的學習，再加上康乃爾大學研究部就讀的兩年，讀研四年的胡適考過博士論文的最後考試（亦即論文答辯），完成了自己在美國的全部學業，準備打道回府。

1917 年 6 月 18 日胡適離開美國，入加拿大境，於 21 日登「日本皇后」輪，從太平洋向西回國。歸時便是來時路，如同當年赴美一樣，船過日本時，又經橫濱、神戶等地，終於 7 月 10 日到達上海。

胡適自 1910 年 8 月 16 日離滬，至 1917 年 7 月 10 日返滬，太平洋上一個漫長的來回，差一個月零六天就是七年。

二、走向樂觀主義

「我到美國，滿懷悲觀」。

胡適的悲觀當然是從母國帶出去的。在上海新公學之後的階段，受自身處境和朋友影響，胡適意志消沉，精神頹唐，而且容易感傷。比如，見日出而霜猶未消，胡適便作騷人狀：「日淡霜濃可奈何」。無奈何的胡適打起精神，總算考上了庚款，自踏上美國的土地，便融入了一種新文明，這個文明於胡適是陌生的，也是朝氣蓬勃的，年輕的胡適感同身受，不知不覺改變了自己的悲觀。不僅對於悲觀主義「今決不能復作此念矣」，而且在個人的精神意志上，胡適逐步變成了一個進取型的樂觀主義者。1914 年冬，某一日，「此間忽大風，寒不可擋。風捲積雪，撲面如割」。一個俄國人因未帶手套，兩手受凍，幾乎殘廢。然而，這樣一個悲苦日，獨身一人滯他鄉，胡適長詩

明志，卻結穴以「明朝日出寒雲開／風雪於我何有哉／待看冬盡春歸來」，[5]「何有哉」的胡適此時何曾有一絲當年「可奈何」的無奈氣？

　　胡適自己認為，去國數年，一個很大的收穫，便是自己成了個樂觀主義者。其所以如此，胡適自云：「美國人出自天真的樂觀與朝氣給了我很好的印象。在這個地方，似乎無一事一物不能由人類智力做得成的。我不能避免這種對於人生持有喜氣的眼光的傳染，數年之間，就逐漸治療了我少年老成的態度。」說到這裏，胡適饒有意趣地談到他第一次觀看足球比賽的情形：

> 「我第一次去看足球比賽時，我坐在那裏以哲學的態度看球賽時的粗暴及狂叫歡呼為樂。而這種狂叫歡呼在我看來，似乎是很不夠大學生的尊嚴的。但是到競爭愈漸激烈，我也就開始領悟到這種熱心。隨後我偶然回頭望見了白了頭髮的植物學教授勞理先生（Mr. W. W.Rowlee）誠心誠意的在歡呼狂叫，我覺得如是的自慚，以至我不久也就熱心的陪著眾人歡呼了。」[6]

胡適少時好靜不好動，以至五歲時便被周圍人笑稱為「糜先生」。如今，當年的「糜先生」看到白髮教授卻像五歲的「糜先生」那樣雀躍時，他的心理觸動是不言而喻的。這是兩種文明的比況，「糜先生」雖然年幼，除了生性，卻背負了千年古文明的負擔；勞理先生雖然年邁，但他所依傍的那個文明卻使他非常年輕。不能說胡適從這時就走向了樂觀主義，但這畢竟是向樂觀主義扳轉的一個契機。身處在美國這種生命力勃發向上的文明形態，胡適的轉變並不令人奇怪。1914 年春，胡適以〈論英詩人卜朗吟之樂觀主義〉為題參加康乃爾大學每年

5　曹伯言《胡適日記全編》卷 1，第 228 頁。
6　胡適〈我的信仰〉《胡適文集》卷 1，第 14 頁。

14

一次的「卜朗吟獎賞徵文」，該徵文由康大某已故教師捐設，面向全校學生，「凡學生作文論卜朗吟之詩文最佳者得之」。這一次，得獎者是胡適，學校給他頒發了五十美元的獎金。因為胡適以外國人的身份獲獎，不僅「校中人詫為創見，報章至著為評論」。胡適寫信向母親報喜，也給比他大幾歲的族叔兼老友胡近仁談及，信曰：「去國數年他無所得，惟能隨事存樂觀之念，無絕望之思。今以為天下無不可為之事，但一息之尚存終回天之有日。去國以來所得僅此一念持獻老友。」然後，又持獻老友一首他自己最喜愛的卜朗吟臨終詩，詩是胡適早先在日記中用楚騷體翻譯的：

> 吾生惟知猛進兮，未嘗卻顧而狐疑。
> 見沉霾之蔽日兮，信雲開終有時。
> 知行善或不見報兮，未聞惡而可為。
> 雖三北其何傷兮，待一戰之雪恥。
> 吾寐以復醒兮，亦再蹶以再起。[7]

受歐美文明的薰陶，胡適有了脫胎換骨般的變化。打此以後，胡適終其一生都是個樂觀主義者，不僅表現在個人的精神意志上，更表現在他對人類歷史和社會發展道路的宏觀把握上。1940 年代後期，有外國記者稱胡適為「不可救藥的樂觀者」（the incurable optimist）。這個樂觀，這個對人生和人類歷史的樂觀就是在美國養成的。1947 年的胡適，在北平做過一次廣播講話。那時的政局，已經有了一個天翻地覆的反轉，它對胡適所信奉的英美自由主義已經極為不利。不僅年輕的學生和大批知識份子自覺不自覺地左轉而去，就是信奉自由主義的人

---

[7] 「胡適致胡近仁 1914 年 5 月 20 日」，《胡適全集》卷 23，第 56 頁，安徽教育出版社，2003。

也對形勢抱以悲觀。可是，胡適卻作了一個明顯不合時宜的講話，題目是「眼前世界文化的趨向」。在胡適看來，世界文化的共同趨向，就是「民主的政治制度」。但胡適似乎料到有些人會嘲笑自己，因為，當時時髦的政治制度已經不是英美的民主政治，而是蘇俄的「集體專制」。但胡適堅持認為：「從歷史上來看世界文化的趨向，那民主自由的趨向是三四百年來的一個最大目標。一個最明白的方向。最近三十年的反自由，反民主的集體專制的潮流，在我個人看來，不過是一個小小的波折，一個小小的逆流。我們可以不必因為中間起了這一個三十年的逆流，就抹煞那三百年的民主自由的大潮流，大方向。」[8]同樣，在一年以後的又一個講演中，針對更加濃厚的失敗主義傾向——有人說「這個輸麻將還打什麼」，有人甚至叫「胡適之準備作俘虜吧」——胡適依然認為，這「集體專制」的三十年在三百年的民主自由的歷史長流中，「只是一個小反動」，「雖然這兩個東西我們無從證明那一個好，依我的看法，民主自由一定得到最後勝利」。[9]

什麼是樂觀主義，在胡適看來，希望就是樂觀主義。「余年來以為今日急務為一種樂觀之哲學，以希望為主腦，以為但有一息之尚存，則終有一毫希望在。……此邦有一諧報，自命為《生命》，其宣言曰：『生命所在，希望存焉。』（Where is Life,there is Hope）此言是也。……故吾為下一轉語曰，『希望所在，生命存焉』。」[10]這一轉語，將生命附之於希望，再引申一步，將人類的發展命運附之於希望。爝火不息，日月出矣，光華在前，這就是樂觀主義。80 年代中國大陸流行過這樣一首臺灣校園歌曲，那就是 1921 年胡適所作的「希望」：

8　　胡適〈眼前世界文化的趨向〉，《胡適文集》卷 12，第 672 頁。
9　　胡適〈當前中國文化問題〉，《胡適文集》卷 12，第 681 頁。
10　曹伯言〈胡適日記全編〉卷 1，第 204 頁。

「我從山中來，／帶得蘭花草；／種在小園中，／希望花開好。／一日望三回，／望到花時過；急壞種花人，／苞也無一個！／眼見秋天到，／移花供在家；／明年春風回，／祝汝滿盆花。」[11]

然而，同樣在「希望」的題目下，又同樣是在 20 年代，魯迅於希望的困頓後，卻唱起了匈牙利詩人裴多菲的「希望之歌」：

「希望是甚麼？是娼妓：／她對誰都蠱惑，將一切都獻給；／待你犧牲了極多的寶貝——／你的青春——她就棄掉你。」[12]

這是在「希望」的題目下寫出的「絕望」詩章。兩個「希望」對比，我們並非無端地說魯迅是一個悲觀主義者，甚至是一個絕望主義者（這同時可參見他對許廣平說的「絕望的抗戰」）。胡適呢，他的樂觀一以貫之，即以上述而論，雖處危變之局，但他本身就是歷史暗夜中的希望之燭。在自由主義凋零的深秋卻預言它明年春天「花滿盆」，這就是典型的胡適之式的樂觀主義。

三、「民有、民治、民享」

案：這是胡適 1911 年 3 月 9 日的日記，這一日，是胡適到美國大約半年左右的時間，他讀到了美國前總統林肯的葛底斯堡演說，而在前一天，他又剛讀過傑弗遜起草的北美十三州的獨立宣言。連讀兩個經典性的美國政治文本，胡適在日記中寫到：

---

[11] 曹伯言《胡適日記全編》卷 3，第 492-493 頁。

[12] 魯迅《野草·希望》，《魯迅全集》卷 2，第 178 頁，人民文學出版社，1982。

> 「昨日讀美國獨立檄文，細細讀之，覺一字一句皆捫之有棱，
> 且處處為民請命，義正詞嚴，真千古之至文。吾國陳、駱何足
> 語此！讀林肯 Gettysburg 演說，此亦至文也。」[13]

從日記中看，這是胡適第一次從書面上接觸美國政治，雖然讚不絕口，左一個「至文」右一個「至文」，但要說有所領會，恐怕還來不及。「獨立宣言」並非一味聲討性的檄文，也非中國皇權制度下的文人陳琳、駱賓王的討伐性文字所能比附，為民請命則更非民主政體的語言，它的政治所指乃是為民做主。一個人的思維狀況通過他所使用的語言就可以檢查，因為思維的幅度超不出語言的半徑。初來乍到的胡適還只能用自己的母語和受母語決定的認知來認知西方政治，這就隔了不止一層。但，這畢竟是一個開始。四年後的胡適對美國政治感受殊深，當他的「一葦杭之」同船赴美的朋友趙元任來信和他討論林肯演說中的最後一句如何翻譯時，胡適的翻譯雖不是最精彩的，但卻是「信」的。這個被梁任公視為不可翻譯的名句是「The government of the people by the people for the people」，胡適一連翻了兩次，前一次是「此吾民所自有，所自操，所自為之政府」，因其「殊未能得原語之神情」，又譯為「此主於民，出於民，而又為民之政府」。[14]意思不差，神情還是沒出來。直到孫中山手裏，形神兼備，才出現漢語世界中公認是最好的翻譯：「民有、民治、民享」。然而，孫中山也不是一步到位，他最初在《文言本三民主義》中，把此句譯為「為民而有，為民而治，為民而享」。這樣的翻譯，意思極為不明，若不辨清這一「為」字的含義，其間的差距還真不可以道理計。

　　這裏「為」不妨有兩解：

---

[13] 曹伯言《胡適日記全編》卷1，第75頁。
[14] 曹伯言《胡適日記全編》卷2，第379頁。

　　其一是以上「為民請命」的「為」（wei 去聲）。這可是任何一個中國皇帝都可以天天掛在嘴上的政治華表。為什麼？權力合法性在此一繫。然而，要害在於，三個「為」字，俱訴諸目的，而目的是誰也看不見的，因而它最不可靠。何況，歷史經驗不難於讓我們看到這樣的吊詭：一個權力，尤其是極權性質的，一邊聲口「為民」，一邊卻在「殘民」，好話有盡，壞事無絕。

　　另一是文言中的被動詞「為」（wei 陽平）。以此義論，政府不是一個主動的存在，它是被動的，主動的倒是「民」。當然，這層意思在原有的句式中並不突出，需要一番鄭板橋式地「刪繁就簡」，待把句中兩個虛字的枝葉給斧削，「民有、民治、民享」的「三春樹」則水落石出、躍然眼前。這樣，「民」的主體性是不是更醒目？當然，就這林肯版的「三民主義」（不是孫中山的）。

　　就此「三民主義」而言，關鍵在於當中的「民治」（by the people）。它就像一根扁擔把「三民主義」的擔子給挑了起來，沒有它，前後的「of the people」和「for the people」則不免無著落。檢驗政府權力的「民」之真偽，不在於它喊沒喊出「of the people」和「for the people」，而唯一地就在於它做沒做到「by the people」。這個短語的真義是「權為民所授」，壓縮成一個詞便是「民治」。民治的關鍵在「by」，它的意思是「通過」和「經由」，這是「程序正義」之始。如果國家權力不是經由（「by」）全體國民的選舉程序，那麼，「為民」之類的「目的正義」就無法保證，甚至根本就是不用兌現的謊言。然而，這麼準確的「民治」一詞大致形成於「五四」，可是它並沒被廣泛採擇，當時流行的是音譯「德先生」。這個「德先生」不知後來為什麼搖身一變為「民主」，並沿用至今。而「民主」完全是從母語文化中汰選出來的詞，它的本意恰恰是和「民治」極不相容的「為民做主」和「民的主宰」。

　　惜乎哉！整個 20 世紀，在漢語文內外的意義上，都是「民治」不彰而「民主」大行。

四、「小敘事」、「大敘事」

　　初到康乃爾的胡適，很快就投入了他的專業學習，日記做得簡而短，都是些日復一日的上課、考試、寫報告等，忙碌得以至有一天的日記居然是：「連日似太忙碌，昨夜遺精，頗以為患。今日訪Dr.Wright，詢之，醫云無害也。余因請其遍察臟腑，云皆如恒，心始釋然。作植物學報告。」

　　胡適讀農學，本來是妥協的一個結果，他對這個專業是否感興趣呢？「我進農學院以後第二學期，接到實驗室主任的通知，要我到該系報到實習。報到以後，他問我，『你有什麼農場經驗』，我說『我不是種田的』。他又問我，『你作什麼呢？』我說：『我沒有做什麼，我要虛心來學，請先生教我。』先生答應說：『好』。接著問我洗過馬沒有，要我洗馬。我說：『我們中國種田，是用牛不是用馬。』先生說：『不行』。於是學洗馬。先生洗一半，我洗一半。隨即學駕車，也是先生套一半，我套一半。作這些實習，還覺得有趣。」[15]「還覺得有趣」，一個「還」字是不是有點勉強？也許第一次是有趣的，後來呢？胡適不想學工程，選擇了農學，因為自己畢竟在農村度過童年。但胡適雖然長在農村，卻沒有做過農活，反而是在鄉下讀書。童年的讀書背景往往會成為他長大後的興趣指向，因此，胡適的興趣是不會停留在農學上的。

　　終於，一堂「果樹學」的實驗課，使胡適下決心離開了這個專業。一張長桌，每個位子都放上四十個蘋果，還有一把小刀，一本蘋果分類手冊。於是學生們都根據每個蘋果根蒂的長短，開花的深淺，顏色形狀的不同，果味和軟脆的差別來分類，而美國的蘋果種類有四百多種。那些美國學生都是農家弟子，蘋果個個都認識，只需和手冊

---

[15] 胡頌平《胡適之先生年譜長編初稿》第 1 冊，第 111-112 頁。臺灣聯經，民 73 年。

對一下就可以填表交卷。很快美國同學就走光了。可是，同樣是農家弟子的胡適卻五穀不分，他和另一個中國同學花了兩個半小時，才分了二十個蘋果，而且大部分又分錯了。當晚，胡適閉門思過，認真地檢討了自己，認為並非自己就不能考得好，畢竟自己年輕，記憶力好，平時又肯用功，應付考試並不難。但，胡適知道，只要考過兩、三天，頂多一星期，就會把美國這四百多種的蘋果分類忘得乾乾淨淨；而況即使回國，國內也沒有這麼多品種的蘋果。更重要的是，胡適發現自己學農完全「是違背了我個人的興趣」。胡適此時的興趣則偏向哲學、政治史、文學。於是胡適痛定思痛，決定放棄農科而改習文科。為此，原為免費而讀農科的他，付出了本來不需要支付的兩個學年的學費，是為代價。

胡適棄農從文，和早於他的魯迅相映成趣，當年在日本的魯迅也是放棄醫學而轉就文學的，固然學醫原本是魯迅自己的志向。魯迅學醫是痛恨自己的父親死於庸醫之手，也痛恨「中醫不過是一種有意的或無意的騙子」。他的想法很單純，「預備卒業回來，救治像我父親似的被誤的病人的疾苦，戰爭時便去當軍醫」。但魯迅的夢卻被一堂課上的幻燈片給擊碎了。這是我們都很熟知的故事，日俄戰爭在中國爆發時，一個充當俄國偵探的中國人被日本人抓住後行刑，而圍觀者同樣也是中國人，臉上並顯出麻木的神情。這一神情對魯迅刺激很大，自此他改變了治病救人的看法，進而認為「我便覺得醫學並非一件緊要事，凡是愚弱的國民，即使體格如何健全，如何苦壯，也只能做毫無意義的示眾的材料和看客，病死多少是不必以為不幸的。所以我們的第一要著，是在改變他們的精神，而善於改變精神的是，我那時以為當然要推文藝，於是想提倡文藝運動了。」[16]如果充分理解魯迅

---

[16] 魯迅《吶喊·自序》，《魯迅全集》卷 1，第 417 頁，人民文學出版社，1982。

此時的憤激，也斷不敢苟同像這種樣子的表述「病死多少是不必以為不幸的」。難道一個人因為愚昧居然連生命都是不重要的了嗎？需知，在人類的所有價值中，不管怎麼洗牌，生命的價值永遠排序第一。本來，治病救人還是一種人道主義，可是魯迅一旦立意高遠，一旦訴諸宏大敘事，卻反而走向了人道的反面。這其實是 20 世紀我們常見到的一種道德弔詭，豈非咄咄也哉！胡魯兩人雖然在「從文」這一點上殊途同歸，但如考其動機，那個「殊」，在於魯迅的從文顯然出於拯救眾生的「大敘事」，胡適則更多偏於個人興趣的「小敘事」。

　　晚年胡適曾在臺灣給中學生做過一次講演，在年輕人的擇業問題上，胡適不改初衷，依然堅持自己早年的「興趣」原則。他說：擇業有兩個標準，一個是「社會的標準」，一個是「個人的標準」。前者是社會的需要，後者是個人的興趣。那麼年輕人究竟何去何從呢？胡適說：

> 「社會上需要工程師，學工程的固然不憂失業，但個人的性情志趣是否與工程相合？父母兄長愛人都希望你學工程，而你的性情志趣，甚至天才，卻近於詩詞、小說、戲劇文學。你如遷就父母兄長愛人之好而去學工程，結果工程界裏多了一個飯桶，國家社會卻失去了一個第一流的詩人、小說家、文學家、戲劇學家，不是可惜了嗎？社會職業何止三百六十行，行行都需要。一個人決不能做每行的事，頂多會二三行，普通都會一行的。在這種情形之下，試問社會的標準重要？還是個人的標準重要？當然是個人的重要！因此選科擇業不要太注意社會上的需要，更不要遷就父母兄長愛人的所好，只問你自己性情近乎什麼？自己的天才力量能做什麼？配做什麼？要根據這些來決定。」[17]

---

[17]　胡頌平《胡適之先生年譜長編初稿》第 1 冊，第 126 頁。

胡適這一段其實是現身說法，因為當年留學時正是胡適那位兄長如父的二哥要求胡適學習工程的，這裏既有個人身家的考慮，同時也受到當時「實業救國」的影響。後來胡適決定改習文科時，也是他二哥來信力勸，認為經史詩賦那一套放在今天已經百無一用了，「而農學最為中國通用之學……，吾弟將來學成歸國，大有可為」。胡適最終沒有接受勸告，他按照自己的興趣作出了選擇。因此，他對那些年輕的中學生說：「我一生很快樂，因為我沒有依社會需要的標準去學時髦。我服從了自己的個性，根據個人的興趣所在去做，到現在雖然一無所成，但是我生活得很快樂。希望青年朋友們，接受我經驗得來的這個教訓，要問自己的性情所近，能力所能做的去學。」（同上）

　　可是，胡適這番重個人不重社會的小敘事卻惹得小唐德剛大大不快，他認為胡適的話「個人主義色彩太重」，「浪漫主義色彩太重」；而且胡適的經驗也不適合一般的中學生。在唐看來，胡適畢竟是個有成就的「大學者」，中學教育則是教育一個人怎樣成為一個「沒有成就」的普通人。而普通人需要一個正當職業，這職業「不是完全受個人興趣指揮的，它要以社會、國家和團體的需要而定。『中學生』之中，文才橫溢的『小魯迅』真是千千萬萬；但是社會上對『魯迅』的需要量（著重個『量』字）便遠不如對『會計師』、『繪圖員』、『水喉工』……等等的需要量大。如果一個『中學生』聽了胡適的話，此生薄會計師而不為，非『魯迅』不做，豈不是誤人誤己？」小唐氏進而指出：「胡適之先生那一輩的老知識份子，頭腦裏始終未能擺脫科舉時代的舊觀念。受教育的人一定要出人頭地，一定要錐處囊中。他們不甘心做個普通人。但是在一個已發展的社會裏，九年國教，人人可受，誰非知識份子呢？如果每個知識份子都要『立志』發展天才去做李白、杜甫、畢卡索、胡適、愛因斯坦，那麼這世界還成個什麼世界呢？」最後，德剛唐憤言：一個人「為什麼一定要

出人頭地『不超人、毋寧死』（一個老朋友的座右銘）呢？多難的祖國，不就是被一批『超人』們弄糟了嗎？」[18]

痛快！唐德剛記胡適，一個最大的特點就是議論風生，其文字常常讓人大快朵頤。以上自稱和胡適「抬槓」的話真真是「槓上開花」，尤其最後一句。可是，他是在和胡適對話嗎？不，他是在借題發揮。在擇業問題上，無論胡適自己、還是勸告別人，不都是基於個人興趣的「小敘事」嗎？什麼時候要「超人」？唐氏不察，信服尼采「超人」的，除了他的老朋友外，還有留日時的小魯迅，但肯定不會是留美時的小胡適。魯迅半生迷戀尼采，胡適不但沒有，留學時還專意批過他的「超人說」（詳後「尼采的『遺毒』」）。俯視眾生的尼采終於為納粹的極權所利用，欣賞尼采的魯迅又為誰利用？而且，又為什麼被利用？這些都是問題，問題在於，「第一要著，是在改變他們的精神」和「嚴重的問題是教育農民」，是不是有點曲徑暗通。唐德剛擔心學生中的「小魯迅」誤人誤己，未必沒有道理，可是，從文未必就「魯迅」，文，僅僅是職業而已。職業有職業之倫理，如果有人是職業文人卻又以改造別人的精神為職志，這恐怕自己的精神就有問題。唐德剛呵唐德剛，你的話是有針對性的，但卻不是針對胡適的。你把對 20 世紀「穿長衫」的人一肚子「鳥氣」發在了胡適身上，實在是言之有據卻又文不對題，只能判你五十分。

於是，唐德剛也給學生以忠告：「我坦白地告訴我的學生（尤其是中國學生）學歷史或亞洲文化，在美國是沒飯吃的。我勸他們『兼修』一點電腦、教育、或會計……一類『實際一點』的課，以便大學畢業後好去『謀生』。」（引同上）胡適是小敘事，唐德剛也是小敘事，只不過擇業上的文、理、工不同罷了。即使如此，胡適的話還是值得考慮的（就像唐德剛的話也有道理一樣），一個人如果就是不愛

---

[18]　唐德剛《胡適口述自傳》，轉引《胡適文集》卷 1，第 223 頁。

那一行、那一科，學起來不僅痛苦，而且也未必能學得好。如果學不好，吃飯依然是問題。

　　要之，在個人擇業上，如果你的任何選擇都為社會所需要，那麼，你就不必考慮社會需要什麼，而是你能做什麼。早在 1925 年，北大教授的胡適就對學生作了這樣的表述：「救國千萬事，何一不當為？而吾性所適，僅有一二宜」。這「一二宜」也就是「性之所近而力之所能勉」。此便是小敘事意義上的個人擇業之要。轉從大敘事，勉力於自己的選擇，「這便是你對國家應盡的責任，這便是你的救國事業的預備功夫」。[19]

五、「吾對於政治社會事業之興趣」

　　1912 年是美國四年一度的大選之年。這一年胡適因興趣轉了學，讀胡適這一段時間的日記，所開課程大抵為哲學、美術哲學、倫理學、美術史、中古史、論理、美國政治、美國政黨、心理學等。顯然，在這些課當中，胡適的興趣主要集中在政治上，並且是美國政治上。對美國政治，胡適的興趣又是體現在政治參與而非政治理論上。本來胡適不是美國人，美國政治於胡適，頂多是個旁觀，但，胡適本人卻是以主動的姿態介入。1912 年的大選，胡適把進步黨的老羅斯福作為自己的支持對象，四年後，變換門庭的胡適又把羅斯福改成了威爾遜，於是，年輕的胡適 1912 年胸襟上佩戴了一枚象徵支持羅斯福的大角野牛像的徽章跑來跑去，1916 年，跑來跑去的胡適則換上了支持威爾遜的徽章。然而，我們知道，作為留學生的胡適不是美國公民，他其實是沒有投票權的。

---

[19] 胡適〈愛國運動與求學〉，《胡適文集》卷 4，第 630 頁。

　　該年的 11 月 16 日，胡適目睹了美國大選的揭曉。威爾遜得了 387
票，羅斯福得了 199 票。被胡適鍾情的老羅斯福還是落選了。那時的
美國，激進大於保守。當然，激進與保守這時不是胡適的問題，沉浸
在政治熱情中的胡適主要是在大選中熟悉美國政治，同時也在感受他
的老師們的政治關懷。大選中給胡適留下極深印象的是康大教授的一
次政治辯論，胡適的業師客雷敦教授代表民主黨，法學院院長亥斯教
授代表進步黨，雙方辯駁往還，雲起風生，其風度與風采使年輕的胡
適欣羨不已。大選揭曉後，胡適往見他的倫理學教授索萊，這時客雷
敦教授走了進來，他們都支持民主黨，於是兩人旁若無人地緊緊握
手，互相道賀：威爾遜當選了！威爾遜當選了！看著兩人的激動狀，
並不支持威爾遜的胡適也感動得熱淚盈眶。這些美國教授不事政治卻
如此關心政治，這是知識份子的公共關懷，後來胡適把這種關懷概括
為「不感興趣的興趣」。這種興趣其實也貫穿了胡適的一生，甚至成
為他生命中的不可或缺的部分。胡適除了抗戰時期因「國家徵調」做
了四年駐美大使，此外甚少介入實際政治。但他的政治關懷使他一輩
子都未能脫離中國政治，其所以如此，似也只能解釋為胡適在美國的
習得，是美國造就了這樣一個胡適之。

　　這是 1916 年冬的日記，離胡適學成歸國的日子不遠了，他以「吾
對於政治社會事業之興趣」為題，總結了自己如此投入美國社會政治
生活的緣由，曰：「余每居一地，輒視其地之政治社會事業如吾鄉吾
邑之政治社會事業。以故每逢其地有政治活動，社會改良之事，輒喜
與聞之。不獨與聞之也，又將投身其中，研究其利害是非，自附於吾
所以為近是之一派，與之同其得失喜懼。故吾居綺色佳時，每有本城
選舉，我輒有所附同，亦有所攻斥。於全國選舉亦然。」

　　對胡適如此熱衷他鄉事務，並且在一定意義上還影響自己的學
業，因此，中國學生中，「人或嗤之，以為稚氣」。胡適則認為「蓋
吾人所居，即是吾人之社會，其地之公益事業，皆足供吾人之研究。

若不自認為此社會之一分子，絕不能知其中人士之觀察點，即有所見及，終皮毛耳。若自認為其中之一人，以其人之事業利害，認為吾之事業利害，則觀察之點既同，觀察之結果自更親切矣。且此種閱歷，可養成一種留心公益事業之習慣，今人身居一地，乃視其地之利害得失若不相關，則其人他日回國，豈遽爾便能熱心於其一鄉一邑之利害得失乎？」[20]不難看出，胡適是個有心人，也是個有準備的人，他在為回國做打算，現在等於是在美國實習。至於這裏「留心公益事業」，當就是我們今天所謂「公共關懷」。

案：其實，不待回國，故土鄉邑的公共事務便在胡適的「熱心」之中。1914年夏，胡適有給母親的信，信中，他請母親幫他辦這樣幾件事，並「望母親下次寫信告知」：

　　一、吾鄉邑自共和成立後，邑人皆已剪去辮髮否？有改易服制者否？

　　二、吾鄉現有學堂幾所，學堂中如何教法？

　　三、鄉中有幾人在外讀書（如在上海、漢口之類）？

　　四、目下共有幾項捐稅？

　　五、邑中政治有變動否？……縣知事由何人揀派，幾年一任，有新設之官否，有新裁撤之官否，縣中有小學幾處？[21]

　　熱心的胡適可曾想過，他的母親會關心這些事嗎？她能幫他辦到這些事嗎？

---

[20] 曹伯言《胡適日記全編》卷2，第507頁。

[21] 「胡適致母親1914年8月9日」，《胡適全集》卷23，第65頁。

六、模擬大選中的「激進」與「保守」

　　胡適對美國政治的興趣，受啟於一位叫作山姆‧奧茲的老師，這位老師在 1912 大選年講授的課程就是美國政治和政黨。這位山姆大叔一上課就要求班上的每一個同學定上紐約出版的三份報紙：《紐約時報》、《紐約論壇報》、《紐約晚報》，因為這三家報紙在大選中分別支持三個總統競選人威爾遜、塔夫脫和羅斯福。他要求學生在三個月內，把三份報紙的大選新聞都細讀一遍，然後寫出「摘要」，再根據它寫出讀書報告。這樣，報紙就成了這門課的參考書，讀書報告就是課務作業，而期終作業則要求學生把聯邦四十八個州在選舉中的違法亂紀作一番比較研究。山姆大叔認為，這樣做一通之後，學生對選舉政治那一套就非常熟悉了。為加強學生的介入感，山姆大叔還向學生提出一個建議：看三份報紙，注視大選的經過，同時認定一個候選人作為自己支持的對象。這樣你就會注視自己的候選人的得失，它會使你對選舉更為興奮。

　　胡適顯然接受了老師的建議，他選擇了羅斯福。為支持羅氏，他不但別著大角野牛像的徽章跑來跑去，而且身為世界學生會康乃爾大學分會主席的他還在學校裏組織各國學生進行了一次民意測驗。這是他在 10 月 30 日的日記：「夜，予忽發起於世界學生會餐堂內作『遊戲投票』，選舉美國總統。」是時總統候選人有四，他們是代表民主黨的威爾遜，代表共和黨的塔夫脫，代表從共和黨分裂出來另組進步黨的老羅斯福和代表社會黨的德卜。各國學生有 53 人投票，中國學生15 人，結果威爾遜得票最多。事後，胡適在日記中對來自各國學生的票數進行了分析，就中國學生的選票流向，胡適寫到：「吾國人所擇Wilson 與 Roosevelt 勢力略相等，皆急進派也，而無人舉 Taft 者。又舉社會黨者二人，皆吾國人也；此則極端之急進派，又可想人心之趨向

也。」²²這是什麼「趨向」呢？可以這樣比較，南美的學生幾乎沒人把票給羅斯福，因為他「嘗奪巴拿馬於哥倫比亞，迫人太甚，南美人畏之，故不喜之。」而菲律賓學生把票都投給了威爾遜，是因為「民主黨政綱許菲島八年之後為獨立國，故舉之。」就這兩地學生言，他們的票顯然是跟著本國的利害關係走的。中國學生不然，他們和美國沒有任何利害，他們的投票完全取決於他們的價值認同。很明顯，由威爾遜代表的民主黨是激進的，很能得中國學生的同情。共和黨雖然是保守的，但從這個保守陣營中分化出來的羅斯福也是激進的（他的黨號為進步黨），因此也能得著中國學生的同情（這同時也是他們兩人票數相伯仲的原因）。甚至更為激進亦即具有社會主義傾向的社會黨也能得上兩票，這僅有的兩票都來自中國學生。而唯獨代表保守勢力的塔夫脫，在中國學生中卻一票也沒有。這，說明了什麼？

　　1988 年余英時在香港中文大學成立 25 周年的紀念講座上作過一個「中國近代思想史上的激進與保守」的講演，它開啟了世紀末的中國知識界對一百年來激進主義的反思。在余看來「中國近代一部思想史就是一個激進化的過程（process of radicalization）」，其實，不獨如此，中國近代政治史也是一個激進化的過程。這相為表裏的兩個過程，其起點都是 1898 年。這一年在政治領域和思想領域分別發生了對後來影響至巨的兩件事：一件是康梁發動了沒有成功的戊戌維新，一件是嚴復翻譯的「進化論」（《天演論》）問世。這兩件事事實上開啟了 20 世紀中國思想史和政治史的閘門。所謂「維新」便是「唯新」，唯新是求，一個「新」字便構成了那個時代的士大夫們的意識形態，有誰能抵擋它那「奇里斯馬」般的魅力？而「新」在於「進」，不進不新，被誤讀了的「進化論」（最明確的證據是翻譯它的嚴復不是一個激進主義者）又成為務「新」的路徑，而且是唯一的

---

²² 曹伯言《胡適日記全編》卷 1，第 172 頁。

路徑。於是，愈進愈新，越新越進，從思想到政治，終至成了一發不可收的激進。本來康有為的「君主立憲」相對於兩千來年的皇權社會已經石破天驚，可是曾幾何時，康梁的維新已經成了保守的代名，維新直趨革命，而革命的目的三波兩折又由康有為的「大同世界」直下「communism」。一個世紀下來，一味求進的我們突然發現 20 世紀是倒著走完的。這「欲進還退」的歷史難局不得不讓我們反思，我們不得不重新考量進步、進化、激進、革命、革新這些充分被我們浪漫化和理想化了的詞。由於這些詞主宰了整個 20 世紀中國人的精神世界，以至在我們的精神座標上，和這些詞對立的「保守」、「守舊」則天然成為一種價值上的落後，甚至反動。風起於青萍之末，世紀之初，風習正在形成，不獨海內，甚至海外，年輕的留學生更是得風氣之先，他們正感染著胡適說的「人心之趨向」，這也就解釋了他們為什麼寧可把票投給德卜也不會投給塔夫脫。

可是，「塔夫脫」怎麼了？保守難道不是一種價值，尤其在舉國激進、一味偏斜時，它難道不是一種至少可以用來平衡的價值？何況它的意義還遠不止於此。1915 年 3 月 3 日，早已落選的塔夫脫來康乃爾大學講演，胡適有機會親耳聽一聽保守主義的聲音。在胡適當天的日記中，聽塔夫脫講演的人有三千多，以至後來者因沒有地方而不斷快快離去。「塔氏極肥碩，演說聲音洪而沉重，不似羅斯福之叫囂也。塔時時失聲而笑，聽者和之，每至哄堂。塔氏笑時，腮肉顫動，人謂之『塔夫脫之笑』。」胡適的描寫很生動，而塔氏的講演亦精彩。這個講演名為「Signs of times」，胡適的評價是「有警策處，惟其『守舊主義』撲人而來」。此時，胡適已從認同激進的羅斯福改到更激進的威爾遜，塔夫脫的聲音自然聽不進去。但，他畢竟記下了一個非常精彩的警策之處。塔夫脫言：「嘗見叢塚中一碣，有銘曰：『吾

本不病，而欲更健，故服藥石，遂至於此。」」[23]如此詼諧之語，在胡適看來「譏今之急進維新黨也」，但它確實道出了一味激進求新可能導致的負面性。只不過這個「遂至於此」的碑碣不是為美國立的，在它那裏，激進與保守在一個長時段中可以尋求到平衡。而在 20 世紀的中國，保守從來就不被當作正面價值看，它不但構不成一種平衡的力量，而且總是一個被否定的對象，因而它只有眼睜睜地看著激進折騰而「遂至於此」。「吾本不病」的美國尚有激進之憂，本來就多病的華夏，卻不顧沉屙，單求激進猛藥，一味復一味，試圖神話般地鳳凰涅磐。而涅磐就是焚之而後生，結果，焚是自焚了；但，後生卻沒有。

留學生一票都不給塔夫脫，不是偶然，而是吾國那個時代不應忽視的一種「精神症候」。

七、民權政治的「初步」

在康乃爾讀書時的胡適，對政治的興趣除了在美國四年一次的大選中表現出來（胡適在美國一共經歷了 1912 和 1916 年的兩次大選，年輕的胡適都傾情投入），另外，胡適的政治熱情還表現在組織各種活動和旁聽當地議會甚至國家議會的多種會議上。

1912 年 11 月 7 日：「夜中讀書，忽思發起一『政治研究會』，使吾國學生得研究世界政治。」這是胡適上次組織學生給總統候選人投票差不多一周的時間，而大選的結果也才剛剛出來，胡適又坐不住了。說幹就幹，四天後，在他 11 月 11 日的日記中可以讀到：「以前日所念及之『政治研究會』質之同人，多贊成者，已得十人。」11 月 16 日，「午有政治研究會第一次組織會，會於予室。會員凡十人。議

---

[23]　曹伯言《胡適日記全編》卷 2，第 78 頁。

決每二周會一次，每會討論一題，每題須二會員輪次預備演說一篇，所餘時間為討論之用。每會輪會員一人為主席。會期為星期六下午二時。第一次題為〈美國議會〉，予與過君先分任之。」第二次會集已是 12 月上旬了，討論的問題是英法德諸國的議會制度。

談論議會制度，莫過於親身感受。在胡適留美日記中，有「綺色佳城公民議會旁聽記」，計有兩次，每次旁聽的內容都記載甚詳，從討論的問題到問題如何展開，包括最後的表決結果，胡適娓娓道來，內容分量大大超過其他日記，而且日記中一再表示，這等會議「覘國者萬不可交臂失之」。他鄉如此留意對方的政制和公共生活，可見胡適是一個有準備的人。不獨如此，胡適在美京華盛頓逗留時，每得閒暇也去國會旁聽兩院會議，自云「尤數至眾議院」。

甚至，胡適還有機會主持會議，實際練習。當時胡適是美東校際組織「世界學生會」康乃爾大學分會的負責，1913 年 10 月 8 日，胡適第一次坐在主席的位置上，「是夜世界會有議事會，余主席，此為生平第一次主議事席，始覺議院法之不易。余雖嘗研究此道，然終不如實地練習之有效，此一夜之閱歷，勝讀議院法三月矣。」這一次主席，給胡適留下了難忘的印象，直到晚年給唐德剛做口述時，胡適還把這一節拎出來，發揮了一番，說：「在 1910 年至 1920 年這段時期裏，幾乎所有的美國學生會的章程都明文規定，各種會議的議事程序要以『羅氏議事規程』（Robert's Rules of Order）為準則。」「由於參加乃至主持這些會議，以及學習使用『羅氏議事規程』，使我逐漸瞭解民主議會議事程序的精義，這也是我當學生時參加學生活動的一大收穫。」接著，胡適提到了他年輕時的那次主席，「在我的留學日記

裏，我曾記下我第一次主持學生會會議的經驗。我說那一小時做主席
的經驗，實遠勝於對『羅氏議事規程』做幾小時的研究。」[24]

胡適數次提到的「使我對民主議會程序有所體會」的「羅氏議事
規程」即「羅伯特議事規則」。這個規則乃是美國這樣一個民主社會
在公共會議上討論問題的程序與方法。創立這個規則的亨利・馬丁・
羅伯特是一個年輕的美國軍官，他曾經主持過地方教會的一次會議，
結果因為缺乏會議程序，會開得炸了鍋，卻沒有形成任何決議。過
後，羅伯特利用若干年時間悉心鑽研英國議會史和會議方法，終於在
1876 年出版了一本如何開會的小冊子。他購買了一千本分別寄給了國
會議員、教授、律師等，該書很快行銷全國。到胡適留學美國的 1915
年，該書不但大行其道，而且已經成為將軍的羅伯特又出版了它的修
訂版，書名正式叫做《羅伯特議事規則》。這本書業已成為美國民眾
的開會指南。1923 年羅伯特逝世後，該書仍在不斷修訂中，到 1990 年
已經修訂到了第九版。

胡適回國後，把「羅伯特議事規則」也帶了回來。若干年後，胡
適參加南京考試院的考試委員會召開的一次會議，擔任會議主席，會
上胡適發現有些人特地來觀察他們如何開會。會後，有一位考試院的
元老來看胡適，對他說：我們這一輩民元老國會的議員，總以為我們
是唯一懂得議會程序的人了，但看到你今天做主席時的老練程度，實
在驚歎不置。這位民國元老問胡適從哪裡學會了這一套，胡適老老實
實地告訴他，是在美國，是在做學生時代。

無疑，這位民元時代的老議員是懂得如何開會的，假如他沒有類
似胡適在英美的經歷，又假如他是追隨孫中山的，他之所以會開會，
差不多就是拜這位逸仙先生之賜了。當年孫中山在美國也注意到了羅
氏這本書，1911 年，辛亥事起，時孫中山正在美國三藩市。據北大前

---

[24] 胡適《胡適口述自傳》，《胡適文集》卷 1，第 228 頁。

校長蔣夢麟回憶（他那時還是一個學生）：「過了幾天，先生動身經歐返國。臨行時把一本 Roberts Parliamentary Law 交給我，要我與麻哥把它譯出來，並說中國人開會發言，無秩序，無方法。這本書將來會有用的。」蔣接著說：「我和劉沒有能譯，後來還是先生自己譯出來的。這就是《民權初步》。」[25]也就是說，在胡適留學回國那一年，蔡元培入主北京大學那一年，張勳短命復辟那一年，俄國爆發十月革命那一年，孫中山在上海寓所以美國沙德氏的書和「羅氏議事規程」為藍本，連翻帶寫，弄出了這本專門談開會的《會議通則》，後改名《民權初步》。孫中山自視其書為「教吾國人行民權第一步之方法」。[26]在孫中山那裏，民權的內容大致有四款，即對官吏的選舉權、罷免權，還有就是對法案的創制權和複決權。民眾如何行使這些權利呢？在孫中山看來，四萬萬的中國人長期以來乃是一盤散沙，「而欲固結人心，糾合群力，又非從集會不為功。是集會者，實為民權發達之第一步」。（同上）既如此，如何集會就是一個問題。所謂會議，乃為解決問題而設，一人為獨思，二人為對話，三人或以上就是會議了。然，孫中山見國人開會，「不過聚眾於一堂，每乏組織，職責缺如，遇事隨便發言，彼此交談接語，全無秩序。」（同上）會議如此不規則，孫中山只有把美國的那一套搬到中國來。

　　胡適儘管多有不認同孫中山之處，但對於《民權初步》卻相當贊可。結合自己當年在美國的經歷，他說：這些訓練「使我對民主政治有所認識，以及一個共和國家的公民在政治上活動的情形，也有更進一步的理解。這是多麼有益的一種訓練！因此我對孫中山先生的強調使用議會程序的號召，實有由衷的敬佩。孫先生把一種民主議會規則

[25] 蔣夢麟〈追憶中山先生〉，《現代世界中的中國》，第 185-186 頁，學林出版社，1997。
[26] 孫中山《民權初步·序》，《建國方略》，第 332 頁。中州古籍出版社，1998 年。

的標準本，譯成中文，名之曰《民權初步》。我完全同意他的看法，民主議會程序，實在是實行民權政治的『初步』。」[27]

胡適一席話，又惹動了給他記口述的唐德剛氏的憤憤不平，儘管胡適早已不在場，他接過話頭就洪水滔滔。在他看來，汪精衛在為〈總理遺囑〉撰稿時，為著行文聲調的鏗鏘，選了三部遺著排列：《建國方略》《建國大綱》《三民主義》，而遺漏了在他看來卻不該遺漏也不能遺漏的《民權初步》。唐氏認為，汪精衛漏列此書是因為他覺得開會對民主建國這類大事來說，不過是「小道」，不能與〈總理遺囑〉中的那些經典並列。可能要勸一勸唐德剛稍安毋躁，孫中山的《建國方略》乃由三部分構成，一是「孫文學說」、一是「實業計畫」，還有就是這「民權初步」。這三部分各自獨立的內容從 1916 年一直寫到 1919 年，然後由孫中山自己編定，欽為《建國方略》。因此，汪精衛沒有漏列，它已經包含在「方略」之內了。不過，唐德剛的這一觀點卻相當精彩，他認為中國政治現代化的過程從來就不缺建國大綱和方略之類的東西，缺的正是這個孔子認為「亦有可觀」的如何開會的「小道」。如果民權的第一步就是開會，如果連個會都開不好，比如，不知道會上如何決議，也不懂決議後如何實行；那麼，「假民主」還不如「真獨裁」[28]——瞧，唐德剛又憤激了。

請問唐氏，會議開不好，就是「假民主」了嗎？是的，唐氏有眼，還真是如此。民主政治其實就是「會議政治」。政治作為公共事務的管理，它的決議大都是通過會議商討而形成。無論是早年希臘城邦廣場上的民眾集會，還是後來英美由選舉的「代議士」舉行代表會議，都是民主政治的前提。只有古代皇權和現代極權，決策可以一腳踢開會議而只憑權柄。但，問題在於，並非大家聚在一起或坐下來開

---

[27] 胡適《胡適口述自傳》，《胡適文集》卷 1，第 229 頁。

[28] 唐德剛這一部分文字見《胡適文集》卷 1，第 249 頁。

會就是民主了，民主不是口號，不是目的，它是體現在開會上的實實在在的程序。像陳獨秀那樣，五四時如此高揭「民主」之旗，但轉過臉來卻對 1925 年暴民火燒《晨報》居然還認為難道不該燒，這就連一點民主的邊都沾不上，地地道道的「假民主」。20 世紀中國民主進程的最大虧蝕就虧在那些人把民主僅僅變成了可以利用的口號和目的，它幾乎從來就沒有被當作一種程序。因此，可以這樣斷言，但凡民主沒有落實到程序上，就是「假民主」。民主的真假，端視此而定。作為程序的民主，體現在會議上，就不是要開一個會議，把會議者集中起來，卻又遲遲不開，而是做會議者的思想工作，待全體工作做通之後，再行開會。這種會議等於是借別人的手通過自己早已形成的決定，儘管會場上的手臂齊刷刷地亮成一片，卻依然是假民主。同樣，作為程序的民主，也不是像前蘇聯赫魯雪夫那樣被通知參加會議，到場後卻告知自己已被解除總書記的職務而自己和支持自己的人卻沒有回辯的餘地，這樣的決定哪怕出自大多數，也同樣是假民主。作為程序的民主，一個會議，如果它既然是不同利益主體和不同意見主體在一張桌子上博弈，它就要保證會議雙方或多方的公正與平等，保證彼此的討論自由，保證會議不被某種勢力操縱，保證所有的聲音都能擺到桌面上來，還要保證彼此都有同等的時間來表達並不能被打斷，而要做到這些，就需要制定相應的「遊戲規則」，這，就是程序。如果沒有這樣的程序，那麼，你說，民主在哪裡？民主還又能在哪裡？

然而，孫中山的「民權初步」在它出世之初，就有人譏之為「不切近事」，嘲之為「可笑的程式」和「繁瑣哲學」，這不奇怪，就是放在今天，我相信，它還是會不入一些人的法眼。今天的知識份子，特別是人文類型的，習慣於把民主作為一種「價值理性」來弘揚，而不慣於注意那種能夠把民主落實到程序上的「技術理性」。孫中山的小冊子，恰是讓「技術理性」給會議編程，它不言「道」，只談「術」，「術」字當頭，「道」在其中。這就給我們一個啟示，在某

種意義上，「技術理性」遠重於「價值理性」，就像「程序正義」更甚於「實質正義」。就民主而言，不言而喻地是，如果沒有「技術理性」，「價值理性」永遠是空中樓閣。既然吃了一個世紀的虧，那就該醒過來好好打量民主。民主呵民主，讓我們就從身邊開會這樣的小事做起。也許一個班級的會是小會，一個團體的會是小會，可是，一個社區呢，一個區縣呢，一個州省呢，一個國家呢？有公共生活就有會，會是不同層級的，也是無處不在的。因此，不妨就把身邊的會當作民主的「初步」，注意養成程序和尊重程序的習慣，並由此走出去，向外推，「行遠自邇，登高自卑」，以漸而進，蓄勢而成。相信假以時日，終能走向那個國家民主的大目標。

　　附：以上胡適和蔣夢麟提到的「Roberts Rules of Order」，上個世紀 80 年代末已經翻譯，商務印書館遲至 1995 年才出第一版，名為《議事規則》。十年後的今天（2005 年 10 月），商務館第二次印刷，數量五千，價格九元。近日，筆者購得一冊。

八、「天賦人權說之沿革」

　　這是一則很簡短的日記，提綱似的，寫於 1913 年 1 月 25 日。是年，胡適剛過 21 歲，在康乃爾，他大三已經把大四的學分都修完了。此時的他，學業超前，都在想些什麼呢？

　　「近來所關心之問題，如下所列：

　　（一）泰西之考據學，

　　（二）致用哲學，

　　（三）天賦人權說之沿革，

　　皆得其皮毛而止，真可謂膚淺矣。」[29]

---

[29] 曹伯言《胡適日記全編》卷 1，第 223 頁。

　　第一條，對泰西考據學的興趣影響了胡適一輩子，學術胡適大抵就是個「拿證據來」的考據胡適。一個《水經注》，一個虛雲和尚，拋去他中晚年幾多時光。

　　第二條，此時胡適尚在康乃爾大學讀哲學，而他如果喜歡致用之學，就表明他最終要走出康大了。康大的哲學風習是從黑格爾那裏流變出來的新唯心主義，而胡適生性不慣「形而上」，也沒有談「玄」的興致，因此康大哲學系並不適宜他，他還沒有找到自己的土壤。致用哲學是胡適自己的稱謂，它其實就是美國哲學中的「實用主義」，後來又叫「實驗主義」，這個主義的掌門人就是哥倫比亞大學的杜威。胡適前此日記未曾見過此人，看來是興致剛移師至此，既然，他拜別康大，也就是個時間了。

　　令我格外注意的是第三條。在概念意義上，胡適對「天賦人權」的關心似不若他對「民主」的關心。胡適晚年對「民主」有過極為精彩的闡發，比如「民主是一種生活方式」。但，同樣是晚年，胡適對「人權」概念的看法，卻令人感到有其商榷處。閱讀胡適，沒有發現他這一生中對人權學說的沿革進行探討，但卻發現胡適自己在人權觀念上卻有一個反轉性的變化，這就是從「天賦人權」到「人權非天賦」。請看胡適 1953 年在臺灣新竹的講演，其中涉及到「天賦人權」的概念，他表明了這樣一種態度：

　　　　「從前講天賦人權；我們知道這個話不正確。人權並不是天賦的，是人造出來的。所謂民主自由平等，都是一個理想，不是天賦的。如果是天賦的，就沒有人投票選舉了。在某種社會上，人如果沒有力量保護自由，專制的人可以把你的自由奪去。我們過去經過很多年的專制社會，那時我們的自由權利一點都沒有，所以我們現在漸漸明白民主自由都不是天賦的人權，是人慢慢覺得自己的尊嚴，人是有價值的，人格是寶貴

的，慢慢的才自己感覺到某種權利與他的發展有很大的關
係。」[30]

胡適的話是耶非耶？是非參半。關鍵在於胡適把一個複雜的人權概念
給簡單化了。

　　憶及 1990 年代後期，人權與主權的概念在大陸討論，力持主權高
於一切的強勢力量認為，人權是一個歷史性的概念，它是在人類歷史
過程中發生、形成和發展的。這種說法包含了這樣一種用意，我們現
在也正處在一個歷史過程中，因此人權問題要慢慢來，急不得。這實
際上是一種延宕人權的策略，它不能不承認人權在一個全球化時代的
合理性，需知，人權這個概念在以往和「人性」「人道」一樣是要加
上「資產階級」定語的。現在，這頂帽子終於給摘掉了，這是歷史的
進步。但，歷史又常常被人做藉口，在現實生活中立即兌現這個概
念，則必須承受其不能承受之重，怎麼辦？便借助歷史的由頭——所
謂時機還不成熟——把它盡可能推諸歷史的以後。

　　儘管用意不同，但，在知識學上，胡適和上述觀點卻可以互相支
持。那麼，這裏就有必要釐清人權到底是「天賦」的，還是「歷史」
的。由於筆者在其他場合言及這個問題，這裏不妨抄下來：

　　權利是複數（rights），它可以包括很多子項。在一級劃分的意義
上，人的權利有兩種，先天的和後天的，即「自然權利」和「契約權
利」。前者是根據自然需要所產生的，它具有天賦性，比如人的生命
權利、生存權利、人身權利、言論信仰的權利、遷徙權利以及因維持
生存而形成的財產權利等，這些都屬於「自然權利」，或者是自然權
利的直接延伸。所謂「契約權利」是在人類社會中形成的，它不是先

---

[30] 胡適〈三百年來世界文化的趨勢與中國應採取的方向〉，耿雲志編《胡適論
　　爭集》下，第 2700 頁。中國社會科學出版社，1998。

天的而是後天的，不是來自自然，而是來自人與人之間的契約。比如
「民主」，作為民主社會中公民選舉與被選舉的權利，就不具有自然
性，它是人類社會中的一種公共約定。人類的這兩種權利構成了人類
社會生活的複式結構，它由兩個領域相銜而成，「私人領域」和「公
共領域」。自然權利因應於社會生活中的私人領域，「契約權利」
（更準確的說法則應是「政治權利」）則因應於社會生活中的公共領
域。在比較的意義上，可以把一個人在「私人領域」中的權利視為
「私權」，同樣，這個人在「公共領域」中的權利則屬於「公權」。[31]

　　據其上，我們的很多權利都是自然饋贈，胡適的毛病在於「一概
而論」。面對人權這樣一份「權利功能表」，其中諸多專案，需要具
體情況具體分析，不能「一鍋端」，不能「一刀切」。投票的自由固
然不是天賦的，但，一個人的說話自由難道不是天賦的嗎？否認這一
點，將陷入尷尬，權利不是天賦即人賦，這豈不是說「說話」還要人
批准？人生來便說話自由，不然，自然給人一張嘴幹什麼。我們曾經
有過這樣一種聲音「要讓人說話嘛」，一個「讓」字好像成了恩典，
但前提是，你已經沒有了說話的自由，甚至連不說話的自由都沒有
了。因此，要說「人造」的話，胡適先生，說話的權利肯定不是「人
造」的，對這種權利的剝奪才是「人造」的。

九、「第一次訪女生宿舍」

　　1914，胡適在康乃爾大學讀滿四年，即將舉行畢業典禮了。

　　畢業前夕，胡適於某日晚間去了趟女生宿舍，用胡適自己的話
「今夜始往訪一女子」，「往訪」不奇怪，有點奇怪的是這個

---

[31] 邵建〈無權者的權利和非政治的政治〉，美國普林斯頓大學當代中國研究中
　　心《當代中國研究》2005年第2期，第96頁。

「始」。原來，四年康大讀下來，胡適「所識大學女生無算」，但卻沒有去過一次「Sage College（女子宿舍）」。對此，胡適平時尚有所自誇，但這次回來之後，卻整個改變了看法。當晚，胡適浮想聯翩，夜不能寐，拔筆寫了篇不算短的日記。日記中沒有敘述去女子宿舍的經過原委，也沒有青年男女間可能會有的綺麗，有的卻是一番冷靜的自述與反思：述其自小如何在女性中長大，反省來美後自己身上發生的種種變化。洋洋一篇「靜夜思」，時在 1914 年的 6 月 8 日，一個初夏的日子。

　　王國維說南唐後主李煜生於深宮之中，長於婦人之手，這是他為人君之所短，而為詞人之所長。胡適呢，有類李煜處，雖無深宮所生，卻長婦人之手。日記中的胡適回顧了自己幼時所受的母教，「每日黎明，吾母即令起坐，每為余道吾父行實，勉以毋忝所生。」不獨母親關切，胡適的兄弟姊妹中大姊不僅賢慧多才，也很喜歡胡適，胡適上海讀書回家時，去見大姊，經常能談到半夜。另外，除了胡適的外祖母也喜歡胡適，他母親的兩個妹妹亦視胡適為己出。胡適被婦人包圍了，因此，他說自己「少時不與諸兒伍」，結果呢，「吾久處婦人社會，故十三歲出門乃怯恇如婦人女子，見人則面紅耳赤，一揖而外不敢出一言，有問則答一二言而已。」這種情況直至胡適到上海讀書後才有改觀，到澄衷學堂第二年，已經能結會演說，是為投身社會之始。等到進入中國公學，同學中都是比胡適大的人，經歷思想都遠較胡適成熟，和他們相處，於世故人情都有所得。至此，胡適認為自己前時受婦人影響才「脫除幾盡」。自 1904 年離家讀書，到今天 1914 年康乃爾即將畢業，十年之間，胡適不曾與賢婦人交際，即使在美國，認識的也多是些中年以上的婦人，於青年女子社會，「乃幾裹足不敢入也」。對此，胡適有所自反：「其結果遂令余成一社會中人，深於世故，思想頗銳，而未嘗不用權術，天真未全漓，而無高尚純潔之思想，亦無靈敏之感情。吾十年之進境，蓋全偏於智識（Intellect）

一方面，而於感情（Emotions）一方面幾全行忘卻，清夜自思，幾成一冷血世故中人……」[32]

「智識一方面」，「感情一方面」，這兩方面的不平衡，縱觀胡適一生，還真給人這樣的表象。你看，十年未結交年輕女子，又才去了一趟女孩子的宿舍，「三年不窺園」，哪怕自我興奮一陣也好。可是，回來後的清夜長思，不是思凡，而是有關精神人格的自我反思。這倒不是叫人掃興，而是以這通日記、且又以這樣的題目，在閱讀的預期中，會遇上什麼樣的感性內容。可是，展現在我面前的，卻是這個 23 歲的年輕人，於夜深人靜之時，拿著一把閃著冷光的刀在切腹。他把自己切開了，這本身就表明胡適「智識一方面」和「感情一方面」的分裂，表明在胡適那裏「智識一方面」是遠大於「感情一方面」的。胡適不是沒有意識到自己的問題，也在想辦法救治，「擬今後當注重吾感情一方面之發達。吾在此邦，處男女共同教育之校，宜利用此時機，與有教育之女子交際，得其陶冶之益，減吾孤冷之性，庶吾未全漓之天真，猶有古井作波之一日。」文字老氣橫秋，少小年紀就談什麼「古井作波」？到得以下，「吾自顧但有機警之才，而無溫和之氣，更無論溫柔兒女之情矣。此實一大病，不可不藥。」（同上）

何以藥之，當然是女生了，即胡適自己說的「與有教育之女子交際」。如果開個也許未必合適的玩笑，這不妨就是以女子為藥了。於是便想到了魯迅，想到了魯迅的一篇文章〈新藥〉，其中這一段：

「舊書裏有過這麼一個寓言，某朝某帝的時候，宮女們多數生了病，總是醫不好。最後來了個名醫，開出神方道：壯漢若干名。皇帝沒辦法，只得照他辦。若干天之後，自去察看時，宮女們果然個個神彩煥發了，卻另有許多瘦得不像人樣的男人，

---

[32]　曹伯言《胡適日記全編》卷 1，第 294 頁。

拜伏在地上。皇帝吃了一驚，問這是什麼呢？宮女們就囁嚅的
答道：是藥渣。」[33]

那些宮女以男生為藥，是治自己的思春；胡適呢，藥以女子，彷彿採
補，可是，他補的不是「溫柔兒女之情」，而是要療治自己「智識一
方面」和「感情一方面」的偏差。

　　檢視胡適日記，不過十來天，6 月 20 日，胡適應一個朋友之邀，
去城裏教堂參加一個美國人的婚禮。邀請他去的人知道他未曾見過西
方人的婚俗，故徵得新婦之父的同意，特地陪同。這個人，胡適稱之
為「吾友維廉斯女士」，和以後那個「韋蓮司女士」疑似一人而音譯
不同。如是，這當是胡適情感生涯中一個重要女子的第一次出現。她
一出現，很難不令我想到胡適上述的話，畢竟時間距離太近了。「宜
利用此時機，與有教育之女子交際，得其陶冶之益」，莫非胡適就是
抱著這樣的念頭與韋蓮司交往，否則為什麼他（她）們兩人交往甚
深，卻止於柏拉圖的精神之戀？他（她）兩人有過擦槍走火嗎？或
者，胡適在感情上需要韋蓮司嗎？可以知道的是，韋蓮司之需要胡
適，不但情感，乃至婚姻。1937 年，有某男士（R.S.）向一直獨身的
韋蓮司求愛，韋把這件事告訴了胡適，信中，韋蓮司坦誠：「在我一
生之中，除了和我父親的感情之外，我最感念的是認識了你，並有短
短的一段時間，和你共同成長。」然而，面對胡適這個「我唯一一個
願意嫁的男人，我卻連想都不能想」，短短一句，背後覆蓋著多少感
情上的苦痛。韋蓮司說胡適：「你……在心智上和精神上（且不論這
個字到底是什麼意思）給我的啟發都遠比他（R.S.）多，但在實際上想
保護我和照顧我的意願卻不如他」，弦外之音，這是一種怨。然而，

---

[33]　魯迅〈新藥〉，《魯迅全集》卷 5，第 174 頁。人民文學出版社，1982。

胡適卻加了一條眉批:「這就是我說,我們兩個都很自私的緣故」。[34]
當韋蓮司感歎自己「老了」時,胡適這樣回答:「對我來說,你是永遠不會老的。我總是把你想成一個永遠激勵啟發她朋友思考的年輕的柯利弗德(Clifford)。我會永遠這樣想念你的。」[35]胡韋關係,一個是自己唯一想嫁的人,一個僅僅是能啟發自己思考的人。從旁觀之,胡適未免不夠意思。你當初相交以功利,人家卻是以情感,你從對方「得其陶冶之益」,對方從你這裏得到了什麼?想到韋蓮司終身未嫁,她那「雨中黃葉樹/燈下白頭人」的晚景,是否也熬成了「藥渣」?儘管是在另外的意義上。

然而,即使韋蓮司如此,似乎也沒治好胡適的「病」。胡適終其一生,都是一面重於智識一面乏於情感,兩者有個「剪刀差」。他和江冬秀有兒女情長嗎?或者,他和其他幾位女性,除韋蓮司外,它如曹誠英、莎菲,還有余英時晚近發現的 Robby 和臺灣蔡登山披露的北大女生徐芳,胡適一生走得近的女子可謂不少,但他在她們身上有幾多情感投入?或許你可以說胡適是「發乎情,止於禮儀」(其實也沒止於禮儀),但至少這很表面。日記作為心靈隱私的秘藏,我們從來就沒有看見胡適在這方面秘藏過什麼。儘管我們知道,胡適的日記不光是寫給自己看的,就是這「藏暉室札記」,也並不「藏暉」,它最初寫好後就寄給了他的好友許怡蓀。那麼,日記固不會有「賈(假)雨村言」,但卻可能「甄士隱」。將真事隱去?那麼,又恰好證明胡適這人深於理智(甚至世故)而薄於感情,至少,在感情上他並不需要借重日記這種最私密又最便宜的方式。

偏於智識疏於情感,是胡適為詞人之所短,又是他為公共人物之所長。胡適可是發起白話文運動或新文學運動的急先鋒,可是,在創

---

[34] 周質平《胡適與韋蓮司》,第113-114頁,北京大學出版社,1998。
[35] 周質平《胡適與韋蓮司》,第68頁。

作上，體現文學革命實績的，魯迅就當仁不讓了。魯迅就敢在書信中和自己的學生情人打得火熱，本來他們就是在火熱的鬥爭中走到一起的。魯迅和許廣平之間熱烈地互昵為「嫩棣棣」、「乖姑」、「小刺蝟」、「小白象」。胡適呢，絕不會有這樣的私生活記錄。相應地，在文學上，當然也是提倡有心，創作無力。便自知之明，不得不退居龔自珍的「但開風氣不為師」。然而，換一個角度，胡適作為一個公共人物卻是非常合適的。幾十年間，胡適在盱衡時局、洞察大勢、把握歷史脈動上，向持一種「清明之理性」，使他很少發生價值偏差，這就遠非長於文學的魯迅所能及。

　　不過，事情總是複雜的。胡適可以乏於情感，卻未必乏於情性。1921 年 8 月 26 日日記，胡適對自己又做過一次相當深入也相當坦誠的自剖，它讓我們看到胡適的另一側面。事由乃吃飯引起，飯桌上主人為胡適看手相，對胡適說了兩點，意思是胡適受感情和想像的衝動大於受論理的影響。胡適略不以為然，便在日記中寫道：

> （1）他說，我受感情和想像的衝動大於論理的影響。此是外人不易知道的，因為我行的事，做的文章，表現上都像是偏重理性知識方面的，其實我自己知道很不如此。我是一個富於感情和想像力的人，但我不屑表示我的感情，又頗使想像力略成系統。（2）他說，我雖可以過規矩的生活，雖不喜那種（gay）的生活，雖平時偏向莊重的生活，但我能放肆我自己，有時也能做很 gay 的生活。（gay 字不易譯，略含快活與放浪之意。）這一層也很真，但外人很少知道的。我沒有嗜好則已，若有嗜好，必沉溺很深。我自知可以大好色，可以大賭。……[36]

---

[36]　曹伯言《胡適日記全編》卷 3，第 448 頁。

這是一次很深的自剖。那麼，胡適一生中到底有沒有「gay」？恐怕上述胡適不只是說說而已。但胡適的「gay」在胡適的書信中找不到，在胡適的日記中找不到，在胡適的口述中也找不到，只有在胡適身後他朋友有關他的回憶中才能找得到。20年代胡適在上海時有一個醫界朋友陳存仁（陳在四十年代時成為國民政府的國大代表），胡陳相識，是在上海亞東圖書館老闆汪孟周的飯桌上，以後他們兩人的交往並不算少。根據陳的晚年回憶，也是在一次飯桌上：

> 汪孟周又告訴我，胡適從前到上海，認識了劉半農，結伴遊樂，常到雲南路會樂里妓院中去。汪家與胡家是四代世交，他見到這種情況，很不高興，親自到會樂里妓院，對胡適說：「你是青年人的偶像，如果你到妓院的事傳開來，所有《胡適文存》及一切書籍，都沒有人來買了。」如此勸阻，所以這件事沒有張揚出去。不料，後來胡適又認識了邵洵美，再度走入風月場中。這些事情，後來胡適自己在他的《四十自述》中都有提及的。[37]

也許這是一個孤證。不過胡適的《四十自述》中，並沒有「gay」經歷的自述，想來胡適自己也不會公之於眾。它所有的，是胡適尚未留學前的頹廢經歷，那是和朋友在「堂子」裏吃酒，然後又去「打茶圍」。前者是「花酒」，後者是在女妓房間裏喝茶聊天。這是胡適自己在（1922年）一則日記裏的解釋」：「『打茶圍』，——坐在妓女的房裏，嗑瓜子、吸香煙，談極不相干的天，」最後還不忘補上一句：「於我的性情最不相近。」[38]

---

[37] 陳存仁〈「我的朋友」胡適之〉，臺灣《傳記文學》1994年7月號。
[38] 曹伯言《胡適日記全編》卷3，第782頁。

又，1926 年 8 月 23 日，人在倫敦的胡適寫信給一位英國朋友，信中說：

> 昨晚作長信與 L.Gannett[L.加納特]。他在二月初，在上海見著我，談得很多。有一天晚上我要叫他看看中國的情形，帶她去楊蘭春、桂姮兩妓家。他是我的舊友，別後於三月五日從北京寄我信，[深情]勸告，怕我把有用的精力浪費在無用的嬉戲裏。這種朋友很不易得。……昨晚才寫信答他，告訴他我近來的決心：「要嚴肅地做個人，認真地作番事業。」他的原信也附在此冊裏，以記吾過，並記吾悔。[39]

記過、記悔，這悔過是否與「gay」有關呢？看來，胡適的性情還頗不易測。

十、世界公民（A citizen of the world）

還是在 19 世紀中葉，美國為了擴張自己的疆土，發動了美國墨西哥之間的戰爭。1835 年，墨西哥德克薩斯和加利福尼亞兩地的美國移民發動武裝叛亂，墨西哥政府出兵鎮壓，美國則直接出兵干涉，並支持德克薩斯於次年宣佈獨立。1845 年 7 月，美國正式宣佈把獨立後的德克薩斯併入自己的版圖。次年，美國政府又正式向墨西哥宣戰，頓時美國軍隊猶如闖入墨西哥玉米地裏的一頭黑熊，只不過這頭黑熊看重的不是玉米，而是大片生長著玉米的肥沃土地。戰爭結束後，美墨兩國簽訂了一個不平等的和約，該和約將大片墨西哥土地割讓給美

---

[39] 曹伯言《胡適日記全編》卷 4，第 252 頁。

國。它包括現在的加利福尼亞、內華達和猶他等州，以及亞利桑那、懷俄明、科羅拉多和新墨西哥州的部分地區。五年後，美國又從墨西哥購買了一塊帶狀的位於現在新墨西哥和亞利桑那的土地，於是便完成了現在的西南部邊界。

「自美墨交釁以來，本城之『Ithaca Journal』揭一名言：『吾國乎，吾願其永永正直而是也，然曲耶，直耶，是耶，非耶，終為吾國耳』……言意但論國界，不論是非也。」這段話的英語表述約略是「My country, right or wrong ,my country」，簡直就像格言一樣。原來，70 多年後，美、墨之間，爭端又起。那邊毀了美國星條旗，這邊美國就派遣水兵在墨西哥上了岸。這時康大所在小城的「綺色佳雜誌」把上面的「My country」一直印在社論篇首，它當然不止表示了這家雜誌的態度：不管自己國家行為的是非，它總是自己的國家。這樣一種明顯的「國家主義」言論，在雜誌上「已逾旬日，亦無人置辯」。胡適自大二開始就居住在康大新蓋的世界學生會的宿舍，對這句話，宿舍裏面的各國學生倒是議論紛揚，有人認同，有人反對。胡適「聆其議論，有所感觸」，便寫了一篇文章投給這家雜誌，雜誌最初不敢登，後由某女士的堅請，始在新聞欄以報導形式出現。胡適拿著自己的文章去見康大前校長白博士（夫婦）。白博士（Aadrew Dickson White）六十年前讀耶魯時和中國第一個留美幼童容閎（純甫）是同學，至今他還記得容閎異服異俗的樣子是如何頗受人笑，但那一年容閎兩次獲得全班中英文一等獎，以後就再也沒有人敢揶揄他了。白博士夫婦都是和平主義者，他們很討厭那種不論是非的狹隘國家主義，因此，讀畢文章後，白夫人稱讚了胡適，認為他說出了自己正要說卻還未及說的話。

那麼，胡適在文章中到底表達了什麼看法呢？

我以為此謬見「是耶，非耶，終為吾國耳」之所以為然，是因為有兩個道德標準。人人都不反對萬事皆有一個對錯及正義與否的標

準，至少文明國家應如此。假如吾國違憲向吾徵稅，或非法將吾之產業充公，或未經審判即將吾入獄，吾誓必力爭，不管其是否以「吾國」法律之名義行此事。

然而涉及國際間事，吾即放棄那個對錯和正義與否之標準，且頗自得地宣稱「是耶，非耶，終吾國耳」。以此觀之，余以為吾人奉行道德的雙重標準，其一用之於國人，另一用之於他國，或「化外之民」，余此說不亦對乎？余以為吾人不管國內國外只應奉行一個是非標準，否則無法爭論此事。[40]

以上是胡適 1914 年 5 月 15 日的日記記述。

插：今天國人中常有批評美國「雙重標準」者，豈不知，早在差不多一百年前的胡適就揭櫫了這個問題，也使用了這個辭彙，那時他還是個學生。作為學生的胡適，他對自己率先提出的這個詞也很自得。次年他赴俄亥俄州的哥倫布城出席世界學生總會，會上，一位著名演說家的講演頗引起他的共鳴。這位「時彥」講演的是「論全球政治」，其中也談到「雙重標準」的問題，胡適在日記中惺惺相惜：這位博士聲稱「今世國際交涉之無道德，以為對內對外乃有兩種道德，兩種標準。其所用名詞『雙料的標準』（Double Standard），與余前所用恰同。余前用此名詞以為獨出心裁，不知他人亦有用之者，幾欲自誇『智者所見略同』矣。」[41]

胡適是個世界主義者，同時也愛自己的祖國。他的世界主義也就是他前此一個多月在演說中表達過的：愛國主義而柔之以人道主義。這次他亮出了對美國人的批評的旗幟。兩個月後，他在又一次講演中再次表達了自己對那種狹隘愛國的批評，演說後，有兩位聽眾對胡適表示了不同的意見。一位夫人認為：這句話（My country, right or

---

[40] 曹伯言《胡適日記全編》卷 1，第 273-276 頁。
[41] 曹伯言《胡適日記全編》卷 2，第 9 頁。

wrong ,my country）的真實意思不是「吾國所行即有非理，吾亦以為
是」，而是「無論吾國為是耶非耶，吾終不忍不愛之耳」。這位夫人
的解讀不可謂無道理，也能理解她對自己國家的感情，但這種感情不
顧國之是非，而僅僅就因為它是「My country」，我也只能說，這是舊
農業文明時代的感情了。然而，這種感情同樣表現在下面這位美國教
授的身上，他耐心地給胡適舉了一個例子。比如兄弟一道出行，弟弟
因為醉酒而有辱於路人，對方如果拔劍而起，那麼，做哥哥的是保衛
喝醉的弟弟呢，還是置之不顧呢，抑或幫助受辱者？這個教授其實也
是在表達他對「My country」的理解，他認為這句話的含義是「父母之
邦，雖有不義，不忍終棄」。但，無論這個並不倫類的例子，還是他
的結論，都難讓人苟同。兄弟是血緣，而個人與國家並無這種關係，
這個比喻是跛腳的。在現代社會，一個人的出生地並非就是父母之
邦，即以美國而論，任何人如果在美國出生，就可以是美國人，而他
的父母卻可能不是。同樣，一對美國夫婦也可以收養一個他國兒童，
只要兒童的父母或國家同意。因此，把「My country」視為「父母之
邦」，這是農業文明時代的狀況。何況，即使在農業文明時代，中國
古老的《詩經》還有「適彼樂土，誓將去汝」的意識。更何況，依這
兩位北美人士的說法，又何以解釋他們的先輩冒著生命危險離開本邦
而來北美？這分明是「誓將去汝」的跨國現代版，是今天我們所說的
「用腳投票」。它的精神內涵應當這樣表述：「自由在哪裡，祖國就
在哪裡」。可是，胡適似乎被侃暈了，聽了這兩位先生女士的開講，
便在 7 月 26 日的日記中做了自我檢討：「此言是也。吾但攻其狹義而
沒其廣義。幸師友匡正之耳。」[42]

　　其實胡適是對的。他反對的不是愛國，而是國家主義。國家主義
的隱含是：對內，它把國家凌駕在個人之上；對外，它把國家凌駕在

---

[42] 本節所引俱出曹伯言《胡適日記全編》卷 1，第 386 頁。

他國之上（這種國家主義經常披著民族主義的外衣，相當能迷惑人，是當今世界中最為可怕的力量）。至於那句「My country」，既可以做愛國的解釋，也可以用作國家主義的表達，端視語境而定。由於胡適放不下這個困擾他的問題，就在當天，思考之中，又寫下了第二篇日記。日記中，胡適雖然聲稱「是非之心，人皆有之，然是非之心能勝愛國之心否」，這固然是一個問題。但，反過來，愛國之心又能否勝是非之心呢，這又是一個問題。胡適沒有直接回答，他的態度卻可以從下面的內容看出：「吾國與外國開釁以來，大小若干戰矣，吾每讀史至鴉片之役，英法之役之類，恒謂中國直也；至庚子之役，則吾終不謂拳匪直也。」[43]一個「拳匪」，表明了胡適對義和團的態度，也是胡適是非之心的表現。從胡適這一段曲折來看，他固然愛他那個國家，但終究是非之心大於國家之心。在這個意義上，他是個超越國家的世界主義者。

　　毋庸諱言，筆者欣賞胡適的，便是他作為一個具有人道之念的世界主義者。成為一個國家主義者也許不難，它很可能是一種自然；而成為一個世界主義者，則需要超越這種自然，更需要超越那種可怕的國家主義。四個月後，胡適就此問題又寫了一篇日記，名為「大同主義之先哲名言」，日記中胡適除了抄錄先哲關於「世界公民」的名言，並無一句自己的話：

　　亞里斯提卜說過智者的祖國就是世界。——第歐根尼・拉爾修：《亞里斯提卜》第十三章

　　當有人問及他是何國之人時，第歐根尼回答道：「我是世界之公民。」——第歐根尼・拉爾修：《亞里斯提卜》第十三章

　　蘇格拉底說他既不是一個雅典人也不是一個希臘人，只不過是一個世界公民。——普盧塔：《流放論》

---

[43]　曹伯言《胡適日記全編》卷1，第387頁。

　　我的祖國是世界，我的宗教是行善。——Ｔ·潘恩：《人類的權利》第五章

　　世界是我的祖國，人類是我的同胞。——Ｗ·Ｌ·加里森（1805-1879）：《解放者簡介》（1830）[44]

　　「I am a citizen of the world」：我是世界公民——這是人類歷史上最響亮的聲音之一，這樣的聲音穿越時間的隧道而經久不衰，放在今天，則更見它的現實意義。

十一、「自由政治者之大樞紐」

　　1912 年大選時，胡適的支持者是老羅斯福，當選的卻是威爾遜。後來威爾遜的進步主義和理想主義打動了胡適，還沒等到 1916 年大選，胡適就已經改從威氏了。

　　這是 1914 年 7 月 12 日的日記，胡適扼要記述了一前一現兩位總統的演說：

> 「下所記威爾遜與羅斯福二氏本月演說大旨，寥寥二言，實今日言自由政治者之大樞紐，不可不察。威爾遜氏所持以為政府之職在於破除自由之阻力，令國民人人皆得自由生活，此威爾遜所謂『新自由』者是也。羅氏則欲以政府為國民之監督，維持左右之，如保赤子。二者之中，吾從威氏。」在日記的最後，胡適把抄錄下來的兩位演說大旨作了翻譯：「你到底贊成誰？羅斯福先生在匹茲堡演說：政府要監督和指導國民事務。

---

[44]　曹伯言《胡適日記全編》卷 1，第 542-543 頁。

威爾遜先生在斐城演說：政府應為國民創設條件，使之自由生活。」[45]

這是一篇有關自由的日記，胡適對自由學說的涉及，最早是在上海的澄衷學堂，那時 14、5 歲的他接觸了由嚴復翻譯的密爾的《論自由》，儘管書是看了，但估計那時的他不容易理解到底什麼叫「群己之權界」。來美後的胡適自然不難於再度接觸這部自由主義的經典，我們看到，這期間胡適不止一篇日記留下他閱讀密爾的痕跡。1914 年 10 月，胡適先後和韋蓮司及康大的訥博士談及倫理問題時，胡適的觀點是「一致」。當訥博士問胡適：「今治倫理，小之至於個人，大之至於國際，亦有一以貫之之術乎？」胡適對曰：「其唯一致乎？一致者，不獨個人之言行一致。己所不欲，勿施於人。……此孔子所謂『恕』也，耶氏所謂『金律』也，康德（Kant）所謂『無條件之命令』也。」胡適和訥博士討論的問題不意竟是當今國際政治中最繁難對付的問題，或者，這個問題早在百十年前就困擾美國了。「己所不欲，勿施於人」固然是「恕」的一種表達，可是在孔子那裏，它還有另外一種表達，即「己欲立而立人」。這是不是說，自己站了起來，也一定要使別人站起來，假如別人想蹲著呢？比如美國是自由國家，它可以不可以哪怕是用戰爭手段逼那些不自由的國家也自由，是所謂輸出自由。這是一個極為麻煩的問題，諒年輕的胡適雖然有興趣，這個問題也行之無遠。日記最後，胡適繼續把「己所不欲，勿施於人」排比為「斯賓塞所謂『公道之律』也，密爾所謂『自由以勿侵他人之自由為界』也。」[46]

---

[45] 曹伯言《胡適日記全編》卷 1，第 373 頁。

[46] 曹伯言《胡適日記全編》卷 1，第 512 頁。

　　打住一下，不妨把胡適和魯迅對自由的表述放在一起比對，這或許是一件有意味的事：

　　「自由以勿侵他人之自由為界」。

　　「蓋謂凡一個人，其思想行為，必以己為中樞，亦以己為終極：即立我性為絕對之自由者也。」[47]

　　第一種自由姓胡，它是自由主義的；後一種自由姓魯，它是反自由主義的。天下自由不一家，於此可見，以後切勿一見自由就親親熱熱地說是自由主義。要而言，自由主義的自由不是絕對的，而是有「權界」的（即權利的界限），一位美國大法官說得形象：你有揮舞手臂的自由，但必須止於別人的鼻樑之前。魯迅的自由是隨心所欲的，絕對的，它沒有任何權界的自律。其後果，是你有了揮舞手臂的自由，但別人的鼻樑卻不免遭殃。因此，在比較的意義上，胡適的自由是「每個人」的自由，而魯迅的自由是「一個人」的自由。1914 年胡適對自由進行表達時是 23 歲，1907 年魯迅表達此一自由時是 26 歲，都是年輕人，但留學背景不同，汲取資源有異，所以，胡適成了個自由主義者不奇怪，就像魯迅走上反自由主義的道路也不奇怪。

　　以上是個插曲，如果回到胡適當時語境，他把儒家的「己所不欲，勿施於人」解釋為密爾的「自由以勿侵他人之自由為界」，畢竟有所差池。一個是叫你不要做什麼，一個是要你做什麼時需要注意什麼，兩者論述的情況不一樣，也對不上。

　　稍前於此，胡適另有過一次大談自由的機會。那是胡適往遊哈佛時，哈大留學生孫恒來訪，兩人談興正濃。孫恒認為中國的問題就在於國人「不知自由平等之益」，而這是「救國金丹」。但胡適聽了大不以為然。他認為中國「病不在於無自由平等之所說，乃在不知諸字

---

[47] 魯迅〈文化偏至論〉，《魯迅全集》卷 1，第 51 頁，人民文學出版社，1981。

之真諦。」這層意思固然好，很顯然，以上胡魯各論自由，其中一個就不明自由的真諦所在。但，哈佛的孫君卻未必不明白，畢竟人在美國，自由主義是感同身受。胡適是否自我發揮了。在胡適看來，今人所持的自由平等，已不同於 18 世紀學者所持的自由平等了。比如平等，18 世紀只是「人生而平等」，但，「人生有賢愚能否，有生而癲狂者，神經鈍廢者，有生具慧資者，又安得謂為平等也？」因此，19 世紀的平等乃是「處法律之下則平等」，此即今日法律面前人人平等。至於自由，18 世紀也只是「人生而自由」，太簡單，而「今之所謂自由者，一人之自由，以他人之自由為界」。這固然是自由的進化，但不僅到密爾為止，有時候即使沒有觸犯別人，自由也將受到限制。比如個人飲酒的權利，在禁酒的法律中，就不得以自由為口實。他如遺產稅、取締托拉斯、婚姻檢查制度等都是如此。說到這裏，胡適來了番總結：「今日西方政治學說之趨向，乃由放任主義（Laissez faire）而趨干涉主義，由個人主義而趨社會主義。……蓋西方今日已漸見十八世紀學者所持任天而治（放任主義）之弊，今方力求補救，奈何吾人猶拾人唾餘，而不深思明辨之也。」[48]從日記中，至少我不知胡孫對話的具體情況，尤不知孫氏到底說了些什麼，但看胡適一個人自說自話且說得如此自負，就想來挑挑他的毛病。

　　不錯，自由平等學說從 18 世紀到 19 世紀的確發生不小變化。這裏單說自由，它就經歷了一個自洛克而始的古典自由主義到新自由主義的轉換，而胡適再三提及的英國密爾就是這個大轉變過程中的關鍵人物。就自由主義而言，胡適肯定是密爾式的，但未必是洛克的，在他的日記中，我尚未發現胡適讀過洛克，而洛克被提及，也只是在一則「近世不婚之偉人」的日記中，他（寫作「陸克」）和笛卡爾、帕斯卡、斯賓諾沙、康德、霍布斯、斯賓塞等人排列在一起。因此，大

---

[48] 本節所引俱出曹伯言《胡適日記全編》卷 1，第 470 頁。

致可以推定，胡適的自由主義基本上就來自密爾，或自密爾始，而密爾之前的古典自由主義，胡適很可能暫付闕如。如是，胡適的自由主義和他以後所做的學問形同相反，由於胡適寫中國哲學史只寫了一半，便沒了下文，因此有人戲稱他的學問是「只有上半身，沒有下半身」；而他對自由主義的認知則反了過來，只有下半身，沒有上半身。然而，沒有古典主義基礎的自由主義，在來路上不明，就可能導致去向上的偏差。就近處說，胡適上述把 19 世紀的自由主義趨勢概括為「乃由放任主義而趣干涉主義，由個人主義而趣社會主義」，就根本站不住。再往遠處看，1926 年胡適因造訪蘇聯三天便發生自由主義立場的動搖，殊不知，那動搖，還在十幾年前，就埋下了思想的伏筆。當然，這是後話。

　　胡適的問題在於，在什麼意義上，居然可以說西方政治學的趨向是「乃由放任主義而趣干涉主義，由個人主義而趣社會主義」？如果前半句尚可成立，後半句則溢出了自由主義的政治框架。自由主義基於個人主義，它是以「個人」為價值本位的，社會主義不然，它的價值本位不是個體而是「群體」。這是兩種性質不同的意識形態，在 20 世紀的冷戰時代，它們長期對立，無以調和。當然，自由主義不是絕對地「個人」，在走出古典時代後，它也注重社群，注重群體功利，這正是密爾以及他的宗師邊沁的「新」自由主義的特色。但，任何一個概念都有其邊界，自由主義可以強調社群，只是這個社群不能遮蔽個人，如果取胡適那種說法，個人已經被取代了，還有什麼自由主義可言？看來胡適並不知道自己說法的嚴重性，所謂「由個人主義而趣社會主義」，換個版本就是「由美國而趣蘇聯」。

　　胡適的說法應該說有其經驗依據，他當時身處的美國，正是激進的民主黨執政，掛帥的便是威爾遜。而 1912 年威爾遜當選前，執政者是保守的塔夫脫，他屬於共和黨。本來，塔夫脫接的是老羅斯福的班，可羅斯福是保守勢力中的激進者，他把棒子交給塔夫脫後，便不

滿於塔氏的保守勢力，從共和黨中分離出來，另組進步黨，既與保守勢力的塔夫脫分庭抗禮，也與另一激進勢力的民主黨威爾遜爭取民眾，同時還與更為激進的帶有社會主義性質的「社會黨」競爭。一時間，北美大陸，競相紛呈，百舸爭流。年輕人總是喜好激進的，因為它表示「進步」。還記得由胡適發起的「模擬總統大選」，那個代表社會黨的德卜僅有兩票，這兩票就全是由中國學生投的。而胡適所以票選羅斯福，也因為羅氏的旗號是「進步黨」。但胡適不知道，他受當時美國激進風潮的感染，並不能說明這就是從 18 世紀到 19 世紀的大勢，並不能說明這就是從個人主義到社會主義，除非是德卜當選為總統。事實上，胡適感受到的，不過是美國政壇左右勢力的週期性輪替。從 1896 年開始，總統便是在保守勢力的共和黨手上，一直持續到1912 年的威爾遜當選。這時民心思變，激進浪起，就是羅斯福執政，也得俯順這民心。然而，代表激進力量的威爾遜連續兩屆之後，政權又回向保守力量的共和黨，時在 1920。從 1920 到 1932，歷經 12 年之後，權力才又輪轉到民主黨那邊，這次執政的是小羅斯福。可是，無論民主黨，還是共和黨，無論前者的激進，還是後者的保守，都不存在胡適所說的「由個人主義而趣社會主義」。胡適經驗不足，抽刀斷水，只看到鼻子跟前民主黨對共和黨的取代，便遽下論斷，卻不知它的來勢和去向。其實，這不僅不是什麼大趨勢，而且輪過一段時間（或長或短），民主黨自然又會被共和黨所取代。這樣的取代是彼此循環往復的，本不是胡適那種從什麼到什麼直線式的「趣」。而這種兩種力量從一個長時段看，它又導致了美國社會的發展之平衡，即放任一段時間便用干涉來調節，干涉久之，又由放任來中和，這是一個「S」型的路線圖，並且無論美國政治左扭右轉，都沒有脫離自由主義的「蛇行線」，都沒有趣向胡適所謂的社會主義。

　　回到胡適開頭的日記，兩位總統的演說，涉及的都是政府的角色，比較之下，威爾遜激進，羅斯福保守。前者主張用政府的力量，

開闢自由的領域，這是民主黨的一貫追求，如今天寬鬆同性戀的尺度，立法保障墮胎的權利等，都是民主黨的主張。而共和黨講究原有秩序的保障，不輕易言動，主張政府的權力處於消極狀態，或者就像個「守夜人」那樣，視民如赤子，任其自然。一個良好的社會狀態，其實就是這樣，讓兩種價值力量公開博弈，然後就是博弈後的自然輪替。我們很難對這兩個演講評說，它們都有各自的道理，只看這樣的道理是否適合於當時的歷史環境。至於胡適這時選擇了威爾遜，除了他很認同威氏的國際關係理念，同時還說明年輕時的胡適也是偏於激進的，他的保守是後來的事。

十二、字句之爭

這一天胡適讀美國一著名報人的「自敘」，抄下兩條該人父親的「訓子名言」，第一條讀來有趣，過錄如下：

一，父嘗言，凡宗教門戶之爭，其什九皆字句之爭耳。吾意以為其所餘什一，亦字句之爭也。[49]

文人相爭，莫不如是。

十三、「以人道之名為不平之鳴」

胡適讀書美國期間，白人和黑人之間的種族問題遠未解決。儘管胡適對美國充滿好感，但種族歧視卻讓他深惡痛絕。這一次，是胡適身邊發生的一件事，它把胡適推到了對黑人女子的道義援助中。

---

[49] 曹伯言《胡適日記全編》卷 1，第 445 頁。

1914 年秋，剛開學不久，有兩名黑人女子寄宿康乃爾大學賽姬院（女子宿舍），但同院的白人女學生不屑與她們同住，便聯名上書康大校長，欲使這兩名女子搬出。於是校長出面調停，叫她們移居樓下，別開一房，不與那些白人學生同一浴室。校長的措施，也就是美國南方的「種族隔離」政策（segregation）。這兩位黑人女子遭此歧視，一位家貧力薄，半工半讀，無力與校方抗爭。另一位出自富家，遇此不公，極為憤恨，但也不知怎麼辦。有人給她們出了主意，讓她們去找本城一神論教堂的牧師亥叟。此人急公好義，常常為人打抱不平，很為本城大學教師所認同，學生中更多愛戴者。胡適是世界學生會康大分會的主席，亥叟也是世界會會員，兩人緣此相識，雖年齡相差四十多歲，但亥叟很器重胡適。這一次，黑人母女倆向亥叟求助，亥叟正在病重，聽說這事「一憤幾絕」，幸有朋友在旁，連忙扶他上床。床上的亥叟讓這位朋友立即去請康大某教師和胡適等兩三人來。待到時，正逢那黑人母女在場，於是得知事情原委。而亥叟所以叫胡適來，也正因為他知道胡適「最痛惡種族惡感」。得悉情況後的胡適「遂自任為二女作不平之鳴」，他「鳴」的方式便是寫了一封信給校報要求登載。這封信的內容胡適摘要進了日記：

> 「三年前，賽姬院女學生二百六十九人聯名上書校長，請拒絕黑色女子住院。校長休曼先生宣言曰：『康南爾大學之門不拒來者，無種色，宗教，國際，階級，貧富之別也。』議遂定。今此言猶在耳，而此種惡感又起（以下敘事略）。余為大同主義之信徒。以人道之名為不平之鳴，乞垂聽之。」[50]

---

[50] 曹伯言《胡適日記全編》卷 1，第 502 頁。

這封信胡適不是投寄，而是拿著它來到報社，未遇上主事者，就丟了下來。當晚，日報主筆打電話給胡適，說此事關係大學的名譽，不敢遽然刊登。希望胡適第二天晚能到他家一道晚餐，當面談談這個問題。胡適次日去後，表明了自己的態度，自己的本意並不在張揚學校的惡，只是為了一個公道。如果不用登報而問題能解決，那麼這封信可以毀掉。同時，胡適給主筆一個建議，不妨去見校長，告訴他有人就此事寫信來。校長如果主持公道，信可以收回。主筆認為這個建議不錯。第二天，主筆電話告知胡適，校長答應主持公道，哪怕白人學生全部遷出，「亦所不恤」。結果，黑人學生得以不遷，白人學生也沒有一個遷出。事情遂告結束。

胡適是在紀念亥叟的日記中涉及此事的。亥叟因老病而死，胡適參加了他在教堂中的追悼儀式，回來後有所追記。「今亥叟既死，余不得不記之，不獨課間亥叟之重余，又可見亥叟好義任俠，為貧困無告者所依歸也。」（引同上）

十四、「萬國之上猶有人類在」

「Above all Nations is Humanity」

這是胡適先生一九一四年在其〈國家主義與世界主義〉的文章中所引用的美國學者 Goldwin Smith 的話，胡先生把這句話譯為「萬國之上猶有人類在」，如果再簡潔一點，不妨為：「國家之上是人」。

什麼叫「國家之上是人」？

1988 年，澳大利亞新的國會大廈落成，它坐落在一個小丘之上，面對山崗，居高臨下，氣勢如此非凡。但，奇怪的是，大廈上面特意鋪了一層綠草地，用以供遊人在其上休憩、散步和玩耍。這樣的設計

當然有其用意：人們可以活動在自己的議員頭上，因為，公民的權利高於一切，包括象徵國家最高權力的國會。

這就叫「國家之上是人」。[51]

以上文字摘自筆者幾年前參與編輯《大學人文讀本》時就「人權」與「主權」問題所作的「編者旁白」。應該說，這段文字並不符合胡適的本意，因為它脫離了胡適討論問題的語境。胡適雖然把矛頭對準的是國家主義，但正如筆者在上面指出的那樣，國家主義有兩個方面的表現：對內，它把國家凌駕在個人之上；對外，它把國家凌駕在他國之上。顯然，胡適討論的是後者，而我的問題意識則使我把胡適引向前一方面。

語境不同，翻譯的側重也就不一，在胡適的語境中，「Above all Nations is Humanity」的翻譯應當是「萬國之上猶有人類在」。胡適是世界學生會的康乃爾分會主席，這句話就是他們的會訓。表述這句話的葛得洪‧斯密斯是康大名教授之一，教歷史，英國籍。此人對康大一往情深，曾捐大筆款額為康大文學院建造大樓，那是康大校園內建築群的中心，它被命名為葛得洪‧斯密斯大樓。

胡適談這個問題時，正逢第一次世界大戰爆發，10 月 26 日，和一位美國朋友的交談，他寫下了「國家主義和世界主義」的札記。「今之大患，在於一種狹義的國家主義，以為我之國需凌駕他人之國，我之種須凌駕他人之種（德意志國歌有曰：『德意志，德意志，臨禦萬邦』，凡可以達此自私自利之目的者，雖滅人之國，殲人之種，非所恤也。」[52]這裏有一點，不能不點破。在胡適那裏，像德意志國歌所表達的，是一種「狹義的國家主義」，這至少在我看來是不確。國家主義和民族主義一樣，沒有廣義狹義之分，它們從它們形成的那一天起

---

[51] 夏中義主編《大學人文讀本‧人與世界》，第 80 頁，廣西師範大學出版社，2002。

[52] 曹伯言《胡適日記全編》卷 1，第 508 頁。

就是偏狹的，從來沒有廣義過，也廣義不起來。這倒不是排斥國家、民族或種族，而是國家、民族本身是必要的，但不能「主義」。「主義」歷來是一種強勢話語，具有強烈的排他性。在現代以來的世界格局中，國力強大的國家可以導致國家主義，國力薄弱因而長期受欺凌的國家更容易產生國家主義。以歐洲為例，德意志相比英法是一個後發達國家，當那些老牌殖民主義把世界殖民地化之後，德意志人著急地說：你們把天空留給了德國。而在飛機沒有問世的時代，天空不比陸地與海洋，它是大而無當的。這就不難理解兩次世界大戰為何都由德國生發。今天，一個後發展國家，特別是這個國家的諸多內政問題無以解決時，它是很容易把民眾導向國家主義和民族主義的。

也是畢業於康大的訥司密斯博士是胡適的朋友，他讀的物理，但熱愛的是世界和平，所以畢業後，在波士頓的「和平協會」從事呼籲和平方面的工作。歐戰爆發，他正好居住倫敦，竭力想使英國免入戰爭，但未能奏效。訥氏這次探親回綺色佳，專門到胡適那裏去看他。這次他和胡適大談特談的是英國學者安吉爾的一本書《大幻覺》。安吉爾也是世界和平主義者，也反對國家之間的戰爭。他是從利益分析角度談戰爭無益。因為今天的世界已為航路電線所聯絡，比如血脈，一管破全身都受影響。英國打敗德國，不能不損壞德國的財政，即使戰爭勝利，被破壞了的敵國財政，又拿什麼來賠償它？因此任何戰爭都是浪費的，無效的，也是無益的。對這樣一種分析，胡適很不滿意，認為這是「一面之辭」。他回答訥博士，「公等徒見其金錢生計之一方面，而不知此乃末事，而非根本之計也。」因為「今之英人，法人，德人豈為金錢而戰耶？為國家而戰耳。惟其為國家而戰也，故男輸生命，婦女輸金錢奮飾以供軍需。生命尚非所恤，何況金錢？故欲以生計之說弭兵者，愚也。」（同上）說人「愚」的胡適不免自己陷於武斷。即使男人婦女都是為國而戰，試問，國家開戰的目的又是

什麼？還不是訴求於利益。天下熙熙，皆為利來，天下攘攘，皆為利往。天下之人如此，天下之國家亦莫不如此。

那麼，胡適提供的「根本之計」又是什麼呢？

「吾輩醉心大同主義者不可不自根本著手。根本何？一種世界的國家主義是也（此語不通，既為世界主義，便在觀念上不復有國家的畛域：筆者）。愛國是大好事，惟當知國家之上更有一大目的在，更有一更大之團體在，葛得宏斯密斯（Goldwin Smith）所謂『萬國之上猶有人類在』（Above all Nations is Humanity）是也。」（同上）

和安格爾的利益分析相比，胡適的「根本大計」過於高蹈。利益分析尚嫌理想，策動戰爭的國家統治者又怎能理會人道主義的空頭支票？胡適有一個德國朋友墨茨，和訥博士一樣也是博士級的和平主義者。一戰暴發，墨茨在比利時，他不願犧牲理想而從軍，便出走荷蘭，又由荷至美。兩人在綺色佳相見時，晤談甚歡。胡適盛稱其人不為流俗所移，說他不從軍，「非不愛國也，其愛國之心不如人道主義之心切也，其愛德國也，不如愛人道之篤也。」[53]胡適的理論儘管不切用，但就他個人思想脈絡而言，他是把人道主義安置在國家主義之上的。

1914 年年底，胡適在美國「共和」雜誌上讀到一篇「論充足的國防」的文章，內中觀點打動了他，為此，他在日記中摘錄了一大段，並為之翻譯，而且又續寫了一大篇讀後議論。那篇文章的大旨是反對擴軍備戰，認為真正的國防不在於軍備，而在於與是接認明如何共處。胡適接過來發揮，「增軍備，非根本之計也；根本之計，在於增進世界各國之人道主義」。當此一戰如火如荼之際，胡適宏宣人道顯得如此之迂。「今世界之大患為何？曰：非人道主義是已，強權主義是已。弱肉強食，禽獸之道，非人道也。以禽獸之道為人道，故成今日之世界。『武裝和平』者，所謂『以暴易暴』之法也。以火治火，

---

[53] 曹伯言《胡適日記全編》卷 1，第 546 頁。

火乃益燃；以暴易暴，暴何能已？」[54]此時胡適思想上正深受老子「不爭」、墨子「非戰」之影響，可是，他不知道，在國際政治格局中，有時不免以暴易暴。無論胡適此時正經歷的一戰，還是後來的二戰，俱賴美國以強大的軍備介入而弭平。

胡適的觀點不切時用，但其思想本身依然值得珍視：

> 「今之持強權之說者，以為此天演公理也。不知『天擇』之上尚有『人擇』。天地不仁，故弱為強食。而人擇則不然。人也者，可以勝天者也。吾人養老而濟弱，扶創而治疾，不以其為老弱殘疾而淘汰之也，此人之仁也。或問墨子：『君子不鬥，信乎？』曰：『然。』曰：『狗彘猶鬥，而況於人乎？』墨子曰：『傷哉！言則稱於湯文，行則同於狗彘！』今之以弱肉強食之道施諸人類社會之國家，皆墨子所謂『行則同於狗彘』者也。」（同上）

胡適認同達爾文的進化論，但反對社會達爾文主義。「天擇」的本義是不違逆自然選擇，是天下生物體對自然的順應，不意被偏轉為人與人之間的互相吞噬，這是達爾文的悲劇。

隨後，胡適把話題轉到故國，「今之欲以增兵備救中國之亡者，其心未嘗不可嘉也，獨其愚不可及也。」因為在 20 年內，無論中國如何努力，都不可能在軍備上和日本俄國英法等抗衡，何況人家也不會坐等。彼此無有已時，戰禍仍不可免，世界和平終不可得。於是，胡適又提出他的根本之計：「根本之計奈何？興吾教育，開吾地藏，進吾文明，治吾內政：此對內之道也。對外則力持人道主義，以個人名義兼以國家名義曆斥西方強權主義之非人道，非耶教之道，一面極力

---

[54] 曹伯言《胡適日記全編》卷 1，第 564 頁。

提出和平之說，與美國合力鼓吹國際道德。國際道德進化，則世界始可謂真進化，而吾國始真能享和平之福耳。」（同上）但，根本之計，緩不救急，面對問難，胡適應之曰「此七年之病，求三年之艾」（同上），所能做的，便是這些，急並不解決問題。胡適留學時形成的這一思想，一直流貫到 1930 年代中國抗日戰爭的前期。面對日本的挑釁，胡適總是主張避免衝突，埋首內政，尋求妥協，仰仗國聯。可惜，時勢不依人，這條路終究未能走通。

十五、尼采的「遺毒」

在《國家主義與世界主義》的札記中，胡適第一次涉及到德國哲學家尼采。他是在批判德國將領卑恩赫低（Bernhardi）所宣揚的「國際大法」時，把尼采作為其思想資源來評論的。卑氏認為：國與國之間強權即公理，所謂國際大法，也就四個字，弱肉強食是也。卑氏所推崇的「強權」，其理論根源即來自尼采。因而胡適指出：「強權主義（The Philosophy of Force）主之最力者為德人尼采（Nietzsche）」。在接受自由主義和人道主義濡染的胡適看來，「我之自由，以他人之自由為界」，這是密爾的話，胡適多次徵引；同時他也徵引邊沁的樂利主義話語（今通譯為「功利主義」）：最大多數之最大幸福，乃為道德之鵠。以此為倫理底線，或，以此為一個接受框架，當尼采一旦進入胡適的視野，就只能成為一個批判的對象。在尼采那裏，胡適看到了什麼？

> 「人生之目的不獨在於生存，而在於得權力（The Will to Power）而超人。人類之目的在於造成一種超人社會（Supernnam）。超人者，強人也。其弱者皆在淘汰之列，殲除

之，摧夷之，毋使有噍類。世界者，強有力者之世界也。今之所謂道德，法律，慈悲，和平，皆所以捍衛弱者，不令為強者所摧夷，皆人道之大賊也。耶穌教以慈愛為本，力衛弱者，以與強者為敵，故耶教乃人類之大患。耶教一日不去，此超人社會一日不可得也。慈悲也，法律也，耶教也，道德也，皆弱無力者之護符也，皆奴隸之道德也，皆人道之蟊賊也，皆當斬除淨盡者也。」[55]

胡適的眼光很準，一段話，便拎出了尼采思想的要害，而他自己的議論是：

「自尼采之說出，而世界乃有無道德之倫理學說。尼氏為近代文豪，其筆力雄健無敵。以無敵之筆鋒，發駭世之危言，宜其傾倒一世，——然其遺毒乃不勝言矣。文人之筆可畏也！」（同上）卑斯麥「宜傾倒一世」，沒有傾倒當年在美國的胡適，但卻傾倒了當年在日本的魯迅。胡適眼裏的「遺毒」恰恰是魯迅眼中的「華彩」。1907年，魯迅在日本作〈文化偏至論〉，整個論述基本籠罩在尼采的思想中（亦兼有斯蒂納的無政府主義等）：

「若夫尼佉（即尼采，筆者注），斯個人主義之至雄桀者矣，希望所寄，惟在大士天才；而以愚民為本位，則惡之不殊蛇蠍。意蓋謂治任多數，則社會元氣，一旦可隳，不若用庸眾為犧牲，以冀一二天才之出世，遞天才出而社會之活動亦以萌，即所謂超人之說，嘗震驚歐洲之思想界也者。由是觀之，彼之謳歌眾數，奉若神明者，蓋僅見光明之一端，他未遍知……。故是非不可公於眾，公之則果不誠；政事不可公於眾，公之則

---

[55]　曹伯言《胡適日記全編》卷1，第508-509頁。

治不劾。惟超人出，世乃太平。……夫一導眾從，智愚之別即在斯。與其抑英哲以就凡庸，曷若置眾人而希英哲？」[56]

這是尼采思想在魯迅那裏的賡續。

就尼采的思想譜系，雖然有「自由」，但那只是超人的自由，眾庶是談不上的。而「平等」和由平等推演而出的「民主」，尼采根本是反感的。同樣，作為他律的「法律」和作為自律的「道德」，尼采一概視為「捍衛弱者」的敝屣。人道一詞，也只是超人才為人，眾庶則為奴，它原本就不是為他們準備的。那麼，當這些維繫現代社會的基本詞彙給濾去之後，剩下的是什麼呢？「強權」、「權力意志」和「超人」。由這樣一些辭彙構成的社會理論，能否達成一個自由、民主、平等、法治的社會呢？不，尼采的社會將是赤裸裸的弱肉強食，赤裸裸的你死我活，赤裸裸的強權公理，赤裸裸的社會達爾文主義。

1907 年時，魯迅 26 歲，他是如此醉心尼采的理論。1914 年時，胡適 23 歲，雖然比魯迅年輕，卻一眼就穿透了尼采。兩人的眼力何等不同，而這不同關鍵在於：人在美國的胡適有一個自由主義的參照，因而先在地獲得了抵制尼采「遺毒」的免疫力；而人在日本的魯迅正碰上日本流行著的超人哲學和無政府主義，特別是尼采思想包裹著一層詩化的外衣，因此，年輕的魯迅對這美麗的毒藥一飲而盡，也就不足為奇。地緣不同，直接導致了胡適和魯迅在思想底色上的兩樣。設若將胡魯對調，就憑那一代年輕人在思想上的嗷嗷待哺，胡適（在日本）遭遇尼采，如果成為尼采二世亦不足為怪。

插：1980 年代的筆者，初讀尼采，如同魯迅一般，迷醉於那拔揚生命意志之類的話語。成為超人就是擺脫奴隸，誰不想擺脫奴隸呢？因此，那超越再超越的生命哲學如同一道上帝的命令（儘管在尼采那

---

[56] 魯迅〈文化偏至論〉，《魯迅全集》卷 1，第 52 頁。

裏「上帝死了」，尼采其實是用超人取代了它），便使自己把尼采的
囈語當成生命的真諦。可是，今天再讀，文本還是那個文本，情形卻
完全兩樣。人不能孤懸於世，你成為超人，他人怎麼辦？這個世界並
非魯迅所說「超人一出，世乃太平」，世有超人，毋寧是個太不平。
這樣一個永無平等的社會，是不能住人的。而一個尼采不屑的民主社
會，既無超人，又無奴隸。它或可有強勢和弱勢，但，強勢不是凌駕
弱勢，它正須為弱勢打算，就像當年美國民權運動，是許多白人為黑
人爭平權。因此，不是尼采的「世界者，強有力者之世界也」。而
是，世界者，人人之世界也。在這樣一個閱讀轉變中，因為有了另外
一種價值尺度，胡適上引尼采的話，不禁讓人冷汗在脊。

　　可是，魯迅深深陷入了尼采，以至兩者在某種程度上合二為一。受
魯迅親炙過的徐梵澄有這樣一段回憶文字，記述了尼魯之間的靈犀：

> 「無可否認，在先生接受馬列主義以前，受尼采的影響最大。
> 這可遠推至以文言文寫〈文化偏至論〉的時期，在 1907 年。——
> ——即如《野草》，其中如〈過客〉、〈影的告別〉兩篇，便甚
> 與《蘇魯支語錄》的作風相似。這很難說是偶然的巧合，或故
> 意的模仿；竟不妨假定是於尼采的作品，或原文或日文的譯
> 本，時加玩味，欣賞，而自己的思緒觸發，提筆一寫，便成了
> 那形式了。《野草》可說是一部散文的詩，先生的得意之作。
> 這只合用文學上的術語說，是受了尼采的『靈感』。」[57]

徐梵澄先生早年留學德國，專門翻譯和研究過尼采，他對魯迅也很熟
悉，此話並非無稽。而且徐的話透出的另外資訊是，早年的魯迅鍾情
尼采，晚年的魯迅則移情卡爾·馬。

---

[57] 徐梵澄〈星花舊影〉，《魯迅回憶錄·下》，第 1332 頁，北京出版社，
　　1999。

　　尼采的「遺毒」在於，不但一戰時德國將領卑恩赫低的強權論和尼采的學說曲徑暗通，而且二戰時納粹希特勒亦可溯源於他。希特勒本人就自視為超人，而雅利安人亦被視為超人種族，所以要對猶太實行「種族滅絕」，這其實是尼采哲學的國家演繹。當然，不必要把希特勒的帳算到尼采頭上，尼采手上沒有血。但，必要指出，尼采的思想成為後來者的資源或之一，亦即他的思想可以被邪惡利用，這就是他的內在危險性。其危險在於，他的思想原本就有可以利用的東西，利用與被利用之間在精神上有著一種「隱秘的同構」。如果說尼采思想可以導致 20 世紀希特勒式的「右的極權」，那麼，誰的思想則可以導致前蘇聯式的「左的極權」。可是，它們先後成為魯迅思想的援引，意識到這一點，足以讓我摒住呼吸，深長體味。和魯迅相反的是胡適，胡適對兩個德國人的態度就是他對這兩種極權的態度。在後面將會看到，自 1940 年代始，作為中國自由主義代表人物的胡適是如何對左右兩方面的極權進行深入的剖析和批判。

　　案：胡適對尼采的態度並非一概抹煞。1919 年，胡適為新文化運動點睛，作〈新思潮的意義〉。在胡適看來：「新思潮的根本意義只是一種新態度。這種新態度可叫做『評判的態度』」。為什麼要評判？「尼采說現今時代是一個『重新估定一切價值』（Transvaluation of all Values）的時代。『重新估定一切價值』八個字便是評判的態度的最好解釋。」[58]尼采的「價值重估」從新文化運動一直到 1980 年代，雖經斷裂，但它始終是一代思想先驅進行時代顛覆的合法性依據，它確乎是尼采思想中的積極組成。可見胡適於尼采，取其所取，棄其所棄，取棄迥然，關鍵在於有一雙分辨的眼睛。

---

[58] 胡適〈新思潮的意義〉，《胡適文集》卷 2，第 552 頁。

十六、消極和平主義

依然是《國家主義與世界主義》。

一戰爆發，胡適的朋友訥斯密斯博士剛從歐洲回，和胡適談起了他在歐洲的聞見。這一批不同國籍的和平主義者，是反對任何武力的，不獨反對武力的侵略，也同樣反對武力的抵抗。對此，胡適把1914 年歐戰新爆發時的自己稱為「極端的和平主義」，筆者倒願意把包括胡適在內的他們統稱為「消極和平主義」（此名即出，不日便在胡適後來的篇幅中發現胡適自謂「消極的平和主義」）。

胡適的消極和平主義，在思想資源上，主要是中國先秦時代的墨子、老子和西方的耶穌基督。墨子的「非攻」思想，甚為胡適稱道，胡適把他的「非攻（上）視為是「最合乎邏輯的反戰名著」。同樣，老子的「不爭」亦為胡適稱頌不已，胡適不僅熟悉而且抄錄下這樣的句子：「夫惟不爭，故天下莫能與之爭」，「上善若水，水利萬物而不爭」，「天下莫柔弱於水，而攻堅強者莫之能勝」。墨子和老子，乃是胡適少年讀書時於儒經之外的涉獵，1909 年秋，胡適在上海，見野外萬木蕭颯，惟枝條最柔軟的楊柳卻迎風而舞，極富生機，這一對比，使胡適不禁想到老子所謂能以弱存者，便賦詩：「已見瀟颸萬木催／尚餘垂柳拂人來／憑君漫說柔條弱／也向西風舞一回。」詩無足觀之，老子的思想無疑卻在胡適那裏發了酵，這一點直到胡適來美才看出來。來美後的胡適，「僧道無緣」，亦無緣受洗為耶教徒，但《新舊約》筆記卻經常在胡適日記中出現。耶穌的這一段言論，亦與上面老子的言論在同一札記中並置：「人則告汝矣，曰，抉而目者而亦抉其目，拔汝齒者汝亦拔其齒。我則詔汝曰，毋報怨也。人有披而右頰者以左頰就之；人有訟汝而奪汝裳者，以汝衣並與之；人有強汝行一裏者，且與行二裏焉。」

比較之下，墨子的「非攻」是反戰的，老子的「不爭」是「不抵抗」的，而耶穌的「毋報怨」不但不抵抗，而且還要讓對方更得逞。在當時一戰爆發的語境下，墨子的話是針對戰爭發動者的。戰事既然發生，非攻業已破產，那麼，在攻的面前，被戰爭的一方怎麼辦？耶穌的話實無可取，可取的是老子。上述墨、老、耶，老子屬中道，中道而行，因此，這些消極的和平主義者們，比如訥斯密斯博士在歐洲時和安吉爾的信徒們日夜努力，試圖以「不抵抗」的說教阻止英國人加入戰爭。雖然無功而返，但，返美後的訥博士就比利時的情況對胡適作了這樣的敘述：

> 吾此次在大陸所見，令我益歎武力之無用。吾向不信託爾斯泰及耶穌教匱克派（Quakers）所持不抵抗主義（Nonresistance）（即老氏所謂「不爭」是也），今始稍信其說之過人也。不觀乎盧森堡以不抵抗而全，比利時以抵抗而殘破乎？比利時之破也，魯問（Louvain）之城以抗拒受屠，而卜魯塞爾（Brussels）之城獨全。卜城之美國公使屬匱克派，力勸卜城市長馬克斯（M.Max）勿抗德師，市長從之，與德師約法而後降，今比之名城獨卜魯塞爾歸然獨存耳。不爭不抗之惠蓋如此！[59]

無疑，訥博士的話，說到了胡適的心裏：「博士之言如此。老子聞之，必曰是也。耶穌、釋迦聞之，亦必曰是也。」（同上）胡適接下就引證了上面抄錄的老、耶之言。魯問之城因抵抗而殘破，布魯塞爾因不抵抗而獨全，從中，胡適看到了什麼呢？十多天後，在胡適的另一篇日記中可以找到對應。以上「秋柳」，以柔弱勝剛強，引動胡適

---

[59] 曹伯言《胡適日記全編》卷1，第510頁。

感念，遂又抄了一段老子，不過，這不是《老子》中的老子，而是劉
向筆下的老子：

《說苑》記常摐（一作商容）將死，老子往問焉。常摐張其口而
示老子曰：「吾舌存乎？」老子曰：「然。」「吾齒存乎？」曰：
「亡。」常摐曰：「子知之乎？」老子曰：「夫舌之存也，豈非以其
柔耶？齒之亡也，豈非以其剛耶？」常摐曰：「嘻，是已。」[60]

存亡之間，繫於剛柔，齒舌之喻，可否一般？就布魯塞爾一城而
言，放棄抵抗，無寧是種策略，可以贊成，就像當年如果沒有史可法
為效忠朱明的無效抵抗，也就沒有城池破滅後的「揚州十日」。但，
這種策略上的不抵抗並非量等於老子的「不抵抗主義」。一是審時度
勢，是一種「選擇」；一是概莫能外，是一種「原則」。後者為
「經」、為「常」，前者從「權」、從「變」。如不區分兩者，則陷入
絕對主義。消極和平主義的毛病蓋在於此。兩次世界大戰的終結，非
賴不抵抗的消極和平主義，已足以說明問題。

胡適的「不爭」不僅針對一戰的歐洲，更是針對受一戰影響的中
國。中國問題提上了日程，它逐步取代了胡適對歐洲的關注。日本對
德宣戰，進犯屬於德國勢力範圍的膠州灣，但膠州灣本屬中國，這實
際上就是進犯中國。在和韋蓮斯的談話中，韋氏認為「日本之犯中國
之中立也，中國政府不之抗拒，自外人觀之，似失國體。然果令中國
政府以兵力拒之，如比利時所為，其得失損益雖不可逆料，然較之不
抗拒之所損失，當更大千百倍，則可斷言也。」（同上）胡適深以為
然，不但復述訥博士前之所言，而且告以自己的「秋柳」詩，韋女士
也認為此中大有真理。

1915 年元月，胡適在由紐約返回綺色佳的車上，讀到一篇〈不爭
主義之道德〉的文章，甚合己意，便決定打聽地址給此人寫信交流。

---

[60] 曹伯言《胡適日記全編》卷 1，第 535-536 頁。

對方是哥倫比亞大學的學生，讀英國文學，叫普耳。兩人有過一通書信往還，書信中也有過「字句之爭」。胡適奉老子的「不爭」為圭臬，而這位普耳卻更是個「毋報怨」的信徒。「我並不相信『不爭』，至少我不喜歡這個詞，它是軟弱的。我更喜歡『有效的抗爭』這個詞。使用體力的抗爭是效果最差的抗爭方式。通常大家都認為一個人如若採取非體力的方式去抗爭，那麼這個人便是一個不爭主義者。絕大多數人僅僅只想到物質的和體力的概念。」這種說法很新鮮，但，什麼是他「有效的抗爭」呢？「而精神的抗爭，寬恕自己的敵人的抗爭，『遞上另一邊臉』去的抗爭才是積極的最為有效的抗爭……」。信到這裏戛然而止，給胡適留下了長長的省略空間。對此，胡適日記中並沒有反應。不能不承認這種解釋非常新穎，特別是「寬恕自己敵人的抗爭」尤為精警。可是，在什麼意義上，別人打你左臉，你再把右臉遞上去，並說這是「抗爭」？再說，這樣的抗爭所得到的和平又是一種什麼樣的和平呢？至少在我這個沒有基督背景的人看來，它是反常的，殊難理解。而胡適的「不爭」，也僅止於老子，亦未至於耶穌。

　　不數日，紐約大學召開美東各大學持非兵主義的反戰大會，討論聯合抵制美國增兵問題。康大的教授巴恩斯堅持讓胡適參加，上月剛從紐約回來的胡適再次來到紐約。他用電話聯繫了普耳，兩人一見面，又為「不爭」爭了起來。在胡適看來，此君明明「不爭」，但卻反對這個詞，因為他認為自己不是不爭，而是「有效的抗爭」。於是，兩人退求其次，用「消極的抗爭」名之，胡適亦不愜心。最後胡適建議用「道義的抗拒」，普君「以為然」。[61]

　　「字句之爭」告一段落，胡適的「消極和平主義」也走不了多遠了。

---

[61] 曹伯言《胡適日記全編》卷2，第57頁。

案：胡適此次抵紐約，日記為「紐約旅行記」，所記固多，但，最後
　　兩事不妨在此約略。一是初見黃興，1915 年 2 月 14 日晚哥倫比亞
　　大學中西樓餐廳，胡適和哥大朋友同進晚餐，飲宴中，忽見哥大
　　的張奚若起身招待外來數客，「其一人乃黃克強元帥也」。張奚
　　若介紹他二人認識，此時，胡適眼中的黃克強，「頗胖，微有
　　髭，面色黧黑，語作湘音。」上次來哥大，胡適就有拜訪之意，
　　不意今日見之，胡適在日記中自謂「幸事」。

　　另一是回程一幕：餐後以車至車站。車停港外，須以渡船往。船
　　甫離岸，風雨驟至，海上皆黑，微見高屋燈火點綴空際，余頗欲
　　見「自由」之神像乃不可見。已而舟行將及車次，乃見眾光之上
　　有一光最明亦最高，同行者遙指謂余曰：「此『自由』也！」
　　（同上）

　　「此『自由』也」，胡適感歎此語，以為大有詩意，意為此作一
　　詩，久未能果。直至七月，方成一章，題為「夜過紐約港」。其
　　最後一句即朋友的告語：「There is 『Liberty』！」

十七、與韋蓮司談「容忍」

　　前，胡適「第一次訪女生宿舍」，有文章認為那個女生就是韋蓮
司，但並沒有出示證據，不足信也。至於我，認為不是。證據是，韋
蓮司是康乃耳大學地質學教授的女兒，而女兒本人並不是康大學生，
她在紐約學美術，回康大等於是回家。既回家並無住女生宿舍之理，
除了其他事。十多天後，在綺色佳的一個教堂觀看婚禮，應該是胡適
和韋蓮司的較早接觸。以後兩人見面，不是韋蓮司回綺色佳，就是胡
適去紐約，當然以前者居多。胡韋的接觸，多在精神層面，兩人很喜
歡就問題交流。

　　在胡適眼中的韋蓮司，自是「讀書甚多，極能思想」，言語之中，常出見識。比如有一次，胡適誇示中國人從來不拒絕新思想，像達爾文的《天演論》，西方守舊者對它的攻擊，半個世紀都沒有停止過。而它東來之後，即「風靡吾國，無有拒者」。不但如此，像「天擇」「競存」等名詞還成為流行一時的口頭禪（胡適自己的名字就是一個證據）。這本是胡適的得意處，但韋蓮司打斷了他的話：「此亦未必為中國士夫之長處。西方人士不肯人云亦云，而必經幾許實驗證據辯難，而後成為定論。東方人士習於崇奉宗匠之言，苟其動聽，便成圭臬。」因此，在韋氏看來，「西方之不輕受新思想也，未必是其短處；東方之輕受之也，未必是其長處也。」[62]書讀至此，便無法下去。韋蓮司一介女子，何等眼光！胡適一次和康大法學助教談中西婚姻，對方謂「此邦女子智識程度殊不甚高，即以大學女生而論，其真能有高尚智識，談辯時能啟發心思者，真不可多得。」胡適何其幸也！但看到胡適在一旁大加認同，說什麼「此甚中肯。今之昌言『物競天擇』者，有幾人能真知進化論之科學的根據耶？」不禁大搖其頭。韋蓮司固然中「肯」，但胡適卻未知「綮」在何處。此刻韋氏揭破的問題不是懂不懂進化論，而是海運以來國人對外來思想的照單全收而無從擇取。一百多年來，中國知識界在思想上一味趨新，凡新即好，從現代到後現代，緊趕不迭，只要太平洋那邊打個噴嚏，這邊立刻就感冒。韋蓮司一個「輕受」，實在是點中了我們的癢穴。「五四」便是一典型的「輕受」的時代，還不談「誤讀」。倒是後來國門關閉，大家「輕受」不得，轉而變成了集體「迷信」。待 1980 國門重開，故態復萌，又是一輪讓人眼花繚亂的「輕受」。至今，我們走出了這個「輕受」的時代了嗎？

---

[62] 曹伯言《胡適日記全編》卷 2，第 128 頁。

　　這個韋蓮司不僅有自己的思想見識，更特別的，是她在做人行事上與眾不同的「灑落不羈」。韋氏出生富家，但不自修飾。歐美婦女習於打扮，她的衣服卻「數年不易」，頭上的草帽早已破損，然「戴之如故」。頭髮修長，難以服侍，乾脆自行剪去，「僅留二三寸許」。「蓬首一二年」，「行道中，每為行人指目」，不自以為意。韋蓮司的母親和姐姐不止一次地數落她，卻也拿她沒辦法（其實韋氏是典型的「現代派」）。胡適和她打趣，說：昔約翰彌爾有言，今人鮮敢為狂狷之行者，此真今世隱患也。遂又緊忙解釋：狂乃美德，非病態也。顯然，胡適是用中國古典語言去翻譯密爾了，在孔子那裏，狂者進取，狷者有所不為。韋氏當是狂而不狷。韋蓮司回答胡適：「若有意為狂，其狂亦不足取」。這一天是星期六，胡適與韋蓮司出遊，兩人循湖濱行，天氣晴好，落葉滿徑，「是日共行三小時之久，以且行且談，故不覺日之晚也。」

　　十多天後，韋蓮司向胡適提出了一個問題：假如我的見解與家人父母的看法完全不一樣，我是容忍遷就以求相安，還是我行我素，各行其是，以至決裂也不在乎呢？顯然，韋蓮司的作派是不為家人認同的，自己到底應該怎麼辦，她想聽聽胡適的意見。

　　容忍（即寬容）是胡適一生多所關注的問題，而且越至老境越推崇容忍，遂有「容忍比自由更重要」的格言，雖然此語出自他的老師。但，「容忍」之成為胡適思想譜系中的一個座標，越往後越多染有政治哲學的義函。這次，在韋蓮司的問題面前，是胡適第一次對容忍發表意見，它是私人生活中的一個問題，具有倫理學的意義。

　　首先，胡適自認是東方人，他談了東方人對容忍的理解。在他舉的例子中，有一個叫毛義的古人，「有母在，受征辟，捧檄而喜」，其喜也，因母之故。母親去世後，即棄官，「義本不欲仕，乃為母屈耳」。胡適把它稱為「為人的容忍」（Altruistic Toleration）。另外，

對於父母的信仰，雖然自己不以為然，但「不忍拂愛之者之意，則容忍遷就，甘心為愛我者屈」。因為父母老了，一旦失去自己長期以來的信仰，即如同失去依歸，那會很痛苦。這樣的容忍也就是「為人的容忍」。這裏，胡適的兩個容忍其實就是一個字「屈」。

但習染東方文化傳統的胡適畢竟也非常喜歡西方文明，西方文明的「個人本位」和個性張揚在美國的胡適無疑感同身受。他引西方近世之說：「凡百責任，以對一己之責任為先。……吾所謂是，則是之，則篤信而力行之，不可為人屈。真理一而已，不容調護遷就，何可為他人之故而強信所不信，強行所不欲行乎？此『不容忍』之說也。」到這裏，可以看到，胡適至少是自相矛盾的。為真理而不遷就的這個「真理」和以上為所愛而遷就的「信仰」其實一個性質，而以上毛義違心做官也就是這裏胡適所不贊同的「強行所不欲行」。但下面胡適開始拔高，這種不容忍「亦並非自私之心，實亦為人者也。蓋人類進化，全賴個人之自蓋。思想之進化，則有獨立思想者之功也。政治之進化，則維新革命者之功也。若人人為他人之故而自遏其思想言行之獨立自由，則人類萬無進化之日矣。（彌爾之《群己權界論》倡此說最力，易卜生之名劇《玩偶之家》亦寫此意也。）[63] 其實，張揚自己的個性就是為了個性，如韋蓮司那樣，倒不必要額外承受人類進化的負擔，它也負不起這個「擔子」。這裏的「屈」與「不屈」，「容忍」與「不容忍」，顯然是矛盾的，胡適對這個問題想好了嗎？

沒有，至少是不成熟。胡適這樣來化解矛盾：「吾於家庭之事，則從東方人，於社會國家政治之見解，則從西方人。」但，這樣問題就自了了嗎？私人領域談容忍，公共領域反棄之，是否顛倒了？在我看來，公共領域尤其政治領域才是容忍之地，無容忍（或「無妥協」）則無以言政治；至於自己和家人之間的私人領域，容忍遷就還

---

[63] 曹伯言《胡適日記全編》卷 1，第 515-516 頁。

是各行其是倒是個交替選擇的問題。幾天後，韋蓮司給胡適寄信，信中引了英國學者毛萊〈論妥協〉一文中的話，胡適讀了後，認為「透澈」，把它抄了下來。然後，胡適找毛萊的書讀，又從文中摘錄了一段。毛萊的文章和觀點深深吸引了胡適，多年後，胡適在其英文自傳《我的信仰及其演變》中，特意提到，因韋蓮司的介紹，自己讀了毛萊的「On Compromise」，它是自己「一生之中，最重要的精神影響之一」。[64]

　　案：胡適上謂「吾於家庭之事，則從東方人，於社會國家政治之見解，則從西方人。」他不僅是這樣說的，也是這樣做的。即以前者而論，他和江冬秀結婚，正如他在一封信中所說：「吾之就此婚事，全為吾母起見，故從不曾挑剔為難（若不為此，吾決不就此婚。此意但可為足下道，不足為外人言也）。今既婚矣，吾力求遷就，以博吾母歡心。吾之所以極力表示閨房之愛者，亦正欲令吾母歡喜耳……。」[65]

十八、歌德的鎮靜功夫

　　一戰爆發後，在紐約學畫的韋蓮司「感憤不已，無意學畫」。她曾經致信紐約的紅十字會，自薦赴歐到軍中去做戰地護士，因她沒有看護經驗，紐約的紅十字會拒絕了她，韋蓮司「益感慨憤懣」。這時胡適給她講了個歌德的故事，這位德國大文豪自言：「每遇政界有大事震動心目，則黽勉致力於一種絕不關係此事之學問以收吾心。」胡適舉了兩個例子，一個是當法國拿破崙進攻德國最緊急時，歌德卻天

---

[64] 轉引周質平《胡適與韋蓮司深情五十年》，第 14 頁，北京大學出版社，1998。
[65] 「胡適致胡近仁 1918 年 5 月 2 日」《胡適全集》卷 23，第 203 頁。

天從事中國文物的研究。二，勃西之戰期間，歌德趕著寫劇本《厄塞》的最後一幕。在胡適自己看來，「歌德之鎮靜功夫」，此中有真意，大可玩味。此意用他國內朋友給他舉的諸葛亮的例子來說明，即「以鞠躬盡瘁之諸葛亮武侯乃獨能於漢末大亂之時高臥南陽者，誠知愛莫能助，不如存養待時而動也」。於是，胡適對韋蓮司說：「人生效力世界，宜分功易事，作一不朽之歌，不朽之畫，何一非獻世之事？豈必執戈沙場，報勞病院，然後為貢獻社會乎？」韋蓮司聽後，有所釋然，遂重操畫筆。不獨韋蓮司如此，胡適的另一個朋友，是匈牙利人，叫駱特。自開戰以來，憤恨美國輿論偏袒協約國，「每斤斤與人爭論，為德奧辯護，嘵嘵不休，心志既專，至不能用心學業，……至於憔悴其形神」。胡適感「其愛國之誠」，又「憐其焦思之苦」，[66]一天，和駱特相遇於途，拉住他便送上了這個歌德的故事，駱特聽後，表示願意嘗試一下。但效果如何，胡適和我們一樣，也就不知道了。

　　胡適看起來是向別人講故事，其實他未始不是反覆講給自己聽，因為考驗很快就落到自己頭上。中國雖然遠離歐洲戰場，而且開始時對交戰雙方還保持中立，但事不關己並非能高高掛起。一戰爆發前兩年，英日兩國結為同盟，戰爭爆發後，日本加入協約，即出兵攻打德國勢力範圍的膠州灣，這就等於在中國開闢了一個戰場。1914 年的 11月 11 日，青島被日本佔領，本是中國領土，日本人卻不打算交還，還提出所謂的「二十一條」。對於國人的聲討，日本人振振有詞說：「即使日本決定佔領膠州灣，這也沒有破壞中國領土之完整，因為膠州灣早已不是中國的一部分，膠州灣的主權早已歸於德國，至少有九

---

[66] 曹伯言《胡適日記全編》卷 1，第 554 頁。

十九年了。」[67]就這樣，中國被介入歐戰，中國問題立即凸顯，遠在海外的留學生就再也不能做壁上觀了。

當時在北美的抗日救國運動是什麼情況呢？從胡適的某篇日記可以觀其大略：「及外患之來，始驚擾無措，或發急電，或作長函，或痛哭而陳詞，或慷慨而自殺，」這些舉動，胡適很不以為然，「徒亂心緒，何補實際」？時在哥大讀政治學的張奚若痛責政府無能，胡適不客氣地反問：「不知若令足下作外交部長又何以處之？」戰，胡適是不贊成的，「國家之事，病根深矣，」拿什麼去戰？「今日大患，在於學子不肯深思遠慮，平日一無所預備」，這時「責人無已，尤非忠恕之道」。胡適自己的看法是：「吾輩遠去祖國，愛莫能助，當以鎮靜處之，庶不失大國國民風度耳」。[68]顯然，這是前此歌德之鎮靜功夫在胡適身上的化用，胡適主張留學生在迫到眼前的國難面前保持鎮靜。

胡適一生唯冷靜，唯冷靜而能行理性，你叫胡適熱血沸騰是難辦的，他年輕時便如此，這是生性，也是訓練。日本佔領青島，中日之間旋即開始討價還價。北美留學生紛紛建議，其中不乏「駭人之壯語」。年輕的胡適云：「余無能逐少年之後，……但能駁一二不堪入耳之輿論」。這天，當地留學生召開特別會議，商討交涉問題，胡適因事未與會，但他留了一個條子交會長在會上代讀。還是歌德的那層意思：「吾輩遠去祖國，愛莫能助，紛擾無益於實際，徒亂求學之心。電函交馳，何裨國難？不如以鎮靜處之。」當晚，胡適記寫日記，說到會上情形，會長讀他條子時，「會中人皆爭嗤之以鼻。即明達如叔永，亦私語云：『胡適之的不爭主義又來了！』及選舉幹事，秉農山起言：『今日須選實行家，不可舉哲學家。』蓋為我而發也，

---

[67] 轉引曹伯言《胡適日記全編》卷2，第22頁。
[68] 曹伯言《胡適日記全編》卷2，第78頁。

司徒堯君告我如此。」[69]這通日記事關胡適自己，面對別人的反對，卻寫得如此平靜，如同記旁人事一般。這也是胡適的冷靜的功夫。

胡適少時在鄉里觀族人祭祀，「習聞贊禮者唱曰：『執事者各司其事』」。這時胡適很擔心留學生非但不能解決國是，反而耽擱了自己的學業。多年以後，當偌大的華北放不下一張平靜的課桌時，為人師長的胡適，態度很明確：守住自己的課桌。課桌就是學生該執之事。作家楊沫反映 1930 年代北平學生生活的《青春之歌》，如果讓當時在北大任文學院院長的胡適看到，他肯定認同的是那個去圖書館的「余永澤」，儘管他也能理解活躍於廣場上的「林道靜」，哪怕林的身後還有一隻叵測的手。其所以如此，蓋在於他自己做學生時就是這樣。學生就是學生，報國並非一途。國勢殘頹，非學生力之所能，慷慨激昂，亦於情事無補。學生所能做的，就是盡自己的本分作好學習，以備將來為國效力。當留美學界放不下一張平靜的課桌時，胡適幾乎是逆流而動，他寫了封引動一片聲討的「致留學界公函」，仍然堅持主張歌德的鎮靜功夫，就此，胡適已經是再三致意了：「讓吾等各就本份，各盡責職；吾輩之責任乃是讀書學習。不可讓報章上所傳之糾紛，耽誤吾輩之學業。吾等正要嚴肅、冷靜、不驚、不慌，安於學業，力爭上游，為將來振興祖國作好一番準備，只要她能倖免於難，——余深信如此——若是不能，吾輩將為在廢墟上重建家園而努力！」[70]當年梁啟超曾比較留日和留美的兩撥學生，說：留日的「讀書不忘愛國」，留美的「愛國不忘讀書」——此其胡適之謂乎！

冷靜是一種理性，歌德有此功夫，胡適亦不差池。在這一點上，除了歌德之外，他的哈佛朋友鄭萊和他談到的屠格涅夫小說 *Virgin Soil* 中的主人公亦給他留下殊深印象，鄭萊所描述的這位「主人公乃一遠識之士，不為意氣所移，不為利害所奪，不以小利而忘遠謀。滔

---

[69] 曹伯言《胡適日記全編》卷 2，第 67-69 頁。
[70] 曹伯言《胡適日記全編》卷 2，第 97-98 頁。

滔者天下皆是也，此君獨超然塵表，不欲以一石當狂瀾，則擇安流而遊焉。非趨易而避難也，明知隻手挽狂瀾之無益也。志在淑世固是，而何以淑之之道亦不可不加之意……」[71]胡適聽後，深有所動，當即表示一定要讀一讀這小說。最後讀了沒有想來沒人知道，但我們可以知道的是，胡適自身多少就具有這樣的氣秉。所謂「每臨大事有靜氣」，胡適年青時亦大致如此。

但，年輕的胡適在冷靜的理性面前，是否還會有那種潛湧的感情？國難當頭，他果然還能一味地「才須學也，學須靜也，非學無以成才，非靜無以成學」（諸葛亮語，大意）？胡適真的就那麼一味地不掛懷國事？

謹抄胡適1915年5月5日、5月6日兩天日記（部分）如下：

5　日：東方消息極惡，報章皆謂恐有戰禍。余雖不信之，然日京報章皆主戰，其喪心病狂如此。遠東問題之益棘手，有以也夫！

6　日：昨夜竟夕不寐。夜半後一時許披衣起，以電話詢《大學日報》有無遠東消息，答曰無有。乃復歸臥，終不能成睡。[72]……

十九、「愛國癲」

高調愛國，歷來是中國的愛國特色，但能解決問題嗎？這是胡適深所憂慮。1915年2月到5月之間，北美的中國留學生以空前的熱情討論「二十一條」，達成的一致意見是「對日宣戰」。這樣的口號登上了《中國學生月報》，上述的「駭人之壯語」，到了這裏，便是「吾輩非戰即死」、「決一死戰」的義憤填膺。幾十年後，胡適回憶

---

[71] 曹伯言《胡適日記全編》卷2，第15頁。
[72] 曹伯言《胡適日記全編》卷2，第127頁。

當時情形，說「我為此事甚為焦慮，所以我決定向全體同學寫一封公開信」。寫信的那晚，胡適原本睡下，但他輾轉反側，難以入眠，所以索性披衣坐起，拔筆而書，「書至夜分二時半」。胡適在信中明確表示了自己的反戰態度。

信中胡適很不客氣地把這種聲音稱為「愛國癲」（胡適的原文是「patriotically insane」，這個詞也可譯為「愛國瘋」），意為已經喪失正常的理性：「此刻，余要說上述言論完全是瘋話。吾輩情緒激動，神經緊張，理智失常，可以說得了『愛國癲』。諸位，在此危急關頭，情緒激動是決無益處的。激動之情緒，慷慨激昂之愛國呼號，危言聳聽之條陳，未嘗有助於國。吾輩自稱『學子』、『幹材』，若只是『紙上』談兵，則此舉未免過於膚淺。」[73]

胡適反對開戰，認為這是不負責任的言論，「此刻言及對日作戰，簡直是發瘋。我何以作戰？主筆先生說，我有一百萬敢決一死戰之雄獅。且讓大家來看一下事實」。胡適出具的事實是，中國僅有十二萬士兵談得上是訓練有素，但裝備極為窳劣。而且，海軍沒有戰鬥力，最大的戰艦也是一個三等的巡洋艦，排水噸位僅四千三百噸。以這樣的軍備開戰，「其後果，不僅於國無所改觀，而且所得只是任人蹂躪！任人蹂躪！再任人蹂躪！」此時的胡適雖然還是個「不爭主義者」，但這次反對「愛國癲」，主要還是出於實際情況的考量。在打不過的情況下硬打，那是拿生命作賭注，胡適是不幹的。針對對方以比利時為例，胡適也表達了不同的看法。當時比利時的兩個城市，魯汶（Louvain）因抵抗而城池殘破、人民遭殃；首都布魯塞爾（Brussels）則聽勸於美國公使，未與德軍抵抗，因而城池保全，人民免難。胡適反對效法抵抗的比利時，「螳臂擋車、以卵擊石決不是英雄主義！更何況比國當時也不曾料想有今日之慘敗。」就其抵抗而

---

[73] 曹伯言《胡適日記全編》卷2，第97頁。

言，他們自以為城市固若金湯，有恃無恐，同時又有英法為後援，為了榮譽孤注一擲，結果導致全盤傾覆。「試問，這是真正的勇敢嗎？這是真正的英雄氣概嗎？」以比利時為覆轍，胡適的態度是「為這種英雄主義之『光彩』而作出全部之犧牲，值得嗎？」（同上）

如果在胡適身上找英雄主義，肯定找錯了地方。胡適是個冷靜的實用主義者，往往是從功利和實用的角度盱衡問題，這時他雖然還在康大，還沒有拜到杜威門下，但，對杜威那一套有點無師自通了。同時，英國邊沁、密爾的功利主義尤其是最大多數人的最大利益對胡適影響甚深，所以他會很自覺地反對挺戰聲浪。從當時的情形看，胡適這樣做很不討巧，甚至危險，因為北美留學生的戰爭呼聲是站在道義的制高點上，而中國的事在評價上往往又以道義為裁斷。「中華民族到了最危險的時候」，只有「把我們的血肉築成我們新的長城」，才是道義，而且唯一。可是，胡適呢，居然反其道而行之。不抵抗意味著什麼？亡國，當亡國奴。一頂賣國的帽子胡適幾乎是自己往裏鑽。果然公開信在雜誌上發表後，胡適遭到了攻擊。他並不避諱，在日記中作了記錄：「鄺煦堃君（《月報》主筆）詆為『木石心腸，不愛國。』諶湛溪（立，《戰報》主筆）來書云：『大著結論……東亞大帝國之侯封可羨』，[74] 這是譏胡適為日本立了功，可以封侯了。另有王君託任叔永轉信與胡適，因其內容太激烈，任叔永沒轉卻把它毀棄了，這讓胡適覺得任叔永「忠厚可感」。

插：已經五十年代了，時過境遷。胡適給唐德剛做口述時提及當年這一節，唐德剛猶憤憤不平，當然不是為胡適。他在文後加注，云：「胡氏在 1915 年 3 月 19 日夜所寫的〈致留學界公函〉[原稿為英文，見《留學日記》]，辭義皆差。英文不像英文，意思猶不足取。一個國家如果在像『二十一條要求』那種可恥的緊急情況之下，她的青

---

[74] 曹伯言《胡適日記全編》卷 2，第 115 頁。

年學生還能『安心讀書』，無動於衷，那這國家還有希望嗎？」又云
「不過胡適之先生是個冷靜到毫無火氣的白面書生，他是不會搞革命
的；拋頭顱、灑熱血是永遠沒有他的份的，所以他這些話對熱血青年
是不足為訓的。」[75]唐德剛不僅是熱血青年，多少還是「憤青」。幾十
年過去了，尚未能給那時處在孤立狀態中的胡適以同情之理解。那封
公開信的主旨是「安心讀書」、還是反戰，看不出來？我還真看不出
多了些胡適那樣安心讀書的人，國家就沒有希望了。儘管胡適內心愛
國，「日來東方消息不佳。昨夜偶一愁思，幾不能睡。夢中亦彷彿在
看報找東方消息也」，[76]夢中都在看報，這是一個怎樣的細節？可是，
等到胡適說出來，卻偏偏是：「……我自命為『世界公民』，不持狹
義的國家主義，尤不屑為感情的『愛國者』……。」（同上）唐德剛
親炙胡適，但他理解胡適嗎？不過，最後一句話唐德剛說對了：「他
這些話對熱血青年是不足為訓的」。當時如此，後來更加，以後我們
會看到胡適自己的慨歎。一個熱血的世紀和一個容易熱血的民族（這
是它的不成熟的表現），是不需要胡適的，就這個問題而言，胡適到
今天依然是一個孤獨的「他者」。

　　當年胡適「不屑為感情的『愛國者』」，他的遭遇放到今天並非
就成為過去。那些北美留學生的愛國感和道義感當然不容置疑，但和
他們持論不同，就是「不愛國」嗎？愛國的「愛」，是一種心理狀
態，或者是一種動機，誰也看不見，能看見的就是各自面對問題的方
式。誰又有權力把和自己方式不同的人斥為「不愛國」呢？就其動機
而言，胡適力表反對意見，就是出於「為『執筆報國』之計」。那
麼，在方式的層面上，很難說「戰」就是愛國，「不戰」就是不愛。
國是什麼？它不是一個空洞的框架，所謂「國以民為本」，國就是那

[75] 唐德剛《胡適口述自傳》，第 87 頁。
[76] 曹伯言《胡適日記全編》卷 2，第 483 頁。

些有血有肉的民，他們才是國的實體，也是國的根本。愛國，須以愛民為其衡量，愛民又非一句空話，須以愛其生命為其首要。那麼，把胡適批評的「決一死戰」拿來，請問，是誰去戰？是這些遙在北美的白面書生嗎？同樣，「吾輩非戰即死」，這「吾輩」，到底是「吾」，還是「輩」？說穿了，「吾」只是一個鼓動者，「輩」才是去上戰場的人——多合理的分工！一百年來，熱血沸騰的知識份子已經習慣這樣去「喚起民眾」，而無暇顧及這其中遮蔽的問題。如果說這就是愛國，它能是愛民意義上的愛國嗎？這分明是以別人的血肉饜足自己的愛國熱忱。退一步，即使「吾」上戰場，「吾」依然沒有權力鼓動「輩」和吾一道，每個人都有他自己的生命和他處置他自己的生命的權利。如果「吾」因愛國而「輩」則必需隨從，作為一種道德綁架，它反而是不道德的。

至於胡適，「為這種英雄主義之『光彩』而作出全部之犧牲，值得嗎？」什麼叫「值得」？英雄主義還過問「值得」「不值得」？是的，值得與否，本身就是一種功利換算，這也正是胡適和「愛國癲」的不同。但，胡適的功利非關個人，此刻他關注的乃是最大多數的最大利益。戰爭是群體生命的填空，道義只能是個我律令：這是自由主義性質的群己關係。為拯救民族，不惜自己流血，這是道義。如果輪不到自己上戰場，卻說便宜的大話，這其實是要別人為道義買單，而且是用生命。因此，在群體安危的面前，選擇者沒有道義，只有功利。或者，出於最大多數的最大利益的選擇，就是道義。面對這麼多的生命，輕言開戰，儘管是為國，恐怕這國不免是一個抽象的概念，它想到了構成這國的無數血肉之軀嗎？挺戰者看起來佔據了「意圖倫理」，但沒有「責任倫理」打底的「意圖倫理」極為可怕也極不負責，它完全可以為了意圖而不擇手段，又可以為了意圖而不計後果。比較之下，胡適出言低調，但，這個「低」是因為它踩住了倫理底

線。可以看到，胡適的公開信乃以是國家實力為依歸，沒有激昂的熱情，但卻流貫著理性的和負責任的態度。

以上諶湛溪批評胡適的公開信，認為它盤馬彎弓故不發，其意是要「中日合併」，而又不敢明說出來。胡適果有此意嗎？不妨從另一方面的事實來看。胡適一則反對中日開戰，一則反對日本控制遠東。1915 年 2 月 6 日，美國的《新共和》雜誌發表一篇自稱為「支那之友」的美國人的文章，它認為日本在中國佔優勢，未必不是中國之福。因為中國的共和已經完全失敗，中國人又不適應自治，缺乏這方面的能力，而人是需要主宰的。這樣，日本的干涉，可使中國得一個好政府。這是中國之福，也是列強之福。因此，遠東局勢的關鍵，不在日本是否干涉中國，而在於它對中國事務的管理是否負責有效。讀了這篇文章，聲稱是個世界主義者的胡適老大不高興，他投書《新共和》，批判了這種「謬論」：

這位「中國朋友」似已忘記這樣一個重要事實：吾輩正生活於一國民覺醒之時代。……在二十世紀的今日，任何國家皆不該抱有統治他國或干涉別國內政之指望，不管該統治或該干涉如何有益。中國國民之覺醒意味著滿洲統治之結束，對任何外來之統治或「管理」，國人定將憤懣不已。

在信的結尾，胡適引用了他崇拜的威爾遜：

余完全信奉威爾遜總統所言：各國人民皆有權利決定自己治國之形式，也唯有各國自己才有權利決定自救之方式。墨西哥有權革命，中國也有權利來決定自己的發展。[77]

---

[77] 曹伯言《胡適日記全編》卷 2，第 72 頁。

這是放在 80 多年後可以寫進新華社的語言。「各國人民皆有權利決定自己的治國形式」，請問，在一個政教合一的國家，比如前伊拉克，它的人民有這個權利嗎？

　　與《新共和》前後，美國的另一家媒體《外觀》亦據這個「支那之友」發表〈日本與中國〉的社論，支持這種觀點。胡適一不做二不休，也向它投書，指那位自稱「之友」的美國人算不得中國人的朋友，也算不得遠東事務的專家。在這封信的後面，胡適不啻向日美和全世界發出警告：

> 余作為一個中國人，深知同胞之志氣與抱負，因此余敢斷言：任何想要在中國搞日本統治或「管理」之企圖，無異於在中國播下騷亂和流血的種子，未來的一段歲月中國將雞犬不寧。目前之中國，對於任何外來「武裝」之要求，不管其是如何的不近情理，確實沒有能力去抵抗。然而無論是誰，如果他想要鼓吹以日本對中國的管理權或保護權來求得「維持東方局勢之穩定」，那麼，他定將看到年青而英勇的熱血流遍我華夏之共和國！……君不見反日之仇恨已燃遍了神州大地麼？[78]

胡適的判斷是準確的，直到今天也是這樣。當時他做的是兩方面的工作：對國人而言，他是反主戰，對日本而言，他是反侵略。

　　案：「愛國癲」一詞，雖經翻譯，仍不失形象和生動。這是一種逾越正常界限的非理性狀態。如果再往前發展，等著它的就是另一個詞了——「愛國賊」——這是國人對當年日本少壯軍人的指陳。1930年代，日本的部分年輕軍官違背文官政府的意旨，不斷在中國挑起事端，最終導致中日戰爭爆發。不僅給包括中國在內的東亞各國帶來災

---

[78] 曹伯言《胡適日記全編》卷 2，第 74-75 頁。

難，同時也把自己的國民拖入戰爭的苦海。結果呢？美國丟下了兩顆原子彈，報銷了兩個城市，死亡平民無數，最後搖出白旗忍辱和人家簽城下之盟。不能說那些發動戰爭的少壯軍人不愛國，可怕在於，這種愛出於野蠻的自私，它是以侵犯別人的利益來體現。這種野蠻的非理性的愛，正應了那句話：愛之適足以害之。就其危害而言，一個「賊」字，精當無匹。只是這種為一己之利而不顧他者之益的野蠻之「愛」，代不乏人，又豈獨日本一國之為然。

二十、從「不爭」到「積極和平主義」

自日本提出「二十一條」，中日之間的交涉就開始了拉鋸戰。在結果將要出來的那個日子裏，胡適寢食難安。以上所載 1915 年 5 月 6 日的日記，就真實地表現了胡適當時的情形。那一晚，胡適夜半起來打電話詢問遠東局勢，結果徹夜未眠。黎明五點，就迫不及待起床下山，去買當地晨報看個究竟。因為沒有什麼消息，回程時，胡適「徐步上山」，路過康大工學院後面峽谷上的吊橋，胡適站住了。朝下望，那是景色非凡的幽谷，雪白的水流沖漱著兩旁嶙峋的山石。這裏並非第一次路過，但這景色已經習以為常了，也從未以為意。這次不同，胡適站住了，也驚住了。老子說「上善莫若水，水利萬物而不爭」，又說「天下莫柔弱於水，而攻堅強者莫之能勝」，還說「天下之至柔，馳騁天下之至堅」。然而，面對眼前「瀑泉澎騰飛鳴」，胡適突然有所憬悟：水看起來弱，其實是強。老子以水喻不爭，儘管有理，但他顯然忽略了水的另一面。「不觀乎橋下之水乎？今吾所見二

百尺之深谷，數里之長湍，皆水之力也」。胡適豁然開朗，「以石與水抗，苟假以時日水終能勝石耳」。[79]

因水而頓悟的胡適此前信奉老子之「不爭」，是個消極和平主義者，此刻他的思想發生了變化。在和平問題上，不爭，並非一途，而爭，以力抗爭，亦當會使和平勝出。雪白的水流洗刷了胡適的思想，使他開始轉向積極和平主義。當然，積極和平，是需要力的，所謂「以力制力」，胡適既得益於水，更得益於當時英美思想界巨擘安吉爾（英）和杜威（美）。

安氏是當時著名的「新和平主義者」，他認為，一個人如果強迫別人接受自己的意志，肯定會招致反抗，這樣強迫與反抗這兩種「力」最終歸於抵消而白白浪費。兩個國家之間也是這樣。失敗者為戰勝者所奴役，但戰勝國要維持它的主宰，同時又要隨時準備對付被奴役的對方，不但在經濟上造成了浪費，同時也造成道德上的破產。因此，新和平主義並不否定力量，關鍵在於如何使力量用得其所。另外，杜威談力、暴力與法律的文章也給胡適以啟示。力是中性的，它可以為善，也可以為惡。比如炸藥，它的力既可以爆破岩石，又可以炸人。在後者的意義上，力就變成了暴力。面對暴力，一味的不抵抗並不奏效，這時就需要另外一種力，一種具有脅迫性和強制性的力。這種力居於把力用為能源和把力用為暴力這兩者之間。那麼，它的表現形式是什麼呢？杜威說到了法律。「法律便是把那些在無組織狀態下，可以招致衝突和浪費的能源組織起來的各種條件的一種說明書」。又說「所謂法律……它總是……可以被看作是陳述一種能使力量發生效果的、經濟有效而極少浪費的法則。」[80]這是從功利和實用的

---

[79] 曹伯言《胡適日記全編》卷2，第127頁。
[80] 唐德剛《胡適口述自傳》，第75頁。

角度闡釋法律，未必不可以，也未必不可以對它挑剔。但，才走出不爭主義的胡適已經是大為嘆服而篤信不疑了。

　　和安、杜思想同步，一個新和平主義運動正在力求一種組織形態的形成。美國《獨立週刊》的主編何爾特力倡成立一個國際性的「強制和平同盟會」，這正和杜威的思想吻合，以一種強制力來制止戰爭的暴力。何爾特本人在美國有相當大的影響力，《獨立週刊》也是美國在《新共和》出版前最有影響的兩三家雜誌之一。何氏推動的這個運動，很快有了結果。1915 年 6 月，美國的社會賢達在費城獨立廳召開「強制和平同盟會」成立大會，由於何氏的關係，美國前總統塔夫脫出任該同盟會主席。可以指出的是，該同盟會直接就是「國際聯盟」的前身。經由何氏和塔夫脫的宣揚，時任總統的威爾遜深受影響，在他的大力奔走下，前聯合國性質的「國聯」終告成立。富於戲劇意味的是，「國聯」本是美國的產兒，它的誕生得益於美國，更得益於威爾遜，但，由於國會通不過，美國最終未能加入，威爾遜也抱憾而終。因此，失去母體的國聯最終未能發揮以武力強制戰爭爆發的作用。1930 年代，「九一八」事變發生，胡適反對正面和日本抗衡，轉而把希望放在國聯身上，誰知失去美國的國聯只是軀殼，指望不上。當然，這又是後話。

　　1916 年初，胡適有機會用自己的語言把安、杜二氏思想表述出來。那是美國的一個國際友誼性的組織舉辦了一次全美大學校際之間的論文比賽，主題就是國際和平。題目有四，胡適選擇的是「在國際關係中，還有什麼東西可以代替力量嗎？」徵文期間，胡適的中國公學老師老師馬君武正在此地。胡適早晚相陪，不得閒暇，每天作文，都得在夜半客散人盡之時。幾次想放棄不寫，但他「既以作始，不欲棄置之」。稿子完成寄出，幾個月後，傳來消息，居然得了頭獎，獎金一百美金，而且論文由該會出版同時被翻譯為葡萄牙、西班牙等幾種歐洲語言。年輕的胡適大喜過望，卻也沒忘表白「此文受安吉爾與

杜威兩先生的影響最大」。其中最主要的內容便是「為使武力得以占上風，必須組織起來進行調整，將其引向某個共同的目標」，「強制推行國際間的法律和和平」。[81]

　　雖然從「消極和平主義」走向「積極和平主義」，但胡適依然對前者持一種尊重。這從兩件短事可以看出。一戰爆發，英國決定參戰，英國哲學家羅素反對國家參戰。羅素也是個極端的和平主義者，甚至反對用武力反侵略。胡適在日記中曾經記載過他的言論，謂：「反抗敵國的侵略將使這種侵略變成一種災難，它使敵國產生憂慮，從而認為自己的侵略行為是正義的」。因此羅素認為「在文明國家中，不爭主義似乎不僅是久遠的宗教理想，而且是實踐智慧的源泉」。[82]他在一次集會上作文演說，反對國家強迫徵兵，鼓吹良心自由。遂被英法庭判他違反「祖國防衛法」，不但罰金，而且被劍橋大學除名。胡適聞之，心中大忿，一聲嗚呼：「愛國，天下幾許罪惡假汝之名以行」。他的朋友趙元任同聲相應，來信與胡適論及此事，亦云「有哪種瘋狂不能由戰爭產生！……一種罪行消逝，另一種罪行又來了。」[83]

　　後來，美國也決定介入戰爭，國內推行「選擇的徵兵制」，其實也是一種強迫徵兵。胡適有朋友持消極和平主義，力主「非攻」，並做出以身試法的決定，哪怕拘囚坐牢，也絕不應徵。胡適一邊勸朋友勿與政府作對，一邊並將其贊為「良心的非攻者」（亦即今日之「反戰者」）。此刻胡適的態度是「吾今日所主張已全脫消極的平和主義，吾唯贊成國際的聯合，以為平和之後援，故不反對美國之加入，亦不反對中國之加入也。然吾對於此種『良心的非攻者』

81　曹伯言《胡適日記全編》卷2，第426頁。
82　曹伯言《胡適日記全編》卷2，第53頁。
83　曹伯言《胡適日記全編》卷2，第429-430頁。

（Conscientious Objectors），但有愛敬之心，初無鄙薄之意；但惜其不能從國際組合的一方面觀此邦之加入戰團耳。」[84]

就這兩事而言，胡適對朋友抱以理解的態度，很公允；但在前者，就顯得偏頗。可以讚賞羅素，他為堅持真理而寧可付出代價。但，如果羅素是對的，並不能反證英國為錯。英法庭是在執法，懲罰也是象徵性的，根本談不上什麼罪惡；況就法本身而言，亦非為不正當，參戰在當時是勢所必須。只是這兩種價值碰撞在一起，悲劇就發生了。胡適的態度（包括趙元任）則有點簡單化和情緒化。

二十一、舌戰富山接三

胡適對日本初無好感，這從乘船赴美路過日本時的觀感可以看出。對日本的注意，是在一戰爆發之後，事關遠東，日本便頻頻進入胡適的視野。

1914 年 8 月間，與英國結盟的日本尚未參戰，其首相就開始放風，日本如果聯合英國攻德，德人必失青島。於是留美國人紛紛猜測，青島將落誰手。胡適的看法是，日本有可能把青島歸還中國，但會向中國索要償金。人多指胡適為夢想。誰知第二天，當地報紙發表日政府致德國的「哀的美敦書」，要求德國把膠州灣租界地全境交給日本，「以為他日交還中國之計」。日本人自己這麼說了，胡適當然很高興，他特地寫了篇「還我青島，日非無利」的短文，追述自己的理由。在胡適看來，他日世界之競爭，當在黃白兩種之間。黃種人只有日本能自立；但日本是孤立的，很難持久。在日本人眼裏，中國卻是它的遮罩，沒有這道藩籬，是日人心中之患，所以，今天的政治家

---

[84] 曹伯言《胡適日記全編》卷 2，第 586 頁。

如日本首相則有親華傾向。歸還不是沒有可能。另外，日本素有侵略野心，早為世界所側目，中美兩國人尤其懷疑。日本果欲消除中國疑忌和世界嫉妒之心，就要拿出真正的行動來，而不是在那裏說空話。再者，青島一地，本非日本。日人得之，適足以招忌英國，為其勢力均衡打破也。但日本也不甘心把此地讓與英法，畢竟英法勢力大而日本力量薄。所以，把青島還歸中國，對日本自身利益來說並不吃虧。胡適對時局是善於分析的，更多時候，眼光挺準。即以此事論，胡適還是算準了。自它提出二十一條後，中日兩國持續交涉，同時也在國際壓力下，日本最終退讓，暫時放棄了對青島的租借要求。所以，雖然最後結果遠未出來，胡適先行自信：「吾所見如此，此吾政治上之樂觀也，吾何恤人之笑吾癡妄也？」[85]

此後，胡適密切關注遠東戰況和後來的兩國交涉情形，什麼時候日德宣戰，什麼時候日人攻陷青島，中日如何交涉，交涉中又有什麼波折，胡適在所關心，日記也多有所記。至於經常為國事而夜不能寐，或寐中還夢其讀報，更無論在中日開戰上，胡適力排眾議，不惜作孤掌之鳴，以上都有勾勒，於此不贅。另外可以看到的是，也正是在這段期間，胡適對日本刮目相看。1915 年 1 月 24 日，胡適從紐約返歸綺色佳，在車上讀到《紐約時報》上一個日本博士的文章，聲稱日本即使佔有青島，也和中國無關，因為這不是中國領土而是德國的。胡適氣為之塞，憤而出聲：「在今日強權世界，此等妄言，都成確論，世衰之為日久矣，我所謂拔本探原之計，豈得以哉！豈得以哉！」[86]歎息過後，「車中忽起一念如下：中國之大患在於日本。日本數勝而驕，又貪中國之土地利權。日本知我內情最熟，知我無力與抗。日本欲乘此歐洲大戰之時收漁人之利。日本欲行門羅主義於亞

85　曹伯言《胡適日記全編》卷 1，第 421-422 頁。
86　曹伯言《胡適日記全編》卷 2，第 20 頁。

東。總之，日本志在中國，中國存亡繫於其手。日本者，完全歐化之國也，其信強權主義甚篤。何則？」[87]胡適這樣問自己。行程中，胡適一念之下就想研究日本，他為自己做出這樣一個決定：「吾不可不知日本之語言文字，不可不至彼居留二三年，以能以日本文著書言說為期。吾國學子往往藐視日本，不屑深求其國之文明，尤不屑講求溝通兩國誠意之道，皆大誤也。」（同上）自以為不誤的胡適一邊念叨著「吾終往矣」，一邊隨車到了綺色佳。

既然發願要研究以前自己看不上的日本，胡適說做就做。他把這層意思告訴朋友任叔永，並託他在日本的朋友購書。任的朋友鄧胥功助辦此事，幾個月後，鄧從太平洋那邊寄來了胡適所要的書，內中附了一封信，云：「日本文化一無足道：以綜而言，則天皇至尊；以分而言，則男盜女娼」，並自注「此二語自謂得日人真相，蓋閱歷之言」。胡適讀後，暗自歎息：「嗟乎！此言而果代表留日學界也，則中日之交惡，與夫吾國外交之昏暗也，不亦宜乎？」[88]

1915 年的五月上旬過去，最令胡適感到緊張的日子也過去了，中日交涉告一段落。「日人似稍憬然覺悟侵略政策之非計矣，故有最後之讓步」，這個讓步就是退還青島。但，中日兩國交涉的最後結果依然是不平等的，它令胡適「未嘗不痛心切齒」。此時的胡適經過水的洗禮，已經放棄了消極的和平主義。緊接著，六月份到來，在這個初夏時節，歐美和平主義人士會集美國紐約州的綺色佳，召開第一次國際政策討論會。會上，放棄「不爭」哲學的胡適和來自日本的一位和平人士發生了一次有關中日問題的爭論。

出席這次會議的有英國的安吉爾，更有胡適熟悉的訥博士、墨茨博士等，其中有二十多個是極端的和平主義者。會議從六月十五日開

---

[87] 曹伯言《胡適日記全編》卷 2，第 29 頁。

[88] 曹伯言《胡適日記全編》卷 2，第 122 頁。

始，胡適在會上致歡迎詞。會議約為兩個星期，除了白天的大會，胡適每天都要邀請兩、三人到自己的寓處茶敘。在胡適看來，此種會後之會，彼此交談甚歡而無所顧忌，其所得益遠勝在那嚴肅講壇上的演說。在胡適所邀約的人中，有一位來自日本，也是此次大會唯一的日本人。而東方人一共也就三個，除了那個日本人外，另外兩個就是胡適和四川人楊國屏。

這位日本人叫富山接三，他是日本和平主義運動協會的書記，而會長乃是日相大隈。既然是在中日關係的緊要關頭，既然與會就這兩三個中國和日本人，因此，他們兩人的對談就是不可避免的了，而且，從胡適日記看，他前此似乎還沒有過與日本人的接觸。胡適的日記是這樣記載：「吾與日人富山君談竟日，論中日關係。……此君與吾言頗直質。」那麼，這兩個並不能代表各自國家卻又儼然為其代表的人都談了些什麼？問題當然緊緊圍繞日本對中國提出的二十一條。對談開始，富山看起來是占了上風，或者說先發制人。他在解釋日本為什麼提出二十一條時，原因遞次是：「（一）日本期望中國之強，（二）日本期望中國之能協助之，（三）中國數十年來久令日本失望，（四）致令日本在遠東成孤立之勢，（五）故有今日之要求，（六）日本對支政策之目的在於自保。」這理由，聽起來就像當年魯迅對自己的國民「哀其不幸，怒其不爭」。既然你們自己不行，乾脆就讓我們來吧。這好像是為了抵抗歐美白種人的列強，好像是為了大東亞的共榮與安全。它也正應了一些親日美國人的看法，中國人缺乏共和能力，不如讓與日本人管理。在這一連串的攻勢面前，胡適並未給予有效的回答。

問題到了下一輪，即中日將來關係將如何。又是這位富山君搶答。他提出了三點：「（一）中國需信任日本。（二）日本需協助中國。（三）中日間之惡感情宜漸次消除。」這時胡適才接著說：「此次之交涉，適得與此三者絕對的反對之結果」。富山說，這正因為中

國不信任日本，才有如此強項的要求。如果中日交歡，也就沒有二十一條這回事了。胡適回道：這二十一條之政策，可謂南轅北轍，我正要責備日本政府出此下策。轉而，胡適又問富山：足下以為將來中日交歡之道又如何？富山的回答是：「（一）教育。中人宜研究日本文明政策之趨向。中人不可不知日本文字（這正是胡適前此給自己佈置的任務，筆者注）。（二）交際。（三）實業上的聯合。（四）開誠之討論。」富山君滔滔不絕，一二三四。在此當口，胡適緊插一句，「四者之外，尚有第五法，尤不可不知。」輪到驚訝的富山反問了：此道為何？胡適先一語道破：「日本須改其侵略政策是已」。前不久，胡適在美東某城做過一次講演，言及中日關係，論云：中日兩國的和平須得兩國之間地位上的平等。此意轉述而來，富山不以為然。認為日本不能坐待歐美之侵略。胡適單刀直入：以國防為藉口，可謂夢囈之言，「今日日本決無受他國攻擊之理。英為日同盟，美無西侵之志，德勢已孤，獨有俄耳。俄今日無東顧之餘力。此次戰爭結束後，俄力竭必矣，安敢東顧與十年前強敵爭乎？故吾斷言：『日人以自保為詞，乃遁詞耳。』」言迄，「富山雖不默認，無以應也」。[89]這時，有客人進來，兩人的爭論便告中止。

　　觀其論戰，前後兩段。前半段，富山先聲奪人，胡適隱忍不發。國勢如此，遂使對方氣壯，胡適只有待機發難。機會在胡適的不斷問題中出現，論戰遂進入後半截。一個插入，打亂對方陣腳，便把局勢扳到自己這邊來。然後抓住對方藉口，層層進逼，使其破綻開花。巧的是，胡適講完了，對方愣住了，有人進來了，論戰結束了。天佑胡適，以他的後發制人收盤；否則，局勢如何，還真的難說究竟。

---

[89]　曹伯言《胡適日記全編》卷2，第 176-177 頁。

案：此次綺色佳的國際聚會，唇槍舌戰，又風光旖旎。白天高談闊
　　論，晚間節目豐富。在胡適這篇日記中，剛才還和富山劍拔弩
　　張，筆頭一轉，卻又歌舞一堂了：

> 「十九日夜聞宿舍內（會員所居）體育室有樂聲，人觀之，乃
> 男女會員跳舞為樂也。因旁觀之。有西雷寇大學女生赴會者葛
> 雷（Winifred S Cray）、蓋貝爾（Leona C Gabel）兩女士強欲教
> 余跳舞，戲從之。余平生未習跳舞，木強不能應節奏，兩女士
> 雖殷勤善誘，奈老夫不可教何？一笑。以此為第一次跳舞，故
> 記之。」（同上）

胡適半途而廢，退下舞場，看來是缺少藝術細胞，不知是否老踩人腳
而不好意思了。1915 年的他年方二十有四，卻說什麼「平生」、「老
夫」，看似打趣，實乃為不會跳舞之遁詞也。

二十二、「波士頓遊記」中的財產權問題

　　1914 年 9 月 2 號至 13 號，胡適有波士頓之行。
　　本來胡適和他的美國朋友金君（Robert W King）約好偕遊波士
頓，去波士頓前，胡適先行參加在安謀司城舉行的中國留美學生會年
會。9 月 5 號散會，會後胡適道經唐山來到波士頓，開始為期一周的友
情行旅。旅行結束後，回到綺色佳的胡適補寫一篇遊記，時為 9 月 13
日。這是一篇長長的遊記，題為〈波士頓遊記〉，內中所記甚多，諸
如尋訪愛默生舊居、參觀霍桑小屋、遊覽女作家阿爾恪特故址，憑弔
獨立戰爭舊戰場，蒞臨康橋華盛頓受職陸軍大元帥的紀念樹「華盛頓
榆」，乘汽船由波士頓海上觀光、歷遊該城的教堂、圖書館和美術館

等，又先後拜訪哈佛大學和麻省理工學院，更無論與新雨舊知的會晤、交談⋯⋯。

僅擷胡適日記、書信中的三個斷片，以觀此行：

胡適是 9 月 2 號「下午五時三十分離開綺色佳，日落湖之西山，黑雲蔽之，久之見日。雲受日光，皆作赤色。日下而雲益紅，已而朱霞滿天半，湖水返映之，亦皆成赤色。風景之佳，真令人歡絕」。[90]

9 月 10 日上午胡適讀報寫信，「下午以船出波士頓港。四年不見海矣，今復在海上，如見故人。至巴點上岸，以電車行至裏維爾海濱。此地為遊人聚游之所。夏日天熱時，海濱多浴者。今日天寒，但見一二人游泳水上耳。時值下午潮來，澎湃湧上。日光自雲隙射下，照海上遠島。海鷗數數掠水而過，風景極佳。」[91]

9 月 12 號，胡適往訪朋友。夜，返程。次日上午，胡適在車上給母親寫信，曰：「夜十一時十五分趁睡車歸。睡車者，火車之夜中行長途者，其壁上及座下，皆暗藏床褥。日間但見座，夜則去座。下榻有厚褥、淨被、高枕、深帳，車行雖震動，而因褥厚，不覺其苦，故能安睡不驚也。」

「昨睡甚酣，今日八時半始起。約今午可回綺色佳矣。」（同上）⋯⋯⋯⋯

9 月 7 號這一天，胡適與金君等幾人外出遊覽獨立戰爭的古戰場，回到康橋已經天黑了。「是夜與金君閒談甚久。余主張兩件事：一曰無後，一曰遺產不傳子孫。」遊玩一天不覺累的胡適滔滔不絕，歷數他為什麼主張無後，我看得不甚了了。倒是他在反對遺產問題上，張口第一句話就不得不引起我的注意：

---

[90] 曹伯言《胡適日記全編》卷 1，第 446 頁。
[91] 「胡適致母親 1914 年 9 月 12 日」，《胡適全集》卷 23，第 69 頁。

「財產權起於勞力」。[92]

所謂財產權在我等所接受的教育中,當屬「生產力」與「生產關係」中的一個概念,生產關係中的第一條,是「所有制」,便是指這財產權的歸屬。在胡適所處的時代與社會,財產狀態為私有,而在我等的教育傳統中,私有和財產本身就是不潔之詞,因為它和「剝削」聯繫在一起。至於當財產以資本的形式出現時,它更是每個毛細孔都滴著血和骯髒的東西。記得幾年前,和一位朋友(他現在是京華某大出版社的副總)夜間聊天,聊到財產權問題,他張口就是「私有制是萬惡之源」。我呢,不敢怠慢,立刻頂針了一句,一模一樣的句子,只是改了第一個字。這一字之「反」,用意在為私有產權辯護。我和那為朋友之間,顯然是兩種不同的知識理路。批判私有制的知識背景我們不要太過熟悉,而為它辯解的知識資源在今天也已經並不十分陌生。

我驚奇的是胡適,他怎麼一出口就一步到位,直接把產權和勞動勾連起來,年輕的他顯然還沒有這個量力,儘管他不曾有過「私有制是萬惡之源」的教育背景。

財產權(抑或私有制)是起源於勞動還是剝削,是問題的關鍵。較早系統談論這個問題的是 17 世紀的洛克。洛克是近代以來英美古典自由主義的宗師,胡適在美國讀過洛克嗎?看不出來。他在日記中提到過此人,比如在近兩個月後的一篇日記中就提到了他,但不是讀了他什麼書,而是他是胡適所認為的「近世不婚之偉人」之一。胡適不讀洛克本不要緊,有那麼多人要讀,能讀得過來?但作為自由主義者的胡適如果不讀洛克,那就是一個問題,這個問題導致多年後胡適有一個很大的認識閃失,比如在對蘇聯問題上。胡適學從自由主義是從 19 世紀密爾開始的,日記中的胡適不止一次提到密爾,就在這篇波士頓遊記中,胡適和哈佛學生孫恒談自由時,胡適還引密爾之語:一人

---

[92] 曹伯言《胡適日記全編》卷 1,第 466 頁。

之自由，以他人之自由為界。但，胡適熟習的這個密爾，是走出古典自由主義並向功利主義靠攏的密爾，在他那裏，古典自由主義發生了新變，多少已含些許非個人本位的傾向。因此，當代自由主義學者約翰‧格雷把密爾稱之為「自由主義發展史上一個分水嶺式的思想家」，[93]這個分水嶺就是古典自由主義和「新」自由主義的分野所在。當然，胡適學密爾不是問題，問題是學自由主義從密爾始而非洛克始，那就等於從中途起學，學成了，也是半截子的自由主義。

令我困惑的是，從胡適早年的日記中看不出讀洛克的痕跡，但怎麼一張口就是洛克的思想呢？可能還有一個解釋，洛克關於財產權的觀點，在自由主義的美國已經成為普遍為常識。

洛克的《政府論》（下篇）是古典自由主義的經典，它的寫作有兩個任務，其一就是闡發政府之為政府的目的，即保護私有財產。為什麼政府要保護私有財產？那是出於生存的需要，而生存則賴財產以維持。那麼，財產來自什麼呢？在我們的教育背景中，它來自剝削。但，在洛克那裏，它卻來自勞動。

洛克認為，財產在尚未成為財產之前，是大自然的一部分，而大自然是上帝對人類的饋贈。換用明末張獻忠「七殺碑」上的話：「天生萬物與人」，但，人要得到這物，卻必須經過自己的勞動。也就是說，自然界的萬物，原本處於「公有」階段，即「天下為公」，人人有份；只要誰肯付出勞動，誰就可以從那公有中劃出一份歸為己有，這就是「私有」。從「公有」到「私有」是這樣一個過程，「只要他使任何東西脫離自然所提供的和那個東西所處的狀態，他就已經摻進他的勞動，在這上面參加他自己所有的某些東西，因而使它成為他的財產。」簡言之，「在最初，只要有人願意對於原來共有的東西施加

---

[93] 約翰‧格雷《自由主義》，第 45 頁，吉林人民出版社，2005。

勞動，勞動就給與財產權」。[94]洛克的例子是，一株橡樹結滿果實，誰把果子摘下來（「摘」就是勞動），誰就擁有了它。當然，前提條件是，你可以摘，但不能不許別人摘。資源分享。

　　當我為胡適那種洛克化的表述而感到驚奇時，不料，情勢急轉直下：

　　「一、財產權起於勞力。甲以勞力致富，甲之富其所自致也，其享受之宜也。甲之子孫未嘗致此富也，不當享受之也。二、富人之子孫無功而受巨產，非唯無益而又害之。疏廣曰：『子孫賢而多財，則損其志；愚而多財，則益其過。』一言盡之矣。有用之青年為多財所累，終身廢棄者，吾見亦多矣。」（引同上）

　　胡適是反對美國遺產制度的，以上兩條是為他的觀點作證：「遺產之制何以宜去也」。當他從財產講起時，踏的是洛克的路子，可是往下到遺產時，卻又背離了洛克。在洛克看來，「人們聯合成為國家和置身於政府之下的重大的和主要的目的，是保護他們的財產」。[95]當財產的主人死去之後，他的財產也就變成了遺產。在這裏，對遺產的態度，其實就是對財產的態度。就遺產而言，什麼叫「宜去」，由誰「宜去」，這是兩個極為重要的問題。「宜去」便是「應該取消」。取消的是什麼，不正是作為遺產的財產嗎？而且胡適「宜去」的不僅是遺產，同時還有對財產的「自由處分」。因為任何一個財產的主人把他的財產以遺囑的方式變成遺產時，是一種人性的自然，也是他的自由（包括自由捐贈）。在這裏，財產權直通自由權。而且沒有財產權，也就沒有自由權。胡適愛自由，但自由建築在財產之上，胡適卻未必明其就裏。更嚴重的是，如果遺產「宜去」，這「宜去」的主體是誰？顯然，作為一種制度，「宜去」的主體就只能是國家。國家的

---

[94] 洛克《政府論》（下篇），第 19、29 頁，商務印書館，2003。
[95] 洛克《政府論》（下篇），第 77 頁。

職能在古典自由主義那裏，是保護個人財產的，但在胡適的語境中，它卻成為對個人財產的掠奪。所以，以上胡適的話雖然只是在表述一種觀點，雖然這種觀點一開始是自由主義的，但到後來，它卻走到了自由主義的反面。這當為胡適始料未及。

自由主義是一種「權利」理論，而不是「道德」理論，它從來不唱高調，它只保障屬於個人的權利，哪怕這個權利是有問題的，只要它並不妨害別人。比如胡適取消遺產的理由就很道德，也很高亢，不讓年輕人為財所累，不讓他們「損其志」和「益其過」。可是，為財所累也好，損志益過也罷，這都是個己的事，你可以勸說，卻不可因了這個道德理由而剝奪他們的財產繼承權。胡適看起來是一種善意，但它一旦付之舉措，卻馬上對別人的權利就形成傷害。

由此看來，胡適還是沒怎麼接觸過洛克，至少不深入。他知道洛克一輩子未婚，也能在梁啟超的一篇文章中看出某觀點近於洛克之說，那麼他是否知道洛克關於自由主義的論述？相信胡適如果讀過《政府論》，他就不會對遺產發出「宜去」的聲音。也是在這篇遊記中，胡適還提到了美國取消「托拉斯」的政策和有關遺產稅的問題，胡適居然把它們看作是由個人主義向社會主義的轉化。遺產「宜去」不可，但徵收遺產稅卻可。至於取消「托拉斯」並將其轉歸國有，那是後來希特勒的舉措。很多問題胡適都混淆了。此刻，自由主義對胡適而言，更多還是願意接受的理念，他此時還沒有深入自由主義的堂奧。這「堂奧」所在，當在作為源頭的古典自由主義那裏。我們看到，胡適在相當長的時間內是一個「密爾式的自由主義」，然而，密爾是自由主義的「流」而非「源」。另外，密爾的《論自由》更多談的是言論自由和個性自由，未曾涉及更為根本的財產自由。前面兩種自由最容易吸引年輕人，後一種自由又最容易為年輕人所忽略。胡適正是如此，他欠缺的是一個作為源頭的「洛克式的自由主義」（並不僅僅是洛克），這個問題胡適直到 1930 年代甚至更晚才得以解決。當

然，這和胡適所處的歷史階段有關，20世紀開始以來，新自由主義大行其道，古典自由主義走向式微，身在美國的胡適因此而不甚熟悉古典自由主義。另外，胡適所支持的威爾遜的民主黨更是強調用政府力量來干涉一些個人事務用以推行積極自由，這就讓恪守個人的古典自由主義更形低迷。至於胡適個人，一是年輕，在一些問題上容易產生激進傾向；二是胡適在青年時代（乃至一生）善於汲取但缺乏深入（這也是胡適思想很難深入的原因，他可以成為自由主義的代表人物，但很難成為自由主義的思想家）。這些因素湊在一起，就不難理解自由主義的胡適為什麼缺少「古典」這一環。

　　然而，缺了這一環就缺了根基，「牆上蘆葦，頭重腳輕根底淺」。胡適對遺產的態度就是一個暴露。非僅如此，對古典自由主義的生疏，還給他自己留下了一個非自由主義的後患。

二十三、「波士頓遊記」中的美國獨立戰爭

　　這一節，不妨從胡適的敘述探討美國獨立問題，這個問題最近由我和朋友在網路上討論過，即美國的獨立，在性質上是「獨立革命」還是「獨立戰爭」。

　　是日，「去睡鄉至康可村外之橋。此橋之兩岸為獨立時戰場。康可於獨立之役極有關係，不可不詳細記之」。

　　胡適的敘述是從北美十三殖民地為什麼要獨立說起：「自一七六三年以後，英國政府對於美洲各屬地頗持帝國統治政策。駐防之兵既增，費用頗大，帝國政府不能支，乃求之於各屬地，於是有印花稅之令（一七六五）。各屬地群起抵抗，政府無法增收，明年遂罷此稅。」不久，英政府又推出課以重稅的「湯生法案」，「各屬地抗之尤力」，最後鬧出了著名的「波士頓傾茶事件」，不許英貨上岸。從

胡適的敘述中，當然胡適的敘述是沒有問題的，可以看出，美國獨立的導火線是抗稅。

英國人開始報復，「一七七四年，英議院決議閉波士頓港，廢民選之議會，而以委任者代之。又令麻省（Massachusetts）官吏得遞解政事犯出境受鞫。此令即下，民氣大憤，於是麻省有獨立省議會召開。其召也，實始於康可，故議會會於是（一七七四年十月）。麻省議會倡議召集各屬地大會議，是為第一大陸會議，後遂為獨立聯邦之中央政府」[96]也就是在這次會議上，決定在英國沒有接受自己的條件前，中斷和它的一切貿易往來。

接下來便是武裝抗爭的開始，胡適扼要記敘了戰爭最初的情況。北美英軍總司令蓋奇派兵從波士頓出發到康可（今譯「康科特」）去搜繳北美民兵的軍火庫，第二天，兩軍初遇列克星敦，即此打響了北美獨立的第一槍。「英兵驅散民黨後，進至康可，搜獲所存軍火。將退出，民軍隔籬轟擊之，遂復戰。時民黨『片刻隊』（Minute Men者，其人相約有事則片刻之間可以應召，故名）已集五百人，官軍大敗，是為康可之戰（同日）。」一百多年後，當胡適來到康拉德，環顧四周，只見「戰地今則淺草如茵，長槐夾道，河水（康可河）迂迴，有小橋接兩岸。橋東為表忠之碑，橋西為『片刻隊』銅像，上刻愛麥生『康可歌』四句曰：小橋跨晚潮，春風翻新旆。群簉此倡義，一擊驚世界。」（同上）

此番同遊康科特的是四個人，胡適、金君，另外還有兩個中國人，一個張姓，一個羅姓。四人瞻仰完畢，在草地上小憩，那個美國人金君，十分感慨地對胡適說：「自其少時讀書，讀美國建國之史，即想像康可與立克信墩之役，數百人之義勇，遂致造成今日燦爛之美

---

[96] 曹伯言《胡適日記全編》卷1，第460頁。

洲合眾國，今日始得身遊其地，相度當日英人入村之路，及村人拒敵之地，十余年之心願償矣。」（同上）

　　在北美獨立戰爭（1775）打響之後的兩百多年，在胡適寫這篇日記之後（1914）的九十多年，2005 年的深秋，遠在太平洋對岸的我和一個留學日本攻讀博士學位的網友「迅弟兒」在上海的「真名網」上（http://www.zmw.cn）就胡適魯迅的討論說到了「革命」，它包括我們通常所說的美國獨立革命、法國大革命、南美革命等。在討論中我認為革命的概念需要重新考量，因為這其中的一些革命也許並不是革命，比如當年的北美獨立。

　　我的意見如下：

> 至於你說「美國獨立革命」，……我在想，那是革命嗎？它只不過是要從英國獨立出來，它並不是要顛覆英國的制度，甚至反而沿襲和發展了那種制度。在這個意義上，我不傾向於認為美國獨立是「革命」（因為在胡魯語境中我們討論的革命是指制度創新意義上的「政治革命」）。至於那些南美殖民地更不是政治革命，是民族革命，這革命的結果如何，恐怕不需要我多說什麼了。

「迅弟兒」這樣反駁：

> 你對革命的定義條件非常狹窄。你認為美國是因為繼承自由精神的武裝暴力，所以不能叫革命，這種解釋很難成立。而且你對「新制度的創建」給予了很曖昧的條件，因為美國繼承了英國乃至歐洲的自由制度，所以不承認美國有「制度創新」，僅僅是延續。這裏區別是否「創新」和「延續」的標準很關鍵。我不知道你對美國的獨立革命瞭解多少，我從自己的專業角度看，美國的「制度創新」應該是具有劃時代意義的。美國的獨

立革命開創了很多前所未有的制度成就：最早的成文憲法，這是英國沒有的，至今都沒有。英國是內閣制，美國開創了總統制，接近均衡的三權分立，聯邦共和制，隨後不久的違憲審查制等等，對人類社會的影響可以用「開天闢地」來形容。這不是革命是什麼？而且最重要的是，美國的獨立革命的主旋律是「爭取自由」！向誰要自由？向那個自稱是具備光榮革命，英格蘭啟蒙自由傳統的英國要！這時候，英國是專制的代表，是自由的敵人！你在這種歷史語境中分辨一下「創新」和「延續」吧。

對此，我的回答是：

單純講美國從英國獨立出來這件事，怎麼想，好像還是不太像制度創新意義上的革命。那時候制度的東西還沒提上議事日程吧。等到獨立後，開始建立國家制度了，在這至今還沒完結的過程中，儘管有那麼多你說的創新或革命，那不過是對英國政治制度有所損益而已，而不是根本推翻，立地重來。我不懂revolution 是否可以用漢語中的「革命」來對譯（這最初又是日本人幹的活）？在《周易》的「革」卦中，它的卦像是「上水下火」。水火不容且不說，水性向下而火性向上，它們註定是彼此鬥爭，「不是你滅了我，就是我滅了你」。然而，美國在獨立後的制度創新中，它和英國政制之間的關係是「革」卦中的水火關係嗎？所以，我覺得你如果認為美國的制度創新就是revolution，但它用漢語中的「革命」來表述，就不合適。

「迅弟兒」分三點來反駁：

1、首先，邵兄從革命中分出一個「政治革命」，我不太明白含義。所有的革命都帶有政治性，可以說都是政治革命。經濟革命的用語也存在，但是主要是比喻，意即「革命性」的改革。嚴格的來講，

「美國從英國獨立出來」這句話是不準確的。應該是受到專制性壓迫的殖民地反抗專制，奪取了自由，建立了一個新型國家。制度內容前面我已談過，不再重複，從制度創新的角度看當然是革命性的，這沒有什麼疑問。除非你對「革命」重新定義。

2、「儘管有那麼多你說的創新或革命，那不過是對英國政治制度有所損益而已」。這句話我沒有看懂。不明白「損益」何指。

3、「革命」來對譯（這最初又是日本人幹的活）？

是的。這些現代政治術語基本上都是從日語中來的。但是日本人在用漢字翻譯這些辭彙的時候，參照的還是中國的古典。日語就是稱呼「美國獨立革命」，但是「不是我滅你，就是你滅我」的理解卻是我們中國人自己的理解。這個理解不一定全部都錯，美國獨立革命就是把英國勢力在北美的「命」全部革掉了。戰爭的實質表現就是殺人，勝利的結果就是你死我活。所以問題不在革命本身的對錯，而在於革命後的制度建設根據什麼理念的問題。讓一個幾千年中央集權皇帝制度文化的民族更換思維，接受自由主義式的思維方式，說穿了就是民族改造。這就命中註定是一個漫長的試錯過程。…………

這是一次有趣的對話，雖然意見未臻統一，但畢竟各自都明瞭自己的觀點。即使是從胡適上面的敘述中，也可以看到，北美十三州與英國的衝突，是因為稅收導致的海外殖民地與英倫宗主國的衝突，而非這兩個國家的制度性衝突。所以，我不妨堅持我的看法，在較為嚴謹的意義上，美國的獨立，是為了擺脫英國統治的「獨立戰爭」而非革除英國政治制度的「獨立革命」。當然，問題全在於你對「革命」如何理解。

那麼，在波士頓遊記中，胡適作為一個敘事者，他是如何理解的呢？

接著金君的一番感慨之後，胡適在日記中寫道：北美十三州的分裂之勢已經形成，即使沒有康拉德和列克星敦的槍聲，「獨立之師，

終有起時。薪已具矣，油已添矣，待火而燃。康可與立克信墩幸而為燃薪之火，若謂獨立之役遂起於是，不可也。正如吾國之大革命終有起日，武昌幸而為中國之立克信墩，而遂謂革命起於武昌，則非探本之論也。」（同上）

胡適說的是關於歷史必然性與偶然性的問題，獨立終於要獨立，這是必然，只是從哪裡開始，這就是偶然了。此點不論。在胡適的語境中，他雖然聲口「獨立之役」，但還是把它當做革命來看待的，這從他旁證以中國的辛亥革命可以看出。然而，細審之下，中國的辛亥之役和美國的獨立之役，雖然都訴諸武裝起義，但兩者並不同質。在以上的網路討論中，我的革命是政治意義上的，因為語境就是討論胡適和魯迅對 20 世紀中國（政治）革命的態度。由於中國的辛亥革命是為了推翻滿清的皇權，從而以共和體制取代專制體制，這樣的鬥爭我認同為政治制度意義上的革命。至於「三民主義」中的「民族主義」，即推翻滿清統治，恢復漢人主權，它肯定不是政治意義上的革命，至多可以說它是民族革命。而北美十三殖民地的抗爭，如果說革命，頂多也只具有民族革命的意味，因為它要獨立，它要建立自己的民族國家。但，建立自己的民族國家卻沒有推翻原來宗主國的制度，反而在它的基礎上補苴罅漏、發揚光大，那麼，我可以說這是制度創新，卻不能說帶有顛覆性的革命。我的意見不過如此。鑒於胡適在其一生中，對「革命」多有論述，我們不妨從這裏開始。而在這開始的階段，可以看到，胡適畢竟年輕，對「革命」顯然還只是在一般概念的意義上運用，還未加理論上的細審，以至把殊不相同的辛亥起義和北美獨立相提並論，這是我所難以同意的。

「斜日西墜，余等始以車歸，道中經立克信墩，下車往遊」，昔日列克星敦舊戰場，今日已闢為公園，公園中有戰死者的紀念碑，胡適等來到碑前瞻仰，只見「碑上藤葉累累護之，極有風致。碑銘頗

長。為克拉克氏之筆，其辭激昂動人，大可窺見其時人士之思想」，
因此胡適作了完整地抄錄，這裏節錄如下：

> 為人類的自由和權利而犧牲！！！
> 美國的兒子為了她的自由和獨立
> 獻出了他們的鮮血。
> 此碑由麻省出資由立克信墩居民所立
> 以之紀念他們的同胞。
> 他們是立克信墩的：
> …………
> 在那個永遠不能忘記的
> 1775 年 4 月 19 日早上
> 他們倒下了！
> …………
> 他們的同胞奮起為他們的兄弟報仇雪恨。
> 面對敵人的尖刀，他們宣稱定要保衛
> 他們天賦的權利，
> 他們勇敢地追求自由！
> …………
> 他們將戴上勝利的冠冕，
> 和平、自由和獨立歸於光榮的美利堅。

「自由」、「權利」、「獨立」、「和平」……，短短的碑銘，就密
集了這樣一些辭彙。北美時代的胡適就是在這些辭彙以及由它們構成
的知識背景中浸泡出來的，胡適泡透了。由這些辭彙所體現的北美精
神不但註定了胡適的一生，也構成了他自身思想的寬屏。
　　這是不是胡適所以成為胡適的北美緣？

二十四、危險的「國教」

北美時代的胡適雖然浸泡在以自由為標誌的北美文化中，但這並不等於胡適就吃透了自由。某種意義上，愛自由容易，它出乎人的天性，同時追求自由也不難成為一種姿態。難度在於，如何在制度設計的層面上真正地保障自由。自由是一個很脆弱的對象，它更多是一種個人價值，很容易為其他一些大於個人的東西所擠兌。這一次，熱愛自由的胡適在面對宗教問題時，差一點就走到自由的反面。

中國是個無神論的國家，胡適也是個無神論者。來到北美的胡適受新大陸濃厚的宗教氛圍的影響，雖然自己未能受洗，但對中國的宗教問題卻有過一次這樣的關心。

「今人多言宗教問題，有倡以孔教為國教者，近來余頗以此事縈心。昨復許怡蓀書，設問題若干，亦不能自行解決也，錄之供後日研思」。

這是胡適關於「孔教問題」的日記，他所設計的問題是什麼呢？

「一、立國究須宗教否？」

在「有倡以孔教為國教者」的語境中，提出這樣一個問題是要叫人出冷汗的，但胡適並未自知也並未自止，其他問題斜然而下：「二、中國究須宗教否？三、如須有宗教，則以何教為宜？（一）孔教耶？（二）佛教耶？（三）耶教耶？四、如復興孔教，究竟何者是孔教？……五、今日所謂復興孔教者，將為二千五百年來之孔教歟？抑為革新之孔教歟？六、苟欲革新孔教，其道何由？……七、吾國古代之學說，如管子、墨子、荀子，獨不可與孔孟並尊耶？八、如不當有宗教，則將何以易之？（一）倫理學說耶？東方之學說耶？西方之學說耶？（二）法律政治耶？」[97]

---

[97] 曹伯言《胡適日記全編》卷1，第217頁。

　　這一連串的問題記於 1914 年 1 月 23 日，胡適對這些問題的思考究竟如何，日記未呈結果。但結果已不重要，提問伊始，問題即形嚴重。針對「有倡以孔教為國教者」，胡適不是明確地倡以反對，而是表示「近來余頗以此事縈心」。縈來繞去的結果則是「立國究須宗教否」的懸疑，雖然胡適尚未拿定主意，但兩可之間，已經埋下了危險的種子。什麼危險？「國教」的危險。面對這樣一種倡議，如果他是一個有分辨力的自由主義者，僅能的態度便是反對。反對者何？不是孔教，而是國教。須知，一個自由國度，其制度設計本身，就不允許任何意義上的「國教」存在。反過來，凡是有國教的地方，無例外地是反自由的專制政體。

　　人在美國的胡適雖然對美國有相當的制度認同，但此時的他對這個制度還缺乏較為深入的研究。此一問題的提出，表明胡適至少不熟悉美國的立國憲法，尤其是它的憲法修正案。這裏不妨看看 1791 年出臺的美國憲法修正案第一條：

> 「國會不得制定關於下列事項的法律：確立國教或禁止宗教活動自由；剝奪言論或出版自由；剝奪人民和平集會和向政府訴冤請願的權利。」[98]

此一修正案除第一句不得立法外，後由三個並列分句構成，對美國人來說最重要的就是第一句，而對中國人來說，他很可能更關心後兩句，尤其是其中的言論自由句。這不奇怪，長期以來中國就是無神論的國度，對宗教問題缺乏敏感。而美國作為宗教國家，特別是那些早期移民，他們漂洋過海，就是因為在歐洲大陸受到了宗教迫害。為了

---

[98] 詹姆斯・M・伯恩斯等著《美國政府》，第 1264 頁，中國社會科學出版社，1996。

實現自己崇拜上帝的方式，那些清教徒們，不遠萬里，來到北美。但問題是，當他們一旦組成公共社會並進一步組成國家時，由於這個國家中的人宗教信仰彼此不同，他們將如何相處？於是，一條「政教分離」的法則便浮出水面，用《新約‧馬太福音》中的話即「凱撒的歸凱撒，上帝的歸上帝」。凱撒表示國家行政領域，上帝則是個人信仰領域。國家行政的職責是公共事務的管理和國防安全的承擔，它的權力被限制在這一塊，不得往信仰領域延伸。在信仰領域，個人信教與否或信什麼教，那是每個人自己的事，國家無權過問，卻有權保護。這樣的體認落實在憲法中，便是國家不准動用任何權力干涉任何人信任何教，更不准動用國家權力把某一種宗教定為國教。因為宗教信仰是排他的，如果某一種宗教被定為國教，那麼，對其他宗教來說，既不平等，也意味著宗教自由的喪失，甚至意味著宗教迫害的可能。

當胡適為「立國究須宗教否」而頗費斟酌時，他其實應該知道，中國兩千來年的皇權社會正是把孔教當作自己的國教，孔教並非西方意義上那種超驗性的宗教，而是一種世俗性的宗教。如果轉換為東方語言，國教即國家「統治思想」，如果再轉換為馬克思主義的術語，國教即國家「意識形態」。統治思想也好，意識形態也罷，它都是國家制度推出的一套思想體系，用以教化國人，作為國人的統一指導思想。辛亥之後，滿清終結，國家統治思想出現真空，於是就有人試圖重新抬出孔教以為國教，胡適居然為此大費周章，甚至考慮立國之宗教到底是姓孔、姓佛，還是姓耶，這無疑是在危險的路上又滑了下去。他似乎沒有意識到，當國家動用它的權力推行任何一種思想（或信仰）時，便剝奪了不認同這種思想（或信仰）的人的自由，最後的結果，必然是思想自由和信仰自由的闕失。比如我們可以看一看 1930 年代公佈的中華民國國歌，其歌詞曰：「三民主義，吾黨所宗，以建民國，以進大同。咨爾多士，為民前鋒；夙夜匪懈，主義是從。矢勤矢勇，必信必忠；一心一德，貫徹始終。」這歌如果作為國民黨黨

歌，我無從置喙；可是「吾黨所宗」的主義變成了吾國的國歌，問題就來了。如果我不是國民黨又不信三民主義怎麼辦？「吾黨所宗」憑什麼要通過國歌變成「吾所宗」？實際上這是國民黨很專制地把黨的思想變成國的思想也變成全民的思想，使國民唯「三民主義」是從。「從」，服從也。轉襲美國的憲政語言，國民黨是在動用黨權「確立國教」，這在美國，是要受到違憲指控的。憲法的根本在於保障公民權利包括他的政治權利。然而，在「主義是從」的三民主義統治下，胡適主張自由主義的權利在哪裡？直到晚年蔣經國主持的國防部還在圍剿胡適的自由主義，甚至把丟掉大陸的帳都和胡適的自由主義掛靠。胡適與國民黨的衝突，從開始到晚年，三十多年間始終有一條隱約可見的草蛇灰線，那就是他的自由主義和國民黨意識形態的齟齬。然而，胡適碰上的畢竟還是具有一定彈性空間的威權體制，這也是胡適在無奈之中最終選擇它的原因。設若胡適碰上的是前蘇聯那種「政教合一」的極權政體，其意識形態剛性如鋼，那就絕不容任何與它不符的思想存在。時在美國的胡適因其年輕，好學而未能篤思，熱愛自由卻疏於憲政。正因為憲政的缺環，他並不知道這篇日記的嚴重性，如果沿著他那個思路上滑下去，迎面而來的則將是包括思想專制在內的政治專制。

　　後來，這個問題在胡適那裏好像被擱置了，但，十個月後，11月份有兩篇日記又涉及中國宗教問題。可以先看第一篇，這篇基本是資料，題目是「備作宗教史參考之兩篇呈文」。胡適用剪報粘貼的方式留下了這兩篇文字，一是〈張勳請復張真人位號呈〉，另一是〈內務部議複呈〉。呈文的情事是這樣：後來的「辮帥」張勳時任長江巡閱史，因民國約法中的信教自由，特地上書袁世凱，請復江西道人張元旭的「真人」位號。屬於道教一門的張元旭是漢代張道陵第六十二代孫，張氏一系在道教中地位顯赫，堪與洙泗儒宗相提並論，是為「玄門正鵠」。然而，民國肇始未久，江西都督李烈鈞呈請撤銷張的「真

人」封號，並停給前清之所賜予。現在李烈鈞反叛為賊，更兼「人民信仰日墜，道教一流，幾於並此而失蹤」。這位巡閱史「伏思信教自由雖載諸約法，然未明定範圍。近日異教龐興，……使非明定標準，示以皈依，何以正人心而維古教？」故此，張勳上書袁大總統，要求北洋政府以國家名義恢復張的「真人」徽號，以示正宗。呈文最後，張勳這樣說：「勳本贛人，居近道山，深知其蘊，憫道教之陵夷，俱世風之邪惡，用敢援據約法，代為之請。伏乞大總統鈞鑒，訓示施行。」[99]

這是一篇很有趣的呈文，趣在它打出的旗幟卻是信仰自由。既然信仰自由，信仰就是每個人的選擇，它怎麼可以由政府「明定範圍」又「明定標準」？範圍既定，標準既明，若與此不合，即為「異教」，那麼，異教的信仰自由又怎麼落實。這樣的信仰自由其實是自由信仰的取消。張勳試圖借助行政的力量把道教中的這一支扶為「正宗」，正類同美國佬警惕的確立國教之舉。北洋政府內務部畢竟有人，它作了一個很得體的批復：「信教自由，載在約法，人民願沿舊稱，在所不禁，斷無由國家頒給封號印信之理。」胡適在剪貼之後，對這種「價值中立」的態度提出了質疑：「果爾，則尊孔典禮，『衍聖』封號，又何以自解？蓋遁辭耳！」（同上）不立封號是內務部的事，尊孔祭典是袁世凱的事，內務部管不著，它在它自己的職權範圍內，應該說做的還是不錯的。只是胡適提出了這樣的質疑，是在表明他十個月後已然搞清楚了「政教分離」的道理？未必。

事過幾天，胡適又作日記，依然是剪貼加評論。這次他所剪貼，是「袁氏祭孔令」。尊孔祭典，果然行矣。「中國數千年來，立國之本，在於道德」，這是祭孔令的第一句話。一錘定音，要以德治國了。殊不知，西方的宗教正是東方的道德，正如同東方的道德，亦同

---

[99] 曹伯言《胡適日記全編》卷1，第528-529頁。

於西方之宗教，兩者形態有異而功能悉同。兩千多年的皇權社會不論，袁氏此語，分明是要把孔儒往國教上推了。所以，後文又說：「前經政治會議議決祀孔典禮，業已公佈施行。九月二十八日為舊曆秋仲上丁，本大總統謹率百官舉行祀孔典禮，各地方孔廟由各該長官主祀，用以表示人民，俾知國家以道德為重，群相興感，潛移默化，治進大同。」[100] 當統治者的權力穩固之後，它勢必要向思想和信仰領域延伸，這是權力擴張的本能，也是統治本身的需要。袁世凱身為「凱撒」，卻覬覦「上帝」之域，從而使政權和教權合一。他動用的是國家政治會議的力量，並以身示法，又用「令」的方式昭告全國，用以推動孔教為國教。應該說，這才是這份「袁氏祭孔令」的「七寸」。

胡適打蛇，卻未察「七寸」所在，反而拎著尾巴亂抖。ABCDEFG，一二三四五六七，「此令有大誤之處七事」，於是，胡適掰起了手指頭，不畏煩難，一一道之。「如言吾國政俗『無一非先聖學說發皇流衍』，不知孔子之前之文教，孔子之後之學說（老、佛、楊、墨），皆有關於吾國政俗者也。其謬一⋯⋯」從謬一到謬七，皆未中節。其要害，開篇即呈，而胡適視而不見，這就是當時的眼力了。

不妨重回開頭的「孔教問題」，最後，胡適考慮的是，如果不是宗教以為國教，則將何以易之。能夠取代宗教的在胡適手上有三張牌：一是倫理學說——此正孔教之本身，話語迴圈也。二是東、西方之學說——汗漫無際，無以論之也。三是法律政治——這才看出胡適的留學根底。治理國家，一不能以宗教治，二不能以德治，唯一能之，便是法治。對於通篇日記來說，這最末一句不啻是一個逆挽。從對國教的懸疑，到關於法律的揣問，可以看到的是，憲政缺環的胡適回國以後還是回到了「法治國」的路子上來。

---

[100] 曹伯言《胡適日記全編》卷 1，第 537-538 頁。

二十五、「拆房」之喻

也是在波士頓，胡適碰上了一個革命家，他是廣東前教育司鍾榮光，因「二次革命」而出亡，流落美國，暫寓此地，打算明年進哥倫比亞大學讀教育。這位革命志士和胡適一見如故，相談甚歡。他語重心長對胡適言：「吾曹一輩人……今力求破壞，豈得已哉？吾國今日之現象，譬之大廈將傾。今之政府，但知以彩紙補東補西，愈補而愈危，他日傾覆，全家都有壓死之虞。吾輩欲乘此未覆之時，將此屋全行拆毀，以為重造新屋之計，豈得已哉？唯吾一輩人，但能拆毀此屋，而重造之責，則在君等一輩少年人。君等不宜以國事分心，且努力向學，為他日造新屋之計。若君等亦隨吾一輩人之潮流而飄散，則再造之責，將誰賴哉？」聽君一席話，胡適感動了老半天。尤其這位鍾君認同於胡適留美時所寫的「非留學篇」，說「教育不可無方針」。與胡適不同的是，他的方針是「在造人格」（應為『再』，後同），而胡適的方針是「在造文明」。[101]

1919 年「新文化運動」中，胡適在《新青年》上談「新思潮的意義」時，把它概括為「研究問題，輸入學理，整理國故，再造文明」。如果前三句為前提，後一句乃壓軸；「再造文明」顯然便是「新思潮的唯一目的」。對新文化運動的意義闡釋，我以為胡適是確當的。殊不知，這「再造文明」的想法卻萌蘗於幾年前波士頓小城中的一席談。

那麼，到底什麼是再造文明呢？1919 的胡適如此分解：

「文明不是攏統造成的，是一點一滴的造成的。進化不是一晚上攏統進化的，是一點一滴的進化的。現今的人愛談『解放與

---

[101] 曹伯言《胡適日記全編》卷 1，第 449 頁。

改造』，須知解放不是攏統解放，改造也不是攏統改造。解放是這個那個制度的解放，這種那種思想的解放，這個人那個人的解放，是一點一滴的解放。改造是這個那個制度的改造，這種那種思想的改造，這個那個人的改造，是一點一滴的改造。」[102]

話說得重複而繁瑣，意思卻極為可取。只是，這是在「再造文明」嗎？

或者，文明可以「再造」嗎？尤其是在打破之後。文明是一種積累，不需要像拆房子一樣，先打破，再重造，而是把新文明或異質文明的因數滲入到古老文明中，讓它們彼此化合或共存。這份工作，就是胡適所說的「一點一滴」。

當然，鍾榮光和胡適開始說的並不是文明，而是他們所面對的國家與社會。把一種文明狀態下的國家與社會比作一間舊屋子，是一個方便的比喻，當年魯迅就有「鐵屋子」之譬。魯迅的疑慮是要不要把沈睡在鐵屋子中的人喚醒，讓其飽受清醒之苦。鍾的態度則是「拆毀」這屋子，然後由胡適輩來「再造」。胡適呢？胡適不同於鍾，至少他不是鍾那樣的革命者。「一點一滴」就可以看出胡適改良社會的路徑。至於要拆屋子，可是件慎重的事，絕不能憑意氣而行。一個多月後，胡適在日記中完整抄錄了一段法國學人剛多賽的話，可見他對這種意見的鄭重。這段話的第一句樸實無華卻重要如此：

「It is not enough to do good,one must do it in a good way.」（僅做好事是不夠的，必得用好的方式去做。）

「無疑，我們要滌除一切錯誤的東西，可是這不是頃刻之間就能做到的。我們應該效法一個深謀遠慮的建築師，當他不得不拆除一棟房子的時候，他心中知道房子的各個部件是如何搭在一起的。當他動

---

[102] 胡適〈新思潮的意義〉，《胡適文集》卷2，第558頁。

手拆除時，他會設一個法子以免使房子各部件卸下時造成巨大的傷害。」[103]

這是一個負責任的建築師，他的可取之處在於：一，「做好事」如果是一種願望，他更注重實現這願望的手段。二，因此，他面對一幢需要拆除的房子時，他能充分考慮他的行為後果。

一個社會建築師在面對一個陳舊的社會架構時，更需要這種負責任的態度。那種將前一種社會形態徹底打破，用鍾榮光的話，把這個舊房子「全行拆毀」既不必要，更不可能。至於在「全行拆毀」之後以為必然能再造一個全新的社會，更是持論者的一廂情願。如魯迅說：「將『宗教，家庭，財產，祖國，禮教……一切神聖不可侵犯』的東西，都像糞一樣拋掉，而一個簇新的，真正空前的社會制度從地獄裏湧現而出。」[104]這分明是浪漫化的文人臆想。試問，這個新制度的基礎是什麼？它如果是「空前」的，以「前」為「空」的，那麼，它也只能是空中樓閣的。而況，魯迅信奉進化論時就說過「文明無不根舊跡而演來」（〈文化偏至論〉），的確，以那個時代普遍能夠接受的進化理論，任何進化無不是在從前基礎上的進化，否則進化鏈就斷了。可見，魯迅自「頓悟」般地走向階級論和革命論，是如何地在自我顛覆。

概而言，剛多賽的話可使我們產生兩個警惕，一是「不擇手段」，二是「不計後果」。這都有違平時不為我們所注意的「責任倫理」，尤其是當一個人在做一件自認為「對」的事情時。像鍾榮光那一輩人，一欲破拆晚清這座舊房，很容易因其自身的道義感而陷入這兩個坎陷。梁啟超當年「破壞亦破壞，不破壞亦破壞」的口號除了煽情，就是不負責任，哪有手段和後果的考量在內。一間舊房，尚且需

---

[103] 曹伯言《胡適日記全編》卷 1，第 520 頁。

[104] 魯迅《南腔北調集·林克多〈蘇聯聞見錄〉序》，《魯迅全集》卷 4，第 426 頁。

要合理拆卸，否則它會傷人；何況一個社會。一味以破壞的心態去拆，那就是單純地使用蠻力和暴力，一些知識領袖為了集聚社會力量，甚至刻意煽動人性中的蠻力和暴力。以這樣一種非理性為主導，巨大的社會災害當不可避免，而深受其害的首先就是社會中的民眾。可以問一問的是，自辛亥而下，要拆除社會的舊房，有幾人「心中知道房子的各個部件是如何搭在一起的」，又有幾人會想到「設一個法子以免使房子各部件卸下時造成巨大的傷害」？

插：香港影片《A計畫》，是講述晚清時期一個香港員警的故事。革命黨為了自己的安全曾經陷害過這個員警，現在又想拉攏他革命。於是革黨和這個員警之間就發生了這樣一次對話：

一個女革黨率先向他道歉：你還在生我們的氣吧？成大事不拘小節，就是我們自己也可能隨時犧牲的。

由成龍扮演的員警回答：這就是我不能加入你們的原因。我是一個很拘小節的人。不管我的目標多正確，多動聽，也絕不會為了目的而不擇手段去做為非作歹的事。其實我是很佩服你們的，因為你們是做大事的人，我明白打倒晚清，需要千千萬萬的人拋頭顱灑熱血。可是，我不敢教人這麼做，因為我不知道教那麼多人出生入死之後最後的結果是什麼。所以，我來這裏當員警，因為我覺得每一個人的生命都很重要，我要保障每一個人安居樂業。就算一個四萬萬人的國家，也是由每一個人組成的，如果不喜歡自己的生活，哪裡還有心情去愛自己的國家呢。

不能不說這個員警高明（當然這個員警不過是編劇觀念的傳聲筒），你看這一段對白恰恰包括法人剛多賽的那兩點：

「不管我的目標多正確，多動聽，也絕不會為了目的而不擇手段去做為非作歹的事。」

「我不知道教那麼多人出生入死之後最後的結果是什麼。」

　　這其實就是「責任倫理」的樸素表達，它居然出自一個娛樂片中的小員警之口；那麼，魯迅作為我們這個民族的思想家，不妨看他在這個問題上表白：

　　「只要能達目的，無論什麼手段都敢用……」[105]

　　「革命者為達目的，可用任何手段的話，我是以為不錯的。」[106]

　　一個小員警，一個思想家；一個「責任倫理」，一個「目的倫理」：不能不說這是一種饒有深味的對比！

案：當年梁啟超曾這樣評點孫中山：

　　「我對孫君最不滿的一件事是，『為目的而不擇手段』。在現代這種社會裏頭，不合（會）用手段的人，便悖於『適者生存』的原則。孫君不得已而出此，我們也有相當的原諒。但我以為孫君所以成功者在此，其所以失敗者，亦未必不在此。」[107]

二十六、「輿論家」

　　1915 年元月 18 日，哈佛的朋友吳康推薦胡適作一次有關「儒學與卜朗吟哲學」的講演，於是，胡適第二次來到小城波士頓。講演順利結束，胡適自己也很滿意，畢竟「以數日之力寫演說稿成」。事完，胡適當年在澄衷的朋友竺可楨在哈佛的紅龍樓請胡適等吃飯，一共七人，「暢談極歡」。席中，數胡適和哈佛的鄭萊話多，「餘人不如余二人滔滔不休也」。他們「滔滔」了些什麼？其中一個問題胡適記之甚詳：

---

[105] 魯迅《新的世故・集外集拾遺補編》，《魯迅全集》卷 8，第 154 頁。

[106] 魯迅《南腔北調集・答楊邨人先生公開信的公開信》，《魯迅全集》卷 4，第 628 頁。

[107] 轉引唐德剛《晚清七十年》，第 576 頁，岳麓出版社，1999。

輿論家（「Journalist or Publicist」）之重要。吾與鄭君各抒所謂「意中之輿論家」。吾二人意見相合之處甚多，大旨如下：

輿論家：

（一）須能文，須有能抒情又能動人之筆力。

（二）須深知吾國史事時勢。

（三）須深知世界史事時勢。至少須知何處可以得此種知識，
　　　須能用參考書。

（四）須具遠識。

（五）須具公心，不以私見奪真理。

（六）須具決心毅力，不為利害所移。108

以此返觀，胡適自己就是這樣一個輿論家（今或稱「政論家」或「時論家」，而當時梁啟超則謂為「言論家」），除了「能抒情又能動人之筆力」稍遜外，上面那幾條，胡適大體不缺。在北美時，胡適就顯露做輿論家的氣象和偏好，迨至回國，從《努力》週報到《新月》到《獨立評論》，逶迤了胡適大半生。除了學術外，他對公共生活的關注，主要就是通過辦這種時論性的刊物和寫這種時論性的文稿而體現。本來，《新月》至少不是時論性的，它以文學為主，亦兼文化。但在胡適手上，這份雜誌最終政論化了。胡適的這種習慣一直保持到晚年，國民黨潰敗臺灣，臺灣的《自由中國》就是一份和國民黨並不同道的政論雜誌。胡適雖不以撰稿為主，但他先是這刊物的發行人，後來又是這雜誌的幕後支持（主要是精神支持）。胡適的一生，不管怎麼書寫，都抹不掉他作為輿論家而且是優秀輿論家的一面。

　　年輕時的胡適最佩服的輿論家當推梁啟超，他自己和梁的不同在於，梁自謂是「筆鋒常帶情感」，能抒情，筆力亦能動人。胡適不

---

108 曹伯言《胡適日記全編》卷2，第14頁。

然，他是文人，但筆鋒基本沒有文人氣。他的時論雖然感染力不足，但卻以「清明的理性」見長。而我們知道，感情有時是不負責任的，它只顧筆墨痛快。這樣的毛病胡適一向沒有。此正謂長處即短處，選擇即代價。

元月 23 日，胡適離開波士頓回紐約，在哥倫比亞大學，哥大的朋友告訴他，此間有多人反對胡適發表在《留美學生年報》上的〈非留學篇〉，胡適回答頗能見出他日後做輿論的態度：「余作文字不畏人反對，唯畏做不關痛養（當為『癢』）之文字，人閱之與未閱之前同一無影響，則真覆瓿之文字矣。今日作文字，須言之有物，至少亦須值得一駁，愈駁則真理愈出，吾唯恐人之不駁耳。」[109]

是晚，胡適夜宿哥倫比亞大學宿舍，聽哥大朋友與之夜話其革命經歷也。

二十七、「論革命」

某日，《紐約時報》載有這樣一條來自國內的消息。汪精衛、蔡子民、章行嚴三人與孫中山定了個「愛國協約」，約與袁世凱政府和平協商而勿起第三次革命。因「宋教仁案」而引發的二次革命，是孫中山不聽黃興等人「法律解決」的勸告，執意用「武裝」解決問題而進行的一次軍事起義。這次革命很快就失敗了，它的結果則是孫中山憤而放棄國民黨，轉而成立要黨眾對自己效忠的「中華革命黨」。

胡適看了這則報導鬆了一口氣：「果爾，則祖國政局可以和平了結，真莫大之福，吾翹企祝諸公之成功矣！」，[110]胡適對二次革命沒有評價，但評價已自在其中。或者說，不管二次革命、還是三次革

---

[109] 曹伯言《胡適日記全編》卷 2，第 18-19 頁。
[110] 曹伯言《胡適日記全編》卷 1，第 524 頁。

命，胡適對革命的態度已經比較了然。以和平的方式解決政治問題，胡適視為「莫大之福」。然而，正在他「翹企」為汪、蔡、章等人衷心祝願時，哥大的張奚若來信，「謂聞之黃克強，云前所傳汪、蔡諸人調停平和協商事，皆屬子虛。」胡適聞訊，一聲歎息：「吾之樂觀又成虛妄矣」。（同上）

　　主觀上，胡適並不贊成革命，但對革命的情勢又有充分的同情之理解。在他看來，只要政府不許愛國志士以和平手段改造國家，奪其言論自由，絕其生路，逐之國門之外，那麼，對方則舍激烈手段別無他道。也就是說，政府手段一日不改，革命則終不能免。抽象的意義上，胡適的話並無問題。但具體到二次革命，胡適因不瞭解而顯隔膜。革命，可以是逼出來的；也可以是扇動出來的。具體到「宋案」，它則是國民黨領袖在某種意義上的一意孤行。當時情形，並非只有訴諸槍桿不可，即使在國民黨內部，也有兩種不同的意見。但，國民黨終究鋌而走險。它自己失敗是自取，問題更在於，辛亥之後，國人初習共和，習慣還未養成，國民黨卻在共和框架內，開 20 世紀用槍桿解決政爭之先河。害莫大焉！

　　1915 年 4 月，胡適在日記中剪貼了黃興等人的通電，電文頗長，其中亦有言及革命處，亦與胡適之意頗近（不知這是不是胡適特意剪貼的原因）：

　　「唯革命之有無，非可求之革命自身，而當卜之政象良惡。故辛亥之役，乃滿洲政府成之，非革命黨所能自為力也。」此即革命是逼出來的。然而，黃興一邊認為「須知革命者，全國心理之符，斷非數十百人所能強致」。一邊也認為：「今雖不能妄以何種信誓宣言於人，而國政是否必由革命始或更新，亦願追隨國人瞻其效果。」黃興對革命的態度殊可玩味，就辛亥之役，他認為革命是正當的，但對辛亥以下，他的言論就有所不同。我們知道，宋案發生，黃興最初是主張以暗殺對暗殺，孫中山否定了他。但孫卻主張更為激烈的軍事舉

動，黃又不贊成。黃興在通電中的這段話是否針對二次革命，我們可以先看看再說：「夫兵凶戰危，古有明訓，苟可以免，疇曰不宜？重以吾國元氣凋傷，盜賊充斥，一發偶動，全局為危，故公等畏避革命之心，乃同仁之所共諒。」[111]

1916 年 1 月 31 日，時在哥大的胡適有「論革命」為題的日記，其實是他寄給維廉姆斯教授的信，信中涉及革命的問題。這是胡適第一次以其為題並談了對它的看法，20 世紀的胡適註定以後還要和這個詞以及這個問題打多次交道。

> 「吾並非指責革命，因為，吾相信，這也是人類進化之一的必經階段。可是，吾不贊成早熟之革命，因為，它通常是徒勞的，因而是一事無成的。中國有句古話叫『瓜熟蒂落』。果子還未成熟，即去採摘，只會弄壞果子⋯⋯作為個人來說，吾倒寧願從基礎建設起。吾一貫相信，通向開明而有效的政治，無捷徑可走。持君主論者並不期望開明而有效之政治。革命論者倒是非常渴望，但是，他們卻想走捷徑——即通過革命。吾個人態度則是，『不管怎樣，總以教育民眾為主。讓我們為下一代，打一個紮實之基礎』。這是一個極其緩慢之過程，十分必需之過程，可是，人卻是最沒耐心的！以愚所見，這個緩慢之過程是唯一必需的：『它既是革命之必需，又是人類進化之必需。』」[112]

胡適信中表明瞭兩點，一、不贊成「革命」，尤其是那種「早熟之革命」（「早熟」即指條件不具備的情況下以火與劍來解決問題）。

---

[111] 曹伯言《胡適日記全編》卷 2，第 119 頁。
[112] 曹伯言《胡適日記全編》卷 2，第 335-336 頁。

二、強調「教育」，即通過教育民眾來打下一個扎實的基礎。在胡適的意識中，中國問題，是一個教育的問題而不是一個革命問題。走捷徑的革命並不能解決 20 世紀中國的實際問題。

二十八、七年之病，求三年之艾

早在給維廉姆斯教授的信之前，胡適致信韋蓮司，已經流露過上述兩種想法。一、「吾對造反者甚感同情。可是，吾不贊成現今之革命。」二、「吾輩之職責在於，準備這些必要的先決條件即『造新因』。」[113] 此處的「造新因」當聯繫前此的「再造文明」，即通過教育為新文明添加新的因數。

十多天後，胡適給國內朋友許怡蓀寫信，再度申述這個「造因」。他的意見是：

……適近來勸人，不但勿以帝制攖心，即外患亡國亦不足慮。倘祖國有不能亡之資，則祖國決不至亡。倘其無之，則吾輩今日之紛紛，亦不能阻其不亡。不如打定主意，從根本著手，為祖國造不能亡之因，庶幾猶有雖亡而終存之一日爾。[114]

這就不難理解日本二十一條發佈後，北美學生群情激昂，胡適卻為什麼獨自主張保持鎮靜、賡續學業。照說，一個世紀看下來，胡適的思想並無獨致與深刻，他的不同在於，他的眼界十分高明，即在年輕時，這一點就已形露而出。很難想像，在眾人一面倒的亢奮中，他能不為其淹而獨保那份「清明的理性」，而此時他也不過 24 歲，也正是容易沸騰的年齡。至於那句「外患亡國亦不足慮」是要招致千古罵名的，可是順著他的思路往下爬梳，你能說他說的沒有道理？

---

[113] 曹伯言《胡適日記全編》卷 2，第 317 頁。
[114] 曹伯言《胡適日記全編》卷 2，第 325 頁。

……適以為今日造因之道，首在樹人；樹人之道，端賴教育。故適近來別無奢望，但求歸國後能以一張苦口，一支禿筆，從事於社會教育，以為百年樹人之計：如是而已。（同上）

「樹人」，這是魯迅的名字了。魯迅初名樟壽，後改名樹人。也是在二十多歲時，留學日本的他作〈文化偏至論〉，其中表達的觀點「是故將生存兩間，角逐列國是務，其首在立人，人立而後凡事舉」。這種「根柢在人」的觀點，胡魯是共同的（其實，他們的觀點都來自梁啟超，來自梁啟超的「新民」）。但，同為樹人，胡魯顯然又不一樣。魯迅的樹人有兩個反對面，一個是「富有」，一個是「眾治」，前者是魯迅不贊成洋務運動富國強兵那一套，後者是魯迅不贊成戊戌維新立憲國會那一套。胡適不然，他提出樹人，其反對面是那種企圖走捷徑的「革命」。就像胡適不會反對富國強兵尤其立憲國會一樣，魯迅則不會反對「火與劍」的革命，而且後來更主革命。革命的遭遇不革命的，胡魯後來分道揚鑣，彼此都符合他們內在的思想邏輯。另外，即以樹人本身，胡魯亦分別有所計較，魯迅的樹人是以尼采的超人為其底本的，其中流貫著的是精英政治乃至超人政治的血脈，胡適雖然未曾明言何以教人，但肯定不是他曾經批判過的尼采那一路，而是他身受濡染的北美這一徑。

……明知樹人乃最迂遠之圖。然近來洞見國事與天下事均非捷徑所能為功。七年之病當求三年之艾。倘以三年之艾為迂遠而不為，則終亦必亡而已矣。……（同上）

七年之病當求三年之艾，是胡適經常講的一句話，這句話梁啟超在〈政治之基礎與言論家之指針〉中也說過，胡適曾經大篇幅地抄錄過其中內容，而胡適此信，其中也閃動著梁的影子。至於此句，推其原始，則來自孟子，《孟子‧離婁上》云：「今之欲王者，猶七年之病，求三年之艾也。苟為不畜，終身不得」。艾即艾葉，藥草也，古人針灸時用，以長年儲存並乾透為好。治療不愈之久疾，則需經年之

艾葉，否則不治。如不早作儲積，一輩子都得不到。「三年的蓄艾」，是平時的功夫，這裏沒有捷徑，也沒有急功近利，它是打基礎造前提的努力。造就新文明，在於造就新人，百年樹人，這才是根本。而革命，在胡適眼裏無以解決這個根本。

案：至於說這封給許怡蓀的信閃動著梁啟超的影子，可查胡適前一年 5 月 23 日的日記，梁啟超是政治出身，戊戌敗後，力主「新民」，但同時出現反政治的傾向。在他看來：「彼帝制也，共和也，單一也，聯邦也，獨裁也，多決也，此各種政制任舉其一，皆嘗有國焉行之而善其治者。我國則此數年之中，此各種政治已一一嘗試而無所遺，曷為善治終不可得睹？[115]」這話說得有意思，各種制度都嘗試了，卻無望於「善治」，果如此，我要問得是，把這麼多種類型的政制僅用幾年就走馬燈一般過了一遍，水過地皮都談不上，你怎麼可以指望「善治」？「共和」、「聯邦」、「多決」（即民主），哪一種政制移植他壤不需要一個適應與生長的時間，我們給它這個時間了嗎？甚至我們給它（比如「聯邦」）機會了嗎？中國人性子最慢又最急，忍受了兩千多年的皇權專制，國勢甚虛，卻企圖西方制度速效救心，立竿見影。七年之病，容不得三年的蓄艾，這正是上面胡適批評的「最沒耐心」。於是，最後只剩下一條路：革命。魯迅云：「改革最快的還是火與劍」。

不過，當梁啟超在政治之外試圖「治本」時，倒不是政治革命，而是「社會教育」。他在歷數了現代政治的七個「必要之條件」後，曰：「具此條件，始可以語於政治之改良也已。吾中國今日具耶？否耶？未具而欲期其漸具，則舍社會教育外，更有何塗可致者？」這個「社會教育」，在梁的眼裏，就是孟子的七年之病求三年之艾，「雖曰遼遠，將安所避？」至於有人說：「今之政象，岌岌不可終日，豈

---

[115] 曹伯言《胡適日記全編》卷 2，第 156 頁。

能待此十年樹木百年樹人之計？恐端緒未就，而國之亂且亡已見矣。」梁的回答是：「雖國亡後，而社會教育猶不可以已。亡而存之，舍此無道也。」（同上）

由此可見，胡適信中的「樹人」出乎是，回國後立志「從事於社會教育」出乎是，孟子的「七年之病，求三年之艾」亦出乎是。當時胡適大段抄錄梁的文章，說「其言甚與吾意相合」，事實上更多是胡適在受梁的影響。年輕的胡適之，除了身在北美，自然接受歐美觀念外，國人思想中能與胡適影響最巨者，只能是梁任公。梁之於胡，雖非塾師，但為私淑。

二十九、「理想」的迷途

在題名為《夢想與理想》的日記中——此日記記於 1915 年 3 月 8 日——思想尚未免疫的胡適再度因年輕的熱情而出現偏差。在中西文化比較的框架中，胡適先談夢想，認為天下多少事皆成於夢想，今日大患則在於無夢想之人。這種說法無可無不可，可以放下不論。往下，胡適筆鋒開始轉向理想，一開始就稱讚：「嘗謂歐人長處在敢於理想。其理想所凝集，往往託諸『烏托邦』（Utopia）」，在胡適開列的名單中，有「柏拉圖之 Republic（《理想國》），倍根之 New Atlantis（《新亞特蘭蒂斯》），莫爾（Thomas More）之 Utopia（《烏托邦》），聖阿格斯丁（St.Augustine）之 City of God（《上帝城》），康德之 Kingdom of Eeds（《論萬物之終結》）及其 Eternal Peace（《太平論》），皆烏托邦也。」胡適對烏托邦的理解是「烏托邦者，理想中之至治之國，雖不能至，心嚮往焉。」[116]

---

[116] 曹伯言《胡適日記全編》卷 2，第 84 頁。

　　什麼是「至治之國」？至者，盡善盡美之謂也。這個世界上會有被治理得盡善盡美的國家嗎？抑或，這樣的國家可以成為我們的理想嗎？一個「烏托邦」——用漢語來講叫「烏有之鄉」——已經指謂其不可能。而把一個不可能的對象當作自己可欲的追求，是一樁岌岌乎危哉的事。更要命地是，這理想的追求，看起來是個人的事，但它的指涉卻遠超個人之外。

　　也許，我們可以贊同一個人的夢想，無論他怎麼異想天開，也無論它實現與否，這都是他個人的事。「理想」不然，它從來就不是個人的，而是廣之於眾的。正如胡適欣賞的英國哲學家羅素指出「構成一種『理想』與一件日常願望的對象兩者之不同的就在於，前者乃是非個人的；它是某種（至少在表面上）與感到這種願望的人的個人自身沒有任何特殊關係的東西，因此，在理論上就可能被人人所願望。因而我們就可以把『理想』定義為某種並非以自我為中心而被願望著的東西，從而願望著它的人也希望所有別的人都能願望它。」[117]事實正是如此，在胡適這裏，所謂理想（特別是那種烏托邦性質的）與個人無關而是有關家國。那麼，問題來了，在家國問題上，每個人的理想都不一樣呀，就像什麼叫盡善盡美，這善美的理解也是人各不一。以胡適所舉的柏拉圖為例，他的《理想國》在他看來是理想，可是在自由主義看來是極權。從胡適北美日記中，可以看到他讀《理想國》的記載，他在這裏認同這本書，只能說明一點，他的自由主義還經不起考驗。在自由主義那裏，國家的功能就是保障個人的權利，除此，它沒有也不應該有自己的理想，更不可能在制度上作任何意義上的善美設計。因為理想也好善美也罷，人與人之間並沒有一個統一的尺度，同時誰也沒有權利以自己的尺度訴諸別人。因此，在制度設計

[117] 羅素《西方哲學史》（上卷），第 156 頁，商務印書館，1982。

上，自由主義一定要撇開來自所有方向上的理想或烏托邦，讓自己保持「價值中立」。

其實，被胡適推崇的《理想國》實在是胡適後來批判的那個叫做「極權」東西的發源。《理想國》中不理想，它是以理想面目出現的一部人類社會的專制集成。也是為了達至在柏拉圖看來是「至善」的理念，這個國家中的人必須接受官方指定的教育，而不得私自去聽所謂靡靡之音，戲劇和荷馬史詩照例是被禁止的，因為它有有關人的情欲的內容。同樣，為了達於「至善」，理想國中需要的是平均主義，人們在一起吃飯，誰都不准擁有私產，金銀一律不准私藏，因為財富和貧窮都是有害的。在理想國中，畸形的孩子和低劣父母所生的孩子不准存活，他們應該送到一個他們該去的地方。並且，一般的孩子出生後，也要從自己的父母身邊抱走，由國家統一撫育，因為他們是國家的接班人。甚至，他們的父母在當初結合時，亦不是出於自願，而是由國家根據優生需要統一調配。這一切，不因為別的，都是為了達於「至善」。倘佯於柏拉圖的「理想國」，有如流覽一座集中營。這裏有許多動聽的辭彙，智慧、勇敢、節制、公正（大體都是道德範疇的），但就是沒有自由。

一個欣賞自由主義的人會同時欣賞任何一種性質的理想國？那麼，他的自由主義肯定是不乾淨的。想來胡適沒有料到自由主義和任何烏托邦的大同理想都不相容，更有甚者，他還把「理想」和「思想」混同起來，一道言說。在盛讚了西人之後，胡適調過頭來就指點東方：「吾國先秦諸子皆有烏托邦：老子、莊子、列子皆懸想一郅治之國；孔子之小康大同，尤為卓絕古今。漢儒以還，思想滯塞，無敢作烏托邦之想者，而一國之思想遂以不進。吾之以烏托邦之多寡，卜思想之盛衰，有以也夫！」有以也夫？胡適不要太簡單。思想與理想本不同質，思想的特質之一是「懷疑」，而理想卻偏於「信」乃至是「盲信」。以理想占卜思想，胡適是不是看錯了卦。…………

　　半年之後，胡適讀英國作家威爾斯的政治小說《新馬基雅維里》，並作了大段摘抄，該小說給胡適的助益是「增益吾之英倫政界之知識不少」。從胡適的抄錄看，倒是對半年前的他大談夢想和理想的一種解構，儘管胡適自己好像並沒有自覺意識到。關於這一段文字的翻譯是：

> 牧師、學派、謀士、領袖總是在不經意中犯下想當然的錯誤，設想他們可以設計出人類全部之目標與未來，清晰明確，一勞永逸——或者，至少可以完全設計出其中確定之部分；他們以此種假設為基礎，憑己之力去從事立法、建國之工作。在經歷了現實生活之錯綜複雜、冷庫無情和難以捉摸之後，他們便大搞教條、迫害、鍛煉、修剪、秘密訓導，和種種過於自信的愚蠢之活動。當他們熱衷於某些善良意向時，他們會毫不猶豫地掩蓋事實真相，鉗制思想，扼殺騷動之首創精神，抑制明顯有害之欲望……[118]

羅素曾經表達過這樣一個意思：理想主義如果和愛好權勢相結合，就會一再地把人類社會引入歧途。可以說，柏拉圖那樣的理想主義代不乏人，自他而始，一路往下，直到卡爾‧馬，這些牧師、學派、謀士、領袖們都熱衷於用哈耶克批評過的那種「建構理性主義」為人類設計明天即理想國。由於他們堅信自己的目的是為了人類的「至善」，所以，這種理想如果和權力結合（在柏拉圖那裏，「理想」或「理念」就是權力，因為只有擁有這種理念的哲人才配當統治者，叫「哲王」），災難就開始了。為了他們的「至善」，他們可以毫無愧疚地大搞教條、迫害、鍛煉、修剪、秘密訓導，就像奧威爾的小說

---

[118] 曹伯言《胡適日記全編》卷2，第281頁。

《一九八四》。同樣，為了他們的「至善」，他們會毫不猶豫地掩蓋事實真相，鉗制思想，扼殺騷動之首創精神。在「至善」的理想面前，一切殘忍不過是達至理想的手段，手段而已，不足論之，甚至它還可以因為目的而合理化。於是，在至善的理想和殘忍的手段之間，就是一條哈耶克所謂的「通往奴役之路」。

沒有讀過威爾斯的《新馬基雅維里》，但上述這一段文字，簡直就是針對《一九八四》中的「大洋國」。難道這是一對姊妹篇？

補：在胡適抄錄《新馬基雅維里》的文字中，這一段有關自由的表述甚為剴切，茲轉錄：

> 特權和法律之約束不是自由唯一的敵人。一個人若是沒有文化、缺乏教養、營養不良、一貧如洗，他便失去自由之可能性。對他來說，自由毫無價值。一個在水中作垂死掙扎之人，他唯一想得到的自由，就是出水上岸；在他上岸之前——他願意用一切別的自有來換取求生之自由。

三十、「美人不及俄人愛自由」？

已是 1915 年的初夏，這一年的 6 月 5 日，韋蓮司約胡適的康大同學客鸞女士去郊遊，胡適與客鸞在路上相遇，客鸞告訴胡適這件事，胡適很高興地說：你們郊遊回來，如果惠顧寒舍，我當煮茶招待。同學笑著答應了。下午五時，郊遊回來的她們來到了胡適的住處，胡適不失言，享以龍井。兩位女子皆不同流俗，在胡適這裏放鬆自如，一點也不感到拘束。兩人談笑風生，直到傍晚才離去。次日，和胡適同住一起的法文教員很好奇，問昨天胡適房中笑語喧嘩的是誰，胡適告之。這位法國佬很感慨，他也告訴了胡適一件事。幾個月前，他和兩個同事約兩位女子（也是同事）到自己住處小集，其中一位女士告訴

了另外一個女子，後者驚怪，問誰是陪伴人（原文為「挾保娘」），答曰沒有，對方益加驚怪。此事傳出後，還引起誹議，不得已，便把約會地點改作外面的茶室。等到去的時候，茶室卻又滿座。這位法國佬便說：還是到我那裏吧，難道我輩還在乎別人說什麼嗎？幾人掉過頭來，再回住處。不過一次飲茶，經歷卻這樣一波三折。聽完故事，胡適它記到日記裏，說，這事雖然細小，但卻證明自己以前說的話：此邦男女交際不自由。胡適剛到美國就感覺到這一點，他在給母親的信中曾這樣介紹：「美國男女平權，無甚界限。此間大學（指康乃爾大學，筆者注）學生五千人，中有七八百女子，皆與男子受同等之教育。唯美國極敬女子，男女非得有人介紹，不得與女子交言。（此種界限較之中國男女之分別尤嚴，且尤有理。）」[119]是的，20世紀初的美國，遠不是我們想像中的那麼現代和開放，文化保守勢力很強大，尤其是中產階級。比如韋蓮司那不同流俗的作派，放在今天稀鬆平常，而在當時，在她那個中產階級的家裏，就非議不斷。胡適說她之所以遠去紐約學畫，平常也不怎麼回來，就是因為家中的「守舊空氣」，使她居之「如在囹圄」。

　　至於胡適說此邦男女交際不自由，還得從十多天前的一次談話說起。5月21日那一天，胡適和一個來自俄國的朋友聊天，這位叫狄泊特女子曾就讀於俄國女子高等學院，現在隨她的哥哥流寓美國，靠打工讀書。聊天時，她說：她覺得美國大學生多浮淺，沒有高尚的思想，遠不如俄國的大學生，具思想、富膽力、熱心國事，奔走盡瘁，實在可敬。胡適聽了，深以為然。他一直對美國大學生存有類似看法。一次，他接觸到保加利亞的一個留學生，交談之下，他覺得這些來自歐洲的學生都熟悉本國的歷史與文化。特別是俄國學生，沒有不

---

[119] 「胡適致母親1911年1月30日」，《胡適全集》卷23，第28頁。

知道托爾斯泰、屠格涅夫、陀斯妥耶夫斯基的。只有兩個國家的學生對自己的文明和歷史懵然無知，一個是中國，一個是美國。

胡適的偏差是顯而易見的，至少是以偏概全的，但他卻在日記中作出了這樣的結論「美人不及俄人愛自由」。在這樣的標題下，胡適說：「人皆知美為自由之國，而俄為不自由之國，而不知美為最不愛自由之國，而俄為最愛自由之國也。」為什麼？因為「美之人已得自由，故其人安之若素，不復知自由代價之貴矣。俄之人唯未得自由，而欲求得之，不惜殺身流血，放斥囚拘以求之，其愛自由而寶貴之也。」[120]胡適就便舉了個例子，故事來自他的朋友，說的是挪威劇作家易卜生。易卜生送兒子到俄國受學，有人問，為什麼不送到美國呢，美國是自由之國呀。易答曰：然，俄，愛自由之國也。這樣一個美俄對比，胡適的俄國朋友狄泊特是認同的，胡適也是認同的。

尤有進者，胡適開始申論美國的不自由。上文說此邦男女交際不自由，正是胡適在這裏的發揮。「美之家庭亦未必真能自由，其於男女交際，尤多無謂之繁文」。而「吾讀俄國小說，每歎其男女交際之自由，非美國所可及。其青年男女以道義志氣相結，或同習一藝，或同謀一事，或以樂歌會集，或為國事奔走，其男女相視，皆如平等同列，無一毫歧視之意，尤無邪褻之思。此乃真平權，真自由，非此邦之守舊老嫗所能瞭解也。」（同上）

插：胡適以小說來認知俄國並推斷俄國，這是一件比較有趣的事。有趣在於，多年之後，當他和羅隆基在上海發動「人權運動」，反對蘇俄黨治，標舉英美民治時，曾遭到文化左翼的抨擊。當時，瞿秋白就是根據小說來駁斥他們：「人權派的大人先生們甚至說美國差不多每家都有汽車（見《新月》雜誌某期）」，「這真是海外奇談了。美國『人民』的平均的財力，比任何國家更高；美國人民的自由

---

[120] 曹伯言《胡適日記全編》卷 2，第 154-155 頁。

ᅟ

比任何國家更大？政治上美國的『平等自由』，我們只要看一看辛克萊、哥爾德的小說就可以知道了；美國工人過的是何等慘酷的生活，何等的不自由；何等的不平等！這些文學家是美國人，他們知道美國社會的深切，至少比中國人權派的幾個美國留學生勝過一千倍。美國家家都有汽車的海外奇談，只好去騙騙小孩子！」[121]在瞿秋白看來，真正平等自由的當然不是美國而是蘇俄。瞧，多有趣，早先胡適的看法後來有了傳人，而他們的根據都是來自「小說」。年輕的胡適呀，愛看文學不是您的錯，但如此相信小說就是你的不是了。

自由的美國不是那麼愛自由，沒有自由的俄國卻酷愛自由，這說得通嗎？

抄錄一下胡適日記中保存的美國總統威爾遜的演說，威爾遜是胡適深所敬愛的美國總統，胡適的留美日記不時提到他，胡適也不止一次大段剪貼他的演說。這一次演說是因為一批移民剛剛批准加入美國籍，在宣誓儀式上，威爾遜總統作了講演，他以移民的口吻說：

> 我們來到美國，不僅僅是為了謀生，也不僅僅是為了尋求一些在出生地難於覓得的東西，而是為了幫助促進人類精神之偉大事業——為了讓人們知道，世界各地都有人願意飄洋過海來到這個陌生的國度，來到這個語言不通的地方。那是因為他們知道，不管是何種語言，人類只有一種渴望，只有一種心聲，那就是渴望自由，渴望正義。[122]

愛自由的美國人看起來不若俄人愛自由，正如胡適所說，那是因為美國本身就是個自由的國度。自由就像空氣一樣，須臾不能離，但如果

---

[121] 瞿秋白〈中國人權派的真面目〉，《瞿秋白文集》卷7，第188-189頁，人民出版社，1991。
[122] 曹伯言《胡適日記全編》卷2，第146-147頁。

人就生活在空氣中，誰還會時刻記著它呢？本不能拿美國人和缺乏自由呼吸的俄國人比，而且，在這樣的比較中，美國的自由和俄國的自由並不對稱。胡適拿美國男女交際上的不自由說事，但說到俄國時，俄國青年的那種熱情、那種奮鬥，顯然屬於政治自由。一個是「私人領域」中的自由，一個是「公共領域」中的自由，兩者未必能簡單地混在一起。比如美國的保守力量素以共和黨為代表，儘管在日常生活領域它顯得守舊、不開放（包括胡適所說的男女交際），但在政治領域這一塊，始終恪守「小政府，大社會」的原則，防止國家權力干涉個人權利，這種對自由的高度的敏感和警覺，就遠非當時的胡適能理解。再言之，一個自由的國度和一個非自由的國度，自由的值也不一樣。如果俄國的自由表現為「解放」，美國的自由則表現為「群己之權界」。根據我的經驗，像胡適讚歎的那些俄國青年，自由對他們來說，更多是一個吸引人的字詞和理念，他們可以為這種理念奮不顧身，但未必能說他們就懂得什麼叫自由。而胡適看不慣的那些美國青年，儘管鬆垮散漫，但在自由的敏感上，哪怕你碰一下他們的神經末梢，他們的中樞都會作出激烈的的反映。

本來，無法比較誰與誰更愛自由，愛自由是人類的天性，比較沒有意義。有意義的比較是，哪種制度能夠保障人的自由：俄、還是美。俄美制度至遲在 1920 年代還困擾過胡適，而胡適長期以來對俄國的好感，未必就不是當年從所閱讀的那些俄國小說開始的。

跋：就 5 月 21 號這篇日記，胡適的標題「美人不及俄人愛自由」，應該被判為假命題。

三十一、導師

　　1925 年 5 月 11 日，魯迅作〈導師〉一文，後發在 5 月 15 日的《莽原》週刊第四期。據《魯迅年譜》的寫作背景介紹，「當時胡適等人擺出『導師』的面孔，妄圖把青年引上脫離革命，脫離現實鬥爭的邪路」，魯迅「針對這種情況指出：『青年又何須尋那掛著金字招牌的導師呢？不如尋朋友，聯合起來，同向著似乎可以生存的方向走』。[123] 文章最後，魯迅意猶未盡，忍不住向青年大喝一聲：「尋什麼烏煙瘴氣的『鳥導師』」。

　　胡適固不是「鳥導師」，但他確實是有導師癖，也不憚於做青年的導師，還自以為是一種責任。做導師的想法當然不是在北大教授任上，早在美國留學時，他甚至就做好了做導師的準備，這一點，他的日記有案可稽。

　　記得 1914 年的夏天，美國某友人的夫人問胡適對美國傳教士的看法，胡適回答說：我以前很反對傳教這種舉動，因為中國古話說：人之患在好為人師。現在覺得傳教之舉無可厚非。這些教士自信其所信，又以為其所信足以濟事淑世，故必欲與世共之，欲令人人皆信其所信，其用心良可敬也。

　　從反對好為人師到無可厚非，原因在於胡適認可對方的出發點是濟事淑世。落實到自己的身上，濟事淑世又成為胡適在學業和擇業上的出發點。胡適是有自知之明的，他知道自己在知識上騖外太甚，失在膚淺，好博而難趨深。好博，和胡適的生性有關，他是個坐不住的人，很難在一個學業方向上「板凳要坐十年冷」。這一點，韋蓮司也善意地提醒過他，要他專心致志。胡適自然很感激，第二天還特意去信致謝，檢討自己的「放任自流」。但，在 1915 年 5 月 28 日的日記中

---

[123] 魯迅博物館等編《魯迅年譜》（第二卷），第 204-205 頁，人民文學出版社，1981。

胡適也曾這樣剖明心跡：「吾生平大過，在於求博而不務精」，其所以如此，「每以為今日祖國事事需人，吾不可不周知博覽，以為他日為國人導師之預備。」[124]還是學生，就準備著要作導師了，豈止是好為人師！但揆其本意，亦是濟事淑世也。這就不奇怪胡適回國後，為什麼會以青年導師自居。當然，在那篇日記中，胡適很快就檢討，說自己「不知此繆想也」。這「繆想」不是指做導師的想法荒謬，而是指自己在一個分工的社會中怎麼可能做到「萬知而萬能」。於是，胡適省悟到「吾所貢獻於社會者，唯在吾所擇業耳。吾之天職，吾對於社會之責任，唯在竭吾所能，為吾所能為。」（同上）在這樣的意識支配下，胡適痛下決心：「自今而往，當屏絕萬事，專治哲學，中西兼治」。（同上）

　　胡適下決心攻哲學了嗎？然，亦未然。固然，幾個月後他就到紐約的哥大去，與杜威學從哲學，並獲得了哲學博士的學位。但，就在他讀哲學時，他的興趣又轉向文學了，他不知道他那時已經在為幾年後的新文學運動打造伏筆，這不難於從他與任叔永、楊杏佛、梅覲莊等人的詩歌往還（包括書信）中見出。終其一生，胡適的興趣是廣泛的、博雅的，他始終未能克服自己不能專精的毛病，如果這也算毛病的話。日後，連他自己也打趣地說：哲學是我的職業，歷史是我的訓練，文學是我的興趣。可見胡適作為學者，跨學科而不為專業所限，他之作為導師，真可以用上今天我們經常在名片上見到的一個炫耀性的詞「博導」。

　　然而，胡適不是為炫耀，他做導師，固有好為人師的一面，亦有自肩責任的一面。

---

[124] 曹伯言《胡適日記全編》卷2，第158頁。

三十二、管子的法治　孟子的民權

　　胡適中晚年以來有這樣一種傾向，即在傳統文化中討尋自由主義的資源，這和當今的新儒家頗為相似，抑或胡適就是他們的先聲亦未可知。然而，五四是反傳統的，胡適也就給我們留下了反傳統的表象，可以說，這，真正是表象。至少，就胡適自己而言，骨子裏並不反傳統，相反，早在他留美時，就曾經短暫地做過將傳統思想和西方思想融通的嘗試，儘管這種嘗試並不成功。

　　「評梁任公《中國法理學發達史論》」是胡適 1916 年 4 月間寫就的讀書筆記，梁氏在書中縱論法儒道墨，胡適每讀至不適，必大加評論。有時碰上先秦諸子的論述，亦會自覺不自覺地與西方思想家進行對接。比如，就梁任公關於管子的論述，胡適加「按」：「此近於洛克之說」。[125]管子會和洛克的思想一致嗎？那麼中國自由主義的時間表應該是先秦了。前此，在談中國古籍中的烏托邦問題時，胡適也稱讚過管子。他一邊從考證角度說《管子》是後人偽託管子，一邊又讚美《管子》「其政治思想何其卓絕（法治主義）」。[126]法治是個西方概念，若干年前，中國知識界還為這樣的問題（「法治」還是「法制」）進行過討論。管子固然有政治思想，但它值得胡適如此垂青嗎？而且垂青的理由是「法治主義」。管子是談法的，所謂「夫生法者，君也，守法者，臣也，法於法者，民也」（君主制法，官吏執法，百姓則受法的統治）。如果用法家韓非的話可能更明白「法者，王之本也」。這是哪一門子的法呀，胡適可謂見法生情而不遑問其性質，至少「何其卓絕」云云是向傳統專制表錯了情。胡適在日記中曾對「法」作過語源學上的探討，但，人在美國的他此時還沒察覺，東方的「法」和西方「法」在「法哲學」上根本不一樣。東方社會的法

---

[125] 曹伯言《胡適日記全編》卷 2，第 360 頁。
[126] 曹伯言《胡適日記全編》卷 2，第 350 頁。

乃「權力本位」，它是用來統治平民的，這從管子和韓非的話不難看出。相反，西方現代社會的法，正如胡適欣賞的羅素所說：「法的理論總要以『權利』應受國家保護這種見解為依據」，因而它是「權利本位」，是用來限制權力的。比較之下，東方社會的法非但與「權利本位」的法治主義無干，而且是「非法法也」。

在轉到儒家問題時，梁啟超說：「儒家認人民之公意與天意有二位一體之關係。……蓋謂民意者，天意之現於實者也。……故人民公意者，立法者所當以為標準也。……

若夫人民公意，於何見之？則儒家……以為……人民之真公意，唯聖人為能知之，而他則不能也。……故唯聖人宜為立法者也。故 [儒家與十七八世紀歐洲學者] 同主張人民公意說，而一則言主權在民，一則言主權在君，其觀察點之異在此也。」[127]

梁說問題甚多。他認為儒家把人民公意和天意視為一體，立法者按天意立法，就是按民意立法。那麼，誰是立法者？聖人。誰是聖人？君主。按此邏輯，君主無論如何立法，都是符合天意及民意的。因此，主權在君就是主權在民。天下沒有比這更不合邏輯的強權邏輯了。所謂「人民之真公意，唯聖人為能知之」，理據何在？就像一個官員聲稱自己是全心全意為人民服務的，他就可以替人民當家作主了？

胡適並不同意梁的說法，但他的問題更形嚴重。他一張口就是「儒家言最近民權者莫如孟子」（同上）。孟子什麼時候跡近民權？他的哪句話符合民權的要義？這真是不可不察的問題。因為今天有學人在試圖梳理傳統資源中的民主因素時——在我看來是無望的努力——也不約而同地提到孟子。而下，胡適又云：「孟子……其所論主權皆在民，故引〈泰誓〉曰，『天視自我民視，天聽自我民聽』。」僅僅根據《尚書》中的這句話就能推斷儒家的思想是主權在民，是不是也

---

[127] 曹伯言《胡適日記全編》卷 2，第 363-364 頁。

太便宜了些。上天的視聽來自民眾的視聽，猶如上天的意志來自民眾的意志，這充其量只是警告統治者，要注意民意，國以民為本，民能載舟，亦能覆舟。如此而已。作為儒家思想的鐵門限，它不可能再越雷池一步了。然而，邁不出這一步，它離所謂主權在民的民權就還很遠。儘管胡適認為聖人並非君主，因為孟子說「人皆可以為堯舜」，但「王侯將相，寧有種乎」也不表示主權就在民了呀，它可以是皇帝輪流坐，今天到我家呀。同樣，儘管胡適徵引孟子的「民為貴，社稷次之，君為輕」——這更是今人論證孟子民主思想的經典句例——但，這樣一種排序根本就不是民主的程序。

胡適不察。他沒有搞清以上儒家的抑或孟子的思想就其實質而言，是「民本」而非「民權」。他非但沒有更正梁啟超的毛病，反而把「民權」與「民本」混為一談。直到今天，這兩個概念的混同，依然在淆亂視聽。民本民本，以民為本。這裏缺一個主語，即誰以民為本？這個「誰」只能是君主，不管是梁氏所引的聖人君主，還是胡氏所引的人人都可以為堯舜的君主。因此，民本概念屬於統治範疇，它強調的是統治者對民的態度，而統治權力的合法性，即民選的程序——這才是問題的關鍵——卻在民本的視野以外。民權不然。民權的主語就是「民」，主權在民即表示民就是主權的擁有者。這意味著一個民主的國家，它是民眾自己管理自己的「自治」，此一點殊不同於「以民為本」的「君治」。「自治」即「代議制」，代表的產生（包括統治者），不是來自「天視天聽」，而是來自選票。選票機制即程序機制，程序則是民主的生命。可以看到的是，這個至關重要的內容，民本理論不但沒有它的位置；而且堅持「唯上智與下愚不移」的儒家，是從根本上反對程序誕生權力的。

至於長期以來為我們所稱道的孟子的「民為貴，社稷次之，君為輕」，則不必過高估量，相反，更應該看到它的消極性。民未必為貴，正如同君亦不必為輕，在民主社會，君既然來自民，復又歸於

民，它們本身就應該是平等的。這裏可取的是「社稷次之」，民與國家的關係，只能是民以為重而社稷其次。至於它的消極性，在於從孟子的「君為輕」可以抵達「誅一夫」。當齊宣王問他如何看待「湯放桀，武王伐紂」時，孟子認為這不是「臣弒其君」，而是殺一個殘暴的人。亦即，當「為輕」的君不以民為本甚至對民殘害時，民是可以通過暴力來改變政權的。這樣的思想是民本邏輯的延伸，但它和民主、民權卻風馬牛不相及。民主國家不打仗，它是通過合法程序解決政權的更變。孟子的話是在為「暴力」造勢，為「革命」提供合法性，而以暴力革命的方式解決政權更替從而導致暴力迴圈，應該是吾族兩千多年來的一個歷史頑疾。

一句話，從儒家的民本思想是走不到民權路子上去的，今天的新儒家試圖從傳統中挖掘民主資源恐怕也只是良好的願望而已。至於胡適說「吾國言民權者如孟子，唯無所取法，故其於民主立法之說寂然無聞。吾輩有歷史觀念者，未可遂厚非古人也。」（同上）這裏並非厚非古人，沒有人要求孟子有「民權」意識。但，胡適假借「歷史觀念」，實則觀念不清，以至把古典的「民本」頂缸為現代的「民權」，這裏卻不能不指出。

三十三、自由國度裏的非自由一幕

俄國大文豪托爾斯泰的兒子遊美時，紐約哥倫比亞大學世界學生會曾打算請他來校講演，但，哥大俄文科教長普林斯教授因為不喜歡托氏的理論，從中阻撓，命大學書記禁止世界學生會用大學講室為會場，遂使這場講演流產。於是，托爾斯泰之子說了這樣一段話，胡適記了下來：

「我還以為我剛才是回到了俄國，而不是在『自由』的美國。
更為糟糕的是，我原打算作的演說正是去年十月我在莫斯科所
作的，而該演說當初是事先經過員警長同意了的。」[128]

「錯」將美國為俄國，好聰明的諷喻。筆者不知道胡適所說的「大學
俄文科教長」是俄文科的教長，還是教長是俄人（裔）。看起來是後
者。本來，我可以不同意你的觀點，但我誓死捍衛你表達的權利：這
是歐美自由主義的通例。然而這位普教授卻動用手中的權力來阻撓別
人的言論，這種事想來俄人比英美做起來可能性更大些、也更擅長
些。但這樣的事發生在美國，正如胡適說：「此不獨本校之辱，亦此
邦之羞也」。

　　1917 年夏，胡適乘日本皇后號回國，時，托爾斯泰的兒子伊惹
托‧托爾斯泰公爵也在船上，住頭等艙。胡適在二等艙，二等艙同時
還有一批自美反俄的俄國人，都是些革命志士。他們請托公子來二等
艙講演，於是，在哥大未得演說的公爵來這裏發揮了一通乃父的思
想，無非是不抵抗和非攻。時正一戰期間，托氏演說畢，有過激烈的
爭論，胡適因不諳俄語，雖旁聽而未能明其意。

三十四、袁世凱、還是威爾遜

　　一個中國總統，一個美國總統，在什麼情況下這兩人可以成為一
種並置的選擇？

　　「王壬丘死矣。十年前曾讀其《湘綺樓箋啟》」，這是胡適 1917
年 3 月 17 日的日記，題目是〈論「去無道而就有道」〉。王壬秋即王
闓運，湖南人，1833 年生，1916 年卒，是中國近代史上享有盛名的經

學大師，一生著述甚多，他的書信曾輯為《湘綺樓箋啟》。還是在國內時胡適就接觸過它，給他印象很深的是這樣一句話：

「彼入京師而不能滅我，更何有瓜分之可言？即令瓜分，去無道而就有道，有何不可？……」[129]（下同）這是王闓運給其婦子的信，胡適注明這不是原話，而是記憶中的「大旨」。這樣一層意思，胡適回憶道：「其時讀之甚憤，以為此老不知愛國，乃作無恥語如此。」並不知道王闓運書信的上下文，胡適也沒有交代。但根據句意，似在說八國聯軍之事。如是，把列強的瓜分，視為「去無道而就有道」，放在當時，直可謂驚世駭俗。年輕的胡適以樸素的愛國感情，視其為「無恥」當不奇怪。

然，赴美數載，「吾之思想亦已變更」。此刻的胡適，對那種帶有民族主義色彩的國家主義基本上持批判態度。他認為這種國家主義的唯一根據就是「一民族之自治，終可勝於他民族之治之」。而晚清的排滿所以成功，也正在於兩百多年的歷史證明滿人不能統治漢族。至於去掉滿人統治，代之以袁世凱，「未為彼善於此」，所以，袁世凱排滿後，二次革命三次革命，也就不斷起來。

說到這裏，胡適一下子把話拉到身邊。剛才是在滿清和袁世凱中選擇，這已成為歷史。現在呢，「若以袁世凱與威爾遜令人擇之」，胡適剛提出問題，就立即回答「則人必擇威爾遜。」這裏，與其是胡適代國人選擇，毋寧是他借此表達自己的意見。在他看來「其以威爾遜為異族而擇袁世凱者，必中民族主義之毒之愚人也。此即『去無道而就有道』之意」。說完這段話，胡適表示「吾嘗冤枉王壬秋。今此老已死，故記此則以自贖」。

可以看到的是，胡適走出了原來的胡適，他完成了一個「愛國者」到「世界公民」的轉變。

---

[129] 曹伯言《胡適日記全編》卷2，第553頁。

　　胡適的愛國向來是理性的，從以前的「愛國癲」中我們已經領略。他一貫反對那種非理性的愛國情緒。還是在半年前，關注中國和日本「二十一條」的紛爭，「東方消息不佳。昨夜偶一籌思，幾不能睡。夢中亦彷彿在看報找東方消息也」。此一細節足徵愛國之情，然而，夢中醒來，他依然清醒地表示：「我自命為『世界公民』，不持狹義的國家主義，尤不屑為感情的『愛國者』……。」[130]此處「狹義的國家主義」即狹義的民族主義。胡適反對民族主義，故他和袁世凱同族，後者卻不是他的選擇對象。胡適是世界公民，故威爾遜與他異族，他卻選擇了威爾遜。當年，王闓運的說法使胡適視為無恥，可是，胡適的選擇，即使在今天，恐怕也很難不被某些人看成是賣國。

　　「去無道而就有道」是一句古話，胡適把它坐實在棄袁擇威上。不是說威爾遜比袁世凱好，在這裏，他們不是他們個人，而是一種符號，各自不同的符號。在符號的意義上，袁世凱代表的是皇權專制，威爾遜呢，胡適特意引他連任總統時所作的講演：「政府之權力生於被治者之承認」，顯然，這是民主制。因此，無道和有道，乃以制度而論。威爾遜的話，胡適宣之為「共和政治」，並認為這種政治「亦可為民族主義之前提」。

　　由此可見，胡適對於總統的選擇，不是基於「民族」而是基於「制度」，或曰，在「民主」與「民族」的排序中，民主優先，民主比民族更重要。這裏，胡適已經涉及兩種愛國主義，一為「民族的愛國主義」，另一為「民主的愛國主義」。出於「世界公民」的價值觀，胡適已然突破原始氏族以來以血定取捨的種族閾限，把「民族的愛國」昇華到「民主的愛國」。

　　概而言，民族的愛國，是血的愛國；民主的愛國，是「制度愛國」。吾輩今何擇，當有以思之。

---

[130] 曹伯言《胡適日記全編》卷2，第483頁。

三十五、沁園春・新俄萬歲

北美三月，春寒料峭，正在胡適趕做博士論文的當兒，俄國二月革命的消息傳來，它立即抓住了胡適的眼球。所謂「市戰三日而功成，沙皇退位」，胡適的判斷是「吾意俄國或終成民主耳。此近來第一大快心事，不可不記」。[131]

不可不記的胡適不但記了，情不自禁的他，還贊以一闋「沁園春」。

「成群的學生很容易從他們的黑色制服和藍帽子被辨認出來，它們中還混有許多起義士兵的粗布衣裳；各色人等雜入其中。眼下他們消除了黨派之爭，為了一個更偉大的事業團結成一體。」

這樣的文字讓胡適激動，他立即以「沁園春」填詞。這是一首長調，胡適填了上半闋便止筆，時在 1917 年 3 月 21 日。大概近一個月過去，報載俄臨時政府大赦以暗殺為事的政治犯，於是從西伯利亞赦歸的革命者有十萬人眾。胡適再一次激動，「夫囚拘十萬志士於西伯利亞，此俄之所以不振，而羅曼那夫皇朝之所以必倒也」。同樣，「愛自由謀革命者乃至十萬人之多，囚拘流徙，摧辱殘殺而無悔，此革命之所以終成，而『新俄』之未來所以正未可量也。」於是，胡適再次拔筆，完成了上次未能完成的「沁園春」下闋，時在 1917 年 4 月 17 日夜。詞曰：

> 客子何思？凍雪層冰，北國名都。看烏衣藍帽，軒昂少年，指揮殺賊，萬眾歡呼。去獨夫「沙」，張自由幟，此意如今果不虛。論代價，有百年文字，多少頭顱。
>
> 冰天十萬囚徒，一萬里飛來大赦書。本為自由來，今同他去；

---

[131] 曹伯言《胡適日記全編》卷 2，第 556 頁。

> 與民賊戰，畢竟誰輸！拍手高歌，「新俄萬歲」！狂態君休笑老胡。從今後，看這般快事，後起誰歟？[132]

於今視之，胡適的「沁園春」，可圈點處還不少。

「沙皇退位」和「終成民主」。兩者有必然關係嗎？

「指揮殺賊，萬眾歡呼」。是的，革命不是請客吃飯，不是做文章，不是繪畫繡花，不能那樣雅致，那樣溫良恭儉讓，革命是暴動，它只有一個字「殺」，而且，殺的都是「賊」。

「去獨夫『沙』，張自由幟」。為自由而革命。革命後的俄國，自由是多了，還是少了？

「拍手高歌，『新俄萬歲』」。果然「狂態君休笑老胡」，胡適也會喊「烏拉」。

「從今後，看這般快事，後起誰歟」。後起者：十月革命也、中國革命也、朝鮮革命也、古巴革命也、波爾布特革命也，也，也，也！

看來，革命真的能讓人「意氣風發，揮斥方遒」，至少很「爽」。你看，持重如胡適，談「革」亦「狂」。胡適日記讀至今，狂態的顯露，對少年老成的他來說，一是在「文學革命」上，另就是在這「俄京革命」上。自稱「文學革命」的他，在把「八事」或「八不主義」寫成稿子寄給《新青年》時，為不招致更多反對，自動把「文學革命」閣為「文學改良」。而這「俄京革命」，是胡適歌頌社會革命的唯一一闋。有趣的是，幾個月後，胡適歸國，十月革命尚未發生。與胡適同船共渡有幾十個俄革命者，這是胡適和他們的近距接觸。「本為自由來，今同他去」，那些革命者給對「俄京革命」頗充好感的胡適留下了什麼印象呢：

---

[132] 曹伯言《胡適日記全編》卷2，第582頁。

二等艙中有俄國人六十餘名，皆從前之亡命，革命後為政府召回者也。聞自美洲召回者，有一萬五千人之多。其人多粗野不學，而好為大言，每見人，無論相識不相識，便高談其所謂「社會主義」或「無政府主義」者。然所談大抵皆一知半解之理論而已。其尤狂妄者，自詡此次俄國革命之成功，每見人輒勸其歸國革命，「效吾國人所為」。其氣概之淺陋可厭也。其中亦似有沉靜深思之士，然何其少也。[133]

三十六、杜威　哥大　博士 I

　　1917 年上半年，是胡適留美七年的尾聲，已經進入博士論文的最後階段，他的論文題目是〈中國古代哲學方法之進化史〉，指導老師杜威。

　　還是在 1915 年 9 月間，胡適就離開了生活五年的康乃爾，轉至哥大師從杜威。轉學的原因很多，根據他寫給母親的信，大約有這樣幾條[134]：綺色佳是小城，居民只有六千人，而紐約是大都市，自己很想感受和觀察大都市的生活狀態。其次，如果作博士論文，綺色佳地小書少，不夠用，而紐約則不存在這問題。復次，自己好交際，小城綺色佳，熟人太多，費時不少，因此頗想在紐約、芝加哥之類的大都市中「萬人如海一身藏」。另外，在胡適看來，一個學校得兩個學位不如在兩個學校各得一個。當然，更重要的，是杜威在那兒，在紐約、在哥大。

插：其實還有一個隱秘的原因，胡適信中沒有提到，直到 1927 年 1 月
　　14 日，胡適才在給韋蓮司的信中以英文的方式披露，那就是「我

---

[133] 曹伯言《胡適日記全編》卷 2，第 608-609 頁。
[134] 參「胡適致母親 1915 年 7 月 11 日」，《胡適全集》卷 23，第 85 頁。

的哲學教授們對我所做最好的一件事是他們在 1915 年沒讓我通過哲學系聖哲獎學金的[申請]。這個事情把我從睡夢中驚醒。為了自己能專心於學業，我決定把自己隱沒在一個像紐約這樣的大都市裡。在 1915 年到 1917 年兩年之間，我非常用功。這些刺激全是來自康乃爾的教授。」[135]康大教授為什麼沒給胡適獎學金？胡適坦誠：「我在康乃爾人緣太好，活動太多，這對我的功課是不好的。Thilby 教授從不掩飾，他對我外務太多感到不快。別的教授，尤其是 Creighton 教授也覺得不高興。」（同上）有意思的是，胡適其實一生都沒改掉自己在康乃爾的「毛病」，社交太多，外務太多，講演太多，它們幾乎剝奪了胡適的學問時間和思想時間，這也就是胡適為什麼在大部分學術問題和思想問題上都無法更深入的原因，甚至連自己既定的題目一生也沒做完，如《中國古代哲學史》、《白話文學史》等。不過，如果胡適是像康大教授所希望的那樣沉湎學業，那麼，胡適還會是我們今天意義上的胡適嗎？這是一個兩難，而選擇就是代價。

胡適為什麼欣賞杜威？在某種意義上，是康大教授批杜威給批出來的。康乃爾大學哲學系由新黑格爾派主持，他們信奉的是老黑格爾那一套，重理念、重思辨、重形而上。這一點，胡適並不習慣。尤其在課上，老師們在闡述自己的哲學時，總要把杜威的「實驗主義」拉出來批一通，這反而引起了胡適的注意。胡適自述：「在聆聽這些批杜的討論和為參加康大批杜的討論而潛心閱讀些杜派之書以後，我對杜威和杜派哲學漸漸地發生了興趣，因而，我盡可能多讀實驗主義的書籍。在 1915 年的暑假，我對實驗主義做了一番有系統的閱讀和研究之後，我決定轉學去哥大向杜威學習哲學。」[136]

---

[135] 轉引周質平《胡適與韋蓮司深情五十年》，第 67 頁。
[136] 唐德剛《胡適口述自傳》，第 97-98 頁。

胡適學從杜威有其自身哲學氣質的因素，從胡適一生看，他也不重理念、思辨和形而上（這是歐陸哲學的特點），而是重經驗、重實際（這和英美哲學又天然吻合）。哈耶克談論的「理性建構主義」胡適身上是一點也沒有的。相反，他認為理論或思想都來自於對實際問題的解決。在他還沒有拜學杜威之前，他曾經在某青年會做過一次講演，語涉實驗主義，所言所論，就很中的：

> 天下無有通常之真理，但有特別之真理耳。凡思想無他，皆所以解決某某問題而已。人行遇溪水則思堆石作樑，橫木作橋；遇火則思出險之法；失道則思問道，不外於此。思想所以處境，隨境地而易，不能預懸一通常泛論，而求在在適用也。[137]

這不啻是杜威實用主義的通俗版。把一種哲學思想表述得如此常識，亦可見胡適自身的哲學特點。在胡適那裏，一開始就沒有「放之四海而皆準」的普遍真理，他不會在這個後來長期困擾著我們的問題上困擾。他的問題是，在常識的層面上運作，在經驗的層面上言說，在材料的層面上展開，胡適如果作為一個哲學家（嚴謹地說，他是哲學史家），他欠缺在學理層面上對任何一個問題作思辨性的開拓，包括他推行了一生的自由主義。

插：和胡適相映成趣的是晚胡適十年到美國的蕭公權。前面已經比較過胡蕭二位初度日本的觀感。這裏，可以構成比較的是，如果胡適放棄了康乃爾而去哥倫比亞大學的話，蕭公權恰恰相反。蕭剛去美國時就讀密蘇里大學，該大學在密州的哥倫比亞市。密大肄業，蕭公權的兩位老師給他提供了兩個選擇，一個是帶獎學金的哈佛，一個就是胡適離去的康乃爾。經過考慮，蕭的選擇不是大名鼎鼎的哈佛，而是綺色佳小城的康乃爾。因此，胡蕭二人，一

---

[137] 曹伯言《胡適日記全編》卷2，第130頁。

個是從康乃爾到哥倫比亞（大學），一個是從哥倫比亞（城）到康乃爾。更有意思的是，胡適離去康乃爾和蕭公權選擇康乃爾居然是同一個原因。且看胡適這樣說：「我轉學哥大的原因之一便是康乃爾哲學系基本上被『新唯心主義』（New Idealism）學派佔據了。所謂『新唯心主義』又叫作『客觀唯心論』（Objective Idealism），是 19 世紀末期英國思想家葛里茵（Thomas Hill Green）等由黑格爾派哲學中流變出來的。」[138]然而，蕭公權選擇康乃爾的兩個理由，第一個便是：「康乃爾的哲學系是當時美國唯心論的重鎮。無論個人是否接受唯心論，研究這一派的哲學可以得到精密思想的訓練。」[139]顯然，胡適的哲學氣質和康乃爾不吻合，他在康大是否接受到那種「精密的思想訓練」呢？總之，形上的哲學思辨是遠胡而去的。

胡適到哥大後，選了杜威兩門課，「論理學之宗派」和「社會政治哲學」。前者作為邏輯學，胡適在這個方向上完成了博士論文，後者並未看出胡適這方面的造詣，倒是更多地看出他的社會政治關懷。在胡適的自述中，他的老師似乎並不善言談，許多學生都認為他的課枯燥無味。他上課時，語速極慢，一個字一個字慢慢地往下說，甚至一個動詞、一個形容詞、一個介詞都要慢慢地想出來，再講出來。胡適把這解釋為杜威講課時「選擇用詞的嚴肅態度」，但也不得不承認，杜威「不是一個好演說家和講師」。[140]

胡適的話，在蕭公權那裏得到了印證。蕭就讀康乃爾時，該校的法學系曾請杜威來校講學。鑑於杜威的盛名，「一間可容五百多人的講堂完全坐滿。來遲一點的只好站著聽。名重一時的杜威先生似乎不擅長演講。他站在講臺上，把講稿放在桌上，俯首低聲，一句緊連一

---

[138] 唐德剛《胡適口述自傳》，第 97 頁。
[139] 蕭公權《問學諫往錄》，第 53 頁。
[140] 唐德剛《胡適口述自傳》，第 98 頁。

句地讀著。我聚精會神，傾耳諦聽，勉強瞭解他所講的大意。……第二次演講時，來聽的學生不過第一次的半數。到了第三次，也是最後一次講演時，講堂裏的座位三分之二是空著的」（真不知 1919 年杜威來華是如何完成他那五大講演的）。不過，杜威的到來，使蕭公權有講演以外的收穫，當他代表康大五十多個中國學生請杜威參加藉以向他表示敬意的茶話會時，會上，蕭請教杜威，「中國積弱的主要原因何在？」，杜威的回答是「中國文化過度了」。[141]

案：杜威給胡適的影響，除了哲學思想上的實驗主義外，他之作為知識份子的公共關懷，亦給胡適留下很深印象。這裏試舉一例，當胡適剛到紐約不久，「一夜，余在室中讀書，忽聞窗下笳聲。臨窗視之，乃一汽車，中有婦女多人，蓋皆為女子參政之活動者也。中有一女子執笳吹之，其聲悲壯動人。途人漸集車下。笳歇，中有一女子宣言，大學藏書樓前有街心演說會，招眾人往赴之。余遂往觀之。」胡適去了後，只見男女數人在演說。環顧之際，忽然發現杜威先生也在人群中，也許是路過吧，胡適這樣想。「及演說畢，車門闢，先生乃登車，與諸女子參政會中人並駕而去，然後乃知先生蓋助之為進行活動者也。」

胡適止不住歎息：「嗟夫，二十世紀之學者不當如是耶！」[142]

---

[141] 蕭公權《問學諫往錄》，第 75 頁。

[142] 曹伯言《胡適日記全編》卷 2，第 301 頁。

三十七、杜威　哥大　博士II

具而言，胡適是 1917 年 9 月 20 日離開綺色佳去紐約的，次日即至哥大。是日，胡適特意作日記「別矣綺色佳」，內中頗具「卻望並州是故鄉」的思致。

「吾嘗謂綺色佳為『第二故鄉』，今當別離，乃知綺之於我，雖第一故鄉又何以過之？……此五年之歲月，在吾生為最有關係之時代。其間所交朋友，所受待遇，所結人士，所得感遇，所得閱歷，所求學問，皆吾所自為，與自外來之桑梓觀念不可同日而語。其影響於將來之行實，亦當較兒時閱歷更大。」更值得胡適感念的是，「……綺之人士初不以外人待余」，而胡適呢，「余之於綺，雖無市民之關係，而得與聞其政事，俗尚，宗教，教育之得失，故余自視幾如綺之一分子矣。今當去此，能無戀戀？昔人桑下三宿尚且有情，況五年之久乎？」

到了哥大的胡適即註冊進入哲學系的研究部，此時，胡適讀研已經兩年了。胡適是在 1913 年就完成了本科的學業，儘管按規定直到 1914 年夏才舉行畢業典禮。於是畢業前一年和畢業後一年，胡適在康乃爾讀了兩年的研究生。從 1915 年到 1917 年，胡適在哥大又讀了近兩年，前後讀博一共費時四年。後兩年的哥大生活，給胡適留下了至深的印象，以至晚年胡適哥大頻頻在口，如同說北大一樣，生活五年的康乃爾因其以上的原因，反倒很少提及。

提及哥大，不能不說它同中國的關係。據時在美國國會圖書館的袁同禮先生統計，到 1960 年為止，哥大授予中國人的博士學位居全美之冠（203 名），後來查實比伊利諾大學少一名。當然，數量並不足以說明問題，關鍵還在於哥大的博士回國後的表現。何炳棣先生當年清華畢業後，準備留美，這裏就有一個擇校的問題。他請教他的老師雷

海宗先生，雷認為有四個學校可以選擇：哈佛、哥倫比亞、芝加哥和
伯克萊的加州大學。而和何家有世交的清華教授趙守愚則一直鼓勵他
國內考清華，去國選哈佛。這不僅他自己哈佛畢業，而且他這樣分
析：就全美來說，物理學是芝加哥居首，醫學是霍普金斯，至於從綜
合角度，大多數還是哈佛領先。然而，何炳棣亦師亦友的學長伍啟
元、一位留英回來的清華經濟學家卻力主何炳棣選哥大。他的分析極
具說服力：「在中國高知中，再沒有比哥大校友更顯赫的呢。試看：
外交界哥大校友以顧維鈞、蔣廷黻為最；哲學方面有胡適之、馮友
蘭、金岳霖三巨頭；教育界有蔣夢麟、張伯苓（訪問研究生）、張彭
春等；政治學方面有張奚若、陳之邁等；經濟及財商方面人才甚多，
要以馬寅初為最傑出，」也就是說，「哈佛當然造就出不少學者和專
才，但哥大替 20 世紀中國造就出不少『領袖』人物——這是哥大與其
他美國著名大學不同的地方」。[143] 這一席「真切透徹」的話，終於使
得若干年後，哥大博士花名冊中，又多了一個何炳棣。更有意思的
是，哥大似乎不獨為中國知識界添了許多知識領袖，似乎它還是個跨
國現象。1950 年代，當胡適在給唐德剛做口述時，說到自己在哥大居
住的大樓，說：「我們今日查一查當年居住的中國留學生，應該也是
一件蠻有趣的事——許多當年的學生後來在中國政界和文教界都是知
名人物。」於是胡適舉了些例子，包括上面沒有提及的宋子文和孫
科。於是，唐德剛在文後加注：「美國的哥倫比亞大學是專門替落後
地區製造官僚學閥的大學。50 年代末期哥大校長寇克（Granson Kirk）
訪問中東，所過之處，哥大的校友設宴勸迎。筵席上座，在不知者看
來，往往以為是各該國內閣官員商討國是的聚餐會。所以胡適的學生

---

[143] 何炳棣《讀史閱世六十年》，第 200 頁。

時代住在哥大三大宿舍的外國留學生，回國後『抖』了起來的，不獨華人為然也。」[144]

　　如果說胡適在康乃爾時代主修哲學，副修英國文學和經濟，另外還副修一門經濟理論；那麼，在哥大，他除了跟杜威主修哲學，副修的兩門是政治哲學和漢學。胡適晚年回憶起年輕時的讀書生涯，還是哥大的回憶比康大的多。說及康大，胡適並不掩飾自己的難堪。那時選修經濟理論的老師是詹森教授，胡適感到奇怪，為什麼跟老師上了兩年，這門課卻一無所獲。胡適認為，如果不是這門課有問題，有問題的就是自己了。然而，在詹森指導的學生中出了著名的經濟學家，因此，胡適終於認為，這門學問顯然沒有毛病，是自己心理上有點失調。轉而談到哥大教授時，胡適給我們排開了不同凡響的教授陣容。津津有味的胡適指點人物，笑說各教授的特點，其中一個叫吉登斯的名教授相信能給我們留下了很深的印象。

　　　　如今事隔四十餘年我還記得他上第一次課時的開場白。他說：「積三十年教書之經驗，余深知教書的不二法門便是教條主義！」他接著便解釋說，「一個鐘頭的課，實際上至多只有四十五至五十分鐘。假若我模稜兩可地向你們說，這個似乎如此，那個未必如彼，那你們究竟學到些什麼呢？你們當然既不願聽，也不願信了。所以我只有說：『毫無疑問的，毫無疑問的，我就這樣告訴你……』就是這樣的，一定是這樣的。所以為什麼我說教條主義是教書的不二法門的道理。」

這是一個名教授，但未必是個好老師。張口就是「毫無疑問」，這世界上有幾多事可以毫無疑問呢？在學問上，胡適是奉持「無疑處有

---

[144] 唐德剛《胡適口述自傳》，第109頁。

疑」的，因此，胡適雖然承認「這幾句話，四十年後在我的記憶中，仍然餘音繞樑。但是我聽他的第一堂課以後，我就未再上他的班了……。」[145]

補一：不妨看看來到康乃爾的蕭公權。他的業師是研究政治哲學的狄理教授，蕭就是衝著這個教授來的，「他為我規劃一切，極其周詳妥善。個人求學的志趣和學業的平衡發展都同樣顧到。」然而，「他指導我，和其他研究生一樣，注重思考啟發而不偏向灌輸知識。他有他自己的哲學立場，但不強人從己。反之，他鼓勵學生各人自尋途徑，自闢境地。」多年後，已經退休的蕭公權提及業師，認為，「這種『教授法』不僅適宜於指導哲學系的研究生，也適用於其他任何學生。學生固然受益不少，學術本身或者可能因此而日新月異，繼長增高。」[146]

補二：何炳棣教授回憶自己的清華生涯，曾經提起清華的老校長梅貽琦：「我們 1934 年初秋入學後，最初只看到他洵洵儒雅、和藹謙虛、近乎木訥，『過分』謹慎的一面，正如校園裏流行的一首打油詩所描述校長講話的特色：大概或者也許是／不過我們不敢說／可是學校總以為／恐怕彷彿不見得。」[147]梅貽琦也是留美的，儘管他是校長不用上課，但如果他上課，恐怕亦不脫此「特色」。那首打油，語含譏諷，但細想想，一個教師，如果他身上沒有那種知識獨斷論的霸氣，他儘管可以表達自己的觀點，卻怎麼可以把自己的觀點（包括自己認同的知識）視為「毫無疑問」的呢？筆者忝列教席，欣賞的是狄理教授和梅校長而無法認同吉教授。如果檢點一下自己的課堂用語，似乎也多為「大概或者也許是」之類。

---

[145] 唐德剛《胡適口述自傳》，第 93-94 頁。
[146] 蕭公權《問學諫往錄》，第 67 頁。
[147] 何炳棣《讀史閱世六十年》，第 200 頁。

三十八、杜威　哥大　博士 III

　　按照胡適自述，他非常喜歡杜威的「論理學之宗派」的課，並且這門課給他啟發，使他最終決定把中國古代邏輯學的發展作為自己的博士論文。

　　留美的中國學生以漢學為選題方向做博、碩論文，已成風習。我們熟悉的余英時、黃仁宇都是如此。這種風習自何而起，如果我沒有記錯的話，是胡適（該說法我是在一本有關金岳霖的書中讀到的，因書名忘卻，現在想查找亦無門徑）。金岳霖也是哥倫比亞的博士，他對他的哥大師兄似乎有些看法。蔡元培曾稱讚年輕的胡適「舊學邃密，新知深沈」，然而，在金岳霖眼裏，胡適「舊學不過乾嘉，新知止於赫胥黎」。結果蔡、金二人的褒貶都嫌過當。記得金岳霖對中國學生做中國論文是不以為然的，但沒記得他說出多少理由。說出理由的倒是蕭公權。當年他在密蘇里大學讀研，作碩士論文時，他的兩個指導老師問他是否想寫一篇有關中國哲學的文章，蕭拒絕了，他希望老師能給他一個西洋哲學的題目，理由是「（一）我們中國學生到西洋求學應當盡量求得對西洋文化的知識。回國以後去著手研究中國文化並不為遲。（二）在美國寫有關中國哲學的論文，或有溝通中西文化的一點作用。然而我是尚在求學的學生，對於中國哲學沒有深刻的瞭解，因而也沒有介紹給西方人士的能力。（三）那時美國一般大學圖書館裏收藏有關中國的書籍為數不多，密蘇里大學圖書館尤其如此。我如做有關中國哲學的論文，必會感到參考資料的缺乏。（四）一般美國大學教授對中國文化未曾致力研究，似乎未必能夠真正指導學生草寫論文。」[148]兩位教授同意了他的看法，並建議他對英國學者拉斯基的多元政治理論作一番探討，結果，蕭以此為題，完成了兩萬

---

[148] 蕭公權《問學諫往錄》，第 52 頁。

來字的碩士論文。後入康大，在狄理教授的指導下，多元政治論便從碩士論文擴展為博士論文，並成書出版。

插：所以從胡適的博士論文而引及蕭公權，是因為從何炳棣教授的書裏才知道蕭的論文甫經出手，便是國際名著。「就 20 世紀華人在歐美著名大學所完成的博士論文而論，」有這樣兩位不能不提，一就是蕭公權，另一是清華留英的陳體強。陳且不論，「20 世紀炎黃子孫博士論文一出立即被譽為國際名著者只有兩部。一部是 20 年代蕭公權先師康奈爾博士論文……（《政治多元主義：一項當代政治理論的研究》），1927 年在倫敦出版，倫敦大學政治經濟學院政治多元論柱石拉斯基（Harold Laski）即撰書評謂蕭書『學力與魔力均極雄渾，為政治學界五年來所僅見』。」[149]據蕭自述：他的論文是到康大訪學的一個英國教授介紹給倫敦某書局的，「民國十五年（一九二六）秋天我在上海任教時接到書局來信，決定把我的論文付印，並列為『國際心理學哲學及科學方法叢書』……之一。我當然喜出望外。一篇論文一字不改，由英國一家重要書局出版，這已是難得的機緣，同時收入一套著名的叢書，與八十多種名著，如梁啟超《中國政治思想史》的英譯本，羅素的《物質的分析》……等並列，於我更是無比的殊榮。」[150]

以上蕭公權所列理由的第四條，是美國教授不熟悉中國文化因而無以指導，胡適碰上的正是這種情況。胡適的指導老師是杜威，他可以採用杜威的方法論，但杜威卻無從指導他。與蕭公權的指導老師狄理教授悉心指導蕭不同，胡適是獨自完成他的漢學論文的。據胡適日記，「五月二十二日，吾考過博士學位最後考試。主試者六人，……此次為口試，計時二時半。」這六位主試人，只有一個叫夏德的教授略通漢文，但不懂先秦古籍；至於其他五位，包括杜威，漢字一個也

---

[149] 何炳棣《讀史閱世六十年》，第 177 頁。
[150] 蕭公權《問學諫往錄》，第 73-74 頁。

不識。結果，胡適自謂「考過」，但卻留了一個尾巴，即答辯通過了，論文還需修改，於是沒有及時獲得博士授銜（據唐德剛）。按當時哥大規定，論文須出版同時交給學校一百本，才能正式獲得博士學位。但，胡適一直到 1917 年由英赴美時，補交了 1922 年由亞東圖書館出版的博士論文一百冊，才完成了十年前沒有完成的博士手續。這十年事出有因的稽延，唐德剛抓住不放，著文發端，於是在博士學位是否通過上惹出了一段「真假胡博」的公案。

　　胡適為什麼不修改論文拿上學位而急於回國呢，原因可能不止一宗，但有一個情況是明擺著的。1916 年初，胡適就向國內陳獨秀主辦的《青年雜誌》投稿，彼此書信往來有過兩三通。約是 1917 年 1 月，陳獨秀來信，給胡適帶來了意想不到的好消息：「蔡孑民先生已接北京總長之任，力約弟為文科學長，弟薦足下以代，此時無人，弟暫充乏。孑民先生盼足下早日回國，即不願任學長，校中哲學、文學教授俱乏上選，足下來此亦可擔任。」[151]陳獨秀不僅代表蔡元培邀其做北大教授，而且居然願意出讓自己的文科學長。如此盛意，胡適可感。他顯然已經做出了決定，但，只有答辯過後，才能走人。四月中旬，論文完成前夕，在給母親的信中，胡適已經先行安排回國事宜了，提到答辯，胡適說：「論文五日內可成，論文完後即須準備大考。此次大考，乃是面試，不用紙筆，但有口問口答。……，但想不甚難耳。此時論文已了，一切事都不在意中，考試得失已非所注意矣。」末了，胡適再度表示：「這幾年間，因在外國，不在國內政潮之中，故頗能讀書求學問。即此一事，已足滿意，學位乃是末事耳。但既來此，亦不得不應大考以了一事而已。」[152]可見，胡適去意已定，唯須完成答辯程序。至於學位是否立即拿到，已經不很重要。重要的是，北大希望他「早日回國」。在這種情況下，魚與熊掌，胡適還會留下來修改論文嗎？北大教授的席位早已向他隔洋招手了。

---

[151] 「陳獨秀致胡適 1917 年 1 月」，《胡適來往書信選》（上冊），第 6 頁。
[152] 「胡適致母親 1917 年 4 月 19 日」，《胡適全集》卷 23，第 129 頁。

第三部分　海歸以後（1917-1927）

一、「如今我們回來了……」

「You shall know the difference now that we are back again.」

這是荷馬史詩《伊利亞特》第十八章中的一句詩，胡適譯為「如果我們已回來，你們請看分曉吧」。19 世紀英國的「牛津運動」即「宗教改良運動」未起時，未來的宗教領袖紐曼與他的朋友們痛恨英國國教的腐敗，很想大大地改革一番。他們做了一些宗教性的詩歌，在彙集成冊時，紐曼從荷馬中摘出這一句作為詩集的題詞，用以勵志。胡適讀後，為之動容，一邊贊「其氣象可想」，一邊聲稱「此亦可作吾輩留學生之先鋒旗也。」[1]

案：1919 年 7 月間，胡適應少年中國學會的邀請，作了一次「少年中國之精神」的講演，講演最後，胡適重述了當年紐曼的故事。在談到荷馬這句詩時，胡適譯為「如今我們回來了，你們看便不同了！」此時，胡適回國已經兩年。[2]

胡適是 1917 年 6 月 9 日離開紐約回國的，以上這篇日記作於回國前三個月的 3 月 8 日。去國七載，歸程在即，胡適何嘗不想施展自己的抱負，因此，紐曼所引荷馬的詩實在也是胡適的心聲。那麼，「已回來」的胡適讓我們看到什麼樣的「分曉」和「不同」呢？那就是已經載入 20 世紀史冊的新文學運動和白話文運動。

---

[1]　曹伯言《胡適日記全編》卷 2，第 555-556 頁。
[2]　胡適〈少年中國之精神〉，《胡適文集》卷 12，第 564 頁。

　　新文學運動作為一場「文學革命」，不但改變了 20 世紀中國文學的（語言）方向，也改變了一個民族的語用方式；這樣一場巨大的變革，是由胡適他們完成的。胡適還在美國時，就萌發了文學革命的衝動。可以看到的是，哥大時期的胡適做博士論文不過用了九個月（1916 年 8 月-1917 年 4 月），然而，自 1915 年秋入哥大始，胡適的興趣和精力，顯然就主要投放在他所主張的「文學革命」上。這年 9 月離開康大前，胡適有送梅光迪（字覲莊）去哈佛的詩，曰：「梅生梅生勿自鄙／神州文學久枯餒／百年未有健起者／新潮之來不可止／文學革命其時矣。」[3]這其實也是說給自己聽的。沒想到，在以後的文學革命的討論中，反對胡適最力的恰恰就是梅光迪，當然也包括胡適的好友朱經農、任鴻雋等。也正因了這反對，胡適的意志更形堅定，1917 年 4 月間，也就是博士論文快要完成的當兒，胡適以詞明志，調寄〈沁園春〉，其下闋：「文章革命何疑！且準備搴旗作健兒。要前空千古，下開百世，收他臭腐，還我神奇。為大中華，造新文學，此業吾曹欲讓誰？」[4]胡適就是帶著這樣的心志回來的。雖然一紙大話，回來後的他（當然不止他一人）還真貢獻了一場文學運動，遂使白話文學成為文學主流。當年紐曼用以勵志的詩，胡適真正地做到了。至少，「白話運動」之於中國，其意義遠大於「牛津運動」之於英倫。在某種意義上，似乎不得不說，胡適創造了歷史。

　　然而，就這場「文學革命」而言，是典型的「牆外開花牆內香」。那篇發端性的文章〈文學改良芻議〉雖然登在 1917 年元月出版的《新青年》上，但胡適人還沒有回來，文章也是在美國寫的，並且是和朋友討論中形成的想法。本來，胡適是聲張「文學革命」的，為何到了《新青年》上卻變成了「文學改良」？根據胡適自述，他的白話主張，在美國受到了朋友們的反對，膽子變小了，態度變謙虛了，

---

[3]　曹伯言《胡適日記全編》卷 2，第 283 頁。
[4]　曹伯言《胡適日記全編》卷 2，第 373 頁。

革命也就蛻化為改良了。胡適的本意，文字題為「芻議」，詩集名為「嘗試」，該不會引起國內很大的反感了吧。誰知，陳獨秀接過這篇文章，意猶未盡，不但寫了個「編後」，聲稱「白話文學，將為中國文學之正宗」，更在下一期《新青年》，把胡適的「文學改良論」重新翻覆為「文學革命論」。一則推舉胡適為文學革命的「首舉義旗之急先鋒」，一則把胡適的「文學八事」更激進為「三大主義」，「曰：推倒雕琢的阿諛的貴族文學，建設平易的抒情的國民文學。曰：推倒陳腐的鋪張的古典文學，建設新鮮的立誠的寫實文學。曰：推倒迂晦的艱澀的山林文學，建設明瞭的通俗的社會文學。」除了陳獨秀，北大教授錢玄同也連續在《新青年》上跟進支持。於是，本來是美國幾個留學生的課餘討論變成了國內北大教授的討論，新文學運動和白話文運動也就此揭幕。

今天，我輩雖蒙白話文之澤惠，說的是它，寫的也是它；但回首當時，面對胡、陳、錢等人掀起這場運動的文字，實在感到難以卒讀，更難於認同他們的文化態度以及由此而至的說話方式（主要對陳、錢而言）。

胡適主張白話取代文言，認為文言是「死」文字，白話是「活」文字，庶幾武斷得可以。他曾舉個例子，即《水滸》中石秀的話「你這與奴才做奴才的奴才」，若改成文言便是「汝奴之奴」，認為，比較之下，白話比文言更有力量。其實，看法都是因人而異的，至少在我，「汝，奴之奴也」卻比石秀更得力也更凝練。只有這一點需要承認，在文化的普及上，白話比文言更方便，其他則無從比較優劣（或各有優劣）。文言的生命力，經過白話上百年的發展，相信將會更加顯示出來。至於他的〈文學改良論〉以「八事」為主，不過窠臼中的泛泛而談，無甚吸引人的見解，更難以卒讀，卻想不到它能在古老的中國大地上掀起一場改變一個民族語言方式的運動。人歟、時歟，後人只能感歎不已。

二、1：3 的新文化運動格局

　　讀到《新青年》第 2 卷第 6 號（即 1917 年 2 月）上的陳獨秀的〈文學革命論〉，人在紐約的胡適有點坐不住了，當天即給陳獨秀一封信。使胡適坐不住的不是陳獨秀的「三大主義」（這三大主義於今來看，其實只有兩個字「不通」），而是陳獨秀和錢玄同在表達自己觀點時所表現出來的那種強硬的文化態度。關於白話文問題，胡適認為：

> 「此事之是非，非一朝一夕所能定，亦非一二人所能定。甚願
> 國中人士能平心靜氣與吾輩同力研究此問題。討論既熟，是非
> 自明。吾輩已張革命之旗，雖不容退縮，然亦決不敢以吾輩所
> 主張為必是而不容他人之匡正也。」[5]

胡適的態度是寬容的，也是懇切的。這符合他在美國習得的教養，也是他同梅光迪等人爭論時的一貫態度，儘管那時的他孑然孤立。不意，陳獨秀讀了信，大不以為然，他給胡適回了一封公開信，發在《新青年》上：

> 「鄙意容納異議，自由討論，固為學術發達之原則，獨於改良
> 中國文學當以白話為正宗之說，其是非甚明，必不容反對者有
> 討論之餘地；必以吾輩所主張為絕對之是，而不容他人之匡正
> 也。」[6]

---

[5]　「胡適致陳獨秀 1917 年 4 月 9 日」，《胡適全集》卷 23，第 126 頁。
[6]　胡適、陳獨秀〈通信〉，原載《新青年》第 3 卷第 3 號（1917 年 5 月）

陳胡間的一通書信，就構成了一種文化對比。陳完全是一種「文化霸權」的口吻，全部理由就在於，白話的主張是「對」的、「是非甚明」的。然而，所謂「對」和「是非甚明」都是一種「認為」，而且常常是人各認為。當你認為「對」就不容討論，這樣的邏輯必然導致文化專制。在這裏，對錯是非，並不重要，重要的是，天下無不可討論的對象。否則，「對」的專制往往比「錯」的專制更殘酷，因為它認為自己是「對」的。

果然，在這種文化邏輯下，北大教授錢玄同超越陳獨秀，開始罵人。胡適〈文學改良芻議〉的下一期，亦即陳獨秀〈文學革命論〉的當期，以「通信」為題，編發了錢玄同聲援胡適的公開信：

> 「頃見五號《新青年》胡適之先生〈文學芻議〉，極為佩服。其斥駢文不通之句，及主張白話體文學說最精闢……具此識力，而言改良文藝，其結果必佳良無疑。唯選學妖孽、桐城謬種，見此又不知若何咒罵。」[7]

緊接著，針對上述陳獨秀「必不容反對者有討論之餘地」，錢玄同把話接過來：

> 「此等論調雖若過悍，然對於迂繆不化之選學妖孽與桐城謬種，實不能不以如此嚴厲面目加之。」[8]

在什麼意義上，「能作散文之桐城鉅子，能作駢文之選學名家」（錢玄同語）就要被罵為「謬種」和「妖孽」？這是對未來敵手的「妖魔

---

[7]　轉引周質平《胡適與中國現代思潮》，第 147 頁，南京大學出版社，2002。
[8]　轉引胡適《中國新文學運動小史》，《胡適文集》卷 1，第 129 頁。

化」。須要指出，新文學運動後來形成罵戰，實乃發起者罵人在先，這裏便是證據。有趣的是，對方還沒出場，就唯恐人家不罵，不但自己罵以壯行色，還懸擬被罵者將「若何咒罵」。而錢玄同所以罵以開戰，並罵得理直氣壯，不就是認為自己「對」、真理是在自己手裏嗎？

更加遞進的是魯迅。1926 年了，新文化運動已有 10 年的歷史，白話文早已取代了文言文。可是，魯迅對於反白話文的態度是：

> 「我總要上下四方尋求，得到一種最黑，最黑，最黑的咒文，先來詛咒一切反對白話，妨害白話者。即使人死了真有靈魂，因這最惡的心，應該墮入地獄，也將決不改悔，總要先來詛咒一切反對白話，妨害白話者。……只要對於白話來加以謀害者，都應該滅亡！……只要對於白話來加以謀害者，都應該滅亡！」[9]

實在不明白反對白話文到底犯了什麼彌天大罪，以至要遭受「滅亡」的惡詈，而且拉出去兩次。這已經不是錢玄同式的罵，而是咒，似乎這中間存在著不共戴天的仇恨。

五四新文化運動由胡適而陳獨秀而錢玄同而魯迅，就是從「平等討論」到「不容匡正」到「罵」到「咒」。我們以前只注意到這運動的堂皇的一面，卻忽略了今天看來再也不能忽略的另外一條邏輯線。這條邏輯線一路下行，給 20 世紀中國文化帶來的影響極為負面。視野的偏狹、認知的獨斷、心態的霸道、口氣的極端，更兼舊文人的辱罵惡習，這可是新文化運動的「總司令」，「急先鋒」，包括「大將」和「主將」啊。由他們形成的這場運動雖然大獲全勝，但他們留下的這份遺產卻要仔細清點。說到底，白話的勝利乃時勢使然，並非得力

9　魯迅《〈二十四孝圖〉》，《魯迅全集》卷 2，第 251-252 頁。

於他們的論戰表現。就其表現而言，我個人看不到這場運動「新」在何處，除了傳播西方的觀念外。但，西方觀念這張「皮」遠沒有和傳播者的文化「血肉」完好結合，它們毋寧是分裂的（在知行上）。因此，如果說他們傳播的文化觀念是新的，但他們的文化表現卻很舊，這一點，他們和他們的對手沒有兩樣，甚至不如。

胡適是個例外。從事功角度，他的持平之論在當時遠不如陳、錢等人的言論有衝擊力，但他卻顯得清醒。今天看來，胡適的意義不僅僅在白話文上，更在他對文化討論所奉持的文化態度和文化方式上。寬容作為 20 世紀我們最稀缺的精神資源，在那場聲勢浩大的文化運動中幾乎是由胡適單體呈現，這是一種什麼樣的精神形象。可惜，上述新文化運動的領袖人物，在文化態度及其方式上，比例是 1：3。這樣一個格局，便註定該運動的主導方式是陳、錢、魯而不是胡，而這個運動對後世的影響，主要也是陳錢魯式的，而非胡適之式的。

案：多年以後，胡適在《丁文江的傳記》裏提及陶孟和時，曾這樣說：「孟和是北京大學的教授，又是『新青年雜誌』的社員，新青年社是一個小團體，其中只有孟和和我是曾在英美留學。在許多問題上我們兩人的看法比較最接近。」[10]可以參證的是，1919年，張奚若從國外給胡適來信，說：「《新青年》中除足下外，陶履恭似乎還屬學有根底，其餘強半皆蔣夢麟所謂『無源之水』」。[11]在 1918 年元月形成的《新青年》編委會上（以前由陳獨秀一人編輯），六個輪值編輯只有胡適一人留美，他如錢玄同、李大釗、高一涵、沈尹默、陳獨秀都是留日背景（另一說有劉半農沒有高一涵）。這個情況迨至胡適所說的「新青年社」的成立（1919 年 9 月），依然是英美少數而留日多數。這樣一個格局，是不是多少也決定了這份雜誌和這個運動的走向。

---

[10] 胡頌平《胡適之先生年譜長編初稿》第一冊，第 328 頁。
[11] 「張奚若致胡適 1919 年 3 月 13 日」，《胡適來往書信選》上冊，第 31 頁。

三、與汪懋祖、錢玄同書

　　文學革命開始時《新青年》的文化表現，頗引起一些人的不滿，它不純是國內的守舊勢力，這股力量毋寧是消極的。比如「1917 年初，錢玄同出面支持胡適的文學改革建議，並對林紓加以攻擊。林紓當時對他的答覆只是間接和謙和的，不過是說古文文學作品不應被革棄，而應當像西方對拉丁文那樣保存。其他反對新文學和新道德思想的舊文人學者只是消極地參加辯論。」[12]然而，一些留美的學生卻感到《新青年》味道不對，他們倒是不客氣地率先表示意見。時在美國留學（也是哥倫比亞大學）的汪懋祖致信《新青年》，提出批評。我們可以在胡適的回信中看到汪的批評意見，「兩黨討論是非，各有其所持之理由，不務以真理爭勝，而徒相目以妖，則是滔滔者妖滿中國也。」同時，汪又質問《新青年》，「如村嫗潑罵，似不容人以討論者，其何以折服人心？」

　　此時胡適已經參與《新青年》，是它的輪值編輯之一。他有責任回答汪懋祖的批評，借此又表明他對上述陳獨秀那封信的態度：

　　「此種諍言，具見足下之愛本報，故肯進此忠告。從前我在美國時，也曾寫信與獨秀先生，提及此理。那時獨秀先生答書說文學革命一事，是『天經地義』，不容更有異議。我如今想來，這話似乎太偏執了。我主張歡迎反對的言論，」因為，「我們深信這是『天經地義』了，旁人還不信這是『天經地義』。我們有我們的『天經地義』，他們有他們的『天經地義』」。怎麼辦，在胡適看來，「輿論家的手段，全在用明白的文學，充足的理由，誠懇的精神，要使那些反對我們的人不能不取消他們的『天經地義』，來信仰我們的『天經

---

[12]　周策縱《五四運動：現代中國的思想革命》，第 83 頁，江蘇人民出版社，1996。

地義』。」話及此,胡適向汪懋祖表態:「本報將來的政策,主張儘管趨於極端,議論定須平心靜氣。一切有理由的反對,本報一定歡迎,決不致『不容人以討論』。」[13]

至於《新青年》上的「村嫗潑罵」,胡適前此就致信錢玄同,謂:「適意吾輩不當亂罵人,亂罵人實在無益於事」。[14]應該說,反對亂罵,不獨胡適如此,那些具有自由主義知識背景的留美學生,大率如此。除了上面的汪懋祖,胡適好友任鴻雋甫從美國歸來,他在給胡適的信中也對錢玄同的亂罵提出了批評,「徒事謾罵是無益的」,「謾罵是文人一種最壞的習慣,應當阻遏,不應當提倡。」[15]同樣,從哥倫比亞到歐洲的張奚若在信中談到《新青年》時也說:「吾非謂《新青年》等報中人說的話毫無道理,不過有道理與無道理參半,因他們說話好持一種挑戰的態度,——漫罵更無論了,——所以人家看了只記著無道理的,而忘卻有道理的。」[16]這似乎形成了一種有趣的對比,能罵出聲的一造是陳獨秀、錢玄同、魯迅,他們都是留日的;反對謾罵的一造是胡適、汪懋祖、任鴻雋、張奚若,他們都是留美的。留美和留日的兩波留學生,知識背景不同,價值信念也有區別,別看他們在新文化運動中,開始能走到一起,但分道揚鑣幾乎卻是必然。

張厚載是當時北京大學的法科學生,但卻「以評戲見稱於時」(胡適)。《新青年》第四卷六號刊發一組「關於舊劇改良的通信」,其中張的文章不同意胡適、劉半農、錢玄同等對戲曲的看法。對此,《新青年》的同仁們當然予以回擊。在以後的幾期中,胡適怕他們的批判演變為獨角戲,又一再約請張厚載撰稿為舊戲辯護,於是張又寫出了〈我的中國舊劇觀〉,該文登在五卷四號的《新青年》

---

[13] 「胡適致汪懋祖1918年7月15日」,《胡適全集》卷23,第221-222頁。
[14] 「胡適致錢玄同1918年2月20日」,《胡適來往書信選》上冊,第11頁。
[15] 「任鴻雋致胡適1918年11月3日」,《胡適來往書信選》上冊,第20頁。
[16] 「張奚若致胡適1919年3月13日」,《胡適來往書信選》上冊,第31頁。

上。錢玄同對張一直不滿，他寫信給胡適，聲稱要脫離《新青年》。
在錢看來，張的文章太差，「實在不足以污我《新青年》」。胡適曾
經回過信，一則批評錢「也未免太生氣了」，另則表示，即使張厚載
「真不可救，我也只好聽他，也決不痛罵他的。」[17]不日，錢又回信，
他對胡適的作派早有看法，這次不妨是借著張厚載一吐為快了：「老
兄的思想，我原是很佩服的。然而我卻有一點不以為然之處：即對於
千年陳腐的舊社會，未免太同他周旋了。平時對外的議論，很該旗幟
鮮明，不必和那些腐臭的人去周旋。老兄可知道外面罵胡適之的人很
多嗎？你無論如何敷衍他們，他們還是很罵你，又何必低首下心，去
受他們的氣呢？」[18]錢的眼光很毒，「周旋」一詞，頗能擊中胡適。在
某種意義上，胡適一生都在不斷地周旋，同各種勢力和各色人等，當
然也包括反對他的人。

　　胡適被激怒了嗎？他的回答是非常有意思的：

　　　　「……老兄說我『對於千年陳腐的舊社會，未免太同他周旋
　　　了』，我用不著替自己辯護。我所有的主張，目的並不止於
　　　『主張』，乃在『實行這主張』。故我不屑『立異以為高』。
　　　我『立異』並不『以為高』。我要人知道我為什麼要『立
　　　異』。換言之，我『立異』的目的在於使人『同』於我的
　　　『異』。（老兄的目的，唯恐人『同』於我們的『異』；老兄
　　　以為凡贊成我們的都是『假意』而非『真心』的。）故老兄便
　　　疑心我『低首下心去受他們的氣』。但老兄說『你無論如何敷
　　　衍他們，他們還是很罵你』。老兄似乎疑心我的『與他們周
　　　旋』是要想『免罵』的！這句話是老兄的失言，恕不駁回
　　　了。」[19]

---

[17] 「胡適致錢玄同 1918 年 2 月 20 日」，《胡適來往書信選》上冊，第 12 頁。
[18] 「錢玄同致胡適 1918 年 2 月」，《胡適來往書信選》上冊，第 13 頁。
[19] 「胡適致錢玄同 1918 年 2 月」，《胡適來往書信選》上冊，第 14 頁。

四、張厚載和林

本則內容不妨先從上面的張厚載說起。

上海學者吳洪森先生在「真名網」上有過兩篇文章都涉及到張厚載。一次是讀《京劇叢談百年錄》，說：「讀了《京劇叢談百年錄》，我才知道，五四時期，有位北大學生名叫張厚載的，因為寫文章批駁胡適、錢玄同、劉半農等的京劇觀，居然被北大開除了。這時離張厚載畢業只差兩個月。號稱自由派的北大，尚且如此缺少寬容之心，遑論其他！（北大如果有反省精神，就應該將張厚載的遭遇碑刻在校園裏）」[20]

另一篇是吳洪森先生的〈五四領袖們為自由做了什麼？〉。文曰：「胡適也有污點。胡適亂罵中國京劇，說是腐朽文化的代表。北大學生張厚載寫文章表示不同意見，胡適他們居然將張厚載開除，這時離張厚載畢業還有一年。我希望將來有一天在北大校園立塊碑，記載這件事情。警戒後來者以此為恥。」[21]

張厚載的確被北大開除，但開除的原因是什麼以及是誰開除了他，吳文不但誤導，而且還把目標引向了胡適。我特地找來《京劇叢談百年錄》，其中有關於張厚載的注釋，抄錄如下：「張厚載即張繆子，筆名聊止、聊公等。生於一八九五年，江蘇青浦（今上海）人。曾就讀於北京大學法科政治系，一九一八年在《新青年》上與胡適、錢玄同、傅斯年、劉半農就舊戲評價問題展開爭論後，為胡、錢等師長所不喜。一九一九年，他在上海《新申報》介紹林紓醜詆胡適、錢玄同、陳獨秀、蔡元培的小說〈荊生〉、〈妖夢〉，被北大校方以『在滬報通訊，損壞校譽』為由，開除學籍。」[22]

---

[20] http://www.zmw.cn/bbs/dispbbs.asp?BoardID=7&ID=19257&replyID=&skin=1

[21] http://www.zmw.cn/bbs/dispbbs.asp?boardID=10&ID=55335&page=1

[22] 翁思再《京劇叢談百年錄》上，第20頁注2，河北教育出版社，1999。

　　周作人晚年回憶北大生活時，有一則也涉及到張厚載，不妨參看：「北大法科一個學生叫張謬子，是徐樹錚所辦的立達中學出身，林琴南在那裏教書時的學生，平常替他做些情報，報告北大的事情，又給林琴南寄稿至《新申報》，這些事上文都曾經說及，當時蔡子民的回信雖嚴厲而仍溫和的加以警告，但是事情演變下去，似乎也不能那麼默爾而歇，所以隨後北大評議會終於議決開除他的學籍。」[23]

　　根據以上兩條，我們知道，張的開除，與他在《新青年》發表反對文章無關，更與胡適無關。吳文所謂「胡適他們」，至少是對胡適不負責任。我這裏不妨是為胡適「辯冤」。如果我們讀過胡適和錢玄同有關張厚載的通信，如果我們再對胡適的生平哪怕有個大概的瞭解，無論如何也不會相信，因為學生和自己的意見不同，胡適就會把他開除，且不說胡適當時也沒有這個權力。

　　就張的開除而言，《京劇叢談百年錄》和周作人的解釋依然不夠周備，而且避重就輕。張不但為林氏寄稿《新申報》，並連續在《神州日報》以「半谷通信」為名發佈資訊，聲稱新文化運動主將陳獨秀、胡適、陶孟和、劉半農四人因思想激烈受政府干涉。陳獨秀辭職，人在天津，態度消極。而胡適等三人因校長以去就爭，始得保留等。[24]這無異製造謠言，擾亂北大。「蔡元培和北大評議會不得不於1919 年 3 月 31 日將惡意損壞學校名譽、屢勸不改的學生張厚載開除學籍」。[25]

　　張厚載自稱林紓是自己的中學老師，兩人有師生之誼。胡適對張厚載是邀其上《新青年》寫反對文章。那麼，對張的老師呢，這個新文化運動最頑固的反對派，胡適會是什麼態度？

---

[23] 周作人《知堂回想錄》下，第 405 頁，河北教育出版社，2002。

[24] 蔡元培〈致《神州日報》函〉，《蔡元培全集》卷 10，第 393-394 頁。浙江教育出版社，1998。

[25] 蔡元培〈復張厚載函〉注一，《蔡元培全集》卷 10，第 392 頁及 393-394 頁。

提起林紓，就不難想起他的兩篇影射小說〈荊生〉、〈妖夢〉，它們早經釘上新文學運動的恥辱柱。但，不要忘了，就文言白話之爭，不是林紓罵人在先，而是新文化運動中人罵以叫陣。一個簡單的事實，「桐城妖孽」出籠於 1917 年，而「荊生」「妖夢」已經是 1919 年了。其間，林紓對新文化中人的回答是很緩和的，他的意思不過是白話和文言兩存並宜，西方拉丁文不可廢，東方的文言文亦不可廢。待至新文化人自感寂寞（連反對者都沒有），便自導自演「王敬軒 VS 劉半農」（王敬軒由錢玄同扮演）的雙簧，其實是自己攻擊自己，然而把責任推到子虛烏有的「王敬軒」身上，再反過來變本加厲地回擊。林紓一步步被「逼上梁山」。你投之以「妖孽」，我報之以「妖夢」，林紓開始出格了。

〈荊生〉寫了三個書生，皖人田其美，影射陳獨秀；浙人金心異，影射錢玄同；新歸自美洲的狄莫，能哲學，則隱指胡適。三人聚於北京陶然亭，「約為兄弟，力培孔子」，當然還攻擊文言文。於是荊生破牆而出，將三人痛打一頓，讓他們滾下山去。小說這樣描寫胡適等的醜態：「田生尚欲抗辯，偉丈夫胖二指按其首，腦痛如被錐刺。更以足踐狄莫，狄莫腰痛欲裂。金生短視，丈夫取其眼鏡擲之，則怕死如蝟，泥首不已。」而〈妖夢〉狀寫的三個「鬼中之傑出者」：校長元緒，影射蔡元培；教務長田恒，影射陳獨秀；副教務長秦二世即胡亥，隱指胡適。對此三鬼，小說讓「羅睺羅阿修羅王」將他們吃掉，並讓他們化為臭氣熏天的糞便。並聲稱，這些「無五倫之禽獸不可放，化之為糞，宜矣」。

不知道 20 世紀利用小說進行人身攻擊，是不是自林紓始？這樣的小說作法實在為人不齒。但，不為今人所知的是，林氏畢竟還有出人意料之舉。當他的小說受到批評後，「林琴南寫信給各報館，承認他自己罵人的錯處」，這是陳獨秀的話，這位「老革命黨」也不得不稱

讚林紓，「像這樣勇於改過，到很可佩服。」[26]這話沒錯。但，我是否可以反問一句，新文化陣營中人也有這樣的反躬姿態麼？

如果有，庶幾也就是胡適了。但，胡林之間，林紓是罵者，胡適是被罵，他不需要反躬。他的姿態，可以圈點的主要是這兩點：

一，當林紓 1924 年去世時，胡適主動在《晨報》發文紀念。文章說：「我們晚一輩的少年人只認得守舊的林琴南而不知道當日的維新黨林琴南；只聽得林琴南老年反對白話文學，而不知道林琴南壯年時曾做很通俗的白話詩，——這算不得公平的輿論。」為了給林琴南一個公平，胡適特地抄錄了他的五首白話詩，以證明「當日確有一班新人物，苦口婆心地做改革的運動。林琴南先生便是這班新人物裏的一個。」[27]一個被對方罵為鬼並力加詛咒的人，卻反過來為對方評功擺好，還他歷史真貌，還一口一個「先生」。這樣的胸襟、作派、口吻，《新青年》隊伍中恐怕也只有胡適了。比照是現成的，當劉半農得知林的死訊，從法國來信，猶憤憤言「他要借助荊生，卻是無論如何不能饒恕的」。錢玄同接過話頭，更是峻急有加：「我底意見，今之所謂『遺老』，不問其曾『少仕偽朝』與否，一律都是『亡國賤奴，至微至陋』的東西。」最後，還來了一聲「呸」！[28]

二，1928 年春，在上海的胡適寫信給《京報》，提及報紙副刊最近發表的一篇小說〈燃犀〉。其中引了胡適的詩句，胡適才知道小說中的人物寫的是自己、林琴南和蔡鶴卿（何識時即胡適之，凌近闌即林琴南，來河清即蔡鶴卿）。這篇小說本是當年林琴南用諧音指稱人物並貶低人物那一路，屬寓言體。林琴南在小說中便是一個被貶損的對象，而其手法也就是當年林琴南對付胡適他們的那一套。可是，胡

---

[26] 寒光〈林琴南〉，轉引《林紓研究資料》第 193 頁。福建人民出版社，1982。

[27] 胡適〈林琴南先生的白話詩〉，《胡適文集》卷 7，第 559-560 頁。

[28] 錢玄同〈寫在半農給啟明的信底後面〉，轉引《林紓研究資料》第 165 頁。

適對林琴南糟踏自己的作法從未置過一詞，但這次這個叫「園丁」的作者以其人之道還治其人之身，胡適卻特地寫信給《京報》並請轉達作者。從事實角度，胡適指出：「當陳獨秀先生作北大文科學長時，當蔡先生去北大時，林琴南並不在北大當教員。」至於小說中的人物貶損，胡適說：「林琴南並不曾有路上拾起紅女鞋的事。我們可以不贊成林先生的思想，但不當污蔑他的人格。」[29]為罵過自己的人辯誣，這又是一種什麼人格呢？

　　林琴南地下有知，不知將作何想？

五、反對「最後之因」

　　新文學運動中的白話文運動自 1917 年 1 月胡適在《新青年》上的〈文學改良芻議〉始，到了 1920 年 1 月，北洋政府教育部通令全國，所有國民小學第一、二年級的教材，俱用白話文。以此通令為標誌，前後三年時間，白話文與文言文的博弈，便獲得了根本性的勝利。這大大縮短了運動肇始者的預算。1923 年，胡適寫信給美國的韋蓮司，說：「說到中國的文學革命，我是一個催生者。我很高興地告訴你這件事差不多已經完成了。我們在 1917 年開始[這個運動]的時候，我們預計了需要十年的討論，到達成功則需要二十年。可是就時間上來說，[現在]已經完全成熟了，這要感謝過去一千年來無數無名的白話作家！」[30]

　　在胡適看來，「語言文字是世界上最保守的東西，比宗教更為保守」，因為「當一種社會上的事物，深入群眾而為群眾所接受之時，

---

[29] 「胡適致《京報》社 1928 年 4 月 25 日」，《胡適全集》卷 23，第 573 頁。
[30] 「胡適致韋蓮司 1923 年 3 月 12 日」，《胡適與韋蓮司深情五十年》，第 61 頁。

它就變成非常保守的東西了」。[31]語言正是這樣一種東西。就胡適本人而言，他也是個保守主義者。不過因了美國幾位留學朋友的刺激，轉取了一種激進態度。還沒回國，便碰上了陳獨秀他們這波更激進的朋友，遂使這場運動以激進的方式展開。結果，三年時間，語言這個最保守的對象在現代中國就發生了一個根本性的變化。那麼，變化的原因到底是什麼呢？

陳獨秀和胡適各有不同的看法。

1923 年，陳獨秀在《科學與人生觀序》後的一封信中說：「常有人說，白話文的局面是胡適之陳獨秀一班人鬧出來的。其實這是我們的不虞之譽。中國近來產業發達，人口集中，白話文完全是應這個需要而發生而存在的。適之等若在三十年前提倡白話文，只需章行嚴一篇文章便駁得煙消灰滅。」[32]陳獨秀的表述固有他的道理，我們一眼就可以看透其後的思想資源，那也是我們幾十年來最熟悉的一種哲學理論。

但，胡適很直截了當地表示了對陳的不認同。「獨秀這番議論是站在他的經濟史觀立場說的」，經濟史觀作為一個角度並非不可以，但問題在於，在陳獨秀那裏，抑或在陳獨秀以後漫長的歷史階段，經濟史觀成為一種歷史決定論，成為對一切歷史（人物、事件、現象）進行解釋的終極之因。這一點，二、三十年代的胡適看得就很清楚。「歷史事實的解釋不是那麼簡單的，不是一個『最後之因』就可以解釋的了的」。即以白話而論，一千多年以前，臨濟和尚的徒弟們開始用白話來記載他們老師的禪言，這和「產業發達，人口集中」有什麼關係？白話在上千年的過程中產生了那麼多的傑作，到了明代，出了一個李夢陽，提倡文學復古，於是文回秦漢，詩回盛唐，這又和「產業發達，人口集中」有什麼關係？文學史的變遷代有升降，而絕不相

---

[31]　唐德剛《胡適口述自傳》，第 139-140 頁。
[32]　陳獨秀〈答適之〉，《胡適文集》卷 3，第 177 頁。

沿。如果論及原因，胡適認為「其中各有多元的，個別的，個人傳記的原因，都不能用一個『最後之因』去解釋說明」。[33]

可以看出，陳胡的不同是兩種歷史觀的不同，一種是「唯經濟史觀」（後來它有我們更熟悉的名字「唯物史觀」），一種是多因雜陳的「反唯」史觀，且不管你「唯」的是什麼。它們之間的分歧，也就是「一元」和「多元」的區異。胡適是個多元論者，他之不認同陳獨秀，不在於陳的經濟角度，而在於對方把其他角度排斥後使這個角度變成了「唯」。這樣，歷史就變成了決定論的歷史、宿命的歷史，在這樣的歷史格局中，人則成為歷史藉以實現它自己的工具。

反對一元論，反對決定論，持這樣的歷史觀勢必是一個反必然的偶然論者。1927 年初，胡適從英國到美國，一次和美國比爾德博士泛論歷史，胡適提出了這樣一個見解，「歷史上有許多事是起於偶然的，個人的嗜好，一時的錯誤，無意的碰巧，皆足以開一新局面。當其初起時，誰也不注意。以後越走越遠，回視作始之時，幾同隔世！」胡適舉的例子是造字，西洋人和中國人開始造字同出於會意象形，後來一趨字母，一趨表意，很難說不是偶然的。然而，幾千年以後，兩大系統的文字就截然不同了。胡適又舉了個婦女纏足的例子，開始不過是宮廷中一二人的作始，後來貴族婦人效法，再後來平民亦效法，最後就成為一種「當然」，而這種「當然」和經濟也沒有關係。因此，接過話頭的比爾德教授，實際上表達了胡適要表達的意思：「史家往往求因果，其實去題甚遠。有許多大變遷，與其歸功於某種原因，如經濟組織之類，遠不如此偶然與模仿說也。試問纏足能以經濟組織來解釋否？『之』字變成『他』，能用經濟來解釋否？」[34]

---

[33] 胡適《中國新文學運動小史》，《胡適文集》卷 1，第 121 頁。
[34] 曹伯言《胡適日記全編》卷 4，第 495-496 頁。

回到白話文運動，胡適梳理了一系列的歷史和現實的原因，最後，針對陳獨秀奉為圭臬的「最後之因」（即經濟），胡適作了很精彩的解構：

> 治歷史的人應該向這種傳記材料裏去尋求那多元的，個別的因素，而不應該走偷懶的路，妄想用一個「最後之因」來解釋一切的歷史事實。無論你抬出來的「最後之因」是「神」，是「性」，是「心靈」，或是「生產方式」，都可以解釋一切歷史；但是，正因為個個「最後之因」都可以解釋一切歷史，所以都不能解釋任何歷史了！等到你祭起了你拿「最後之因」的法寶解決一切歷史之後，你還得解釋「同在這個『最後之因』之下，陳獨秀為什麼和林琴南不同？胡適為什麼和梅光迪、胡先驌不同？」如果你的「最後之因」可以解釋胡適，同時又可以解釋胡先驌，那豈不是同因而不同果，你的「因」就不成真因了。所以凡可以解釋一切歷史的「最後之因」，都是歷史學者認為最無用的玩意兒，因為他們其實都不能解釋什麼具體的歷史事實。[35]

胡適的歷史觀一以貫之，晚年的他在臺灣關於白話文的一次講演中，再度重複了上面的意思：

> 現在有一些講歷史的人，常常說：「歷史是唯物的」，這是用經濟的原因來解釋一切歷史。又有些人主張用英雄觀念來解釋歷史，甚至於用「性學」的觀念來解釋，就是說歷史上一切大

---

[35] 胡適《中國新文學運動小史》，《胡適文集》卷1，第123-124頁。

事都是由於性的問題不能滿足而發生的。這些解釋都為歷史的
一元論。[36]

而胡適認為，歷史上許多大事的來源，包括當年的白話文運動，「也
都是偶然的，並不是有意的，很少可以用一元論解釋。」（同上）

可見，胡適用力反對「最後之因」，其實是在反對「一元論」。

案：胡適和陳獨秀在歷史觀上不同，最可見他們在 1923 年為「科學與
人生觀」大討論所寫的序與（往來）書信。當胡適對陳獨秀說：
「唯物史觀至多只能解釋大部分的問題」時，陳希望胡適能「百
尺竿頭更進一步」，即用它來解釋一切問題或所有問題。胡適一
則回答陳獨秀：「我們雖然極歡迎『經濟史觀』來做一種重要的
史學工具，同時我們也不能不承認思想和知識等事也都是『客觀
的原因』，也可以『變動社會，解釋歷史，支配人生觀』」；與
此同時，胡適也明告陳獨秀：「可惜我不能進這一步了」。胡適
很清楚，這一步一進，他就是馬克思主義者了，而他卻是實驗主
義的信徒（儘管這兩個都是來自西方的主義有很為相近的地
方）。陳獨秀在最後的回信中，也很乾脆，以列表方式直接把他
的歷史「一元論」闡發迨盡，這一元便是「經濟」之一元，在它
的統攝下，則有「制度、宗教、思想、政治、道德、文化、教
育」等。他也指出，在歷史「多元論」的譜系中，經濟和制度宗
教思想等就不是統攝關係而是並列關係。以比喻的說法，制度宗
教思想等在經濟面前，是「經濟的兒子」，而胡適之卻把它們
「當作是經濟的弟兄」。陳獨秀坦陳：「這本是適之和我們爭論
之焦點」。[37]

---

[36] 胡適〈提倡白話文的起因〉，《胡適文集》卷 12，第 48 頁。
[37] 「案」中引文，可參見〈陳獨秀先生序〉〈答陳獨秀先生〉〈答適之〉，
《胡適文集》卷 3，第 166-178 頁。

　　道不同不相為謀。《新青年》中最重要的兩個人，不是因為別的，而是思想路徑不同，分道揚鑣。他們的分手，意味著 20 世紀 20 年代中國知識界的分化，也意味著《新青年》的精神解體。

六、無聲的義舉及北大教授的收入

　　這是 1919 年間發生在胡適身上但他卻從來沒有提及過的事。

　　鏡頭不妨拉到 1966 年，胡適去世後的四年。在臺北南港的胡適墓園裏，已是古稀之年的林語堂嗬著一管煙斗，向身邊的《中央日報》記者講述了一件塵埋往事。

　　1919 年「五四」剛剛過去，時為清華大學前身清華學校的年輕教師，林語堂準備到美國哈佛大學讀比較文學。但他在清華只申請到「半個獎學金」，即每月只能獲得全額資助的一半四十美元。這個數字並不夠剛剛結婚的林語堂夫婦兩個人的開銷，為難之際，身為北大教授的胡適主動對林語堂說：如果你回國後到北大教書，我們每月可以補助你四十美金。有了這麼一句話，但並沒有任何合約，新婚的林語堂夫婦就登船啟程了。誰知在船上，林語堂的夫人廖翠鳳女士盲腸炎就發作了，熬到美國，已經不開刀不行。然而美國開刀住院的費用極為昂貴，林氏夫婦的經濟立形困窘。不得已，林語堂記起了胡適的話，他打電報向胡適求助，很快，就收到了來自胡適的五百元的支票。哈佛的課程結束後，林語堂夫婦又到法國教華工識字，辛勤工作了一年，然後轉赴德國的萊比錫大學攻讀語言學博士。其時，清華那半個獎學金也適巧停發，而他們在法國掙的錢又將告罄。日子幾乎過不下去，百般無奈中，再次打電報給胡適。不久，胡適又寄來了一千美金。兩次一共一千五百美金（一說兩千美金）。

　　1923 年，林語堂完成了德國萊比錫大學語言學博士學位的考試，攙著即將臨盆的太太的手，踏上了回國的輪船。自福建家鄉到北京後，他受聘為北大英文系教授，兼北京女子師範大學講師。待進北大，第一件事自然是找胡適，但此時胡適請假南下養病。於是他又找到了北大代校長蔣夢麟博士。林語堂感謝北大雪中送炭，在關鍵時刻對他的幫助。蔣夢麟代校長先是吃驚，因為北大當時根本就沒有類似的贊助計畫；繼而明白，這是胡適為了延攬人才，故以這種方式承諾了林語堂。儘管他是以北大的名義，但實現贊助的卻不是北大，而是胡適自己。

　　站在胡適的墓園裏，林語堂緩緩地道出了這段往事，他說：這件事，已經深藏在我和我太太的心中四十多年，雖然那筆錢，我們慢慢地還上了，但是，我們永遠記得胡先生對朋友的這份「無聲援助」。說到這裏，林語堂點上煙斗，深深地吸了一口。[38]

　　所謂「無聲援助」，是說胡適從來沒有聲張過這件事。胡適早年的日記輯名為《藏暉室札記》，這件扶危助困的雅事胡適顯然就「藏暉」不露了。無論是他的日記、還是書信，我們都找不到相關的記載。如果受惠人林語堂閉嘴，其他人也就無從知道（林語堂張嘴之時，胡適墓木已拱）。一千五百美金，無論當時，還是現在，都不是一個小數，胡適慷慨地拿了出來，不事張揚又不以自己的名義，壓根不準備對方償還。無論如何，這是一項義舉，能有此舉，亦即「義人」。「義人」胡適之所以如此，如果檢點他的留學日記，似乎可以覓得一點線索。1915 年 1 月 6 日，胡適在日記中記到：

　　「偶見報載一則，以其甚有趣，故錄之：鬱太省的一個富人能君……，有一天，在國會參議院旁聽樓上旁聽，看見一個童役（Page），引起了他的注意。他留心訪察，詢知其人年十四，名 Clyde

[38] 轉見胡頌平《胡適之先生年譜長編初稿》第二冊，第 360-361 頁。

Barley，能君即資送他到康南耳大學，供他四年用費。據參議員某君說，能君資助在康南耳大學畢業者已近五十人，都是他旅行全國時隨時留意所得。此人奇處不在好施財，乃在其隨地留意人才而助之。」[39]

連胡適自己也沒想到的是，四年以後，能君碰上的情況，類似地擺在自己眼前。同樣地，他作出了類似能君的舉動，這是不是一種承傳。胡適的日記沒白記，無形中，他把日記中的人變成了自己的榜樣。能君的舉動，在胡適看來，不是一般地援助，而是援助人才。胡適援助林語堂，也是出於對人才的留意。林語堂一生的表現，當然沒有辜負胡適贊助的美意。記得他剛到哈佛，時在哈佛師從白璧德的吳宓，儘管出於保守主義的立場，也儘管只是一面之緣，就對林的才分有所感受並做了客觀評價。這是吳宓 1919 年 9 月 19 日的日記：「林君玉堂偕其夫人，自中國來，亦專習文學。昨晚抵此。其夫人略患微恙，故是日僅見林君。林君人極聰敏，唯沉溺於白話文學一流，未能為同志也。」[40]不知林語堂如果不沉溺白話文學，胡適是否還會援之以手？

案：這裏就便提出一個似乎不該提的問題：1917 年 9 月才至北大任教授的胡適，在不到兩年的時間哪那麼多閒資贊助林郎？

這就牽涉到北大教授的收入和他們當時的生活水平了，不妨做一番查證。查當時陳獨秀邀請胡適到北大教書信，說：「足下早日回國，即不願任學長，校中哲學、文學教授俱乏上選，足下來此亦可擔任。學長月薪三百元，重要教授亦有此數。」[41]那麼，胡適到北大後，他的月薪是多少呢？陳獨秀的話兌現了嗎？讀 1917 年 9 月胡適給母親的信，其中談及自己的薪水：「適之薪金已定每月二百六十元。所同居高君（筆者注：高一涵）亦好學之士。所居甚僻靜，可以無外擾，故欲移出同居也。彼處房錢每月不過六元，每人僅出三元。合他種開

[39] 曹伯言《胡適日記全編》卷 2，第 11 頁。
[40] 《吳宓日記》II，第 73 頁。三聯書店，1998 年。
[41] 「陳獨秀致胡適 1917 年 1 月」，《胡適來往書信選》（上冊），第 6 頁。

銷算起來，也不過每月四五十元之譜。」[42]每月的生活費居然不到工資的零頭。如此盈餘，難怪胡適行有餘力。

　　不到一個月，胡適又給母親寫信，說：「適在此上月所得薪俸為二百六十元，本月加至二百八十元，此為教授最高級之薪俸。適初入大學便得此數，不為不多矣。」[43]

　　半年左右的時間，胡適要搬出來獨住了。在給母親的信中：「今天下課後，出去尋房屋，尋了兩處，」「一處有房十八間，都還行，似乎還合用。我問他價錢。他開口要二十五元一月，大約廿一、二元可以租下。」[44]3 月 27 日，胡適的房子租好了，他稟告母親：「這屋有九間正房，五間偏房（作廚房及僕婢住房），兩間套房。離大學不遠。房租每月二十元。」[45]如果以北大為例，這就是北洋年代知識份子的收入水平和生活水平。

　　胡適是 1917 年進北大的。1922 年，在法國獲得理學博士學位的李書華因蔡元培之聘，也到北大任（物理學）教授。幾年過去，北大教授們的收入和支出是否發生變化？李書華先生 1960 年代的回憶文章也談到這個問題，恰可與胡適的信互參：

　　「北大教授待遇最高薪每月大洋二百八十元，也有每月二百六十元或二百四十元者。講師待遇按每小時五元計算。助教薪水大約每月五、六十元至一百多元之間。我初到北大時，即領教授最高薪。彼時一年可領到八、九個月的薪水。北京生活便宜，一個小家庭的費用，每月大洋幾十元即可維持。如每月用一百元，便是很好的生活，可以租一所四合院的房子，約有房屋二十餘間，租金每月不過二、三十元，每件房平均每月租金約大洋一元。可以雇用一個廚子，一個男

[42] 「胡適致母親1917年9月30日」，《胡適全集》卷23，第144頁。
[43] 「胡適致母親1917年10月25日」，《胡適全集》卷23，第150頁。
[44] 「胡適致母親1917年10月25日」，《胡適全集》卷23，第181頁。
[45] 「胡適致母親1917年10月25日」，《胡適全集》卷23，第190頁。

僕或女僕，一個人力車的車夫；每日飯菜錢在一元以內，便可吃得很好。有的教授省吃儉用，節省出錢來購置幾千元一所的房屋居住；甚至有能自購幾所房子以備出租者。」[46]

　　以上事關 20 世紀中國知識份子的生活史，因具其資料性，不憚抄錄。

七、啟蒙中的聲音

　　《新青年》時期的胡適，除了以他的一支筆從事新文學運動（主要是白話文運動）外，還以他的另一支筆從事思想啟蒙——所謂「新文化運動」大致就包括這兩方面。

　　從事思想啟蒙的胡適在《新青年》上（也在《新青年》以外）寫了大量的文章，諸如〈歸國雜感〉、〈易卜生主義〉、〈美國的婦人〉、〈貞操問題〉、〈不朽〉、〈不老〉、〈新生活〉、〈我對於喪禮的改革〉、〈新思潮的意義〉、〈工讀主義的試行觀察〉、〈非個人主義的新生活〉等。這些文章大抵是以西方個人主義思想為參照，批評傳統文化中的種種陋習。近一個世紀下來，如果盤點一下的話，迄至今天而依然具有警醒意義的當推〈易卜生主義〉和〈不朽〉。

　　相對於西方文化的個人本位，傳統文化主要是群體本位（包括家族本位和國家本位），因此對於個人主義的張揚，尤其是個性解放，便成為新文化運動中一道眩目的風景。是的，一個民族，有著數千年的歷史，又壓抑了上千年的個性，老邁而龍鍾，以致《新青年》的前身《青年雜誌》，在發刊詞上劈頭就說：「竊以為少年老成，中國稱人之語也；年長而勿衰，英美人相勖之辭也」。值此東西文化交會，

---

[46] 李書華〈七年北大〉，轉陳平原 夏曉虹編《北大舊事》第 99 頁。三聯書店，1998。

西方思想像強勁的東風，拂動著那個時代青年知識人的心弦。這樣的聲音當然很動聽：「你要想有益於社會，最好的法子莫如把你自己這塊材料鑄造成器。……有的時候我真覺得全世界都像海上撞沉了船，最要緊的還是救出自己。」[47]易卜生的話打動了那個時代的人，因此這一類辭彙，「個性」「精神」「意志」連同「自由」和「解放」，像出籠的鴿子滿天飛。假如按照李澤厚先生的說法，五四新文化運動是「啟蒙與救亡的雙重變奏」，後來是救亡壓倒了啟蒙；那麼，啟蒙就停滯了。這一停就是六十年，直到 1980 年代，那個被號稱為「新啟蒙」的年代，才算接上了五四。就八十年代而言，可以看到的是，依然是「精神」「意志」「個性」，包括現代化（主要是「人的現代化」）成為知識界的主導型辭彙。因此，如果說 1980 年代在某種意義上複製了 1910-1920 年代，當不會錯譜。

　　到今天，我不說胡適的價值在這裏，這是不需待言的。在我看來，他的價值毋寧更在另一面。「精神」「意志」「個性」之類的「自由」因其屬於主觀形態，往往一發而不可收。張揚它容易，不容易的是，強調它不可或缺的另一面：「責任」。這一點，新文化先驅所悟不多。因此，這不可或缺的另一面，居然在整個 20 世紀都被「或缺」了，且狀況一直延續至今。如果讓筆者發言，則我要說，近百年來的歷史，最稀缺的價值資源之一，就是「責任」（包括責任意識）。

　　胡適又是個例外，請看，在〈易卜生主義〉中，胡適這樣談獨立人格：

　　「發展個人的個性，須要有兩個條件。第一，須使個人有自由意志。第二，須使個人擔干係，負責任。」（同上）

---

[47] 轉引胡適〈易卜生主義〉，《胡適文集》卷2，第486頁。

易卜生有個劇本，叫《海上夫人》，這位夫人的丈夫不許她自由，她就偏偏想自由。她幻想跟人到海上去過海闊天空的日子，便向丈夫提出離婚，她丈夫見留她不住，便對她說：「我現在立刻和你毀約，現在你可以完全自由揀定你自己的路子。……現在你可以自己決定，你有完全的自由，你自己擔干係。」這時，這位夫人遲疑了：「完全自由！還要自己擔干係！還擔干係咧！有這麼一來，樣樣事都不同了。」她這才發現，自由，原來是一種責任。為什麼呢？胡適說：「因為世間只有奴隸的生活是不能自由選擇的，是不用擔干係的。個人若沒有自由權，又不負責任，便和作奴隸一樣……」（同上）胡適的話沒有說完，如果你不做奴隸了，你自由了，你就必須擔責任。亦即，當你可以自由地選擇你自己的生活方式時，你必須準備承受由它給你帶來的後果。在這裏，自由僅僅是一種選擇的權利，它並不保證後果。因此，胡適主張：「自治的社會，共和的國家，只是要個人有自由選擇之權，還要個人對於自己所行所為都負責任。」這個責任不獨對自己，同時也是對他人、對社會。

　　把自由和責任放在一起談，是對那個時代乃至今天的一種糾偏。沒有責任的自由和沒有自由的責任同樣可怕。後者作為傳統文化的痼疾暫且不論，前者，由於五四時期的個性解放、意志自由等多染法德浪漫傳統，尤其夾有尼采之類的「超人」喧囂，唯張揚自由之意志，而根本無意識於自由之下的責任及後果。那樣的自由唯我所欲，大快人意，但對別人卻可以構成危害。比如，你如果有揮舞手臂的自由，但須止於別人的鼻樑之前。這一句話，前者是自由，後者就是責任。問題是，五四時的知識界有幾人能清醒意識到自由之權責？

　　〈不朽〉一文，胡適在提出「社會不朽」，代有承傳的同時，強調的就是個己這個「小我」須對社會、人類這個「大我」負責任。「我這個現在的『小我』，對於那永遠不朽的『大我』的無窮過去，

須負重大責任；對於那永遠不朽的『大我』的無窮未來，也須負重大責任。」[48]

責任，在胡適那裏，是一種屬於自律性質的倫理準則。他反反覆覆地談責任，而且自覺踐履。這裏，可以看如下兩條：

1923 年，北洋政府下令「取締新思想」，胡適正好生病住院，於是有人懷疑胡適「三十六計，走為上計」。胡適特地在《努力週報》上發文公示：「我是不跑的，生平不知趨附時髦；生平也不知躲避危險。封報館，坐監獄，在負責任的輿論家的眼裏，算不得危險。然而，『跑』尤其是『跑』到租界裏去唱高調：那是恥辱！那是我決不幹的」。[49]胡適言之，胡適亦行之。

1929 年胡適與執政的國民黨因「人權論戰」發生衝突，在後來沒有出刊的《平論週刊》的「發刊詞」中，胡適說：「我們深信，不負責任的秘密傳單或匿名文字都不是爭自由的正當方法。我們所爭的不是匿名文字或秘密傳單的自由，乃是公開的、負責任的言論著述出版的自由。」「我們深信，爭自由的方法在於負責任的人說負責任的話。」[50]如果自由可以視為目的，胡適更強調爭自由的方法。

然而，儘管胡適一邊反覆言及責任，一邊身體力行；我們今天似乎還有必要從胡適沒有意識到的（或者說還差那麼一丁點的）馬克斯·韋伯的角度來談這個問題。這位德國社會學家在談及人的行為準則時，指出這樣兩種倫理以及它們的不同：

> 「可以是『信念倫理』，也可以是『責任倫理』」……「恪守信念倫理的行為，即宗教意義上的『基督行公正，讓上帝管結

---

[48] 胡適〈不朽〉，《胡適文集》卷 2，第 532 頁。

[49] 胡適〈胡適先生到底怎樣〉，《胡適文集》卷 11，第 109 頁。

[50] 胡適〈我們要我們的自由〉，《胡適文集》卷 11，第 145 頁。

果』，同遵循責任倫理的行為，即必須顧及自己行為的可能後果，這兩者之間卻有著極其深刻的對立。」[51]

信念倫理，通常又稱「意圖倫理」或「目的倫理」，它的行事原則是，只要我認為自己的信念（意圖、目的）是對的，則行事上（一）無論採取什麼方式，（二）無論發生什麼後果（這兩點是一致的，因為不是行事的意圖而是行事的方式導致相應的結果）。正是在這一點上，它和並非排斥動機但更注重行為結果的「責任倫理」區別開來。

就 20 世紀的中國歷史來看，它盛產「目的倫理」而奇缺「責任倫理」，哪怕就是在今天，這種狀況依然維持。胡適儘管沒能夠在韋伯的層面談這問題（這不是今天可以苛求的），但他在 1919 年的一次講演中，已然對當時唯重「目的」的現象提出批評。「……還有一種平常人不很注意的怪狀，我且稱它為『目的熱』，就是迷信一些空虛的大話，認為高尚的目的；全不問這種觀念的意義究竟如何；」胡適舉的例子是「今天有人說：『我主張統一和平』，大家齊聲喝彩，就請他做內閣總理；明天又有人說：『我主張和平統一』，大家又齊聲叫好，就舉他做大總統；此外還有什麼『愛國』哪，『護法』哪，『孔教』哪，『衛道』哪……許多空虛的名詞；意義不曾確定，也都有許多人隨聲附和，認為天經地義，這便是我所說的『目的熱』。」[52]以胡適的眼力，他觸及到了這個問題；以胡適的眼力，他又低估了這個問題。這個問題的表象是「目的熱」，病灶卻是「目的倫理」。目的，特別是那些被聲稱為正義的，尤其能吸附人，並導致人的盲目。胡適批評「目的熱」的人為「方法盲」，更進一步的說法似乎是「手段

---

[51] 馬克斯・韋伯〈學術與政治〉，第 107 頁，三聯書店，1998 年。
[52] 胡適〈少年中國之精神〉，《胡適文集》卷 12，第 561 頁。

蠻」。當目的倫理的信奉者認為自己的目的是正確的，往往便無憚用任何手段。胡適，到底沒能捅破這層玻璃紙。

因為目的而不擇手段並不顧後果，這就是「目的倫理」的危害。哪怕讓世界毀滅，也要讓正義實現。這樣的陳述頗合目的倫理的強硬邏輯。既然連讓世界毀滅的後果都不在乎，還會在乎用什麼手段去實現它所認為的正義嗎？這樣的人，目的決定一切，只要目的是對的，所有的手段也是對的，哪怕它在道德上不堪；因為目的可以使它合理化。當年陳獨秀在《新青年》上鼓吹「民主」，可是，他行事本身卻是反民主的。連白話文的是非都不准討論，哪還有一點民主氣息？然而，陳獨秀完全可以振振有詞，我推行白話文的目的「為絕對之是」，所以我有理由「不容他人之匡正」。這就是目的的「正」，使他很容易地採用那種不正的甚至是反民主的方式。

在「目的倫理」和「責任倫理」之間，人們通常比較容易選擇前者而非後者。比如，現在這句話擺在我們面前，你的第一反應是認同還是反對，就是一種考量：「我以為只要目的是正的——這所謂正不正，又只專憑自己判斷——即可用無論什麼手段。」[53]一個「可用無論什麼手段」的人是令人害怕的，所謂「不知其可也」；一個「可用無論什麼手段」的世界，更令人可怕，它使人不敢居住。20 世紀以來，我們的時代飽受「目的倫理」之苦，尤其是那些以崇高名義出現的目的，因為它更具道德誘惑性。相形於「目的倫理」的氾濫，「責任倫理」庶幾是一種珍稀。胡適無疑是一個講究責任的人，這和他在美國留學有關，他的表述雖未及韋伯的範疇和深度，但，畢竟也可引為稀缺的價值資源了。正因為此，筆者以為今天談五四、談啟蒙，可以不談個性解放、可以放下自由意志，卻不能不重申胡適有關責任的論述。1930 左右，胡適在一篇自述中，談及自己早年的〈不朽〉，就責

---

[53]　魯迅《兩地書・十九》，《魯迅全集》卷 11，第 68 頁，1981。

任問題再次作了精要的概括，對那些天下以為己任的知識份子，這才是需要牢牢記取的聲音：

「明白承認行為的結果才構成我們道德意識的責任。」

「一個錯誤的政治或社會改造議論，卻可以引起幾百年的殺人流血。」[54]

八、「五四」的態度

五四運動發生那一天，胡適不在北京。

4 月 30 日，胡適的老師杜威完成在日本的講學乘船到中國，這一天，有「遠東巴黎」之稱的上海，胡適和蔣夢麟、陶行知等杜威弟子一併去碼頭接船。同一天，遠在歐洲的巴黎，凡爾賽宮，協約國主持的巴黎和會，決定由日本繼承戰敗國德國在山東的權利。這個 1915 年胡適還沒有離開康乃爾時就發生的問題，再次推到了中國人面前，神州沸騰，一場能夠改變 20 世紀中國走向的廣場運動即將發生。

真正發生的那一天，胡適不在現場。那天，杜威在上海講演，胡適出席聽講，他完全不知道自己的弟子傅斯年羅家倫他們到底做了些什麼。直到第二天，住在蔣夢麟家裏的胡適，剛剛起床，就聽到有人打門，門開後，近來幾位記者，還有張東蓀。是記者告訴了他昨天北京的事。參以蔣夢麟的自傳，5 號早晨，正在吃早餐，報紙送來了，各報首頁的頭條都是有關北大學生遊行示威以至被抓捕的大幅標題。於是，上海也被驚動了，自京而滬，五四擴展成一場具有全國規模的運

---

[54] 胡適〈我的信仰〉，《胡適文集》卷 1，第 21 頁。

動。那麼，胡適和蔣夢麟，這兩個不在場的人對北大學生發起的運動是什麼看法呢？

這要把日子推到一年以後。

1920 年 5 月 4 日，五四一周年。這一年的十二個月，「教育界的風潮幾乎沒有一個月平靜的」，說這話的蔣、胡二位便在這一天的《晨報副刊》發文，題目是〈我們對於學生的希望〉。除了對五四運動的肯定，在今天，它能引起我們注意的，恰恰是他們對學生運動的隱憂。某種意義上，20 世紀有半個世紀就是學生運動的世紀。它如果以「五四」為始，可以寫成一部波瀾壯闊的學運史。這部學運史從自發到自覺，從學生運動到運動學生，最終作為一種勢力成就了新中國。學運作為運作成功的「第二戰場」，它的作用並不亞於武裝力量，而它所造成的影響，更非武裝力量之所及。新政權的建立，第一戰場依賴的是農民力量，第二戰場依賴的是學生力量。一個是物質力量，一個是精神力量，一個敢為土地拼命，一個甘為信念獻身。這樣兩支力量同時抓住，成功當然是必然。

胡適對學生運動的態度首先是充分「同情之理解」。1928 年，胡適就五四運動歸納出這樣一個在他看來是「古今中外，莫能例外」的「公式」：

「凡在變態的社會與國家內，政治太腐敗了，而無代表民意機關存在著；那麼，干涉政治的責任，必定落在青年學生身上了。」[55]

---

[55] 胡適〈五四運動紀念〉，《胡適的聲音》第 13 頁，廣西師範大學出版社，2005。

為什麼呢？1922 年，胡適做過一次〈學生與社會〉的講演，在胡適看來，這兩者之間的關係，在文明國家不太明顯，但，「……在文明程度很低的國家，如像現在的中國，學生與社會的關係特深，所負改良的責任也特重。這是因為學生是受過教育的人，中國現在完全受過教育的人，真不足千分之一，這千分之一受過完全教育的學生，在社會上所負的改良責任豈不是比全數受過教育的國家的學生，特別重大嗎？」[56]況且，就五四時代而言，「社會上的許多事，被一班成年的或老年的人弄壞了，別的階級又都不肯出來干涉糾正，於是這種干涉糾正的責任，遂落在一般未成年的男女學生的肩膀上。這是變態社會裏一種不可免的現象。」[57]

然而，理解歸理解，但事態發展卻不以任何人的意志為轉移；因為學運本身就具有兩面性。正如後來的北大校長蔣夢麟所說：五四事件結束了，但北京大學本身卻成了問題。他引述了當時北大校長蔡元培的看法，蔡因五四而請辭，一則是對政府的抗議，一則也是他覺得北大「今後將不易維持紀律，學生們很可能為勝利而陶醉。他們既然嘗到權力的滋味，以後他們的欲望恐怕難以滿足了。」[58]果然，在以後的日子裏，教育界風潮不斷，學生罷課如習慣性流產，一年的光陰就在擾攘中渡過。所以，五四一周年時，蔣胡二公發表了一些逆耳的意見。在他們看來，學運是變態社會中發生的「非常」之事，但也是「最不經濟」的事，作為「不得已」的救濟，「不可長期存在」。但，「非常」變成了「經常」，這本身不但是「學生運動破產的表現」，它還帶來這樣幾種精神上的損失：「（一）養成依賴群眾的噁心理……，（二）養成翹課的惡習慣……，（三）養成無意識的行為

---

[56] 胡適〈學生與社會〉，《胡適文集》卷 12，第 442 頁。
[57] 胡適 蔣夢麟〈我們對於學生的希望〉，《胡適文集》卷 11，第 48 頁。
[58] 蔣夢麟《蔣夢麟自傳》，第 173 頁，團結出版社，2004。

的惡習慣……」。如果說這些觀察還比較表面，那麼他們在希望學生
開展正常團體生活時的兩點建議就很中肯了，

> （1）容納反對黨的意見。現在許多學生會議的會場上，對於不
> 肯迎合群眾心理的言論，往往有許多威壓的表示，這是暴民專
> 制，不是民治精神。民治主義的第一個條件，就是要使各方面
> 的意見，都可自由發表。（2）人人要負責任。……民治主義的
> 第二個條件，是人人要負責任，要尊重自己的主張，要用正當
> 的方法來傳播自己的主張。」[59]

如果說一年後的胡適只是反對一而再再而三的罷課來支撐學運——胡
適一再主張學生除了某些特殊時候關注政治，在平時它更應該關注的
是自己的學業，愛國，也要體現在自己的學業上，而不是短暫的運動
上，這不是根本之計——那麼，五四之後，胡適分明看到，學生運動
的成功，使中國各政黨受到啟發。他們覺察到觀念可以變成武器，學
生是一種可利用的力量，於是紛紛把手伸向學生。這一點，曾在國民
黨內負責青年工作的朱家驊說得更明確：「五四運動以後不久，青年
運動的本身，又趨重於政治活動。當時的各種政治組織，都在『誰有
青年，誰有將來』的觀念之下，要取得青年的信仰，來領導青年。於
是青年運動，變作了政治運動的一部分，於是青年也變作了獲得政權
的一種手段。」[60]比如當時的進步黨、國民黨及其同黨，都不惜為青年
學生在他們的機關報上開欄目，請學生自由發表意見。國民黨還放開
自己的大門，正式吸收少年分子入黨。這種現象可從兩方面看，積極
一面是更加激發學生介入政治的欲望，北京大學自五四就正式走上了

---

[59] 胡適 蔣夢麟〈我們對於學生的希望〉，《胡適文集》卷11，第52頁
[60] 朱家驊〈三民主義青年團在中國青年運動中的意義與價值〉，轉引《歷史研
究》2005年1期，第7頁。

干涉政治的路子（雖然這是胡適不情願看到的），這種干涉還很具事功。但，事功的反面，便是長期被遮蔽的學運的代價。這代價胡適看得很清楚。他明確指出，就干涉政治而言，青年學生的犧牲，實在太大了。

1928 年，胡適在上海光華大學以〈五四運動紀念〉為題作了次講演，講演中胡適比較了一個常態國家和一個非常態國家年輕人的不同的生活。常態國家政治清明，社會上又有各種表達民意的機關，因此政治上的責任都有成年人擔當，年輕人的興趣，比如以英美為例，都是在足球、籃球、棍球等運動比賽上。比賽的時候，各人興高采烈，狂呼歌曲，再不然，就是尋找異性朋友跳舞看戲。這就是年輕人的生活，政治，他們反而沒有太多的興趣。然而，在變態國家，比如中國，政治的責任卻落在年輕人的肩上，他們非但犧牲了自己的學業，犧牲了自己的幸福，甚至犧牲了自己的生命。而做出這種犧牲的，又尤以 25 歲以下的學生居多。這一點讓胡適憂心不已。胡適舉了個例子，「例如前幾天報上揭載武漢地方，有二百餘共產員，同時受戮，查其年齡，幾皆在二十五歲以下，且大多數為青年女子。」胡適說：「照人道講來，她們應該處處受社會的保障，她們的意志，尚未成熟，她們的行動，自己不負責任，故在外國，偶遇少年犯罪，法官另外優待，減刑一等，以示寬宥。」可是在變態國家，他們成了屠戮的對象。屠戮固然犯罪，可是，輕易讓學生捲入政治運動，甚至鼓動，並不惜把「青年也變作了獲得政權的一種手段」，這是否是對學生的生命不負責任呢？「天地不仁，以萬物為芻狗」，學運不仁，以生命為芻狗。在胡適看來，「年輕學生，身體尚未發育完全，學問尚無根底，意志尚未成熟，干預政治，每易走入歧途，故以脫離政治運動為妙。」[61]胡適的聲音在那個時代顯然「不合時宜」，但，今天的我們是

---

[61]　胡適〈五四運動紀念〉，《胡適的聲音》第 7-14 頁。

否可以聽一聽，想一想呢？時宜總會過去的，關鍵在於胡適是否說出了道理。

我們今天經常把「新文化運動」和「五四運動」混同。胡適反對這種混同。他是新文化運動中人，但五四運動卻和他無關。就「新文化運動」而言，胡適也並不喜歡這個詞，他自己的說法更經常是現代中國的「文藝復興」。而已經大幅政治化的五四，與文藝復興非但沒有直接的關係，而且還是「一場不幸的政治干擾」。胡適最後一次對五四表態是 1960 年的 5 月 4 號，這一天臺北的廣播電臺播放了他的談話錄音，題目就是〈五四運動是青年愛國的運動〉。這是胡適對五四的最後的看法。他的態度很明確：「『五四』本身絕不是文藝復興運動，而『五四』本身是愛國運動」。[62]橋歸橋，路歸路，把這兩者分開，表達了胡適對新文化運動的惋惜。他算了一筆時間賬，純粹的文藝復興運動從 1915 年算起，到 1919 年，不過四年多時間。如果從 1917 年文學革命算起，更短，只有兩年。只才兩年的工夫，局面就變了，思想革命尚未完成，就走上了政治化的道路。胡適所以痛惜，是因為他回國伊始，就下定 20 年不談政治的決心，立意為中國打下一個非政治的思想文化基礎。

所以，回到 1919，胡適是在 5 月 29 號那天與杜威等一同到北京的。此刻學運還沒過去，學生還在罷課。胡適深為不安。他要學生複課，並建議把北大遷往上海。這對北大極為重要的關節，胡適自己沒有過記錄，但時為北大教授的沈尹默於 1966 年寫有關他與北大的文字，提及這一點。我們可以看看。他說：「『五四』運動時，胡適以『革命』為幌子，主張把北大遷到上海。有一天，我和幼漁、玄同、士遠、大齊等人正在商量事情時，胡適、羅家倫、傅斯年進來說：『我們主張把北大遷到上海租界上去，不受政府控制。』我們回答

---

[62] 胡適〈五四運動是青年愛國的運動〉，《胡適的聲音》第 25 頁。

說：『這件事太大了，要商量。』羅家倫和傅斯年接著說：『搬上海，要選擇哪些教員、哪些學生可以去，哪些不要他們去。』我們一聽，這是拆夥的打算，不能同意。因為弄得不好，北大就會分裂，會垮臺。於是決定在第二天早上七時開評議會討論。開會之前，我們要沈士遠去看胡適，告訴他，搬上海，我們不能同意。評議會討論的結果是不同意遷上海。胡適就來找我，他說：『以後北大有什麼事情，你負責！』我說：『當然要負責，不能拆北大的台。』」[63]

　　以上故實，宜作一面觀。胡沈早已形同兩路，鄉黨不同（比如以上在場的教授都是「某籍」基本上也是「某系」，這是當時北大可以互相援引的一種勢力），觀念也不同。尤其幾十年後，沈是以他的意識形態來否定胡適。因此，事固其有，情則未必，這裏姑錄備案。

　　案：據胡適記載：「『五四運動』一個名詞，最早見於八年（筆者注：1919 年）五月二十六日的《每週評論》（第二十三期）。一位署名『毅』的作者，……在那一期裏寫了篇〈五四運動的精神〉，那篇文章是值得抄在這裏的（抄略）」。[64]這個「毅」即五四學領之一羅家倫。

九、質疑「根本解決」

　　五四運動從 5 月 4 日到 6 月 3 日，歷時一個月，便暫告段落。對這場運動取疏離態度的胡適於 7 月 20 日，在陳獨秀、李大釗等主辦的一個政論性刊物《每週評論》上發表「多研究些問題，少談些『主

63　沈尹默〈我和北大〉，《北大舊事》第 175-176 頁，三聯書店，1998。
64　胡適〈紀念「五四」〉，《胡適文集》卷 11，第 574 頁。

義』」的文章，引發了一場當時並不為人注意的思想論戰。論戰的雙方主要是胡適和李大釗，中間還有一位追隨進步黨梁啟超的藍志先。

就胡適而言，新文化運動的意義在於「研究問題，輸入學理，整理國故，再造文明」。這四點，如果最後一點是胡適所想望的最後目的，那麼，前三點都是指向它的具體步驟。至 1919 年五四運動止，「整理國故」尚未提上日程，「研究問題」和「輸入學理」事實上就是新文化運動的主要內容，尤其是在輸入學理上。其時，洶湧而進的外國思潮，無政府主義、社會主義、布爾什維克主義、工團主義等同步共進，面臨著多種主義的選擇，胡適產生了一種擔心，擔心在「輸入學理」上，不去面對實際問題，而是照搬教條主義的危險。

胡適批評道：「我們不去研究人力車夫的生計，卻去高談社會主義；……不去研究安福部如何解散，不去研究南北問題如何解決，卻去高談無政府主義；我們還要得意洋洋誇口道，『我們所談的是根本解決』。老實說吧，這是自欺欺人的夢話，這是中國思想界破產的鐵證，這是中國社會改良的死刑宣告。」針對所謂的「根本解決」，胡適在文章最後指出：「『主義』的最大危險就是能使人心滿意足，自以為尋著包醫百病的『根本解決』，從此用不著費心力去研究這個那個具體問題的解決法了。」[65]

李大釗是在出京的時候讀到胡適的文章，以〈再論問題與主義〉為題，他寫了一篇商榷由胡適發在 8 月 17 日的《每週評論》上。針對胡適對「根本解決」的質疑，李大釗做了這樣的辯護：「若在沒有組織、沒有生機的社會，一切機能，都已閉止，任你有什麼工具，都沒有你使用作工的機會。這個時候，恐怕必須有一個根本解決，才有把

---

[65] 胡適〈問題與主義〉，《胡適文集》卷 2，第 251-252 頁。

一個一個的具體問題都解決了的希望。就以俄國而論，羅曼諾夫家沒有顛覆，經濟組織沒有改造以前，一切問題，絲毫不能解決。」[66]

　　這是兩種不同的社會推進觀。一個是用「拱卒」的方式逐一解決問題；一個是用「將軍」的方式，「一攬子」解決所有問題。胡適是杜威的學生，他奉持的是杜威的觀點，杜威就社會進步有過一個比喻，即進步不是「批發的買賣」，而是「零售的生意」。「一攬子」解決問題只是一種良好的願望，事實上是永遠不可能的。針對李文所舉的俄國的例子，1922 年胡適的這段話，可以看作是他的回答：

> 「我們是不承認政治上有什麼根本解決的。世界上兩個大革命，一個法國革命，一個俄國革命，表面上可算是根本解決了，然而骨子裏總逃不了那枝枝節節的具體問題；雖然快意一時，震動百世，而法國與俄國終不能不應付那一點一滴的問題。我們因為不相信根本改造的話，只信那一點一滴的改造，所以我們不談主義，只談問題……只存一個『得尺進尺，得寸進寸』的希望，然後可以冷靜地估量那現實的政治上的變遷。」[67]

李大釗為什麼相信「根本解決」而胡適之卻不信？這在於他們對社會構成的看法不一樣。在李大釗眼裏，社會歷史的構成有一個「最後之因」，它是一元的，只要抓住「最後之因」，所有的問題也就迎刃而解。那麼，這一元的最後之因是什麼呢？李大釗說：「依馬克思的唯物史觀，社會上法律政治倫理等精神的構造，都是表面的構造。他的下面，有經濟的構造，作他們一切的基礎。經濟組織一有變動，他們

---

[66] 李大釗〈再論問題與主義〉，轉引《胡適文集》卷 2，第 260-266 頁。
[67] 胡適〈這一周〉，《胡適文集》卷 3，第 401 頁。

都跟著變動。換一句話說，就是經濟問題的解決，是根本解決。經濟問題一旦解決，什麼政治問題，法律問題，家族制度問題，女子解放問題，工人解放問題，都可以解決。」（同上）在社會歷史觀上，胡適不是一個一元論者，而是一個多元論者，大致是同一時期，他在和陳獨秀的論辯中，反對一元論的「最後之因」，當然也就反對這裏的「根本解決」。如果說，從「最後之因」到「根本解決」是一種社會革命的路徑；那麼，多元論的胡適主張具體問題具體解決並且是「一點一滴」的解決，則顯然是一種社會改良的路徑。

李大釗是中國最早的馬克思主義者，他把經濟視為社會的基礎，認為經濟問題一旦解決，所有問題也就相應解決。按照這個邏輯，那就應該抓住經濟不放，就經濟而經濟。可是，我們看到，在李大釗那裏，經濟問題的解決，不是依賴經濟而是依賴它之外的革命。他接著上面說到：「可是專取這唯物史觀（又稱歷史的唯物主義）的第一說，只信這經濟的變動是必然的，是不能免的，而於他的第二說──就是階級競爭說──了不注意，絲毫不去用這個學理作工具，為工人聯合的實際運動，那經濟的革命，恐怕永遠不能實現；就能實現，也不知遲了多少時期。」（同上）由此我們可以看出，李大釗陳獨秀等人的「最後之因」並非他們所說的是「經濟」，而是「社會革命」。他們的「根本解決」也不是經濟解決而是革命解決。解決的唯一途徑就是階級鬥爭。

胡適當然不是馬克思主義者，五四時期，馬克思主義還沒有獲得意識形態的地位，和西方其他學說一樣，平等地為中國知識份子所引進。引進了杜威實驗主義的胡適難以認同引進了馬克思主義的李大釗，儘管他們始終都是朋友。對李大釗所介紹的馬克思的兩點：「即如馬克斯主義的兩個重要部分：一是唯物的歷史觀，一是階級的競爭說」，胡適的態度是有所區別的。對前者，胡適認為：「唯物的歷史觀，指出物質文明與經濟組織在人類進化社會史上的重要，在史學上

開一個新紀元，替社會學開無數門徑，替政治學所開許多生路：這都是這種學說所涵意義的表現，」至於後者，胡適開始單刀直入：「……階級戰爭說，……一方面，無形之中養成一種階級的仇視心，不但使領導者認定資本家為不能並立的仇敵，並且使許多資本家也覺領導者真是一種敵人。這種仇視心的結果，使社會上本來應該互助而且可以互助的兩種大勢力，成為兩座對壘的敵營，使許多的建設的救濟方法成為不可能，使歷史上演出許多本不須有的慘劇。」[68]

　　以階級鬥爭的方式為「根本解決」的途徑，從而解決經濟再解決其他所有問題：這樣一個方案早已從紙上變成了 20 世紀中國歷史的現實。今天我們回過頭去看看這一方案尚未實施時不同知識份子之間的爭論，很難心中不生感慨，歷史的感慨。歷史其實是人的選擇，不同的選擇便形成了不同的歷史。假如歷史放在今天，我們又該如何選擇呢？看起來，這是一個歷史問題，可它也未必不是現實問題。歷史正是現實的一面鏡子。

　　以上胡適這篇〈四論問題與主義〉按計劃是要發在 1919 年 8 月 31 號的《每週評論》上，但，雜誌出版的前一天，員警光臨了，他們查封了雜誌，一切財物也被充公。胡適的文章被封掉了，問題與主義的討論也無疾而終。讀者沒有及時地聽到胡適的聲音，直到 1921 年底，亞東圖書館出版《胡適文存》，胡適才把它編了進去。

案：在〈三論問題與主義〉中，就李大釗談民主主義不論放在哪一國都大致相同時，胡適表示了不同意見，他介紹了杜威的一種頗有意思的說法：「前次杜威先生在教育部講演，也曾說民治主義在法國便偏重平等；在英國便偏重自由，不認平等；在美國並重自

---

[68] 胡適〈四論問題與主義〉，《胡適文集》卷 2，第 277 頁。

由與平等，但美國所謂自由，又不是英國的消極自由，所謂平等，也不是法國的天然平等。」[69]

幾十年後，哈耶克評論英法兩國的不同特點，引用過 Thomas May 的類似表達：「在現代，一個國家（法國）的歷史乃是民主的歷史，而非自由的歷史；而另一個國家（英國）的歷史卻是自由的歷史，而非民主的歷史。」[70]

兩者比較，殊堪有味。20 世紀中國之所取法，顯然是法國而非英國。中國自身的傳統中歷來不乏平等意識（如「等貴賤，均貧富」），但向來就缺自由意識。所以，中國人在政治上離法蘭西人比較近，離盎格魯撒克遜人比較遠。然，平等與自由，作為兩種普世價值，始終存在著內在的緊張。英法各執一端（但不是極端），而美國如杜威所說則在兩者中取得平衡，而且作得不錯。這一點，頗值中國鑒取。

十、枕上炸彈詩

他們是誰？／三個失敗的英雄，／一個成功的好漢！／他們的武器：／炸彈！炸彈！他們的精神：／幹！幹！幹！

他們幹了些什麼？／一彈使奸雄破膽！／一彈把帝制推翻！／他們的武器：／炸彈！炸彈！他們的精神：／幹！幹！幹！

他們不能咬文嚼字，他們不肯痛哭流涕，他們更不屑長吁短歎！他們的武器：／炸彈！炸彈！他們的精神：／幹！幹！幹！

---

[69] 胡適〈三論問題與主義〉，《胡適文集》卷 2，第 272 頁。

[70] 轉引哈耶克《自由憲政原理》上，第 333 頁，第四章注釋[1]，三聯書店，1997。

他們用不著記功碑，他們用不著墓誌銘：——／死文字贊不了不死漢！／他們的記功碑：／炸彈！炸彈！／他們的墓誌銘：／幹！幹！幹！

這首「炸彈詩」題名為〈四烈士塚上的沒字悲歌〉，對於熟悉胡適思想的人來講，它很另類，初讀之下，甚至難以想像它是出自胡適。胡適自述：1921 年 5 月 1 日，六時半，在天津江南第一樓赴朋友宴，席後大談，頗及時事。歸後，「心裏略有所感，竟不能安睡。夢中似遊北京萬牲園中的四烈士塚，大哭而醒。醒時，捩開電燈看錶，正當一點鐘。枕上作一詩，用鉛筆抄出，方才睡好。」[71]

關於「四烈士」，網際網路上的「維基百科」有解：

1912 年 1 月 26 日國民革命先驅彭家珍身懷炸彈，在西四紅羅廠刺殺宗社黨黨魁良弼，功成身死。1912 年 1 月 16 日由革命黨人黃之萌、張先培、錢鐵如、吳若龍、楊禹昌、羅明典、鄭毓秀等 18 人組成的暗殺團體在北京東華門伺機刺殺袁世凱，製造了東華門事件，當場炸死袁世凱衛隊長等 10 餘人。革命黨人黃之萌、張先培、楊禹昌等 10 人被捕並被殺。1912 年 2 月，南京臨時政府褒揚彭黃張楊四人的革命業績，追贈彭家珍為大將軍，並為彭家珍、楊禹昌、黃芝萌、張先培等四位烈士在農事試驗場營建墓地。整個墓地呈正八角形，距地面約 1米，正中立約 8 米的紀念碑，碑上刻「彭、楊、黃、張四烈士墓」。底座的東南、東北、西南、西北各有七級臺階通向紀念碑。四烈士就安葬於正南、北、東、西四面的石塚下，每座墓前均有碑文，記錄烈士事蹟，並有中國國民黨黨徽裝飾。1966 年文革爆發，紅衛兵砸毀了飾有青天白日標記的四烈士墓，現僅存一塊四烈士墓遺址碑存留。

至少在表面上，胡適的一生是理智大於情感，這在他留學美國時就如此。但這首直瀉情感的詩，多少表現出 1921 年 30 歲的胡適激情

---

[71] 曹伯言《胡適日記全編》卷 3，第 238 頁。

突破理智的一面，而這一面是胡適的潛在，需要鉤沉。就詩而言，和《嘗試集》中的其他作品一樣，無足道之。其中表現的情感，儘管真切，然亦無足道之。它所存在的意義，或許只在於讓我們一窺滿面笑容的胡適的另一面，這是他內心世界中的一個精神側面。這個側面，和他所身處的時代及時代精神是吻合的，而獨不吻合於在公共領域中慣以「理性」和「持重」面目而出現的他。

　　詩，最忌排比，就那麼星點內容，卻大肆鋪陳，看似方陣，其實，除了情感的單調，就是注水，虛張聲勢不說，還經常呈現為美學上的暴力。這一點，至少我自己在郭沫若的《女神》中多有領教，不幸這首「胡詩」怎麼多少給我以「郭詩」之感？美學尚未談上，暴力卻很顯然。幾個排比段，一經壓縮，也就兩個詞在那兒神經質：「炸彈」和「幹」。儘管是紙上的炸彈，請問胡適，以你一貫的思想，這炸彈和以炸彈的方式去幹，除了血流成河，還能給社會帶來什麼？何況，詩所歌頌的國民黨四烈士都是實行恐怖暗殺的，這更是暴力的末路。如果我們注意一下他們暗殺的時間，應該說，是在民元以後。這邊已經共和，同時又準備把總統的位子讓袁，那邊又用暗殺的方式行刺，反覆其手，也就難怪對方次年亦以相同的手段回報宋教仁。儘管雙方目的不同，但他們手段無異，即無異於江湖黑道。當然，由同盟會而來的國民黨本來就帶有江湖會黨的性質。對此，胡適居然歌之頌之，傾之倒之，讓「炸彈」在詩中喧囂。因此，詩是胡適的，在某種意義上，它也是反「胡適」的。它所顯示出的精神內涵不是胡適的「經」與「常」，而是1921年間胡適的「權」與「變」。

　　插：也是 1921 年，蘇聯試圖把手伸進中國時，曾考察中國的各種政治勢力，這是它對國民黨的一個評估：「國民黨，大約成立於 15 年前，有綱領，與我們的社會革命黨有些類似。該黨的策略經常改變，受政局左右。它有時革命情緒高漲，有時黯然失色，成為缺乏信心的知識份子黨。1911 年，國民黨擔起了革命運動的領導權，推翻了滿清

王朝。隨即同袁世凱、段祺瑞之類的封建軍閥建立了反常的聯盟，結果被軍閥趕下了政治舞臺，不光彩地轉入地下，偶爾在工作中還採取了恐怖主義。」[72]刺袁，即為國民黨恐怖主義之一例。

時任北洋教育總長的范源廉不贊成這首詩，認為胡適的主張太簡單。但，這首詩確實反映了胡適對北洋政府的看法和心態。當時的北洋是胡適眼中的「強盜政府」和「鳥」政府，僅教育經費虧欠這一項，就惹得京師所有的公立大學罷課抗議，還釀出血案。胡適雖然不主張罷課，但對當局深惡不已。也就是這一年，在紀念辛亥革命十周年的日子裏，他又寫了另一首叫作「鬼歌」的「炸彈詩」。歌中聲稱「威權也不怕，／生命也不顧，／監獄作家鄉，／炸彈底下來去。」「大家合起來，／趕掉這群狼，／推翻這鳥政府。」當胡適也「鳥」起來的時候，足可見他對那個時代的態度和那個時代對他的刺激。看來，長期處在惡劣的環境下，心態極易與之俱惡，溫和如胡適，亦未能倖免。胡適也要革命了：「起一個新革命，／造一個好政府：／這才是雙十節的紀念了！」胡適要革命，這是胡適一生中的希奇，也是30歲的他未泯的血性。

案：當年夏天，胡適利用暑假機會出京往滬，至商務館考察。某一日，朱謙之和郭沫若來訪，朱是胡適北大的學生，當時是無政府主義信奉者，1920年因散發革命傳單遭軍閥當局逮捕，入獄百餘日，後經北京學生集會營救和全國各地聲援才獲釋。出獄後，著有《革命哲學》（創造社叢書之二）。據胡適日記記載：「謙之見我的〈四烈士塚上的沒字碑歌〉，大喜，以為我的思想變了。謙之向來希望我出來做革命事業，我不贊成他的意思。他在員警廳說他曾勸我革命，但我不贊成。此語外人以為是假的，其實是實有的事。」至於郭沫若，這是第二次見面了，第一次是三天前

---

[72] 「索科洛夫-斯特拉霍夫關於廣州政府的報告」，《聯共（布）、共產國際與中國國民革命運動》（1），第58頁，北京圖書館出版社，1997。

的一個飯局上。飯後，胡適有這樣幾筆：「會見郭沫若君。沫若在日本九州學醫，但他頗有文學的興趣。他的新詩頗有才氣，但思想不大清楚，工力也不好。」[73]其實，這最後一句，除了「頗有才氣」外，恰可用來形容他上面的詩。

複案：也是在 1921 年，11 月份，當時報載日本首相原敬在車站被一個 19 歲的少年用短刀刺死，此事在日本造成很大影響。胡適讀過報紙，便想用一首詩紀念此事，但只寫了第一段便無以為繼，曰：「他不用手槍／他不用炸彈／他只用一把小刀／——他是一個好漢！」借他人之酒杯，澆心中之塊壘？胡適好像是在嘆惜國中無有此人。但，20 多年後，1947 的冬夜，當胡適翻到這篇日記時，他在當年那首詩的下面，以括弧補插了這樣一節：「[此事是日本憲政崩潰的開始。原敬、濱口都是平民組閣，都死於暗殺！我當時不知道日本情形，故有此謬妄的意見！適之。卅六，十二，廿四夜]」[74]

十一、為周作人「作伐」和北大「某籍某系」

1921 年 2 月 14 日，胡適致信周作人，介紹他去燕京大學負責該校的中文系（當時叫「國文門」）。燕京大學是一所教會大學，校長是中國人熟悉的司徒雷登，該校對自己的「中國文」一門不甚滿意，他們很希望從校外覓得一位懂得外國文學的中國學者，來重整中文系。這樣一個人未必容易找，於是燕大把這事託付給胡適的朋友朱我農，朱我農找胡適商量，他們兩人都覺得北大的周作人很合適。於是，由胡適出面給周寫信，把事情的原委作了交待，並開出條件進行邀請。條件當然是優厚的，無論薪俸，還是權力。信中，胡適很體己地說：

[73] 曹伯言《胡適日記全編》卷 3，第 425，427 頁。
[74] 曹伯言《胡適日記全編》卷 3，第 511 頁。

「我細想了一回,覺得此事確是很重要。這個學校的國文門若改良好了,一定可以影響全國的教會學校及非教會學校。最要緊的是自由全權,不受干涉;這一層他們已答應我了。我想你若肯任此事,獨當一面的去辦一個『新的國文學門』,豈不遠勝於現在在大學的教課?」[75]

　　周作人不是北大教授嗎?什麼叫「遠勝於現在在大學的教課」?這裏有一個彎子,不為外人所知。但,這樣一件好事卻由於周作人生病,被耽擱下來。一直到一年以後,燕京大學校長司徒雷登和燕大的劉廷芳以及周作人一齊來到胡適家,三頭會面,再敘前緣。據胡適1922 年 3 月 4 日日記記載:「燕京大學想改良國文部,去年他們想請我去,我沒有去,推薦周啟明去。(啟明在北大,用違所長,很可惜的,故我想他去獨當一面。)啟明答應了,但不久他就病倒了。此事耽擱了一年,今年他們又申前議,今天我替他們介紹,他們談的很滿意。」[76]從日記可以看出,胡適自己也是很滿意的,畢竟做了件對雙方都是有利的事。隔了一天,燕京就和周作人簽了合同,合同從當年 7 月開始生效,這一生效便長達十年之久。因此,多年之後,周作人回憶 1922 年,開口就說:「這一年裏我還發生了一件重大的事情」,即指此事。就這件事,胡適後來也向周交了底,周的記載和胡適的日記是兩相契合的:「據胡適之後來的解釋,說看你在國文系裏始終做附庸,得不了主要的地位,還不如另立門戶,可以施展本領,一方面也可以給他的白話文學開闢一個新領土。」[77]

　　拋開胡適的私心不說(為白話文開闢新領土),周作人在北大的地位又究竟如何?是胡適說的這樣嗎?不妨看周作人自己的述說:「平心而論,我在北大的確可以算是一個不受歡迎的人,在各方面看來都是如此,所開的功課都是勉強湊數的,在某系中只可算得是個幫

[75] 「胡適致周作人 1921.2.14.」《胡適來往書信選》上,第 124-125 頁。

[76] 曹伯言《胡適日記全編》卷 3,第 568 頁。

[77] 周作人《知堂回想錄》下,第 468 頁,河北教育出版社,2003 年。

閒罷了，又因為沒有力量辦事，有許多事情都沒有能夠參加。……我真是一個屠介涅夫小說裏所謂多餘的人。」（同上）周作人的話可以視為自謙，但他隱諱的表述，還是弦外有音地透露出北大當時的某些情況。所謂「有許多事都沒有能夠參加」，或，只不過是個「幫閒」。這些事並不是學術上的事，而是和學術勢力有關的黨爭。周作人身屬某系，卻相對能超脫一些事情和糾紛，果如真是，倒還值得稱許。

然而，令胡適想不到而且胡適始終也不知道的是，他的作伐引起了某些人的懷疑。周作人晚年寫到這件事後緊接著說：「據『某籍某系』的人看來，這似乎是一種策略，彷彿是調虎離山的意思，不過我一向不願意只以惡意猜測人，所以也不敢貿然決定。」（同上）讀過魯迅雜文，當不陌生這個「某籍某系」，在他和陳西瀅的論戰中，我們不止一次看到這個詞。是不是一種誣枉呢？不是，它指的就是當時在北大很有勢力的一股力量，「某籍」指的是浙籍，「某系」就是中文系（1919 年以前叫「國文學門」）。浙籍中文系大都是章太炎的弟子，1912 年，北京大學自京師大學堂改名以來，首先在文科中占主導地位的是桐城派，該派尚崇宋儒理學，以孔、孟、韓、歐、程、朱為其道統，強調「因文見道」、「文道合一」，反對乾嘉以來的漢學考據。1914 年初夏，夏錫祺取代姚永概任文科學長，他引進了章太炎一派的學者，於是，章門弟子彼此呼應，相率進入北大。風水輪流轉，他們恰恰以漢學傳統的考據訓詁取代了桐城的宋學道統，從而成為北大文科教學與研究的主流。這一派的勢力大到什麼地步呢？臺灣學者陳以愛從現代學術機構的研究角度說：「事實上，在整個 20 年代，這些留日的太炎門生不僅主導了國學門的發展方向，而且透過控制北大評議會，他們也具有左右北大校政的力量。」[78]這一點，浙籍核心人物

---

[78]　陳以愛《中國現代學術研究機構的興起》，轉引韓石山《少不讀魯迅 老不讀胡適》，第 12 頁，中國友誼出版公司，2005。

沈尹默並不隱諱，他如此自曝：「蔡先生的書生氣很重，一生受人包圍，……到北大初期受我們包圍。」「我們」是誰？沈尹默特意指出：「我們，包括馬幼漁、叔平兄弟，周樹人、作人兄弟，沈尹默、兼士兄弟，錢玄同、劉半農等，亦即魯迅先生作品中引所謂正人君子口中的某籍某系。」接著，沈尹默又說中研院時期的蔡元培是受胡適、傅斯年的包圍，而「胡、傅諸人後來和我勢同水火」。[79]

當北大文科以浙派教授為主時，卻也有這樣兩個皖人，一個是文科學長陳獨秀，一個就是由陳獨秀援引進來的胡適。陳獨秀最終因嫖妓而被浙籍教授當作把柄從而逐出北大，沈尹默等力與其事。胡適呢，他的狀況如何？陳以愛接著上文說到：「胡適雖曾出任《國學季刊》主任編輯，但隨著新文化運動以後胡氏在知識界聲望的日漲，他和沈兼士等人的關係也越來越緊張。在雙方關係迅速惡化的情況下，胡適在國學門逐漸被視為圈外人，對國學門的事務實際上是無法置喙的。」這就是胡適的處境，對此，胡適晚年在臺灣的一次談話表明了他當時的態度：「從前在北大時，人家把北大教授分作浙江派、安徽派，浙江的人才多，安徽只有陳獨秀和我。我是一向超出黨派的，所以我對他們說：只有狐狸是成群的。你看獅子、老虎，它們都是單獨出來的；要打仗，也都是單獨打仗的……」[80]儘管胡適是孤單的，但有一點不能忽視，就像章門弟子取代了桐城派，隨著第二波歐美留學潮的興起（第一波留學方向是日本），那些沐浴過歐風美雨的學子逐步回國效力，他們不斷進入北大，在學術上也慢慢形成了取代這些留日派的勢頭。

因此，處在危機感中的某籍某系對胡適的懷疑是有他們自己的理由的，調離周作人，是不是在分化浙籍的力量？尤其胡適與此同時也

---

[79] 沈尹默〈我和北大〉，《北大舊事》第 171 頁。
[80] 胡頌平《胡適之先生年譜長編初稿》第 8 冊，第 3013 頁。

在積極地為北大引進人才，蔡元培就曾贊許地說：「因胡君之介紹而請到的好教員，頗不少。」但胡適的援引，和地緣無關，他的原則「只認人才，不問黨系」。[81]其所引者大都歐美留學，最終，也正是這些具有英美留學背景的人，成了北大包括文科在內的支配力量。應該說，這是一種「勢」，勢所必然，即使沒有胡適，東洋留學的人在整體上也要遜位於留學西洋者。

顯然，不用多說，績溪胡適壓根沒有浙人所懷疑的那種打算，至少，胡適不需要這樣。「某籍某系」可以懷疑胡適（這裏面本來就有疑心很重的人），但作為當事的周作人似不當懷疑。你看這話，雖然說得委婉：「我一向不願意只以惡意猜測人，所以也不敢貿然決定」。模棱之間，卻不隱然也有懷疑的一面？「做人在有疑處不疑」，這是胡適的自律，看來不能以此期許周作人。記得 20 年代胡適致信高一涵，其中有這樣一段：「君子立論，宜存心忠厚。凡不知其真實動機，而事蹟有可取者，尚當嘉許其行為，而不當學理學家苛刻誅心的謬論。」[82]周作人固未誅心，但，這件事既然有利於己，如果存心忠厚，嘉許尚來不及，怎麼會有「不敢貿然決定」的兩可？何況，周作人不是不知道，就在 1921 年，胡適不但幫你的忙，還同時伸手幫你弟弟。且錄這樣兩則胡適致周作人的短簡：

> 「啟明兄：……，你的兄弟建人的事，商務已答應請他來幫忙，但月薪只有六十元，不太少否？如他願就此事，請他即來……」

81　曹伯言《胡適日記全編》卷 3，第 419 頁。
82　「胡適致高一涵 1924 年 9 月 8 日」，《胡適全集》卷 23，第 439 頁。

十多天後，胡適在另信中就此事「為而不有」地說：「此事之成，以錢君之力為多。」[83]

周建人能在商務做事，胡適是出了力的，連同周作人自己的事在內，可見，周氏三兄，胡適在人事上就幫了兩個。姑不說其兄長在二、三十年代力詆胡適，直接受惠的周作人晚年卻如此說話，吾以外局觀之，不得不說此紹興人有欠寬厚。

十二、第一次談政治

1920 年代前期的胡適，在政治上主張「好政府主義」，這一主義，歷遭詬病，直到 1930 年代，魯迅還在諷刺。但這一主義的出臺，有它當時的語境，胡適所以提倡「好政府」，意在反對「無政府」。1921 年 8 月 5 日，南下的胡適在安慶有過一次「好政府主義」的講演，在當日日記中，胡適聲稱「這是我第一次談政治」。

胡適為什麼強調這「第一次」呢？原來，美國回國後的胡適曾表白：20 年不談政治，20 年不幹政治。比如他在《新青年》上就致力於思想啟蒙和傳播新文明，並用力反對 1919 年以後《新青年》的政治化。熟悉胡適的人該知道，這其實並不符合胡適的思想，想當年他初到美國，對政治是何其熱衷。當然，如果宕開一筆，就不難看出，在美國的胡適，可以劃分兩個階段。第一階段即康乃爾階段，胡適這時對（美國）政治極為關心，公共活動之多，以至影響學業而招致老師不滿。第二階段即哥倫比亞階段，胡適發生了變化，他的政治熱情有所消歇，在認識上把教育放在了政治之前。他認為教育乃政治的必要的和先決的條件，並立志回國後，從社會教育入手，走「樹人」道

---

[83]　「胡適致周作人 1921 年 8 月 18 日、8 月 30 日」，《胡適來往書信選》上冊，第 131、132 頁。

路，為新文明「造新因」。可以看到的是，剛到北大的胡適承接的就是留美第二段的思路，他這樣說了，也這樣做了，至少他為他心目中的新文化守身兩年之久。

但，正如晚年胡適在一次演講中的幽默：「穆罕默德不朝山，山朝穆罕默德」，「以前我們是不談政治的，結果政治逼人來談」。[84]兩年後，胡適終於打破自己的言戒，在《每週評論》上客串了一次政治談論（該雜誌本是陳獨秀、李大釗等《新青年》同仁尊重胡適不談政治只談文化的主張，在《新青年》外另辦的一份政論），開談的問題就是「問題與主義」。恪守美式自由主義的胡適分明感到，20世紀尤其五四後紛至遝來的外國學說，最強勁的有兩種，俱來自俄國，一種是李大釗本人新近信奉的布爾什維克主義，另一種就是引進更早影響也更久的無政府主義（又稱「安那其主義」）。胡適那次論戰，主要是針對這兩種主義，但，李大釗出來接招，好像就只針對馬克思主義了，這至少不是胡適的初衷。因此，事隔兩年，胡適自稱「第一次談政治」，就是專門指向克魯泡特金式的無政府主義。不過，它實際上已經不是「第一次」而是「第二次」了。

第一次對布爾什維克主義，第二次對無政府主義，針對當時遞次流行的兩大主流（它們彼此之間亦有分合異同），胡適的立足點當然是自由主義。只不過無政府也是談自由的，它認為「國家存在之間無自由，自由存在之時無國家」。這種極致的自由論，無疑比英美自由主義更具吸引力，比如作家「巴金」，這筆名便是來自俄國無政府主義巴枯寧和克魯泡特金這兩人譯名的首尾兩字，儘管這是後話。但在當時，北京大學相容並包的蔡元培蔡校長就頗認同安那其，安那其在北大也很有勢力。據當時亦是無政府信徒的朱謙之回憶：「五四前後北大圖書館公開陳列無政府主義書報，任人閱讀，給許多知識青年以

---

[84] 胡頌平《胡適之先生年譜長編初稿》第二冊，第358頁。

絕大影響，加以當時的氣候，不能嚴格區分馬克思主義和無政府主義，因而一時被小資產階級知識份子看做社會主義加以接受。」[85]

胡適是在這樣一個背景下打出「好政府主義」的。

講演中，胡適率先批評了無政府主義的三大錯誤：

（1）因反對某個政府就反對一切政府；因反對某種法律就反對一切法律：是論理上的錯誤。

（2）他們假定一種可以自然向善的人性，是心理學上的錯誤。

（3）現在的禍患由於實無政府，而他們還要用無政府來補救，是事實上的錯誤。[86]

胡適在美國習得的自由主義，是法律主治下的自由主義，個人自由全憑法律來保障，否則人類社會將陷入霍布斯所說的「人與人就像狼與狼一樣」的狀態，這個狀態下的自由其實就暗含了殺人的自由，因而為自由主義所不取。另外，自由主義對人性從不抱以樂觀，但也不流於悲觀，它正視人性，認為：因為人性是惡的，所以民主是必要的；因為人性是善的，所以民主是可欲的。可見，胡適對無政府的批評，乃是在自由主義的框架內展開的。

反對無政府，主張有政府，可是眼下的北洋政府實在是「拆爛污」，於是胡適轉而鼓吹「好政府」。他的「好政府主義」的底子就是英國密爾的「政治工具主義」。政治組織包括政府是人類發明的一件工具，政府的存在就是人類公共生活對這種工具的需要，這種工具是有組織、有公共目的的權力，這種權力是用來謀取最大多數人的最大福利。邊沁的味道很濃，是一種新自由主義的政府觀。留美時的胡

---

[85] 轉引[韓]曹世鉉《清末民初無政府派的文化思想》，第 256-257 頁，社會科學文獻出版社，2003。

[86] 曹伯言《胡適日記全編》卷 3，第 415 頁。

適是認同威爾遜的民主黨的，身上激進的東西大於保守的東西。其實按照共和黨的保守觀，政府不過是個「守夜」的角色，維繫公共安全就行了，才不要你什麼最大多數最大福利。如果我恰好不在那最大多數裏面，難道你就不為我謀福利，而我也是納了稅的呀。

按照這種功利主義兼（新）自由主義的政府觀，胡適由此帶出了一個反題，一個顯有激進色彩的反題：「從此可得一個革命的原理：工具不良，修好他。修不好時，另換一件。政府不良，監督他，修正他，不受修正時，換掉他。一部分不良，去了這部分；全部不良，拆開了，打倒了，重新改造一個；一切暗殺，反抗，革命，都根據於此。」（同上）

這樣就不難理解胡適為什麼會作〈四烈士〉的「炸彈詩」了。講演過後，安慶的高等同學會照例請胡適吃飯，飯後，遊當地大觀亭，「大觀亭後，約百步外，為吳樾諸烈士之墓，樹木陰森，已成勝景了。吳樾乃是當年謀炸滿清派出洋考察政治的五大臣的。」（同上）五大臣出洋，是晚清政局衰頹中的一個亮點，然而，同盟會的人依然不停止他們的暗殺、反抗和革命，蓋在於，同盟會壓根就不在於對手改良與否，他們的目的就是推翻，由自己取而代。而此刻胡適沒有想到的是，這種炸彈式的取代即使成功，變換的往往只是權力者而非權力的性質。胡適同樣沒有想到的是，他這一番言論，使他和他自己反對的無政府主義和布爾什維克主義在手段上沒有兩樣。面對惡劣的北洋政治，1921年的胡適，「激進」得可以。

十三、初試《努力》

回國後的胡適因在《新青年》主張「二十年不談政治」，很受大他四歲的朋友丁文江的詬病。胡適和丁文江結交是陶孟和介紹，這個在今人看來「最西化的中國人」一則待胡適如自己小弟，一則不同意

他的觀點時批起來毫不客氣。他明確的對胡適說：你的主張不過是妄想，你們的文學革命和思想革命，都經不起腐敗政治的摧毀，只有良好的政治才是一切社會改善的必要條件。他公開地對胡適的朋友說：你們不要上胡適之的當，說改良政治先要從思想文藝下手。丁文江的識見在這點上起碼高於胡適。至少，政治改良和思想啟蒙是可以同時進行的，而不必人為的有先後之分，更不必因了自己的選擇便厚此薄彼。

胡適也是從善如流之輩，兼之在美國就養成了關注政治生活的興趣，《每週評論》被封後，胡適更感到言論的壓抑，同時他也憎惡北洋政治。這樣便有了一個同仁性的「努力社」，簡稱「E.S」，即英文「Endeavor Society」的縮略。丁文江是「努力社」的最早提倡人，他認為有職業而又不吃政治飯的人應該組織一個小團體，研究政治，討論政治，並對實際政治作公開批評。「努力社」就是這樣一個團體，最初發起者四個人（任鴻雋、王徵、丁文江、胡適），胡適並且草擬了〈「努力會」簡章〉。該會的信條之一，便是「我們當盡我們的能力，——或單獨的，或互助的，——謀中國政治的改善與社會的進步。」他們並且議定：「本會會議時，概用西洋通行的議會法規。本會的性質為秘密的。」[87]

這個秘密的團體成立時間是 1921 年 6 月 1 日。從後來的事實看，他們組成的這個團體，歷史上並無任何影響，但，他們以「努力」命名的一份週報，卻在 20 世紀的言論史上留下了無可擦抹的痕跡。

抄胡適 1921 年 7 月 8 日日記：

「抄『E.S』的會章。下午『E.S』會集。我們都贊成有一個小週報。對於現在的許多重要問題，我們也討論了一會。」[88]

---

[87] 胡適〈「努力會」簡章〉，《胡適全集》卷 21，第 247-248 頁，安徽教育出版社，2003。

[88] 曹伯言《胡適日記全編》卷 3，第 363 頁。

　　贊成有一個週報，提議的也是丁文江，他並建議每個社員每月捐出固定收入的百分之五，連續捐滿三個月，以此作為週報之資。資金對這些高薪收入的教授當然沒有問題，可是，等到報紙出來，卻已經是次年 5 月。十個月過去了，其間自然有些資金之外的波折。

　　先是員警廳不批，不批沒有理由，便藉口房東不同意。於是，胡適又擬了一個呈子，「再請立案，措辭頗嚴厲」，這已是 1922 年 2 月 4 日了。一個多月後，北洋找不到不批的理由，便於 3 月 31 日下了批文，同意辦，但批文上要求胡適他們「慎重將事，勿宣傳偏激之言論」。北洋時代與軍閥混戰並行的，便是言論自由和出版自由。這份自由頗讓後來的胡適他們掛念。還是在 1921 年 6 月，胡適去北京扶桑館與日本作家、《羅生門》的作者芥川龍之介相見，「芥川要用口語譯我的詩」，兩人相談時，這位日本作家說「他覺得中國著作家享受的自由，比日本人的自由大得多，他很羨慕。」胡適回答：「其實中國官吏並不是願意給我們自由，只是他們一來不懂得我們說的什麼，二來沒有膽子與能力可干涉我們。」[89]這就可以理解，為什麼員警廳一次不批，胡適可以繼之以再，甚至「措詞頗嚴厲」。以後人觀之，簡直都搞反了。

　　除了員警廳的干涉，胡適的一些朋友，如在上海辦商務並企圖請胡適過去主持編譯工作的張元濟、高夢旦，包括後來由胡適薦以自代的王雲五都不贊成胡適辦刊。他們擔心胡適將成為「梁任公之續」，即從此走上政治的路。他們的意見是：專心著書是上策，教授是中策，辦刊則是下策。其中陳叔通還認為胡適太平和，不配辦報，尤其這種政論性質的。胡適呢，他在日記中曝露了自己的想法。「自從《每週評論》被封禁之後（八年八月底），我等了兩年多，希想國內有人出來做這種事業。辦一個公開的、正誼的好報。但是我始終失望

---

[89] 曹伯言《胡適日記全編》卷 3，第 336 頁。

了。現在政府不准我辦報，我更不能不辦了。」[90]這正是胡適留學時曾經說過的：心所謂危，不敢不為。至於是否成為「梁任公之續」，胡適並不擔心，他有自己的「度」。在他看來，梁的失誤是他丟了言論事業去做什麼總長，而自己則打定主意不做官，只滿足自己的言論興趣。此即中國古代的「處士橫議」，問政而不從政，對政治保持「不感興趣的興趣」。

如果說以前由陳獨秀主辦的《新青年》和《每週評論》，胡適只是介入，儘管介入得很深；那麼，1922 年 5 月 7 日（星期日）出刊的《努力》，則是胡適按照自己意志主持的第一個政論週報，從此胡適一生和這種政論性的刊物結下了不解之緣，直至其去世。我們說胡適對政治的關心，對公共領域的關懷，多半是體現在他的政論生涯上。通過辦刊（報），他給我們樹立了一個知識份子的樣板，在北大做教授，吃知識飯，這是胡適的「職業」。同時，業餘辦刊，過問時政，以盡一個讀書人關懷社會的責任，這是胡適的「志業」。職志合一，便是知識份子的完型，胡適堪稱這個完型中的表率。

把胡適一生主辦和參與的政論刊物條列如右：1920 年代初期有《努力》，1920 年代後期有《新月》，1930 年代有《獨立評論》，1950 年代有《自由中國》。只是，因為某種原因，1940 年代的《觀察》，胡適採取了疏離的態度，儘管主辦人儲安平不斷向胡適致意，胡適只是給他一副書法條屏。而上述這些刊物，簡直可以構成 20 世紀上半期的知識份子史，它記載了知識份子在那個時代的精神歷程，留下了他們以言論介入公共領域的行旅和足跡。然而，那樣一個言論時代和那樣的言論人物早已風流雲散，作為後人，也只能以司馬遷來慰明心志：雖不能至，心嚮往之。

---

[90] 曹伯言《胡適日記全編》卷 3，第 552 頁。

案：關於《努力》的有關資料（摘自岳麓書社《努力週報》影印本「內容簡介」）：

　　《努力週報》 政治與文藝綜合刊物。1922 年 5 月 7 日創刊於北京，1923 年 10 月 31 日終刊，共出版 75 期，另有增刊《讀書雜誌》18 期。……胡適主編（1922 年底至 1923 年初胡適生病期間由高一涵等代編），主要作者有丁文江、陶孟和、高一涵、朱希祖、徐志摩、陳衡哲等。……政治方面，在「這一周」、「記載」、「調查」等欄裏主要報導北洋軍閥政府的施政狀態、軍事、財政狀況和地方政局的變動，外國列強對華政策和胡適等人的政論時評等。……《努力週報》當時引人注目或產生重大影響的有以「我們的政治主張」為題的討論，制憲問題的討論，玄學與科學的討論和胡適的中國古典小說考證等。

十四、輿論家的態度

　　1960 年代，善作書話的晦庵（唐弢）有〈取締新思想〉一文，說：「1922 年冬，北洋政府的國務會議，進一步通過『取締新思想』案，決定以《新青年》和《每週評論》成員作為他們將要迫害的對象。消息流傳以後，胡適曾經竭力表白自己的『溫和』，提倡什麼『好人政府』，但還是被王懷慶輩指為過激派，主張『捉將官裏去』，嚇得他只好以檢查糖尿病為名，銷聲匿跡地躲了起來。」[91]應該說，這是魯門弟子對胡適的無中生有。他擺出一副經歷過的口吻和修辭來敘談這件事，好像很可信。然而，一查年齡，不對了，1913 年出

---

[91] 唐弢《晦庵書話》，第 96 頁，三聯書店，1980。

生的他，1922 年也才 9 歲。這是典型的道聽塗說，不負責任。好在左派文人攻擊對方往往不負責任。

就這一文本而言，如果 1922 年冬北洋下令取締新思想，胡適便以「好政府」獻媚，那麼，作者難道不知道，早在 1921 年夏，胡適在安徽的一次講演中，就發表了關於「好政府」的言論，那是針對當時的無政府主義提出的。1921 年 10 月 22 日，胡適更是直接以「好政府主義」為題在中國大學講演，後來講演稿還連續兩天登載在《晨報副鐫》上。即使退一步，晦庵在前文提及的「大釗同志」，然而就是該同志也在 1922 年 5 月由胡適起草的〈我們的政治主張〉中簽了名，由此「好政府」主張廣為人知，但，哪怕就是它，亦出現在「取締新思想」半年以前。因此，從時間上來說，唐文的攻擊站不住腳。

至於唐文進一步說胡適嚇得以檢查糖尿病為名，銷聲匿跡地躲起來，更是拾人餘唾。因為當時就有這樣的風言，就這風言寫文章的，至少有這樣兩個人，一個是共產黨人張國燾，一個是國民黨人邵力子。面對他們的指責，胡適還特地作文回應，題目就是邵力子的題目「胡適先生到底怎樣？」1922 年 12 月，胡適因身體不好向北大請假一年，並辭去北大教務長的職務，同時也暫時退出《努力》週刊的編輯（由高一涵代理），這個時間正好和北洋國務會議的「取締新思想」議案湊在一起，於是邵力子便起了疑心。他在國民黨主辦的《民國日報》上發文，引共產黨主辦的《嚮導》上張國燾文章說：「目前怎麼辦呢？還是三十六計，跑為上計呢？還是堅持原來的主張呢？還是從此更有新的覺悟呢？」這是提供給胡適的三種選擇，讓其考量。胡適是在協和醫院看到這文章的，不能不答，因此便在醫院回應了一篇發在《努力》上。胡適在文中坦白：「我是不跑的。生平不知趨附時髦；生平也不知躲避危險。」前一句是回答「還是從此更有新的覺悟呢」，這新的覺悟是指來自蘇俄的新思想；後一句是回答「還是三十六計，跑為上計」。把左的時髦和右傾逃跑否定之後，剩下的就是

「堅持原來的主張」，這個主張（即政治上的英美自由主義）胡適堅
持了一輩子（晚年還引得他的私淑門生唐德剛的嘲笑，笑其一生一成
不變）。最後，胡適語氣依然：「封報館，坐監獄，在負責任的輿論
家的眼裏，算不得危險。然而，『跑』尤其是『跑』到租界裏去唱高
調：那是恥辱！那是我決不幹的！」（上引同）[92]

　　1922 年至 1923 年，是胡適一生中「書生議政」的第一個高潮（第
二個高潮是在 1930 年代的《獨立評論》時期）。這固然與《努力》的
問世有關，不做也不行，當然更是胡適早在美國就立志要做個「輿論
家」的兌現。《努力》時代的胡適，一改以往《新青年》思想啟蒙的
面貌，不談文化而轉對政治。除了若干有關政治時局的論文外，更引
人注目的便是短小精悍的時評，它以「這一周」為通欄，對近一周的
時事作迅捷的點評。該欄目充分顯示了胡適作為一個輿論家的眼界與
幹練。

　　值得一提的是，胡適做《努力》，不僅把鋒矛對時局，也把鋒矛
對準趨附時髦的大眾心理。1922 年 11 月，有人在報紙上批評胡適為當
時在山東辦理「魯案」（即「二十一條案」）的王正廷說話，其實胡
適只是希望有「地方主義」傾向的山東人可以監督王正廷而不要輕易
利用群眾心理驅逐他。於是輿論便指責胡適「未吃得羊肉，反惹一身
膻氣」，說「人家未必而相信王正廷，卻更因此懷疑胡適之了」。胡
適簡潔地回答：「我若因為怕人懷疑而不敢說話，那就不成胡適之
了」。胡適自認是站在輿論家的立場說公道話，而輿論家並不僅僅是
批判的。然而，那篇署名「新猛」的文章提出了這樣一個政論標準：
「大凡政論者所應取之態度，切不可帶有替某人某派或某事辯護的意
思，而只可用超然的目光去批評其是非曲直。」對此，胡適難以認
同。他說：「我們讀了『新猛』先生這幾句話，不能不疑心他所謂

---

[92] 胡適〈胡適先生到底怎樣〉，《胡適文集》卷 11，第 109 頁。

『超然的目光』只是一種阿世曲容的時髦眼光。現在最時髦的是攻擊人。凡是攻擊，都是超然的。我們攻擊人，從來沒有受人『懷疑』過。我們偶然表示贊成某人，或替某人說一句公道話，就要引起旁人的『懷疑』了。」（上引同）[93]比如，胡適舉例，同年度發生在廣州孫中山和陳炯明的衝突，胡適為被視為廣東軍閥的陳說了公道話，由此被國民黨的《民國日報》罵了幾個月。另外，《努力》為屬於北洋的高洪恩說了幾句贊成的話，於是《努力》就被懷疑是由吳佩孚出錢辦的，帶有「洛陽味」了（吳駐軍洛陽）。

的確，回顧 20 世紀，在胡適的時評之外，是有一種專事批判或（攻擊）的文體叫「雜文」，這種文體以其「隨感」的形式在上個世紀獲得了它所能獲得的最高聲譽。在瞿秋白眼中，它是一種「『社會論文』——戰鬥的『阜利通』（feuilleton）」。胡適所謂輿論家的「公道」不是它的訴求，它的唯一的特點便是匕首一般地「戰鬥」。比如，當年胡適的「好政府」也在它的戰鬥之列。也正因為它的戰鬥性、批判性，它很容易獲得諸如「最堅決」「最徹底」「毫不妥協」「骨頭最硬」之類的美稱。雖不「阿世」，但卻「取容」，以上的讚譽便說明了這一點。由此可見，20 世紀二、三十年代的時評與雜感，都有關時事，但卻是兩種不盡相同的寫作。雜感比較單純，也很感性，它批評一切，然後撒手不管，既可以任性，也可以攪局，反正讓你不舒服就行。時評不然，它是一種理性的公共輿論，並不限於罵，甚至罵還不是主要的。因此，它一面批評，一面清議；但同時也一面建言，一面主張。《努力》上的「這一周」多是正面發表自己對時事和時局的意見。然而，好景不長，1923 年，曹錕賄選成功，《努力》的時評空間自感難以存在，胡適便寫信給高一涵等人，商議停刊的事。因為在胡適看來：「此時談政治已到『向壁』的地步。若攻擊

---

[93]　胡適〈這一周・46〉，《胡適文集》卷 3，第 443 頁。

人，則至多不過於全國惡罵之中，加上一罵，有何趣味？」[94]也就是說，罵是可以的（那畢竟是一個可以罵的時代，我們今天卻僅以敢罵能罵善罵為雄雌），但僅僅是罵，胡適是不幹的。他接著說：「若撇開人而談問題和主張，——如全國會議，息兵，憲法之類，——則勢必引起外人的誤解，而為盜賊上條陳也不是我們愛幹的事！」（同上）於是，當建言與主張在惡化的政治環境中有可能與上條陳混同時，愛惜羽毛的《努力》就自動關門了，時在 1923 年 10 月 31 日，即胡適寫這封信的月底。

補：1922 年 2 月，中日「魯案」（二十一條案）在美國的調停下，經過三十多個回合的談判，終於以日本放棄在山東的權利而告終。北洋政府論功行賞。因為胡適曾在「這一周」為王正廷說過話，王後來便託胡適的朋友朱經農帶話給胡適，說要送他一個嘉禾章。胡適「堅決的回絕了」。但王正廷並非戲言，「魯案委員會」1923 年 4 月底給胡適一函：

> 逕啟者：此次辦理魯案出力人員業經呈請大總統保獎，於四月四日奉令照準在案。查 執事所得保獎係三等嘉禾章，特此奉達，即希照收。
>
> 此致
> 胡適先生
>
> 魯案委員會啟 四月三十日[95]

---

[94] 「胡適致高一涵、陶孟和、張慰慈、沈性仁 1923 年 10 月 9 日」，《胡適全集》卷 23，第 415 頁。

[95] 「魯案委員會致胡適‧1923 年 4 月 30 日」，轉引《胡適來往書信選》上冊，第 198 頁。

這則消息早在四月五號就在《益世報》上登了出來，是胡適的朋友告訴胡適的。胡適知道後，便於《努力》上登了這樣一則啟示：

> 胡適啟示：四月五日的《益世報》上登出新發表的一大批勳章，內有「胡適給予三等嘉禾章」的一項。我是根本反對勳章勳位的；如果這個胡適真是我，還是請政府收了回去吧。[96]

十五、「在一個共和的國家裏，什麼叫做悖主？」

《努力》第 8、第 12 和第 16 期上的「這一周」，對當時在廣州發生的「孫陳事件」有所評論，述略如下：

1922 年 6 月 16 日凌晨 3 時，廣州市民從槍聲中驚醒。直到天明方才知道，城中發生事變，陳炯明手下的粵軍包圍了越秀山下孫中山的總統府，要求孫中山下野。雖然孫中山事前得到粵軍第三師長魏邦平的警報，於事變前兩個小時離開總統府，從黃埔登上永豐艦；但府內衛隊拒絕繳械，於是雙方發生激戰。至午後粵軍才佔領總統府，雙方互有死傷。是日，憤怒的孫中山在永豐艦上下令艦隊向廣州城內開炮，次日，再行亂炮轟擊。兩次開炮，使廣州市民死亡人數過百。

粵難發生，舉國驚動，遠在北京的《努力》很快作出了反映。6 月 25 日出版的第 8 期上，「這一周」的頭條這樣開頭：「本周最大的政治變化是廣東的革命與浙江的獨立。孫文與陳炯明的衝突是一種主張上的衝突。陳氏主張廣東自治，造成一個模範的新廣東；孫氏主張用廣東作根據，做到統一的中華民國。」看似一種中性的陳述，但暗含

---

[96] 《努力週報》（影印本）第 47 期，嶽麓書社，1999。

了胡適自己的取向，比如他把這次事變稱之為「革命」。因此，再往下，胡適的筆鋒漸不客氣，「但孫氏使他的主張迷了他的眼光，不惜倒行逆施以求達他的目的，……遠處失了全國的人心，近處失了廣東的人心，孫氏還要倚靠海軍，用炮擊廣州城的話來威嚇廣州的人民，遂不能免這一次的失敗。」[97]

陳炯明本是孫中山麾下的老革命黨人，參加過黃花崗起義及辛亥革命，護法戰爭期間，他驅逐了「客軍」廣東的滇、桂軍閥，使得孫能夠由滬返粵，再建軍政府。然而，這時，他們倆因為政見不同而走向分歧和分裂。回粵後的孫中山決定讓非常國會在廣州選舉自己為大總統，以與北京的總統徐世昌抗衡。當選後孫中山稱自己為「非常大總統」，以表示總統的來源非正規，同時致信徐世昌，表示對方退位則自己同時下野。另外，就職後的孫中山於 1922 年 2 月即宣佈北伐，名為「護法」，實則欲以戰爭的方式推翻北洋，由自己統一中國。這兩點，身為廣東實力派的陳炯明都不贊成（此時他是粵軍總司令和廣東省長），並進行了抵制。其實，不贊成孫中山這兩點的，遠非陳迥明一人。章太炎當時就有一個著名的對子，同時罵倒南北總統：「民猶是也，國猶是也，何分南北？總而言之，統而言之，不是東西。」如果在南方眼裏北廷總統不具備合法性的話，那麼廣州的南廷總統同樣也是非法的，因為它的選舉連法定人數的一半都不夠。如果不談總統而談政府，顯然法統在北京政府而不在廣州政府，後者則是要用武力獲得國權的「軍政府」。因此，就國際社會而言，它只承認北而不承認南。問題在於，直奉戰後，徐世昌於 1922 年 6 月 2 日宣佈退隱，舊國會重行召集，原總統黎元洪也將上任，以完成原來沒有完成的任期。這時「護法」任務已經不復存在，舉國上下，從地方督軍到知識界，俱勸「非常」（亦即「非法」）大總統相隨下野。很典型的例子

---

[97] 胡適〈這一周・10〉，《胡適文集》卷 3，第 408 頁。

莫過於也是當年同盟會的蔡元培,他率領北京學界的胡適、高一涵、沈士遠等二百餘人,於徐世昌引退次日,致電孫中山,敦請其引退。電曰:「護法之目的,可謂完全達到。北方軍隊已表示以擁護正式民意機關為職志。南北一致,無再用武力解決之必要。敢望中山先生停止北伐,實行與非法總統同時下野之宣言。」[98]然而,孫中山一直沒有動靜,而且向列強宣言,呼籲不要承認北京新總統,不要干涉中國內政。同時,針對陳炯明和粵軍的不聽指揮,孫中山在向報界談話時,表示不惜用大口徑的開花炮彈,在幾小時內把陳家軍變成泥粉。此時陳炯明已經辭職退居惠州,他的部下葉舉等 6 月 14 日通電請孫下野,「文諫」未果,兩天後,葉部便上演了那一套全武行。

　　孫陳分裂,在胡適看來是主張上的衝突,甚至是革命,可是在國民黨看來,你陳炯明原來是同盟會,現在又是國民黨,既然孫中山是黨主,那麼,6 月 16 日的行為,對陳來說,無疑就是「犯上」和「叛逆」。對此,胡適深不以為然,他覺得這種攻擊是舊道德在新時代的表現。因此,在 7 月 23 日第 12 期的「這一周」中,胡適批評了這種「舊道德的死屍的復活」:「我們並不是替陳炯明辯護;陳派的軍人這一次趕走孫文的行為,也許有可以攻擊的地方;但我們反對那些人抬出『悖主』、『犯上』、『叛逆』等等舊道德的死屍來做攻擊陳炯明的武器。」為什麼?

> 「我們試問,在一個共和的國家裏,什麼叫做悖主?什麼叫做犯上?至於叛逆,究竟怎樣的行為是革命?怎樣的行為是叛逆?蔡鍔推倒袁世凱,是不是叛逆?吳佩孚推倒段祺瑞,是不是叛逆?吳佩孚趕走徐世昌,是不是叛逆?」[99]

[98]　王士儒等編《蔡元培先生年譜》上冊,第 368 頁,北京大學出版社,1998。
[99]　胡適〈這一周‧21〉,《胡適文集》卷 3,第 417-418 頁。

在胡適眼裏，「叛逆」，或者它的反面「忠臣」，都不過是君主時代的辭彙，辭彙本身就是思想意識的反映，而這樣的思想意識居然盤踞在革命黨人的頭腦中，距離現代實在太遠。

胡適的短評刊出後便和國民黨結了怨，該短文「竟引起孫黨的大反對，他們的《民國日報》日日罵我。前日有位『惡石』（張岡）罵我『喪心病狂』！」這是胡適 1922 年 8 月 13 日的日記，他認為「我的話正中他們的要害，故他們這樣痛罵我。他們的罵我，正表示他們承認這一點的有力。」[100]然而，胡適並沒有到此為止，8 月 20 日第 16 期的《努力》上，胡適一則發表「滌襟」的長文〈述孫、陳之爭〉；另則在「這一周」內繼續作文，對國民黨的歷史發表了自己的看法。在胡適看來，自己的短文所以招致國民黨的怨恨，是因為自己不曾瞭解孫派是用秘密結社的方式來辦政黨的歷史。秘密結社帶有江湖性質，它需要歃血為誓，效忠盟首。胡適指出：「同盟會是一種秘密結社，國民黨是一種公開的政黨，中華革命黨和新國民黨都是政黨而帶著秘密結社的辦法的。」[101]胡適的目光很敏銳，他幾乎道出了國民黨作為一個現代政黨的非現代性。國民黨前身的同盟會是江湖會盟，當它改名國民黨時，在宋教仁的整頓下成為國會第一大黨，這是由會盟向現代政黨轉型。但，不幸的是，宋教仁被刺，「二次革命」起來，原國民黨不聽話，孫中山不要了，另在東京成立一個「中華革命黨」。這又是一個帶有江湖性的會黨，因為孫中山要求每一個入會者都要按指模、宣誓，以示效忠，以至黃興等人以為有辱人格而拒絕加入。1919年 10 月 10 日，孫中山將「中華革命黨」重新改組為「中國國民黨」，以前的同盟會員、國民黨員、中華革命黨員都需重新登記，方才承認為黨員。而加盟儀式依然是在誓詞上按指模，並於黨部宣誓，

---

[100] 曹伯言《胡適日記全編》卷 3，第 756 頁。
[101] 胡適〈這一周‧31〉，《胡適文集》卷 3，第 428 頁。

同時繳納黨費十元。這就是胡適所說的國民黨「是政黨而帶著秘密結社的辦法」。

對於改組後的中國國民黨,陳炯明是不欲加入的。但廣東是陳的勢力範圍,他不加入,粵系隨從,黨的勢力就不能在廣東發展,更談不上在全國發展。因此,孫中山必須解決這個問題。孫陳之間,幾經磋商和周折,陳終於妥協。但,陳之入黨很特別,一不在規定的廣東省黨部的宣誓室宣誓,而在他自己的粵軍司令部;二則別的黨員加盟時要在誓詞上按指印,陳卻只蓋上自己的印章(據第 16 期《努力》滌襟文)。但不管怎樣,陳是入黨了。因此,他後來的作為就被國民黨罵為「悖主」「犯上」和「叛逆」。就連無黨派的「滌襟」在〈述孫、陳之爭〉中,也認為:「競存既正式加盟,就應該受黨章的支配,對於黨魁,就有應該服從的義務。」而後來「競存受多方指摘唾罵,未嘗不於此點種下惡因。」[102]

但,胡適並不這麼看;因為如果這麼看,恰恰說明中國國民黨還沒有擺脫中世紀封建會社的幫會性。胡適是留美的,美國的柔性政黨給他留下深刻印象。比如黨章比較模糊,黨紀鬆散,出入自由,沒有任何儀式,黨領導也不知道該黨的確實人數。因為現代政黨本來就是以理念為聚合,以選舉為任務。大家理念相同便走到一起,想法變了,便自動離去。因此,一個美國公民,今天贊成民主黨的主張,大選中給民主黨投了票,他就是民主黨。假如下次,他把票給了共和黨,他又是共和黨人了。從民主黨到共和黨,是任何一個人很自然的選擇,壓根就談不上什麼「背叛」「悖主」和「犯上」。胡適在美七年,受此浸染很深,儘管他一生未入任何黨派,但他所奉持的政黨觀念卻非常現代。因此,孫陳衝突,他本能地不能接受國民黨對陳的攻

---

[102] 胡適主編《努力週報》(中國近代期刊影印叢刊之二)第 16 期,第 2 頁,岳麓書社,1999。

擊，認為這種攻擊是出自「秘密結社的道德標準」 是「舊道德的死屍」。而「在一個公開的政黨裏，黨員為政見上的結合，合則留，不合則散，本是常事。」（同上）

最後，胡適提出了這樣一個問題，「秘密結社的儀式究竟是否適宜於大規模的政黨？秘密社用來維繫黨員的法子在現代的社會是否可以持久？這一個『制度』的問題似乎也有討論的價值吧。」（同上）而在筆者看來，問題並沒有被胡適引向深入。它的隱秘在於，只要是革命黨，尤其是初期，則難免盟會性質。因為它的訴求是革命，而革命是要流血獻身，也是無論手段的。因此它需要戰鬥力、凝聚力、保密性，也需要嚴密的組織紀律和嚴酷的懲罰舉措。但，令人隱憂的是，一個政黨的性質，並不在於你的訴求是什麼，而在於你的訴求方式。以這樣一個方式發起和行事，即使畢其事功，在慣性的作用下，也難改於它原來的性質。所謂「種瓜得瓜」。國民黨正是如此，從革命黨打拼到執政黨坐莊，長期以往，直到蔣介石退出歷史舞臺，都沒有很好地完成從江湖會社到現代政黨的轉型。

十六、聯邦之路（Ⅰ）

通常認為，《努力》中最響亮的聲音是由胡適起草並發起的〈我們的政治主張〉，這個主張最引人注目的是後來反覆為人所譏諷的「好政府主義」。如果以今天的眼光觀之，《努力》最值得注意的並不是什麼「好政府」，而是它一直在為之努力但後來卻中途而廢（廢於國民黨北伐）的「聯省自治」。這是一個效仿美國聯邦制的建國主張，它暗含於「好政府」中卻未曾言明，但它在《努力》後來的篇幅中以及「這一周」的系列中，得到了較為充分的闡發──只是還未引起我們今天的充分注意。

　　胡適是一個聯邦主義者，這應因了國內自 1920 年掀起的「聯省自治」的潮流。以上「孫陳衝突」，胡適既反對國民黨根據舊道德攻擊陳炯明，也多少遺憾於陳採取炮轟的方式驅逐孫中山（認為打破了南北均衡，有礙於南北和議）。但在政治主張上胡適是認同陳而反對孫的，並指其為「倒行逆施」。孫陳衝突，要害在於孫要通過北伐統一中國，而陳卻主張彌兵息禍，走「聯省自治」的道路，努力把廣東建設成一個模範省。由於孫中山打的是「統一」牌，而「聯省」又被簡單地視為「分裂」，因此，在一個盛行「大一統」觀念的民族國家，持統一主張的肯定佔據著意識形態和道德上的雙重優勢，這種狀況，直到今天。但問題在於，中國自辛亥之後，原本就是統一國家，至少是形式上的。恰恰是護法運動使它分裂，於是才有這一北一南兩個政府，也才有這兩個政府如何統一的問題。

　　無疑，南方的孫中山是要武力革命的，而北廷也不甘示弱。這一南一北在軍事上較勁，夾在中間的湖南便吃不消了。因為南方政府的護法戰爭，使湖南首當其衝，受禍連連。而它的北面，又是北洋直系在湖北大兵壓境。當此南北兩軍鏖戰之際，倍感壓力的湖南督軍譚延闓於 1920 年率先掛出「聯省自治」的旗子，試圖以「獨立」的姿態，將湖南拉出南北政爭之外，且不許雙方加兵於湘境。本來是逼出來的「聯省自治」，不料在全國群起回應。從 1920 到 1922 年，「聯省自治」的熱潮，便在華夏大地蔓延開來。

　　「聯省自治」在當時的中國具有多重意義。它首先就意味著息兵。陳炯明是反北伐的，孫中山北伐失敗後，自然要怪罪於陳。在孫後來向國民黨所作的報告書中，他指責陳和湖南當局勾結，「一則阻我前進，一則絕我歸路」。即使如此，孫中山也不得不承認：「不過湖南方面的阻遏，決不是湖南當局幾個人的意思。湖南當局，固然也不願意，曾與陳炯明通聲氣，但湖南人民不願意，比當局尤切。因為

湖南連年被兵，人民苦不堪言，並且此時北軍尚駐紮在岳州，眈眈虎視，北伐軍一北進，北軍便蜂擁南下，湖南將復為戰場；所以在那年三月內，湖南許多公團，曾組織哀籲團，一面派代表赴桂，哀請北伐軍勿入湘境；一面電請吳佩孚、蕭耀南，撤退駐守岳州的北軍。故阻遏北伐軍的前進，尚不能歸咎於湖南當局接受陳的誘惑……」[103]

反對戰爭，反對武力統一，不獨湖南，國人無不具此心願。但，孫中山是個執意要北伐的人，這對北廷當然是威脅。北方軍閥可能不在意陳炯明的廣東省政府，但無法不在意孫中山的廣東軍政府。很有意思的是，直系軍閥吳佩孚在一次通電中這樣指責南北政府：「南責北以非法，北責南以搗亂，但見其交責，不聞其自反。夫統一必由我成，近於專制，改革必遂我意，近於獨裁。雖各以愛國為名，然以己意代民意，以己是代國是之足為和平障礙則一也。」[104]這南北各打五十板的通電其實更多是打在南政府的七寸上，儘管這位秀才軍閥也是想以武力統一中國的。

有趣的是，身為文人的胡適和也是秀才出身的軍閥陳炯明雖然沒有打過交道，但在一些關鍵的地方他們卻識見相同。反對武力統一，呼喚南北議和，走美國聯邦式的道路，在聯省自治的基礎上，實行全國統一。這一共識，如果陳炯明可以實實在在地在廣東落實，胡適卻只能在《努力》上申張。今天看來，當時中國沒有比聯省自治和停止武力更重要的事了，因此《努力》在這件事上所付出的努力顯然比它的其他議題（比如「科玄論戰」等）都更重要，也更具歷史意義。

1922 年 8 月 14 日，胡適隨同蔡元培、蔣夢麟、李大釗等與吳佩孚的首席幕僚孫丹林見面，「我們談的都是很懇切的忠告。孫的態度很

---

[103] 轉引李劍農《戊戌以後三十年中國政治史》，第 331 頁，中華書局，1965。
[104] 轉引陳定炎《陳競存（炯明）先生年譜》（上），第 381 頁，桂冠圖書公司，1995。

不好。他似乎還在那兒做『武力統一』的迷夢。……孫說時頗得意；他又說，『要是我肯給子玉（即吳佩孚，筆者注）上條陳，只消兩師兵直搗廣州，什麼事都沒有了。』這句話使我們大生氣。子民先生說，『那麼吳子玉也不過是一個軍閥！』夢麟說，『吳子玉何不先打過山海關看看！』說到後來，他的態度稍軟下來了，也承認吳佩孚對於聯省自治應該逐漸改變態度，不可沒有一個退步。」[105]此時孫中山已被陳炯明逐出廣州，逐漸得勢的吳佩孚卻企圖在武力上躍躍欲試，因此，胡適在「這一周」中的態度頗為峻急：「武力統一是絕對不可能的，做這種迷夢的是中國的公賊！」另外，針對另一支正在崛起的政治力量，他們試圖用革命的方式完成統一，胡適的態度也很鮮明：「大革命——民主主義的大革命——是一時不會實現的；希望用大革命來統一，也是畫餅不能充饑。」[106]讓胡適沒能料到的是，革命並非畫餅，國民黨的第一次北伐失敗了，但幾年後的第二次北伐在蔣介石手上卻成功了，它不僅是武力的，也是革命的。國民黨及其後來原本就是革命黨，革命在它們那裏，離開了暴力和武力就什麼都不是。隨著內戰性質的北伐成功，中國政局發生了根本變化：一、維持了十幾年的共和框架徹底顛覆，為一黨專制所取代。二、苦苦掙扎的美國聯邦式的努力徹底破產，代之的是蘇俄式的集權大一統。從此，中國告別了「美國之途」，走上了「蘇俄之路」。

　　據胡適日記，陳炯明在逐走孫中山之後，曾派人在京邀胡適吃飯，飯桌上，來人代為表達陳炯明的意思，請胡適南下廣東辦大學。胡適拒絕了，「我勸他轉告陳炯明，此時先努力把廣東的治安辦好，不妨做一個閻錫山，但卻不可做楊森。借文化事業來做招牌，是靠不住的。」[107]

---

[105] 曹伯言《胡適日記全編》卷 3，第 756 頁。
[106] 胡適〈這一周・41〉，《胡適文集》卷 3，第 437 頁。
[107] 曹伯言《胡適日記全編》卷 3，第 786 頁。

案：前曾言，胡適和陳炯明在一些關鍵的地方識見相同。如其舉例，
在陳炯明邀胡適南下前曾邀陳獨秀南下，南下的陳獨秀和陳炯明
交談時，一則勸其加入共產黨，一則勸說他「要幹不能徒侍軍
隊，廣大的工人群足負很大的任務」。陳炯明明確表示反對，他
的觀點是：「現階段中國勞動運動只宜做勞工教育運動，最不好
是拿勞工做政治本錢，這惡風氣一開了頭，往後將不可收拾。」
[108]同樣，胡適的〈我們的政治主張〉發表後，一波激進青年致信
胡適，一則反對他的主張，二則倡議「平民革命」，到民間去喚
醒民眾。對此，胡適在「這一周」中表態：

> 「『到民間去』四個字現在又快變成一句好聽的高調了。俄國
> 『到民間去』的運動，乃是到民間去為平民盡力，並不是到民
> 間去運動他們出來給我們搖旗吶喊。『到民間去』乃是最和平
> 的手段，不是革命的手段。」[109]

異曲同工！不把自己的主張作政治煽動，更不把民間力量諸如工、
農、商、學作為自己的政治本錢和運作對象，比如 20 世紀我們常見的
學生運動其實是運動學生。陳炯明不論，胡適對此非常清醒。他哪怕
失去學生，也不會運動學生。1936 年初，胡適與信湯爾和，一貫不主
張學生罷課的胡適如此「自清」：

---

[108] 陳定炎《陳競存（炯明）先生年譜》（上），第 495 頁，桂冠圖書公司，
　　1995。
[109] 胡適〈關於「我們的政治主張」的討論〉，《胡適文集》卷3，第334頁。

「我從不曾利用過學生團體，也不曾利用過教職員團體，從不曾要學生因為我的主張而犧牲他們一點鐘的學業。」[110]

十七、聯邦之路（Ⅱ）

「聯省自治」的母本即美國，這是仿效美國政制而欲使之在中國實現的一種政治努力。作為一場運動，它雖然是在 1920 年開始興起，但作為一種思想，早在戊戌維新時代就已萌蘗。在梁啟超眼裏，「共和政治也，聯邦政體也」。辛亥革命時，山東宣佈獨立，省諮議局向清廷提出八項條件，第五條即「憲法須注明中國政體為聯邦政體」。後來上海都督陳其美通電各省，請派代表在上海開會，試圖商討如何建立一個永久性的民國政府，而這個政府的組織形式和原則，也是以美國制度為藍本。通電說：「美利堅合眾國之制，當為我國他日之模範」。倒是臨時政府成立後，為求統一故，中央集權的思想壓倒了聯邦自治的思想。但，此後，章太炎、蔡元培、章士釗、張東蓀等士林中人都是力持美國聯邦主義的。

「聯省自治」這個詞相傳是章太炎的傑作，它是美國聯邦主義在中國的本土化。這個詞有兩個基本訴求：一，各省自己制定憲法，依照省憲建立省政府，不受中央和他省干涉。二，在此基礎上，由各省代表組織聯省會議，制定聯省憲法，以完成國家統一。在當時南北兩個政府都以正統自居並希求用武力統一中國時，聯省的思路是止息戰爭，和平統一。胡適無疑是聯省的贊助者，《努力》也不斷在這方面做工作。但反對聯省的勢力也很大，概而略之：一，主張革命的共產黨人比如陳獨秀是反對聯省的。二，同樣主張革命的國民黨人也是反

---

[110]「胡適致湯爾和 1936 年 1 月 2 日」，《胡適來往書信選》中，第 295 頁。

聯省的，孫中山北伐就是例子。三，北洋勢力中的吳佩孚，四，當時
北美的一批留學生（包括張聞天在內的四十餘人），他們都在反對聯
邦制。胡適在《努力》上與這幾種反聯省的勢力都有過交鋒，以上他
對孫中山的批評，已經大大開罪了國民黨。這裏我們不妨再看他和共
產黨人陳獨秀的爭執。

　　陳獨秀的觀點具有相當的普遍性，一是認為聯省自治其實就是軍
閥割據，而軍閥割據恰是當時的亂源，因此他主張集中民主主義分子
組織強大的政黨，傾覆軍閥，建設民主政治的全國統一政府。另外，
陳獨秀認為自治重在城鎮鄉，而不宜到省，到省，那就是聯邦制，而
聯邦制不合國情。顯然，潛伏在這一觀點之後的，則是全國大一統的
思路。

　　這裏有一個誤區，它既是歷史的，也是現實的：即「聯省自治」
是分裂，而「中央集權」是統一。自周秦以降，「統一」已經成為華
夏民族最牢固的一種民族心理，作為一種集體無意識，無論何時何地
何事何因，誰主張分裂，則舉國共誅，誰聲稱統一，則舉國皆同。聯
省的主張由於和當時武人割據的現實相因應，所以很容易招致分裂的
罪名，而陳獨秀和孫中山也正是分別以此為號召。

　　事實上，胡適既是一個聯邦主義者，也是一個統一主義者。1922
年 6 月 27 日，陳炯明逐走孫中山的第十一天，胡適等一干人在顧維鈞
家聚會，討論國是。據胡適當日日記，「李石曾、王雪廷提出一個商
榷書，提倡一個『邦聯制』（confederation），名為『分治的統一』，
實則嚴格的分裂。我起來痛駁他；因為王君自說是略仿美國最初八年
的邦聯制，故我說，不去採用美國這一百三十年的聯邦制，而去學那
最初八年試驗失敗的邦聯制，是為倒行逆施！是日加入討論的人，沒
有一人贊成他們這個意見的。」[111]從胡適的態度到最後一句，可見

---

[111] 曹伯言《胡適日記全編》卷 3，第 710 頁。

「統一」不僅是一種人心，也是一種禁臠。王雪廷不過一主張而已，以至胡適峻急如此，而他本來並不是這樣的。同樣，在 6 月中旬的「這一周」上，胡適的態度很鮮明：「統一的條件的中心必是承認聯邦式的統一國家，這是無可疑的。但聯邦式的國家全不是現在這種軍閥割據式的國家。」[112]既聯邦，又統一，是當時胡適的基本訴求。

就聯邦制而言，如果統一不成其為問題（美國是聯邦國家，沒人會認為它不是一個統一國家），那麼，胡適和陳獨秀（包括孫中山）的衝突到底在什麼地方呢？他們的分歧實質上是：一個統一的國家應該採取什麼樣的政制。作為一種制度表述，它表現為這樣兩種對抗形式：「中央集權制 v 聯邦分權制」。陳、孫屬於前者，胡適屬於後者。在這個意義上，我們不難看出，中央集權的統一不是國土意義上的統一，而是中央統治權力的統一。同樣，聯邦的分權不是國土意義上的分裂，而是解分中央集權為地方權力。兩者的焦點鎖定在「權力」上，它們是統一國家範疇內權力資源的不同配置。

什麼是聯邦制？請聽聽英國勳爵阿克頓的聲音，他說的非常透徹：「聯邦制：它是權力之間相互並列的關係，而不是權力之間相互從屬的關係；它是一種平等的聯盟，而不是上下之間的等級森嚴的秩序；它是相互制約的各種獨立自主的力量；它是權力之間的相互平衡，因此，自由出現在其中。」[113]以美國聯邦制為例，美國政府和各州政府並不是權力隸屬關係，而是相互並列關係，美國總統並不能任命任何一個州長，後者必須來自各州的民選。因此，美國作為一個統一國家，它是各州之間的平等的聯盟，其中亦不存在各州之間的傾軋。那麼，國家與州之間的權力又是如何配置的呢？如果說「權力者」無論國家還是州都由票選而定；那麼，「權力」無論是國權還是

---

[112] 胡適〈這一周‧9〉，《胡適文集》卷 3，第 408 頁。
[113] 阿克頓《自由與權力》，第 379 頁，商務印書館，2001。

州權都由憲法（省憲和國憲）來決定。憲法既是權力的來源，也是權力配置的機關。其配置方式，中央取「例舉主義」，地方取「概括主義」，此即凡是例舉出來的權力屬於中央外，其他未曾例舉的權力一概屬於地方。兩者相較，中央的權力是有限的，而地方權力無限。這也是地方自治的含義。由於聯邦制的政府權力有國家和州兩個平行的層次，因此這樣一種權力配置又稱「複合制」。

和「複合制」對應的「單一制」即中央集權制。所有的權力「九九歸一」俱屬中央政府，由中央政府再把相應的權力授予給它下面的成員單位，比如州或省。這樣，州省與中央的關係就不是並列關係而是等級森嚴的隸屬關係，州長和省長不過是中央政府派出去的地方官員。根據權力來自誰便對誰負責的原則，地方官員可以不對地方負責而必需要對中央政府負責。它的權力配置和聯邦制相反，是中央取「概括主義」，地方取「例舉主義」，亦即地方權力是有限的而中央政府的權力則無限。中國自周秦以降的郡縣制即是這種中央集權的單一制，它的權力路線圖就是一個自上而下的尖寶塔結構，由中央而郡（省）而縣（市）而鄉（區），以下（包括鄉）則為自治（以上陳獨秀就認為自治只能維持在鄉和城鎮的層次）。各個行政區劃的權力無不來自它的上層，最後一直可以上溯到中央，這就是中央集權的「大一統」。

走了兩千多年中央集權大一統的老路，到最後一個王朝滿清覆亡，王綱解紐，國人便想改弦更張，效法和嘗試美國聯邦制了。而當年美國人之所以不考慮單一制而取聯邦制，就是因為他們覺得後者更適合於廣袤的大陸，適合於多種族構成的人民。也正是在這個意義上，胡適批評陳獨秀時這樣說：「自從秦始皇以來，二千多年的歷史確然呈現一種『合久必分，分久必合』的大勢。這二千年歷史的教訓是：中國太大了，不適合於單一制的政治組織。」至於陳獨秀一面批評聯省自治，一面把當時的軍閥割據視為「中國政治糾紛的根源」，

胡適「很誠懇的替他指出：他所舉的只是糾紛的現狀，並不是糾紛的根源；只是亂，並不是亂源。」那麼，亂源到底是什麼呢？在胡適看來，正是和中央集權相配套的武力統一。所謂「合久必分」，便是中央統治力的衰退，原分封的各地軍閥便鬧起了分裂。而「分久必合」則是一個軍閥用武力消滅其他軍閥，從而形成新的中央集權，又開始新的分封。中國兩千年的歷史都沒有突破這分合迴圈的怪圈。所以，無論面對歷史還是現實，胡適俱認為「軍閥的封建與帝制的運動都是武力統一的迷夢的結果」。他批評袁世凱在民國三、四年間，國內「聯邦論」已起，仍把「袁家將」分佈到各省，即便如此，依然不能遏制各省獨立的趨勢，而袁則誤解病源，以為皇帝的名號可以維繫那崩散的局面，故推行帝制。因此「為強求統一而封建軍閥，然而封建軍閥卻使各省格外分裂，遂成了獨秀說的政治糾紛的現狀」。[114]而欲解決軍閥割據這個政治糾紛，胡適的態度是：「今日決不能希望中央來裁制軍閥；裁制軍閥與倒軍閥的一個重要武器在於增加地方許可權，在於根據於省自治的聯邦制。」（引同上）這是胡適讀了陳獨秀「對於現在中國政治問題的我見」後，在《努力》上回答的一封公開信，題目就是〈聯省自治與軍閥割據〉。

　　讀了胡適的文章，也收到了胡適的信，陳獨秀寫過五頁信紙給胡適，胡適把它粘貼在自己的日記中。如果說胡適是要用省自治的方式來遏制地方軍閥，那麼，陳獨秀的態度更明確：「中國事無論統一聯治，集權分權，無論民主的政治或社會主義政治，不取革命的手段，都只是一場滑稽劇。這是我牢不可破的迷信。」[115]把革命視為自己的迷信，陳獨秀不愧是老革命黨。目的可以暫時不論，解決現下的問題只有革命一途，革命包辦一切。那麼，歷史的走向是胡適的呢，還是

---

[114] 胡適〈聯省自治與軍閥割據〉，《胡適文集》卷3，第371-372頁。
[115] 轉引曹伯言《胡適日記全編》卷3，第811頁。

陳獨秀的呢？很明顯，胡適又失算了。不僅共產黨人陳獨秀是要革命的，南方的國民黨也是要革命的。孫中山臨死前的囑咐就是：革命尚未完成，同志仍須努力。此時共產黨和國民黨已經在革命的大纛下開始合作，完成孫中山遺囑的就是蔣介石武力統一的「國民革命」，就是北伐。1926 年北伐軍進入湖南時，湖南省憲終止，隨之終止的便是自 1920 年也是由湖南開始的歷時六年的聯省運動。後一年，北伐成功，歷史又回復到中央集權的大一統。和歷史不同的是，這次大一統是黨統，黨統徹底宣告了美國聯邦制在中國的破產，同時也宣告了蘇俄政制在中國的起來。從此，蘇俄體制便正式登上了中國政治的歷史舞臺。

案：當共產黨人陳獨秀把聯省當作分裂來反時，一直在湖南的青年毛澤東卻是個非常熱情的聯省主義者。1920 年毛澤東在上海《時事新報》發表〈反對統一〉的文章，聲稱：「胡適之先生有二十年不談政治的主張，我現在主張二十年不談中央政治，各省人用全力注意到自己的省，採省門羅主義，各省關上各省的大門，大門以外，一概不管。」關起門來幹什麼呢？建設一個「湖南共和國」。毛說：「索性不謀總建設，索性分裂，去謀各省的分建設，實行『各省人民自決主義』。二十二行省三特區兩藩地，合共二十七個地方，最好分為二十七國」，而「湖南人沒有別的法子，唯一的法子是湖南人自決自治，是湖南人在湖南地域建設一個『湖南共和國』。」此刻，毛澤東的思想資源源自美國 19 世紀初的「門羅主義」。美國總統門羅當年發表國情咨文，宣稱「美洲是美洲人的美洲」，其要義在美洲不管歐洲的事，歐洲也別管美洲的事。美洲的門羅主義到中國就是「省門羅主義」，湖南湖南人的湖南，中央和外省都別管。這難道是要搞分裂嗎？不，在其他的文章中，毛澤東說：「我們覺得湖南現在所要的自治法，

即與美之洲憲法和德之邦憲法相當。中國現在四分五裂，不知何時才有全國憲法的出現。在事實上，恐怕要先有各省的分憲法，然後才有全國的總憲法，一如美、德所走上由分而合的路。」[116] 從毛澤東的個案，可見當時聯省自治有相當的民意基礎，且中國十多個省已開始或準備實行之，它之最終毀於北伐戰火，只能說歷史走錯了房間。

十八、聯邦之路（Ⅲ）

在國民黨孫中山和共產黨陳獨秀之外，反對聯省的一個重要人物、同時在當時也是最有實力的人物，便是北洋直系的吳佩孚。吳佩孚聲稱，給他三年時間，他一定能統一中國，當然是用武力。1922 年 8 月，吳佩孚的一份通電，其中第二條便表達了他對聯省的反對。胡適以這份電報為底本，以〈吳佩孚與聯省自治〉為標題，在「這一周」中對吳進行了公開的批評。

對於國家政體，吳主張「須以單一之形式，貫徹分權之精神」，而聯省在他看來，不過是「不惜分崩割裂以立法」，這是和孫中山陳獨秀一樣的論調：聯省就是分裂。因此，胡適指謂：「無論聯邦與聯省，並不妨害國家的統一。……因為統一民主國盡可以包含聯邦式的統一民主國。」胡適說：「假使我們能做到像美國那樣的聯邦式統一，難道我們還不能滿足嗎？」[117]

---

[116] 轉引李玉剛〈青年毛澤東與湖南自治運動初興〉，載集體編《一九二零年代的中國》，社會科學文獻出版社，2005。

[117] 胡適〈吳佩孚與聯省自治〉，《胡適文集》卷 3，第 425 頁。

插：有趣的是，吳是個軍頭，未留學過北美，他有此見，不足為論。

　　差不多與此同時，留學北美的中國學生康白情、張聞天等四十多人從太平洋那邊對聯省發表意見，他們的〈制憲庸議〉連日在國內報紙上發表，引起了胡適的注意。這波身在聯邦制度中的人也是反聯邦的，他們認為：「自聯邦說興，國內士大夫狃於現狀，乃揭櫫聯省自治，欲易我二千年來沿習善制」。原來秦始皇的中央集權制在這些留學生眼中是「善制」！「中國自秦始皇兼併六國後，郡縣制度確立，即屬單層統治權。以至於今，就是臨時約法，修訂憲法，憲法草案等所載，也全採單層統治權。」因此，他們的結論是：「依據歷史，依據帝國政府權力的讓與，依據中華民國臨時約法的本意，我們的憲法，必採單層統治權，本不成問題。」這個不成問題的問題，在胡適眼中是一個大混淆，即「把郡縣代表統一，又把封建和聯邦看作一樣」。[118]尤其是後者，封建本是中央集權的產物，它就是中央集權對地方權力的讓與，就像袁世凱把自己的親兵親將分封到各地一樣，它怎麼能夠和權力本來就來自地方的聯邦制相提並論？

　　從這裏可以看出，封建與聯邦的不同，就是地方權力來源的不同。而這個不同，又牽涉到那個時代一個很重要的問題：民治。民治是新文化運動的兩大遺產之一，即陳獨秀所標舉的「德先生」。以上陳獨秀反聯邦時也是打著民主主義旗幟的。可是在陳獨秀那裏，民主只是一個口號，並不曾落實也無從落實。因為民主的落實需要具體的路徑，而聯省自治在當時恰恰可以成為中國民主的路徑依賴。因此，胡適在這次批評吳佩孚時，乃是從民治角度出發的，看起來是批評吳佩孚一人，其實它的批評面甚廣，同時包括「三民主義」的孫中山，扮作「德先生」的陳獨秀，以及其他士林。

---

[118] 胡適〈這一周・50〉，《胡適文集》卷3，第447頁。

　　吳佩孚的統一可以歸結為八個字：「集權於國，分權於民」。胡適責問：「試問怎樣才叫做『集權於國，分權於民』？依吳氏的具體辦法，省長必由中央任命，難道就可算是『集權於國』了嗎？那麼，又怎樣『分權於民』呢？吳氏一面說『宜民自治』，『分權於民』，一面又怕『省長而入選，非軍閥則賈氓；縣長而入選，非鄉願則地痞』。他又說，『政治甫入軌範之日，民選之利尚在無何有之鄉，而其為害已不可勝紀』。如此看來，『分權於民』四個字也只好留在無何有之鄉了。」[119]聯省的要義之一，便是省長民選而不由中央委派，而委派的省長，他的負責對象只能是中央而不是地方，比如當年由北洋皖系派至湖南的督軍張敬堯，在湖南胡作非為，為害甚烈，弄得湘人怨聲載道，最後為湘人所驅逐。因此，聯省意義上的省長民選，具有多重意義。首先，它是對中央集權的「去專制化」，其次，它是權力制衡的一種有效方式，複次，它是民治在中國實行的具體落實。就最後一點而言，民治必自地方始，因為民總是生活在和他利益攸關的地方空間中。大於地方的空間雖是價值上的遞進和超越，但就自治言，它的排次卻在地方之後。如果中央權力是選舉的，但地方權力比如省，卻是中央委派的，那麼對地方來說，它依然不是自治的。反之，如果地方權力來自地方票選，而中央權力卻無從問及，那麼，就這個地方言，它依然可以是自治的。因此，民治也好，民主也罷，包括民權，如果不是騖足於口號（陳獨秀和孫中山是把這個口號叫得震天響），北美聯邦制就是當時最切近實際的推行方式。

　　然而，吳佩孚反對民選的理由也是擺得上桌面的，民眾「組織未備，鍛煉未成」。即使是藉口，但實情也未必不是如此。那麼胡適如何應對呢？胡適說：

---

[119] 胡適〈吳佩孚與聯省自治〉，《胡適文集》卷3，第425頁。

我們要明白承認：民治主義是一種信仰。信仰的是什麼呢？第一，信仰國民至多可以受欺於一時，而不能受欺於永久。第二，信仰制度法律的改密可以範圍人心，而人心受了法制的訓練，更可以維持法治。第三，民治的本身就是一種公民教育。給他一票，他今天也許拿去做買賣，但將來總不肯賣票的一日；但是你若不給他一票，他現在雖沒有賣票的機會，將來也沒有不賣票的本事了。胡適的意思，不是等組織完備、鍛煉已成再推行民治，而是民治本身就能教會民眾如何實行民治，此所謂在游泳中學會游泳。[120]

因此，胡適這樣歸謬吳佩孚：

若因為「組織未備，鍛煉未成」，就不敢實行民治，那就等於因為怕小孩子跌倒就不叫他學走了。學走是免跌的唯一法子，民治是「鍛煉」民治的唯一法子！若依吳佩孚的兢兢懷疑，那麼，我們也可以說：「組織未備，鍛煉未成，究其終極，總統而入選，非軍閥即奸雄；議員而入選，非政棍即財主！」我們何不也改總統為世襲皇帝，改議員為任命的呢？（同上）

最後，胡適指出，現在重要的問題乃是從事權角度確定，哪些權力歸中央，哪些權力歸地方，至於「吳佩孚駁民選省長的理由，是絕對不能成立的。（同上）

　　胡適僅僅是在駁吳佩孚嗎？非也。持吳氏類似看法的，並非吳氏一人。比如，這是魯迅的聲音，當時的魯迅對共和政治之類頗不以為然，他說：「大約國民如此，是絕不會有好的政府的；好的政府，或

---

[120] 胡適〈吳佩孚與聯省自治〉，《胡適文集》卷3，第425-426頁。

者反而容易倒。也不會有好的議員的;現在常有人罵議員,說他們收賄,無特操,趨炎附勢,自私自利,但大多數的國民,豈非正是如此的麼?這類的議員,其實確是國民的代表。」[121]那麼,怎麼辦呢?魯迅的方子是「此後最要緊的是改革國民性,否則,無論是專制,是共和,是什麼什麼,招牌雖換,貨色照舊,全不行的。[122]魯迅的意思很顯然,先人而後制度,人的問題不解決,什麼制度都沒用。另外一個是胡適的朋友張慰慈,他是留美學政治的,是政治學博士。他在他的《政治概論》第七章中,提出的問題是「民治的政治制度有沒有製造良好公民的效力?」這個問題在胡適那兒是肯定的,在魯迅那兒則是否定的。張慰慈以虛擬的口吻說:「有人說,好人民須由民治或共和政體造就出來的。人民只有在民治制度之下才能得到政治上的訓練,才能變成好公民。反轉來說,人民如果沒有執行政治的權利,永不能得到那種相當的政治訓練,永沒有做好公民的機會。」這其實就是胡適當時的思想,然而張慰慈並不同意,他認為:「這樣一種觀念,在理論上也許是很對的,但在事實上卻是沒有根據的。」因為「民治或共和制度決沒有單獨製造良好公民的能力」。[123]在這個意義上,張慰慈和魯迅又是曲徑暗通的。對此,胡適在給張氏這本書作序的時候,再次表達了自己的觀點:「民治的制度是一種最普遍的教育制度」:「凡經過長期民治制度的訓練的國家,公民的知識和道德總比別國要高的多。」然後,胡適以自己留學時見過的兩次美國大選為例,指出美國公民所以諳熟大選程序,蓋在於「他們只不過生在共和制度之下,長在民主的空氣裏,受了制度的訓練,自然得著許多民治國家的公民應有的知識……」因此,「民治制度的最先進的國家也不是生來

---

[121] 魯迅《華蓋集·通訊》,《魯迅全集》卷三,第 21-22 頁,人民文學出版社,1982。

[122] 《魯迅景宋通信集·八》第 22 頁,湖南人民出版社,1984。

[123] 轉引胡適〈《政治概論》序〉,《胡適文集》卷3,第 324 頁。

就有良好公民的；英國今日的民治也是制度慢慢地訓練出來的。至於那些採用現成民治制度的國家，他們若等到『人民程度夠得上』的時候才採用民治制度，那麼，他們就永永沒有民治的希望了。」[124]最後一句話，分明說的就是中國了。

可以看到，當聯省問題變成民治問題時（聯省必然訴諸民治，而離開聯省，當時的民治不過是空談），人，還是制度：這個問題就擺上桌面。吳佩孚以人為理由來延緩制度（後來國民黨的「訓政」也是同樣邏輯），魯迅以人為先而後制度，張慰慈至少也小看了制度的作用；那麼，胡適呢，他的選擇是制度優先，由制度而後人。這是胡適民治思想的基本思路，這一思路一直延續到 1930 年代「民治與獨裁」的思想論戰，也一直延續到我們能否民治的 21 世紀的今天，並給今天的我們以啟發。

十九、「民國史上的一件最不名譽的事」

1924 年第二次直奉戰爭開始，屬於直系吳佩孚的「倒戈將軍」馮玉祥倒吳，乘夜班師回京，發動了著名的「首都革命」（其實是政變）。政變後的馮玉祥除了扣押賄選總統曹錕，又於 11 月 5 日，驅逐前清末代皇帝溥儀出宮，同時修改袁世凱時代制定的「清室優待條例」。

這在當時是**轟動全國**的一件事，此事的主謀當然是發動政變的馮玉祥。他日後在自傳《我的生活》中談到這個情節：

---

[124] 胡適〈《政治概論》序〉，《胡適文集》卷 3，第 324-325 頁。

> ……在商得攝政內閣的同意後，便令鹿瑞伯去執行。他帶了幾個衛士進宮，問溥儀道：「你到底願意做平民、願意做皇帝？若願做平民，我們有對待平民的辦法；若是要做皇帝，我們也有對待皇帝的手段！」溥儀趕忙答道：「我自然應該做平民，無奈許多人跟著吃我，他們迫著我在這裏，要不然，我早就走了。」瑞伯說：「既是如此，就請你立刻遷出宮去，從此做一個良善平民。」[125]

馮玉祥雖是主使者，但當時並不在現場。不妨再看看受事人溥儀是怎樣說的，至少可以互參。溥儀對此事的記載是：

> ……我回到屋裏，過了不大功夫，紹英回來了，臉色比剛才更加難看，哆哆嗦嗦地說：「鹿鍾麟催啦，說，說再限二十分鐘，不然的話，不然的話……景山上就要開炮啦……」其實鹿鍾麟只帶了二十名手槍隊，可是他這句嚇唬人的話非常生效。首先是我岳父榮源嚇得跑到御花園，東鑽西藏，找了個躲炮彈的地方，再也不肯出來。我看見王公大臣都嚇成這副模樣，只好趕快答應鹿的要求，決定先到我父親的家裏去。

溥義出宮後，和馮玉祥派來執行這次任務的北京警備司令鹿鍾麟（字瑞伯）有過如下的對話：

> 「溥儀先生，你今後是還打算做皇帝，還是要當個平民？」
> 「我願意從今天起就當個平民。」
> 「好！」鹿鍾麟笑了，說：「那麼我就保護你。」又說，現在

---

[125] 馮玉祥《我的生活》第408-409頁，黑龍江人民出版社，1981。

既是中華民國，同時又有個皇帝稱號是不合理的，今後應該以
公民的身分好好為國效力。張璧還說：

「既是個公民，就有了選舉權和被選舉權，將來也可能被選做
大總統呢！」

一聽大總統三個字，我心裏特別不自在。這時我早已懂得「韜
光養晦」的意義了，便說：

「我本來早就想不要那個優待條件，這回把它廢止了，正合我
的意思，所以我完全贊成你們的話。當皇帝並不自由，現在我
可得到自由了。」

這段話說完，周圍的國民軍士兵都鼓起掌來。[126]

當皇帝還是當平民，這是一種脅迫，而不是一道選擇題。溥儀被逼出
宮，胡適當日便聞知，沒有多想，幾乎憑著一種本能的判斷和衝動，
當晚就給攝政內閣中的外交總長王正廷寫信。這是封帶有「抗議」性
質的信：

儒堂先生：

先生知道我是一個愛說公道話的人，今天我要向先生們組織的
政府提出幾句抗議的話。……我是不贊成清室保存帝號的，但
清室的優待乃是一種國際的信義，條約的關係。條約可以修
正，可以廢止，但堂堂的民國，欺人之弱，乘人之喪，以強暴
行之，這真是民國史上的一件最不名譽的事。[127]

---

[126] 愛覺新羅・溥儀《我的前半生》第 168-169 頁，群眾出版社，1964。

[127] 「胡適致王正廷・1924 年 11 月 5 日」，《胡適來往書信選》上冊，第 271 頁。

以下胡適提出了幾條在他看來可以比較使人滿意的辦法，然後，此信便摘要登在九號的《晨報》上。

　　為清廷辯護是作為污點留在胡適歷史上的，何況以前胡適應溥儀之邀曾經進入清宮會見過他，而且當時就在媒體上引起軒然大波。跟前清扯在一起，總不外封建、落後、復辟、倒退，不會有什麼好事。胡適居然不止一次冒天下之大不韙（後來又進過一次宮）。像驅逐遜帝一事，是滿京城叫好的買賣，胡適偏偏拂逆民心，獨標言論，如果不是為了出風頭，只能是找上門去觸楣頭。

　　胡適的信在《晨報》登出後，所謂捷如影響，立即就有了各種不同的反映。九號當天就有兩人致信胡適，一個叫好，一個叫不好。叫好的是一個洋人，即溥儀的師傅莊士敦：「親愛的胡博士：今天《晨報》登載的那封信如果真是你的手筆，我要為此向你祝賀。你正是說出了這樣一件正確的事情，並且用正確的方式說了出來。」[128]

　　叫不好的是周作人，他表達了和莊相反的意見：「適之兄：在報上看見你致王正廷君信的斷片，知道你很反對這回政府對於清室的處置。我怕你不免有點受外國人的謬論所惑。在中國的外國人大抵多是謬人，不大能瞭解中國（當然是新的中國），至於報館中人尤甚。」擔心過後，周作人表達了他對這件事的看法：「這次的事從我們秀才似的迂闊的頭腦去判斷，或者可以說是不甚合於『仁義』，不是紳士的行為，但以經過二十年拖辮子的痛苦的生活，受過革命及復辟的恐怖經驗的個人的眼光來看，我覺得這乃是極自然極正當的事，雖然說不上是歷史上的榮譽，但也決不是污點……」，即不是榮譽，也不是污點，那麼是什麼呢？周作人認為，驅逐溥儀不過是「孔老夫子所說的以直報怨」。[129]在周作人的眼中，當時的中國是一個「新的中

---

128 「莊士敦致胡適‧1924 年 11 月 9 日，《胡適來往書信選》上冊，第 272 頁。
129 「周作人致胡適‧1924 年 11 月 9 日，《胡適來往書信選》上冊，第 272-
　　273 頁。

國」，新在何處？是否有了一個中華民國的徽號？他擔心胡適受洋人
所惑，但他不知道，胡適是在事發當天就寫信的，因此，胡適回信告
訴周作人，自己還不曾有機會受到洋人謬論的迷惑。那麼，胡周的不
同在什麼地方呢？胡適並非不滿於去除帝號和改變清室優待的條約，
而在於這種以暴力迫之的恃強凌弱的方式。在周的眼中，胡適的看法
自然是出於「秀才似的迂闊的頭腦」，不免冬烘。於是，我們看到，
留日和留美這兩個知識份子的不同。假如這件事是對的，不管用什麼
方式，都是「極自然極正當的」，事情本身將手段和方式給正當化
了。這是周作人。胡適不然，即使是正當的事，也得用正當的方式，
否則，不正當的方式亦可能將正當的事給非正當化。上面莊師傅稱讚
胡適：說出了一件正確的事，並且是用正當的方式。在胡適這裏，正
當的方式比正當的事更重要，何況這事在胡適看來還未必正當。

　　周作人過後，寫信批評胡適的是李書華和李宗侗。這二李都是留
法出身，李書華是北大物理學教授，李宗侗是北大法文系主任。他們
致信胡適：「一個新文化的領袖，新思想的代表，竟然發表這種論
調，真是出乎我們意料之外。……你對於清室問題的意見，我們以為
你是根本錯誤了……。我們根本上認為中華民國國土以內，絕對不應
該有一個皇帝與中華民國同時存在，皇帝的名號不取消，就是中華民
國沒有完全成立，所以我們對於清帝廢除名號，遷出皇宮，是根本上
絕對贊同的。」這段話等於是二李兄弟的自己表態，因為胡適並不贊
成保持皇帝的名號，他是反對當局的方式。就此，李氏兄弟針對胡適
的「強暴以行之」，推論說：「然則欲使清室取消帝號，必先待復辟
成功，清室復興，再乘其復興後之全盛時代，以溫和、謙遜、恭敬或
他種……方法行之，方為民國史上一件最名譽的事，你這種議論，似
乎令人不解。」李氏兄弟最後的態度是「吾輩如果贊成中華民國這塊

招牌，即須承認『清室帝號取消』為正當的、必須的一件事，無所謂『喪』、『弱』的問題。」[130]

　　這次衝突的雙方都是留學西洋的，胡適接招了。由於致王正廷的信發表以來，胡適自己便如同孔明的草船，嘗罵像箭一樣紛然而至；因此他回信時難免不有點動容：

> 我並不主張王室的存在，也並不贊成復辟的活動，我只要求一點自由說話的權利。我說我良心上的話，我也不反對別人駁我。但十幾日來，只見謾罵之聲，污蔑之話，只見一片不容忍的狹陋空氣而已。賢如兩位先生，尚疑我『先等待復辟成功，清室復興，再乘其復興後之全盛時代，以溫和、謙遜、恭敬或他種方法行之』！此語在兩位先生或以為是邏輯推論，但我讀了只覺得字裏行間充滿著苛刻不容忍的空氣，使人難受。

難受的胡適認為：

> 人各有所見，不能強同。你們兩位既屢以民國為前提，我要請你們認清一個民國的要素在於容忍對方的言論自由。你們只知道『皇帝的名號不取消，就是民中華民國沒有完全成立』，而不知道皇帝的名號取消了，中華民國也未必就可算完全成立。一個民國的條件多著呢！英國不廢王室而不害其為民國，法國容忍王黨而不害其為民國。

---

[130] 「李書華、李宗侗致胡適・1924 年 11 月 19 日」，《胡適來往書信選》上冊，第 278-280 頁。

最後，胡適說：

> 你們既說我是『根本錯誤』，我也不願申辯。我只要指出，在一個民國裏，我偶然說兩句不中聽、也不時髦的話，並不算是替中華民國丟臉出醜。等到沒有人敢說這種話時，你們的懊悔就太遲了。[131]

應該說，李氏兄弟談不上什麼容忍不容忍，不容忍的是當時的輿論。至於他們譏諷胡適要等到清室復興再以溫和之類的方法解決帝號，這不過表明，他們和周作人一樣，不覺得以暴力迫之有什麼不可，因為這關係到中華民國的國體問題。前有周作人的「新中國」之說，這裏又有李氏兄弟民國不容帝號的問題。那麼，到底什麼才是「真」民國呢？胡適的看法無疑更深入。有帝號，不妨害它可以是真民國，比如英法。無容忍則肯定不是真民國，因為沒有容忍就不會有民主與自由。就當時的「中華民國」而言，如果說它還不是一個真民國，肯定不是帝號的存在，而是這種不容忍的風氣舉國氾濫。至少，後者作為問題，要比前者嚴峻得多，而這又並非大多數能意識到，哪怕如李書華這樣的留法者。至於李氏兄弟接到胡適信後，再度駁胡，則更能看出他們的識見：「英國是個運用議會政治的君主立憲國，終不能以民國名之，法國雖『容忍王黨』，但絕未保存王號。法國大革命時，國王路易十六曾上斷頭臺，……法國的學問家、歷史家從未說道這是法國革命史上一件最不名譽的事。」[132]從國體上來說，英國是君主立憲，法國是共和，的確不同。但在國家性質上，兩者卻一樣，都是真

---

[131] 「胡適致李書華、李宗侗・1924 年 11 月 28 日」，《胡適來往書信選》上冊，第 280-281 頁

[132] 「李書華、李宗侗致胡適・1924 年 12 月 5 日」，《胡適來往書信選》上冊，第 284 頁。

民國（真正的民主國家）。就此言，胡適沒有錯，有問題的倒是李書華。按照他的邏輯，取消帝號了的中國可以是民國，而至今依然保存王室的英國倒不能以民國視之，這符合實際嗎？至於法國大革命先後把路易十六及其妻子送上斷頭臺是不是一件最不名譽的事，事到如今，已經無需再置一辭。

胡適致信王正廷，使他付出了相當大的聲望代價。溥儀出宮後，清室善後委員會進入故宮，後來又成立了故宮博物院。當時主持事務的是有國民黨背景的易培基，他和上面那位寫信批胡適的李宗侗是姻親。胡適晚年談及此事，依然那麼心氣平和：「易培基他們組織『故宮博物院』。他們一班人都是反對我的，要在故宮裏找尋我的劣跡，說我私通宣統。他們搜查的結果，發現我給宣統的一張片子，上面寫了『我今天上午有課，不能進宮，乞恕』幾個字，他們配起一個鏡框，掛在故宮裏作為展覽品。我曾到故宮博物院去看過。我問可以照相嗎？他們說不可以……」。[133] 當時國民黨其實是反胡適的，他們如此示眾，分明是要胡適難看。但胡適心地坦然，不僅去看，居然還要為自己的劣跡拍照留念。這樣一個細節很有意思，很可見胡適行事的異秉之處。然而，他們搜查的結果，並不止這張片子。1925 年 7 月，他們在養心殿清查檔，發現一批內務府大臣金梁等密謀溥儀復辟的文件。在金梁所上的條陳中，有一份是為溥儀舉薦賢才，金梁認為梁啟超、蔡元培等人可用其名，其中也提及胡適，謂「皇上以德服人，昔胡適既見後為皇上所化」。[134] 檔當然要公佈，梁、蔡當然也無事，他們未嘗逼宮發言。胡適不同，不僅前科，而且再犯，於是輿論又被煽動。北京當時有一個組織，謂「反清大同盟」，激於義憤，於 8 月 25 日在報紙上公開呼籲，把胡適驅逐出京。

---

[133] 胡頌平《胡適之先生晚年談話錄》，第 255 頁，中國友誼出版公司，1993。
[134] 吳瀛《故宮塵夢錄》，第二部分：成立故宮博物院 金梁五折（4），紫禁城出版社，2005。

案：此事讀來讀去，覺得當時胡適寫給王正廷的信的確過於匆忙，他忽略了一個不能忽略的問題，即驅逐溥儀的合法性。這不僅在於馮系軍人乘人之危以暴力相迫，更在於他們這樣做找不到任何合法性的根據。留駐宮內，是當時簽訂條約中的一個子項，按照程序，先雙方修改條約，然後對方按約出宮，而不必這樣恫嚇相逼。再，清室待遇本來是一樁彼此妥協的交易，辛亥革命後，清政府願意交出國家權力，中華民國臨時政府就此停止國內戰爭並給予相應待遇。制定和簽訂這個條約的是中華民國的立法機構參議院，該條約受法律保護當屬無疑。條約不是不可以修改，也可以廢止，但它需要通過必要的法律程序，不能由哪一派實力說了算（哪怕它是正當的，有民意基礎）。由之而來，我們必要問的是，該條約的修改者或廢止者應當是誰，或，誰才有這個權力？馮玉祥指使一個傀儡性的內閣，用槍桿作後盾強行修改，其修改者本身不具合法性。馮氏不過一無常又無信的倒戈軍人，他的個人意志沒有理由成為國家意志。此人並非不知這一點，因此，在修改條約的抬頭，還自欺欺人地冠以「大總統指令」，以大總統的名義「派鹿鍾麟、張璧交涉清室優待條件修正事宜」（見溥儀《我的前半生》）。這分明是「矯詔」，尚不及漢末曹操「挾天子以令諸侯」。當時的賄選總統分明已被馮自己扣押，他和張作霖推出主政的段祺瑞此時在天津還沒到崗，即使後來就任也不是總統而是臨時執政。不以總統名之，是因為沒經過選舉。可見，總統不在位，又如何能下令？

因此，這件讓周作人和周作人們認為「極自然極正當」的事如果放到今天來評估，它的程序缺席和權力僭越，不僅是胡適所謂的不名譽，而且非法。

二十、「為了一個主張而來，為了主張的失敗而去」

　　一波未平，一波又起。

　　為清宮說話，胡適這邊還沒解套，那邊自己又鑽進了「善後」風波。

　　馮玉祥扣押了曹錕，自己又是二流軍閥，無以取代，國家權力出現真空。待奉系大舉入關，張作霖與馮玉祥商討善後，決定公推隱居天津的段祺瑞出來主持國政。段氏於 1924 年 11 月 24 日在北京就職，由於非國會選舉，不能稱「大總統」，他組織的政府，便稱為「臨時執政府」，而他自己則以「臨時執政」代行國家元首職權。段氏就任，宣稱「革新政治，與民更始」，他首先要做的事便是解決各種時局中的爭端，於是宣佈籌備召開「善後會議」。但，這個會議和已經北上的孫中山意見相反，孫則主張立即召開一個全國性的「國民會議」。於是，國民會議，還是善後會議，便在當時形成了一種政治角逐。

　　這是兩種不同性質的會議，「善後」主要解決刻下時局問題，當時最重要的問題就是軍閥割據，因此它提出的口號是「廢督裁兵」，而參與這個會議的也都是些中央和地方的實力派，比如各路軍閥等。國民會議不然，它是一個有關國體性質的大會，與會必須是全國各地民選出來的代表，通過這個會議，使得中華民國成為一個名副其實的民治國。兩種不同的會議，加上兩個不同的人物：段祺瑞和孫中山，他們各具符號意義。前者是軍閥班頭，後者是革命領袖。胡適何去何從，儼然就成了問題。兩個會議都在拉胡適。段祺瑞和許世英（善後會議籌備處秘書長）先後電胡，邀其與會。這是一月份。次月，北京國民會議促進會亦致函胡適，敦請胡適為國民會議組織法研究委員。國民會議始終未能召開，而胡適已經先此答應了善後會。這是他給許世英的信，是他「躊躇了幾天後」做出的決定：「……我是兩年來主

張開和平會議的一個人，至今還相信，會議式的研究時局解決法總比武裝對打好一點；所以我這回對於善後會議雖然有許多懷疑之點，卻也願意試他一試。」[135]

同為清宮辯護一樣，胡適參加「善後」會議是他 20 年代又一個洗刷不掉的污點。當時輿論普遍認為，這個會議不僅是軍閥包辦，而且是軍閥分贓。胡適說他是「嘗試」，可別人眼裏卻是給軍閥「幫忙」。「幫忙」這個詞並非中性，它是貶義的，後來它更和「幫兇」「幫閒」聯繫在一起，構成所謂「三幫」。當時輿論對胡適極為不利，京報的邵飄萍收到兩封有關胡適的信，他轉給了胡適。其中一封來自名叫董秋芳的年輕人，此人以前不僅在《努力》上和胡適討論過「好政府主義」，而且到過胡家，和胡適當面談論問題。他對胡適的態度，就一般青年而言，頗有代表性：「我們認為喪心病狂的軍閥政客們底分贓的行徑，先生竟也興高採烈地預備大踏步前往參加了！……萬不料如梭的時光，竟會使先生落伍到如此地步！蔽護不倫不類的清室的語調，不出之於鄉村遺老之口，而倡之於『自古成功在嘗試』的先生！已經從『百尺竿頭掉下來』的胡先生呵，如果你再願意犧牲『新文化運動的權威』的榮銜，去參加這少數人宰割全體民眾的善後會議，恐怕一試之後，便不容你再試了。」最後，這位青年說：「我們讀過先生近來的言論，知道『胡適之』三個字上，已沾滿了灰色的塵點，我們只好盼望先生努力向這黑暗的處所去『幹！幹！幹』！」[136]半是警告，也半是希望，儘管後者已是殘存。

胡適接信後，給邵飄萍回了信。他表示了這樣的態度：

---

[135]「胡適致許世英・1925 年 1 月」，《胡適來往書信選》上冊，第 295-296 頁。

[136]「董秋芳致胡適・1925 年 1 月 15 日」，《胡適來往書信選》上冊，第 303-305 頁。

> 青年界對我的議論，乃是意中之事。生平不學時髦，不能跟人
> 亂談亂跑，尤不能諂事青年人，所以常遭人罵。但八年的挨罵
> 已使我成了一個不怕罵的人；有時見人罵我，反倒使我感覺我
> 還保留了一點招罵的骨氣在自己的人格裏，還不算老朽。[137]

《努力》之後的胡適已經漸漸失去了青年的擁戴，特別是這連續發生的兩件事（辯護清室和參加善後），使胡適自新文化運動以來的聲望指數下降到最低點。非但如此，北大一院的廁所牆壁上甚至有學生的咒罵，罵胡適「賣身於段賊」，「擁戴段祺瑞為父」。自此以後，胡適和學生相疏不相得，再也沒有抓住青年過。如果說青年總是代表著一個時代的激情與進步，那麼，青年離他而去，適足以見出在那個喧囂滾進的時代大潮中，不務激進，本身就顯得保守、落伍，乃至反動。

　　反者，道之動。胡適並非不知道輿論的情形和青年的態度，同時也有很多好友勸他慎重將始，不要和軍閥坐到一起，不要去對牛彈琴。但，胡適發言行事，常有獨立特行的一面，他總是依憑自己的良心和理性，並不輕易為外界左右。那些「愛惜羽毛」的好意，胡適心領了，但會議還是仍舊參加。1925 年 1 月 17 日，胡適在當天的日記中披露了自己的心跡：

> 我是不怕人罵的。我此次願加入善後會議，一為自己素來主張
> 與此稍接近；二為不願學時髦人談國民會議；三為看不過一般
> 人的輕薄論調。」[138]

---

137 「胡適致邵飄萍・1925 年 1 月」，《胡適來往書信選》上冊，第 306 頁。
138 曹伯言《胡適日記全編》卷 4，第 201 頁。

國民會議的動議來自國民黨，積極贊助它的則是年輕的共產黨。這兩黨正處於合作階段，它們代表的是國內激進的乃至革命的政治力量。可是，它們的某些聲音，在胡適看來與其是進步，不如是時髦，並不樂意聞見。比如他們主張國民會議的一個重要內容是反帝，而胡適對帝國主義這個概念壓根就不買賬，認為這不過是一種時髦話語，並不能解決任何問題。另外，在軍閥戰爭沒有止息的情況下，當務之急是召開一個和平會議，這樣的會議可以讓軍閥討價還價，而不至於在戰場上對打。至於以民眾代表為組織的國民會議，它的訴求因其高遠而無以解決刻下的和平問題。在時局問題上，可以看到，胡適不是理想的，而是務實的。他出於他自己的務實考慮，在一片譏評、反對、咒罵聲中，於 1925 年 2 月 1 日出席了這個國民黨宣佈退出的善後會。

染缸裏抽不出白絲條，進去就等於自取其辱。同流合污這個污點直到今天，還高懸在各種版本的歷史論著中。其實，如果我們注意一下當時，在高調譴責之外，還是有不同聲音存在的。由北大部分教授為主體創辦的《現代評論》，對於善後會，就有著和胡適頗為接近的思路。《現代評論》出刊之初，就碰上這個鬧得沸沸揚揚的善後會。北大教授周鯁生在該刊第二期即以「我們所要的一個善後會議」為題，表明了自己的態度：「老實不客氣的說，我們對於現在的執政府是很不滿意的；我們對於他的解決時局的誠意和能力也是懷疑的。但我們究竟不能因此就連他所準備召集的，而我們認為有召集的必要和成功的可能之『善後會議』，也一概的反對或冷視。反過來，我們認為對於這種會議應當予以充分的注意和督責。」[139] 在國民黨因為不滿而宣佈退出後，周鯁生又題以「善後會議是否應當參加」，表示了不同意見：「現今這樣的善後會議的前途，已經令人懷疑，如果民黨和名流等不去參加，那個會議之無信用，無結果，是可以斷定的，而

---

[139] 周鯁生〈我們所要的一個善後會議〉，《現代評論》第 1 卷第 2 期第 5 頁。

時局的解決更是無希望的了。……所以為使責任明瞭起見，民黨分子和負時望的名流也應參加善後會議，把他們正大的主張正式的提出來。」[140]對於國民黨提出的國民會議，北大教授王世杰認為尚不具備條件，他在「國民會議的基本地盤」中，認為國民會議目下還沒有現成的地盤幫助它實現。這個地盤包括兩項內容：「第一便是賦有政治自由的省會；第二便是有代表資格的法團。」[141]王世杰和國民黨是有聯繫的，由他和他的同仁創辦的這份《現代評論》也有國民黨的暗中資助。但，這波人（當時被稱為「現代評論派」）在政治上持論穩健，不趨極端。他們的言論不以激動人心為務，而務求於事有補。如果胡適是以學界名流的身份與會，《現代評論》這撥自由主義知識份子對善後的態度則自取為「督責」。

插：據胡適 1925 年 1 月 17 日日記：「通伯說，昨夜他們（現代評論社）請精衛、稚暉等國民黨領袖吃飯，席上力勸國民黨加入善後會議。精衛說，他自己是如此主張，『先生』（孫文）也有此意。但到後來精衛倒在椅子上睡著了。」[142]這個「通伯」，即陳西瀅。

胡適參加善後，中間有這樣一個插曲。胡適雖然不認同國民會議的時髦主張，但他也草擬過一個《〈國民會議組織法〉草案》。此草案曾引起過輿論的反對。其中第十一條：「凡有左（下）列情事之一者，不得有選舉權及被選舉權」。所謂下列情事有三款，第三款是指：「不能解說日用通行之文字者」。[143]這意味著不識字的人既沒有選舉權，也沒有被選舉權。國共兩黨對此展開嚴厲的批判。國民黨方面在上海《民國日報》發佈「中國國民黨反對善後會議制定國民會議

---

[140] 周鯁生〈善後會議是否應當參加〉，《現代評論》第 1 卷第 6 期，第 5-6 頁。
[141] 王世杰〈國民會議的基本地盤〉，《現代評論》第 1 卷 4 期，第 5 頁。
[142] 曹伯言《胡適日記全編》卷 4，第 202 頁。
[143] 胡適《〈國民代表會議組織法〉草案》，《胡適全集》卷 21，第 336 頁，安徽教育出版社，2003。

組織法宣言」。共產黨方面的陳獨秀和瞿秋白都專門撰文批判胡適的
這項條款。陳獨秀文章的題目就是〈愚弄國民的國民會議條例〉，其
愚弄要點之一，就是「以教育、性別、宗教限制人民的選舉權及被選
舉權」。在陳獨秀看來：「工人、農民是全國人的衣食父母，其數量
又占全國人口百分之九十以上，他們大半不能解說並寫作本國日用通
行之文字，現在一概被擯在國民以外」，[144]這不是愚弄是什麼。瞿秋
白亦持此看法：「中國是世界上第一等的『不識字國』，輕輕的這樣
一條條文，便可以剝奪百分之八十的中國公民之選舉權。其實這大多
數不識字的民，大半都是工人、農民、小商人、女子，他們的工作和
勞力是中國全社會生命的基礎，他們何以不應參預選舉及政治呢？」
瞿並質問：「胡適之，你是不是政治上的柏拉圖派——要使識字的統治
不識字的呢？」[145]

　　按照陳、瞿的單邊批判，胡適根本就不是一個民治主義者，或者
是一個偽民治主義者。但我們可以知道，在這批判的後面，其實是一
種由來已久的分歧。還是在 1922 年，胡適起草〈我們的政治主張〉，
就選舉制，他就提出廢止現行的複選制，採用直接選舉。當時陳獨秀
發布的〈中國共產黨對於時局的主張〉，則提出「採用無限制的普通
選舉制」，並批評胡適他們是「妥協的和平主義」，「小資產階級的
和平主義」。當時，胡適一邊莫名驚詫：「我們竟不知道我們現在居
然成了有產階級與無產階級之間的一種第 X 階級，叫做什麼小資產階
級！」，一邊就選舉的有限與無限表示：「他們和我們的區別只在步
驟先後的問題：我們重在『現在』的最低限度的要求，故事事只從
『現在第一步』著手。即如我們的第五條主張『廢止複選，採用直接

---

[144] 陳獨秀〈愚弄國民的國民會議條例〉，《陳獨秀文章選編》下，第 18 頁，
　　　三聯書店，1984。
[145] 瞿秋白〈胡適之與善後會議〉，《瞿秋白文集》政治理論編第三卷，第 125-
　　　126 頁，人民出版社，1989。

選舉』，而他們主張『無限制的普通選舉』。我們自然也會談無限制的普通選舉，不過我們斟酌現在的情形，不能不把這個主張留作第二步。」因此，胡適最後表態：

> 我們對於這種宣言者的唯一的答案是：「我們並不菲薄你們的理想的主張，你們也不必菲薄我們的最低限度的主張。如果我們的最低限度做不到時，你們的理想主張也決不能實現。」[146]

近三年過去，胡陳看法都沒有變化，但，當年胡適認為這種分歧只是步驟先後，到了此時陳獨秀這裏，卻嚴峻為「愚弄」。

胡適是「愚弄」民眾嗎？本身，留美的胡適比沒出過西洋但卻崇拜法國大革命的陳獨秀不僅更懂什麼是民治（比如陳獨秀直到晚年才憬悟民治是不分階級的）；而且更懂得在一個沒有民治基礎的國家如何逐步推行民治。此刻，胡適預留地步地把不識字置於全國性的國民會議之外，本不是剝奪國民資格，而是他試圖把他所習得的美國經驗本土化。美國作為民治樣板，並非一開始就是無限制的普選。不僅當時沒有財產的人沒有選舉權，就是婦女選舉權也不過是 20 世紀初的事。正如當初美國人認為，一個人沒有財產很可能就不負責任；那麼，一個不識字的人，如果被選進國民會議，你說他在議事時又如何能夠負責任？至於選舉權，如果地方選舉尚可，直接的全國選舉，他其實也是無從負責的。讓其滯後，至少是一種可以討論的主張。

1937 年，胡適和他的朋友在《獨立評論》上討論中國憲政時，舊話重提，把他多年以前的這個思想更明確化了：

---

[146] 胡適〈這一周・17〉，《胡適文集》卷 3，第 413-414 頁。

憲政可以隨時隨地開始，但必須從幼稚園下手，逐漸升學上去。……我們幾個朋友都不贊成現行的國民大會選舉法的「普通平等」的選舉方式。我們主張先從有限制的選舉權下手，從受過小學教育一年以上的公民下手，跟著教育的普及逐漸做到政權的普及。這不是用教育程度來剝奪多數人的選舉權；這只是用選舉權來鼓勵人民讀書識字。我們也不贊成現在的人輕易主張「創制，複決，罷免」三權。這些民治新方式都是在代議制的民主憲政長久實行之後用來補充代議制之不足的。我們此時應該從一種易知易行的代議制下手，不必高談一些不易實行的「直接民治」的理想。[147]

這就是胡適著名的「民治幼稚園」理論，即民治必須從「最低限度」的幼稚園水平開始，一步步提高。然而，高調的民治口號儘管做不到，但卻比穩健的民治主張更吸引人，尤其是年輕人。設若把胡適上述辦法和陳、瞿的振振有辭放在單純嚮往民主但卻缺乏實際民主經驗的學生面前，不難想像他們的好惡去從。從這一方面看，也不難明白，1920 年代以後的胡適為什麼會一步步地失去年輕人。

　　善後會議的首要並不是國民會議組織法之類，當務之急是軍事善後。胡適所以參加，不過是要貫徹和平主張從而止息戰禍。但，就此點而言，胡適無所作為。入會之前，他就向章士釗等人表示：敵國交戰尚且先要停戰，然後議和；今政府不能制止各省戰爭，則不配談善後。然而，善後期間，江浙戰爭一觸即發，河南戰事則日益加劇。2 月 18 日，胡適撰文表示退出：「軍事的善後為善後會議的一件重要任務；若本會議不能作局部軍人□執的仲裁機關，更有何面目高談全國的軍事善後？所以我們主張□□□□當此戰禍重開之時，善後會議應

<hr>

[147] 胡適〈我們能行的憲政與憲法〉，《胡適文集》卷 11，第 770-771 頁。

停止開會。若在□□□□□續開會，我們只好不出席了。」（筆者：方框乃原文如此）[148]這是典型的胡適方式，態度非常明確，語氣卻沖和如此。停止開會不由胡適意志為轉移，胡適所能做的，便是自己不出席。3月4日，胡適直接致信段祺瑞，公開聲明退出善後會議。

侯門一入深如海，廁身善後便失身。儘管胡適中途退出，但在名節上為時已晚。面對各種不利於自己的言論，胡適將會如何評估自己呢？對此，胡適並沒有說過什麼，但我們也未必就不能知道胡適的態度。這不妨是一個參照。1922 年，胡適提出「我們的政治主張」，其中標榜「好政府」，結果簽名中的王寵惠、湯爾和、羅文幹三人組閣，組成所謂的好人政府。其中新任教育次長的湯爾和因爭取教育經費未果而辭職，只做了個「五日次長」。有些人怪其性急，但胡適卻在《努力》上給予這樣的贊同：「為了一個主張而來，為了主張的失敗而去：這是很正當的行為。我們對他表示同情的敬意。」[149]放在這裏，胡適未必不會用它來自指。

幾十年後的今天，回望參加善後的胡適，雖然未克事功，但畢竟「質本潔來還潔去」。

二十一、「不過我説的話，我想定然是不合時宜的」Ⅰ

1925 年春末夏初，上海發生「五卅慘案」。在上海的日本紗廠發生工潮，工人和資方交涉時，共產黨員顧正紅被日人開槍擊斃，另七

---

[148] 胡適〈退出善後會議〉，《胡適全集》，卷 21，第 342 頁，安徽教育出版社，2003。
[149] 胡適〈這一周·24〉，《胡適文集》卷 3，第 422 頁。

人受傷。此事激起上海社會各界對外國勢力的憤怒，5 月 30 日下午，成千上萬的學生、工人、市民在租界遊行示威時，英國籍捕頭下令開槍，當場打死 13 人，打傷 40 多人。這就是現代史上著名的「五卅慘案」。慘案很快轉為「五卅運動」，在年輕的中國共產黨發動組織下，上海市民總動員，開始罷課、罷工、罷市。而且運動迅速向全國輻射，全國各大城市都掀起了轟轟烈烈的反帝運動。

這是一個民氣沸騰時期，鼓蕩民氣乃是反帝需要的一個重要策略，而反帝又是「國民革命」的頭等任務。五卅運動中，上海政治組織結合運動創辦的《熱血日報》高調出臺，該報由瞿秋白主編，在其發刊詞中，瞿秋白聲言「創造世界文化的是熱的血和冷的鐵，現世界強者佔有冷的鐵，而我們弱者只有熱的血」。[150]言下之意，不惜用熱的血與冷的鐵進行鐵血之戰。這期間，瞿秋白寫了一系列短論，筆名都是一個字，輪番是「熱」「血」「沸」「騰」「了」。在一篇文章中，熱血沸騰了的瞿秋白以「義和團運動之意義與五卅運動之意義」為題，將兩者進行了種種比較。義和團固有其不足，比如沒有無產階級的領導，但義和精神卻是要發揚的。義和團運動的意義就在於義和精神，這同時也是五卅意義之所在。可以看到，重祭義和精神，乃是這一派政治力量的某種策略。如果說當年義和團畢竟還是赤手空拳，陳獨秀這時在《嚮導》擬定的總口號卻是「武裝平民」，「建立平民的革命統一政府」。

民間是一個煽動的對象，同時也是個炸藥包，一點就燃。試看該年 6 月中旬《晨報副鐫》上一篇文章的題目，赫然就是「幹幹幹！」，這是胡適當年「努力歌」中的句子，是不是受此靈感不得而知。文章開頭和結尾，包括十多個段落的第一句，一律都是鏗鏘的

---

[150] 瞿秋白〈《熱血日報》發刊辭〉，《瞿秋白文集》政治理論編，第三卷，第 184 頁。

「一二三，二二三，幹幹幹，幹幹幹！」文章除了作者署名外，落款則是「琉璃塔先鋒隊」。當時被引導的民間輿情，主要集中在宣戰、經濟絕交、全國性的無限期罷工罷市罷課、徹底廢除不平等條約等問題上。以激進的姿態，鼓動民眾，試圖一攬子解決上述問題，顯然，這種激進在事功上根本不可能，但在道義上卻能站住腳，而且，越激進越道義。因此，當激進主宰了道義合理性甚或激進即道義的同時，非激進的聲音包括那些理性的聲音，必然被視為道義的反面。梁啟超就是一個例子，他主張在法律範圍內解決滬案，立即成立會審機關，調查開槍事實，殺人償命。同時主張政府交涉時不要看重那些雪恥的條件，而務在取得對於國際現狀來說能夠改善的條件。梁啟超的主張遭到了輿論的普遍的反對。不僅在政治上被罵為賣國，而且還要把他逐出國去。

　　1925 年 6 月 26 日，《晨報副刊》發表胡適〈對於滬漢事件的感想〉，這是胡適在中國少年衛國團所作的公開講演，也是胡適第一次對該事件發表意見，而且是在患病之後。胡適在開頭部分就打預防針：由於在各種意見當中，主張比較平和一點的人，似乎很不能見容，「所以我想說幾句話。不過我說的話，我想定然是不合時宜的。因我的主張，比較傾向於和平方面一點；在現下一般人熱氣正高的時候，說和平派的話，自然不大時髦，不容易得著大家的熱烈的同情的。」現場是熱烈的同情，還是熱烈的反對，我們無從知道卻可以想像，但胡適下面就開始為梁啟超辯護。「聽說有人在執政府提議要把梁任公先生驅出國境，我覺得這不大好。我們不是要求真正的自由嗎？真正自由的精神在哪裡？出版有自由，言論也有自由。一個人只要他有種意見，在他自己總有發表出來的權利，在我們總不能禁止別人發言。意見對不對又是一個問題，就算不對也盡有商量討論的餘

地，何至於就說不愛國了呢？」[151]接著，胡適就聯繫到了自己。由於當時英國公使想和北京學生界對話，胡適受歐美同學會所託，介紹北大學生會的學生和駐京英公使見面，消息見報後，輿論就把胡適的行為指責為和英國人「勾結」。

插：滬案發生後，胡適和羅文幹聯名致信當時的外交總長沈瑞麟，提出自己的交涉意見。另外又和羅文幹、丁文江、顏任光聯名致電英國，由留學英倫的羅家倫打印數千份，分發給英國工黨，從而使議會中的工黨議員在國會中為中國說話的人更多。[152]

　　在上述講演中，胡適的意見有三點：「（一）要調查事實（二）要有負責任的態度（三）要認清步驟」。

　　就第一點而言，五卅那天，集中在租界大馬路（今南京路）上的遊行隊伍越來越多，交通堵塞。巡捕房出動，抓捕工人學生多人。下午 3 時許，全市的大中學校幾乎完全集中到南京路上來了，約有三四萬的學生和工人，加上看熱鬧的市民等，足有十萬人。數千名中外巡捕夾雜在中間，被擁擠的人們推來推去，弄得暈頭轉向，毫無辦法。人們團團圍住巡捕房要求放人。下午三時四十分左右，英捕頭命令開槍，慘案於是發生。

插：不妨看看前共產黨人張國燾的敘述。張雖然不在現場，但五卅這天下午，他剛好從從廣州經香港抵達上海，幾乎是第一時間就知道了慘案發生。他的敘述是這樣：「下午三時許，一個外國巡捕抓住兩名講演的學生，向老閘捕房行進。跟在後面的有手執小紙旗的講演學生兩百余人和無數看熱鬧的群眾。當這一群人擠到老閘捕房門口時，即遭受巡捕們的排槍射擊……」[153]

---

[151] 胡適〈對於滬漢事件的感想〉，《胡適全集》卷 21，第 343-347 頁，安徽教育出版社，2003。

[152] 事見胡頌平《胡適之先生年譜長編初稿》第二冊，第 594-595 頁。

[153] 張國燾《我的回憶》，第 385 頁，東方出版社，2004。

在會審公堂上，英捕頭聲稱學生工人要衝擊巡捕房，搶奪裏面的槍支彈藥，並說明在下令開槍前十秒曾經發出警告。他們提出的證據是，打死打傷的人，槍彈是由前而入，並非由後而入。一位牧師證人在會審公堂的證人席上這樣說：「我若以教士身分言，則不應開槍；我若以警官及法律家身分言，則必須開槍，以便保護財產。」[154]那樣一個成千上萬人的場面，情形到底如何，胡適主張通過司法調查，弄清真相，尤其強調於熱烈之中當存理智，尊重事實。

第三點，五卅之後，群情激奮，一些政治組織乘勢提出一攬子解決外交問題的政治主張，如瞿秋白，他們的主張是：一、廢除一切不平等條約；二、廢除租界制度、協定關稅等；三、收回海關及稅務的管理權；四、收回一切軍港、商港……。這一切是否能通過無限期的罷課罷工罷市做到呢？顯然不可能。胡適的主張大致是分步驟進行。它可以分兩步，第一步是法律解決慘案本身問題，包括懲凶、賠償、道歉等。第二步才是縱深的政治解決，即要求召開一個修改一切不平等條約的會議，以解決幾十年來中外一切衝突的禍根。

至於第二點，更是體現了胡適有關「負責任」的一貫精神：

> 何為負責任？就是將主張的效果先想像出來，考慮一下，然後用這個效果來批評自己的主張。對於自己的主張負責任，就是有負責任的態度。（引同胡適前文）

任何事，任何行動，不是一味從動機、意圖、主張出發，而是同時想到這個動機、意圖、主張所能帶來的效果（結果），這便是馬克斯·韋伯的「責任倫理」。「責任倫理」就是對結果負責，它總是自覺地

---

[154] 轉引瞿秋白〈上帝呢，還是財產？〉，《瞿秋白文集·政治理論編》卷3，第211頁，人民出版社，1989。

把行為結果作為自己應承擔的責任，並理性地考量利弊得失，然後決定其行為。和「責任倫理」相反的「意圖倫理」不然，它往往不考慮意圖所帶來的結果，也不考慮它所需要償付的代價，甚至，為實現其目的，哪怕血流成河。就五卅本身以及五卅以後各色人等的態度，小而言，即從以上胡適和瞿秋白的不同主張，大致就可以看出「責任倫理」和「意圖倫理」的分際所在。

針對當時輿情中的宣戰、絕交、無限期罷工罷市罷課等，胡適當然不會從意圖出發而是從責任出發，對這些類似口號的主張一一作了具體的剖析。「譬如主張宣戰，就要把宣戰的效果想出來是怎樣，有如何的影響。不要只是口裏說一陣宣戰就完事。誰去打戰？怎樣戰法？陸軍怎樣？海軍怎樣？軍械怎樣？軍費怎樣？既是主張宣戰，總得要籌畫一下才算負責任吧。」（同上）年輕人的特點是激昂於口號而未違於謀劃，胡適故作如此之說，他的本意，當然是反宣戰，因為誰都知道中國的實力，開戰對於自己毫無好處。至於經濟絕交和罷工罷市，胡適也作了相應分析，比如就上海以外的罷工，胡適指出「除了自己受極大的痛苦而外，而仇敵並受不到多大的害處」。這一點，北京大學的馬寅初說的更直接，《現代評論》上他的文題就是「總罷工總罷市之足以自殺」，文章分別從匯兌飛漲、金融紛亂、生產停頓、物價騰貴四個方面詳申細述，明確反對全國範圍內的總罷工和總罷市。可以看到的是，在五卅運動中，胡適、馬寅初，還有《現代評論》的一些同仁，他們在一致譴責英日的同時，更務實於己方的策略，而不涉於洩憤和煽動（當時有一種輿論，說學界丟臉，被人利用，實行暴動）。

二十二、「不過我說的話，我想定然是不合時宜的」II

關於宣戰，《現代評論》的陳西瀅有過一篇〈閒話〉，是不屑的諷刺：

> 張歆海先生有一天晚上在王府井大街走路，忽聽得前面一聲聲的吶喊。他走上前去，看見一個車夫在路旁哭泣，說有一個喝醉了的美國兵坐了車，非但不給他錢，還打了他一頓。再走幾步，看見一黃衣的巡警躺在爛泥裏，掙扎著不得起身。遠望前面黑黝黝一片人，還在叫著嚷著，走近去一看，原來是三四十個人跟在兩個美國兵的後面叫喊著「打！打！」這兩個美國兵不慌不忙的慢慢的走著，有時還立停了轉身看看後面的中國人。後面的中國人口中喊著「打！打！」，可是總是隔著六七丈的距離，美國兵走他們也跟著走，美國兵立停他們也跟著立停。他們的人數聚愈愈多了，一會兒就有了百餘人，也有幾個員警，可是還只是遠遠的跟著喊「打！打！」美國兵走到了東交民巷的一個口上了，他們回返身來，笑著嚷道：「來呀！來呀！」說了奇怪，這喊打的百餘人不到兩分鐘便居然沒有影蹤了！

於是，「不贊成高唱宣戰」的陳西瀅壓抑不住憎惡：「打！打！宣戰！宣戰！這樣的中國人，呸！」[155]

然而，陳西瀅的一聲「呸」，惹怒了《語絲》派的魯迅。《現代評論》和《語絲》互不相能，此刻正在為女師大風潮彼此攻訐、紛爭不已。陳西瀅的〈閒話〉無疑又提供了招致攻擊的把柄，魯迅以〈並

---

[155] 陳西瀅《閒話》，《現代評論》第 2 卷第 38 期第 9 頁，岳麓書社。

非閒話〉為題，直斥陳西瀅「這樣的中國人，呸！呸！！！」[156]西瀅一個「呸」，魯迅兩個「呸」。其實力主國民性批判的魯迅，未必看得上陳西瀅筆下的「這樣的中國人」。但，魯迅說得，陳西瀅說不得，一說，註定要挨「呸」，還兩下。不僅如此，幾十年後，《魯迅全集》的注釋班子，索性將陳西瀅此文定性為「除轉述張歆海的話以外，還對五卅愛國運動加以辱罵和污蔑。」[157]推理此語，陳西瀅「辱罵和誣衊」的那幕街頭活報劇就是「五卅愛國運動」了。果如該邏輯成立，那麼是誰在「辱罵和污蔑」五卅呢——這些聰明可愛的注釋家們！

　　五卅運動在全國範圍內掀起，頗得力於青年學生。當然，在學生之後，別有力量。首先是它運動學生，又由學生運動工人和市民，遂使局面呈扇形輻射開去。五卅期間，魯迅曾這樣論述學生運動：「倘在教育普及的國度裏，國民十之九是學生；但在中國，自然還是一個特別的種類。雖是特別種類，卻究竟是『束髮小生』，所以當然不會有三頭六臂的大神力。他們所能做的，也無非是演講，遊行，宣傳之類，正如火花一樣，在民眾的心頭點火，引起他們的光焰來，使國勢有一點轉機。」[158]魯迅的話是五四經驗的一種正面表述，五四的成功顯示了學生在國事中的作用。這一作用也充分為當時令人側目的三種政治勢力所注意，國民黨、共產黨、青年黨無不把學生作為自己爭取的對象，同時也把學生作為自己的籌碼。如果當年五四時的學運帶有相當的自發性，那麼，五卅時的學運因其政治力量的發動，已經是很自覺也很成功地運動學生了。對此，知識界的知識精英們各自有不同的看法。

---

[156] 魯迅〈並非閒話〉，《魯迅全集》卷三，第 124 頁，人民文學出版社，1987。
[157] 轉魯迅〈並非閒話〉注釋（2），《魯迅全集》卷三，第 126 頁。
[158] 魯迅〈補白〉，《魯迅全集》卷三，第 105-106 頁。

　　在魯迅的正面認同之外，一些留學英美的知識人對學運卻有一定的隱憂。五卅剛過若干天，人在外省的任鴻雋致信胡適，說：「學生們的長久罷課，與無關係的工廠的罷工，犧牲而無目的，是值不得的。認真說來，越要救國，越要讀書，越要作工。但是南京、上海一帶的罷課罷工，似乎都是一往直前的衝動，而且他的發動都在一般學生手裏，沒人可以 control（控制）。北京隔得遠一點，頭腦應該冷靜些，不曉得你可以同大學的一般人出來提倡一點較為深遠的根本的辦法嗎？」[159]任氏的「根本的辦法」不外「救國不忘讀書」。這當然也是胡適的看法。自五四以來，胡適始終注意以罷課為表徵的學生運動的負面性。五卅大罷課後，全國學生總會議決秋季開學，學生一律到校復課，胡適撰文表示支持。他說：

> 我們要為全國學生下一轉語：救國事業更非短時間所能解決：帝國主義不是赤手空拳打得倒的；「英日強盜」也不失幾千萬人的喊聲咒得死的。
> 救國是一件頂大的事業：排隊遊街，高喊著「打到英日強盜」，算不得舊國事業；甚至於砍下手指寫血書，甚至於蹈海投江，殺身殉國，都算不得救國的事業。救國的事業須要有各色各樣的人才；真正的救的預備在於把自己造成一個有用的人才。

這分明是給轟轟烈烈的學生運動和群眾運動潑冷水，註定是要挨罵的，但胡適堅持把話說下去：

---

[159] 「任鴻雋致胡適‧1925 年 6 月 9 日」，《胡適來往書信選》上冊，第 337 頁。

在這個高唱國家主義的時期，我們要很誠懇的指出：易卜生說的「真正的個人主義」正是到國家主義的唯一大路。救國須從救出你自己下手！[160]

胡適的文章受到了當時唐山大學青年學生劉治熙的一些質疑，在《現代評論》刊登劉氏書信的同時，胡適尾隨其後寫了篇「附言」。附言中，胡適談到了學運背後的政治干涉以及自己的主張：

今日學生紛紛加入政黨，這不算是組織。學生團體本身沒有組織，學生自己沒有組織的訓練，而僅僅附屬於外面現成的，有作用的黨派。那是無益的。學生時代的組織所以可貴，正在於兩點：（1）學生自己參加，自己受組織的訓練；（2）沒有軌外的作用，不過是學生生活的一種必需的團體生活。現在的學生團體完全是驚外的組織；平日不曾受過秩序的團體訓練，到有事的時候，內部可以容少數人的操縱，外面可以受有作用的人的利用；稍有意見的分歧，也不能用法律上的解決，必鬧到分裂搗亂而後罷休，——有時候鬧到分裂搗亂還不肯甘休。所以我們奉勸青年學生第一要注意那些有秩序而無作用的純粹學生組織的訓練，這是做公民的基礎，也是做群眾運動的基礎……[161]

胡適反對學生捲入政黨政治的漩渦，卻主張通過學生自治組織的訓練，從而為自己成為公民養成一個基礎。這樣的主張在當時不合適宜，放在今天來看，卻是洞見。它道中了 20 世紀學生運動的某種痼

---

[160] 胡適〈愛國運動與求學〉，《胡適文集》卷 4，第 629-630 頁。
[161] 胡適〈劉熙關於「愛國運動與求學」的來信附言〉，《胡適文集》卷 11，第 121-122 頁。

疾，同時也指出了拯救之途。可惜，胡適的心思白費了，而且總是白費。他和 20 世紀的主流精神如此不吻，張口就像個時代落伍。

插：1925 年 6 月 5 日，參加聲援五卅的北京女子師範大學學生許廣平致信魯迅，信中她向她的老師描繪了天安門廣場上學生集會的場景，很生動：

> 上海風潮起後，瞬的「以脫」的波動傳到北京來了；萬人空巷的監視之下，排著隊遊行，高喊著不易索解的無濟於事的口號，自從兩點多鐘在第三院出發，直至六點多鐘到了天安門才算一小結束。這會要國民大會，席地而坐以休憩的「它們」，忽的被指揮的揮起來，意思是這個危急存亡，不顧性命的時候，還不振作起來，一致對外嗎！？對的，骨碌的個個筆直的立正起來！哈哈，起來看要把戲呢！說是什麼北大，師大的人爭做主席，爭做總指揮，台下兩派呐喊起來助威，且叫打者，眼看舞臺上開幕肉博（搏）了！我們氣憤的高聲喝住，這不是爭做主席的時候，這是什麼情形，還競爭各自雄長，然而眾寡不敵，鬧的只管鬧，氣的只管氣，這種情形，記得前些時天安門開什麼大會，也是如此，這真算「古已有之」不圖更見於今日。[162]

讀胡適日記，1925 年 9 月 26 日，胡適南下武漢，受武昌大學和武昌商科大學的邀請，前去講演。胡適在日記中坦言：「我這回來，挨了不少的罵。湖北一班共產派的學生出的《武漢評論》出了一個『歡迎』專號，其實全是謾罵。」[163] 9 月 28 號胡適在武大作過一次講演後，收到了一位署名李翊東的年輕人的來信，此人也留學美國，回來後為武

---

[162]「許廣平致魯迅・1925 年 6 月 5 日」，《魯迅景宋通信集》，第 73 頁，湖南人民出版社，1984。

[163] 曹伯言《胡適日記全編》卷 4，第 212 頁。

大一職員。據胡適日記：「他有一封信給我，我看了就撕了，後來頗悔不曾保存此信給湖北的朋友看看；幸而漢口的《晨報》登出此信來，我很高興轉載其中用大號字排印的一段」。[164]胡適力主寬容，其實也有不寬容的時候，撕信即為一例。看來人的本性是欠寬容的，胡適生氣，亦是本能的表現。可見寬容不是天生的而是生成的。那麼，是什麼樣的講演讓那位也是留美的年輕人那麼不滿以至致信胡適以至也使胡適為之動容呢？

在漢口《晨報》刊登的〈李翊東質問胡適書〉裏，胡適是這樣涉及五卅的。這是李的轉述：「五卅滬案，鬧得全國紛擾，你們……應該走的一條路，就是閉門讀書，不管閒事。滬案打死的是少數人，你們……反省一下，看看直奉戰爭，打死十幾萬人。你們對於奉直不說話，為什麼對於滬案要說話呢？」

對此，李翊東的反駁是：「就國界說，奉直的戰爭，好比是兄弟鬩於牆；滬案是以強凌弱，以賓欺主。依你說，奉直戰爭打死多數人是不應該的，難道說英國人打死中國少數人是應該的嗎？……依你的意思，英國人打死中國的人還打死少了，要不要再請英人打死幾百幾千幾萬呢？」[165]

在胡適日記裏，還保留一段《晨報》發表李信同時所刊發的社論，題目〈對於胡適講演之失望〉。云：「奉直戰事，殺人頗眾，然只同根相煎而非異族相殘也。語曰：『兄弟鬩於牆，外禦其侮。』如適之言，內亂宜急，外侮不禦，是欲率外人而殺盡我全國人民也。謂非為外人宣傳帝國主義，其孰肯信？」[166]

胡適的話並非沒有可議之處（但它是出於李的轉述，胡適自己並沒留下文字），不對奉直發言就不能對五卅發言嗎？然而，胡適的基

---

[164] 曹伯言《胡適日記全編》卷4，第215頁。
[165] 「李翊東致胡適·1925年9月29日」，《胡適來往書信選》上冊，第349頁。
[166] 曹伯言《胡適日記全編》卷4，第218頁。

本意思肯定沒有問題，問題卻大在振振有詞的批駁方。除了單向思維的邏輯一推到底，把己意強加於人，更蟄伏著一種讓人可怕的潛意識。中國統治者殺人，數量再多，也沒關係，只消一句話就輕輕打發，所謂「兄弟鬩於牆」，那是自家人關起牆門的事。對外不然，死的再少，也茲事體大，因為牽涉到國體的榮辱，有一個面子問題，所以要「外禦其侮」。外禦其侮當然需要，五卅之後，胡適和《現代評論》已經做了他們認為該做的工作，只是不是以鼓動罷課和宣戰的方式。但就生命的價值而言，內外無別，豈可將「異族相殘」置放於「同根相煎」之上？上述對胡適的兩段批駁都根深蒂固地滲透著這一點。其可怕在於，生為中國人，如果生不平等，連死也不會平等。死於外侮，尚有人起來抗議，甚至可以立碑誌永。可是死於自己的統治，則成了無聲無息的冤魂。冤魂一縷，剩下的只是個數位，有時連數位尚搞不清楚。這是民族主義在死亡倫理學上極為愚昧的表現。它流被了整個20世紀。

案：胡適講演完就走人，未曾對上述兩段文字作出反映。然而，翻讀五卅期間魯迅的相關文字，有一節似可與上述兩文構成對應：

> 上海的英國捕頭殘殺市民之後，我們就大驚憤，大嚷道：偽文明人的真面目顯露了！那麼，足見以前還以為他們有些真文明。然而中國有槍階級的焚掠平民，屠殺平民，卻向來不很有人抗議。莫非因為動手的是『國貨』，所以連殘殺也得歡迎；還是我們原是真野蠻，所以自己殺幾個自家人不足為奇呢？自家相殺和為異族所殺當然有些不同。譬如一個人，自己打自己的嘴巴，心平氣和，被別人打了，就非常氣忿。但一個人而至於乏到自己打嘴巴，也就很難免為別人所打，如果世界上「打」的事實還沒有消除。[167]

---

[167] 魯迅〈忽然想到〉，《魯迅全集》卷3，第91頁。

二十三、「百尺竿頭掉下來」

「一九二五年我應韋蓮司教授的邀請，到他家裏茶敘，曾與這位奇女子相見。她懇切地向我探問胡先生的近況。我就我所知道的報告她。她聽了讚美地說：『他正在創造歷史』。」[168]

這是留美博士蕭公權晚年關於康乃爾大學的一段回憶。他提到的那位「奇女子」，正是胡適留學時的美國女友韋蓮司。韋蓮司並非不知道胡適回國後的情況，因為胡適在書信中對自己在國內的表現並不避諱。韋蓮司只是從一個中國學生那裏獲得了證實。她的讚美是由衷的。

問題是，情況真的如此嗎？

1923 年 3 月 12 日，胡適有信韋蓮司，他是這樣向她彙報回國幾年的「業績」：「說到中國文學革命，我是一個催生者。我很高興地告訴你這件事差不多已經完成了。……我怎麼也想不到我所遭遇到最危險的敵人竟是這個輕易的成果。我似乎一覺醒過來就成了一個全國最受歡迎的領袖人物。去年一月在一個由上海週報所舉辦的一次公眾投票中，我獲選為『中國十二個最偉大人物』之一。很少有人能理解到：與暴得的大名鬥遠比與反對的意見鬥更艱難！」[169]

1922 年，胡適在《努力》「這一周」中談及北大，就它從以往死氣沈沈的「官僚養成所」因五四而驟然成為「新文化運動中心」，說：「暴得大名，不祥。」[170]某種意義上，也是自指。

從 1917 到 1925，胡適回國後的聲望經歷了一個由上往下的大幅曲線。當韋蓮司 1925 年稱讚胡適「正在創造歷史」時，她其實不知道，這不但是胡適聲望下降到最低的年份，而且胡適在年輕人的心目中已

---

[168] 蕭公權《問學諫往錄》，第 96 頁，學林出版社，1997 年。
[169] 周質平《胡適與韋蓮司深情五十年》，第 61-62 頁，北京大學出版社，1998。
[170] 胡適〈這一周・43〉，《胡適文集》卷 3，第 439 頁。

經走向價值的反面。頗能說明問題的是，也是在這一年，一個北大學生在致胡適的公開信中聲稱，胡適從「百尺竿頭掉下來」。

這一年，胡適到底是「正在創造歷史」，還是「百尺竿頭掉下來」？如果遠在北美的韋蓮司無從知道，胡適自己是知道的。問題是，短短幾年間便如此輾轉反側，這一切是怎麼發生的呢？

回望胡適回國之初，是借新文化運動之勢而崛起。尚未回國之前，《新青年》就發表了他的〈文學改良芻議〉，看起來，這是新文化運動之始，但真正蔚然成勢的，卻是後來陳獨秀的〈文學革命論〉以及北大教授錢玄同的支持和介入，甚至包括錢玄同和劉半農假借莫須有的王敬軒而自編自演的那場不道德的苦肉計。所謂時勢造英雄。是那個時代需要一個胡適，如果沒有胡適，也會製造出一個張適或李適，並非胡適本人在實力上一定拔了頭籌。話雖如此，畢竟，果如溯源，新文化運動造成聲勢的起點，就是胡適的「改良芻議」。這是繞不過去的歷史關節。

胡適在新文化中的表現，主要體現在兩個方面，一是作為新文化主體的白話文運動，一是新文化運動中反傳統播西學的思想啟蒙。這兩個方面都能饜足當時年輕人求新求變的精神需要，因此獲得聲譽。另外，在公共領域之外，胡適以不到三十的年齡榮膺北大教授，而他的弟子傅斯年、顧頡剛等在國學功底上非但不亞於他，甚至有些超出。更何況那些實力派的同事，更是用眼睛盯著盛名之下的他。環境的壓力，迫使胡適發奮著述。1919 年，《中國哲學史大綱》（卷上）在商務出版，又使胡適在北大在學術上站住了腳。這時的胡適，得盡天時地利人和，可謂如日中天。

胡適回國之始，曾自發其誓：二十年不談政治。和魯迅一樣，試圖從思想文化的角度，改造國民、改造社會。假如胡適能夠恪守其言，僅僅在思想、文化、學術上著力，不逾矩、不出位，其聲望，或許低落，但畢竟可以維持。但，胡適按捺不住早在美國形成的「輿論

家」的志願，開始想在政治輿論乃至政治運作上發言，一個重要的標誌，就是於 1922 年開始主編《努力週刊》。辦刊的直接動因，便是陳獨秀被捕，胡適接辦《每週評論》後旋即被封，這使胡適產生不能不談政治的感覺。這樣一個政論刊物，剛打出旗幟，就遭到一些青年人的質疑，比如魯迅的同鄉弟子孫伏園致信胡適，表示的意思是：文化比政治更重要，從大多數沒有知識的人當中，不可能產生好政治。胡適拋棄思想文化上的事業，來寫〈政論家與政黨〉之類，實在是不值。信的最後，孫懇切表示，他要替文化史奪回被政治史拉去了的胡適。此時的胡適，以「我的歧路」為題，慨歎自己來到了一個和以前不同的歧路上。這是一個三岔口：「哲學是我的職業，文學是我的娛樂，政治只是我的一種忍不住的新努力。」[171]但，我們知道，這種「新的努力」卻成了胡適的「不歸路」。哲學，胡適終於沒能做下去，學術史上他給我們留下的是中國哲學史的「半卷遺恨」。至於文學，胡適自知缺乏這方面的才質，他曾借重龔自珍的句子自我調侃「但開風氣不為師」。只有政治（同時包括思想文化）成了胡適的終身關懷（但並非唯一關懷）。胡適渴望他在美國習得的自由民主在中國制度化，並為此付出了一生的努力。然而，歷史似乎和人開玩笑。胡適不但生前沒有看到自由民主在中國成為一種制度，而且，恰恰是在政治上，胡適被年輕人所代表的那個時代潮流視為反動。

　　當然，政治成為胡適的「滑鐵盧」，並非僅僅在於胡適談政治，問題更在他如何談。從根本上來說，胡適不是一個激進的人，即使在文學革命上，他也是被裹挾到那個地位。這從新文化運動兩篇「開山作」的題目就可以看出。胡適的題目很謹慎，是〈文學改良芻議〉，陳獨秀不然，直呼為〈文學革命論〉。「改良」與「革命」最終成為

---

[171] 胡適〈我的歧路〉，《胡適文集》卷 3，第 366 頁，北京大學出版社，1998。

這兩個朋友之間的價值分野。在比較的意義上，可以發現，即使在文學革命中，胡適也是一個「改良派」。當他從文學領域進入政治，依然恪守的是「改良」思想。提倡改良於胡適其實很自然，一則他生性溫和，二則這是他在美國的習得。他的美國老師杜威就是個尺長寸進的社會改良主義者。陳獨秀呢，不僅天性激烈，好騖極端；而且他的思想背景的主色調是法國和法國大革命。在文學領域，他要把胡適的文學改良昇華為文學革命。從文學到社會到政治，「革命」邏輯當然也一以貫之。

也就是說，陳獨秀是一個單一主義者，他的文學觀、社會觀、歷史觀乃至政治觀是相通的；因為，在他眼中，社會就是一個整體，用一種邏輯便可以隨處打通。他自己也不會感到有什麼不適。胡適不是一個整體主義者，如果他在文學文化上可以顯得激進的話，那麼，他在思想上是一個自由主義者，而在政治上，卻是一個保守主義者。看起來，這是一種精神分裂，但其實是一種社會觀上更為複雜的多元主義。這種現象，並非胡適唯獨。1980 年代，美國社會學家丹尼爾‧貝爾就以一個複合型的思想家而著稱。他在政治上是自由主義，在經濟上是社會主義，在文化上是保守主義。該現象表明，社會本身不是鐵板一塊，面對社會各個領域中的問題，需要的是不同的「遊戲規則」。一味地改良，或者一味的革命，有時不免陷於簡單。如果說，胡適的改良在文學上被陳獨秀裹挾了去，那麼，在社會政治領域中，陳獨秀不斷希望胡適再進一步、再進一步；但胡適已經無以前進了。他最終沒能越過「革命」這道鐵門限，不僅與陳獨秀分道揚鑣，而且還註定要成為「革命」作為世界潮流的那個時代的落伍者。

案：1924 年，陳獨秀曾對他的安徽同鄉這樣評價也是同鄉的胡適：「思想是不進則退的。……文學革命不僅要革去文言，提倡提倡白話，便算了事……。一二百年前，也有很多的大部大部的書是

用白話的。在今天，卻不能不把用白話寫出來的究竟是些什麼，仔細地看看，決不能把那用白話寫的東西，一概都作為好的了。」[172]

白話不過是工具，可以寫出好東西，也可以寫出壞東西。當陳獨秀反對北洋政治時，胡適用白話起草了在陳獨秀看來肯定不是好東西的〈我們的政治主張〉。這個主張究竟是些什麼？至少有一點，它不是革命的，而是主張「好政府主義」（或「好人政府」）。由於該主張是在北洋政治的框架下提出，而此時的軍閥政治正為世人所痛恨；因此，它一提出就遭受詬病，甚至多年以後，魯迅還不忘提筆譏刺。但，人是複雜的，此時的胡適剛過而立之年，在改良的一面外，「偶爾露崢嶸」，還有旺其血氣的一面。比如，他寫過夜半驚醒的「炸彈」詩，滿紙是暴力。也在《努力》上發表「幹／幹／幹」的「努力歌」，幾乎就是不明所以的鼓動。但，這樣的內容，哪怕是詞句和節拍，都能贏得年輕人的喝彩。因此，年輕人對他的棄取，事實上是有一個以觀其變的過程，但看歧路上的胡適往哪個方向走。

這不妨視為個例。胡適的政治主張提出後，北大一些學生鄭振夏、董秋芳等致信胡適，他們提出一個要害的問題便是：「你們沒有明白告訴我們的，──還是取革命手段呢？還是取改良手段呢？還是先破壞後建設呢？還是在惡基礎上建築『好政府』呢？」當然，他們其實是有選擇的。在他們看來：「我們平素相信政治的徹底改造在平民革命。經十一年來的教訓，大家都已覺得中國已到千瘡百孔的病境，頭痛醫頭腳痛醫腳，不徹底的和平改良，如今已經山窮水盡……再進一步，我們相信平民革命的奮興劑，一面是『到民間去』，一面是手槍炸彈。……這種手槍炸彈同『到民間去』的先鋒隊

---

[172] 轉汪原放《亞東圖書館與陳獨秀》，第 95 頁，學林出版社，2006。

就是我們一班有完全人格，清楚頭腦，犧牲膽量的青年。」[173]應該說，這樣的論調和胡適的「炸彈」詩倒不無吻合。胡適這樣回答了他們：「可改良的，不妨先從改良下手，一點一滴地改良他。太壞了不能改良的，或是惡勢力偏不容納這種一點一滴的改良的，那就有革命手段的必要了。」（引同上）是審時度勢，還是在改良與革命之間模棱？以後，董秋芳又曾登門拜訪。然而，胡適這個人溫和理性的時候多，偏於激情的時候少。當董他們上門時，胡適的激情像打擺子一樣已經過去了。據董秋芳在後來致胡適信中的自述，他們「在先生家裏談起，先生便鄭重地說：你們要放手槍炸彈，去放就得了」（試問胡適，你不是在在詩中叫囂過「炸彈／炸彈，幹／幹／幹」的嗎？年輕人受到了你的鼓動，你卻又這樣說，負責任嗎？）顯然，胡適的話不是支持而是諷刺。本來董秋芳們還「以為先生是打破惡勢力的急先鋒」，更以為「只有經過徹底的平民革命可以解救，法、俄的大革命，便是最好的例。」[174]然而，胡適讓登門的他們失望了。

案：沒有讓董秋芳失望的是魯迅。董秋芳先胡後魯，他第一次上魯迅家已是 1925 年。1925 年的魯迅，寫信給他的學生許廣平，一則推崇改革，一則告誡學生：「改革最快的是火與劍」。[175]無疑，「火與劍」的思想才能吸引「手槍炸彈」的年輕人。魯迅去世，董秋芳在其紀念文章中，稱「我崇敬他的戰鬥精神」，「而他的戰鬥的勇猛卻和他的年歲與身體恰恰成了個反比！」[176]不言而喻，董秋芳心目中的胡魯，在戰鬥與否上，也恰恰成了個反比。

---

[173] 胡適〈關於「我們的政治主張」的討論〉，《胡適文集》卷 3，332-334 頁。

[174] 董秋芳「致胡適之先生的一封信・1925 年 1 月 15 日」，《胡適來往書信選》上冊，第 304 頁。

[175] 「魯迅致許廣平・1925 年 4 月 8 日」，《魯迅景宋通信集》第 30 頁，湖南人民出版社，1984。

[176] 董秋芳〈我所認識的魯迅先生〉，《魯迅回憶錄》上冊，第 118 頁，北京出版社，1999。

董秋芳受過魯迅的親炙，不但魯迅等人對董秋芳、許欽文參與的文學組織春光社給予過熱心指導；而且魯迅還在《語絲》上為董秋芳翻譯的《爭自由的波浪》寫過序。1927 年，魯迅在上海，胡適也在上海，北大畢了業的董秋芳也來到上海。他不止一次去拜訪魯迅，卻再也不會拜訪胡適了。在他的回憶中，魯迅可以和他談「革命文學」，胡適會嗎？董秋芳以後走上革命道路，當然有魯迅感召的因素。後來他在福建地區的《民主報》主持《新語》副刊，自覺承繼的就是魯迅《語絲》傳統。作為北大進步學生董秋芳，同時接觸胡適與魯迅，他在胡魯之間的棄取不但具有典型性，而且含義十分豐富。

插：以上段落是董秋芳自己的回憶，但魯迅對此人似乎有所感冒。這裏可見 1929 年 5 月底魯迅寫給許廣平的信，信中魯迅敘述了自己「面斥董公」的一個場面：「前幾天，董秋芳給我一信，說他先前的事，要我查考鑒察。我那有這些工夫來查考他的事狀呢，置之不答。下午從西山回，他卻等在客廳中，並且知道他還先向母親房裏亂攻，空氣甚為緊張。我立即出面大罵之，他竟毫不反抗，反說非常甘心。我看他未免太無剛骨，然而他自說其實是勇士，獨對於我，卻不反抗。我說我卻願意人對我來反抗。他卻道正因如此，所以佩服而不反抗者也。我也為之好笑，乃笑而送出之。大約此後當不再來纏繞了罷。」[177]

回到以上。應該說董秋芳登胡門時，就胡適而言，改良，還是革命，只是觀念上的不同，尚未涉及社會具體事務。因此，年輕人對胡適的熱情尚有一定保留。然而，1924 年底，馮玉祥驅逐溥儀出宮，胡適當即為其辯護，情形立刻就不同了。因為這是和復辟聯繫在一起的

---

[177] 「魯迅致許廣平・1929 年 5 月 30 日」，《魯迅景宋通信集》，第 356 頁，湖南人民出版社，1984。

事。緊接著，胡適不愛孫中山「國民革命」的高調，轉而出席段祺瑞的「善後會議」，這更驚動了新聞視聽，因為它又屬於和軍閥同流合污了。兩事迭出，情勢不變，儘管胡適自己尚未察覺。在那個不革命即落後的時代，如果再有復辟、合污，無論胡適出於他自己的什麼理由，也無論我們今天可以給予同情之理解，放在當時，放在普遍激進的年輕大學生那裏，已然「是可忍，孰不可忍」了。

1925 年 1 月，董秋芳在上述在致胡適信中，謂：「……數年前先生所提倡的思想革命、文學革命等等新文化運動，原來是竊獵浮譽，以為現在活動的一種步驟（筆者案：「現在的活動」指胡適參加善後會）。……萬不料如梭的時光，竟會使先生落伍到如此地步！蔽護不倫不類的清室的語調，不出之於鄉村遺老之口，而倡之於『自古成功在嘗試』的先生！已經『從百尺竿頭掉下來』的胡先生呵，如果你再願意犧牲『新文化運動』的榮銜，去參加者少數人宰割全體民眾的善後會議，恐怕一試之後，便不容你再試了。」[178]

1925 年 8 月，上海學生聯合會致信胡適，指責：「比年以來，先生浮沉於灰沙窟中，舍指導青年之責而為無聊卑污之舉，擁護復辟餘孽，嘗試善後會議，諸如此類，彰彰皎著。近更倒行逆施，與摧殘全國教育，蔑視學生人格之章賊士釗合作，清室復辟函中又隱然有先生之名。嗚呼，首倡文學革命之適之先生乎！[179]

1925 年 9 月，胡適應邀到武漢武昌大學講演，之後，該校青年職員李翊東針對胡適要求學生「閉門讀書，不管閒事」，李在信中質問：「試問你來是不是運動復辟呢？呀！……我知道了，你是早被宣統勾結去了的。所以我想你此次恐怕不是來講學的，是向利用這個機

---

[178] 董秋芳「致胡適之先生的一封信・1925 年 1 月 15 日」，《胡適來往書信選》上冊，第 304-305 頁。

[179]「上海學生聯合會致胡適・1925 年 8 月 26 日」，《胡適來往書信選》上冊，第 344 頁。

會嘗試運動復辟的。莫不是嘗試了善後會委員的滋味，又想嘗試復辟小臣的滋味？」[180]

另外，胡適在武漢講演所記的「南行日記」中，也保留了一些來自青年學生的攻訐，作為史料，不妨繼續摘出幾條：

一、「胡適之在中國最近文學革命上有相當的功績，但是他思想的進步也就止於此了，就不能與時代俱進了。因其不能與時代俱進所以做出一些七顛八倒的事來，如提倡好人政治，如反對清室善後委員會處置溥儀的辦法，如參加善後會議，如有意無意替章士釗張目等。」

二、「我們總觀上述數事，胡適之先生是一個什麼人？他自己亦當自認是：『不識時事，違反中國現時一班被壓迫人民需要，幫助軍閥會議解決國事，主張軍閥官僚、高等華人在中國狄克推多（dictator）和羨慕皇威，助紂為虐的人」

三、「胡先生遇事處處懷疑的態度去嘗試，是說：『無論那一件事是好是歹，是殺人放火，是降志辱身，我都是嘗試的，並不負什麼責任。』胡先生，你的乖巧，比那八大胡同的名妓還要可愛，不過你的姘頭已經很多了，味已嚐夠了，你那清倌人招牌下了罷！江漢不少的遊女，你不來好了。」[181]

插：這樣的語氣、辭彙、句子乃至文風，豈獨出自少年學生（他們其實是有所學的），他們的領路人瞿秋白更是運用嫻熟。1925 年，他在指責梁啟超對五卅的態度時，寫：「可愛的梁啟超！你見什麼人說什麼話，我的乖乖，你實在討人歡喜。足見你不是初出茅

---

[180] 「李翊東致胡適・1925 年 9 月 29 日」，《胡適來往書信選》上冊，第 348-349 頁。
[181] 曹伯言《胡適日記全編》卷 4，第 213-215 頁。

盧的清倌人，卻是老於世故的混倌人。難怪外國報這樣稱讚你，中國人也……（？）」[182]兩下比對，如出一氣。

以上對胡適密集的譏諷、指責、謾罵，都集中於 1925 年。這一年的胡適，不是韋蓮司所說的「他正在創造歷史」，而是正在走向「歷史」的反面。新文化運動後的胡適沒有「百尺竿頭，更進一步」，而是「從百尺竿頭掉下來」。這個比喻，形象地表述了胡適在那個時代的命運。胡適是那個時代的「他者」，從根本上來說，他不屬於那個時代，也跟不上那個時代。那個時代是狂飆突進的，它屬於陳獨秀鼓動下的或魯迅感召下的青年，尤其是青年中的「精英」。胡適並非不想抓住青年，他也不避諱要承擔「青年導師」的責任。但，指導青年，你得站在青年的前面。青年在其青年的年齡，為熱血所激，總是呼嘯有聲、一往無前，而且政治浪漫主義。一旦落到他們的後面，就別再想抓住了。胡適有意，青年無情。十一年後，周作人致信胡適：「我們平常以為青年是在我們這一邊」，胡適卻低調：「我在這十年中，明白承認青年人多數不站在我這一邊……」。[183]

胡適的 1925，是他個人聲望的一個歷史轉折。這一年，時代落選了胡適，胡適輸掉了青年。

---

[182] 瞿秋白〈可愛的梁啟超〉，《瞿秋白文集‧政治理論編》卷 3，第 225 頁，人民出版社，1989。

[183] 「胡適致周作人‧1936 年 1 月 9 日」，《胡適來往書信選》中冊，第 297 頁。

二十四、「適之，你連帝國主義都不承認嗎？」Ⅰ

1925 年 10 月 10 日，「五卅」過去幾個月了，胡適從武漢講演後，回到北京，旋又南下上海。三天後，上海亞東圖書館的汪原放在日記中記道：晚八時，仲翁來，……聽見適之兄到了，非常高興歡喜，坐談了很久，約定明天午後四時和適之兄會談。」第二天下午四點，胡適到了，陳獨秀晚了一小時才來。兩位老朋友見了面自然欣喜，但，汪原放日記記得清楚：「他們各有各的見解，各有各的意見。」到底是什麼樣的見解和意見呢？還是前些年的「問題與主義」。「仲翁當然重『主義』，適兄仍舊重『問題』」，汪本人呢？「我不響，但贊成仲翁。」[184]

在汪氏的回憶中，到了 1925 年的 11 月，胡適和陳獨秀的意見更見分歧。

> 一天下午，仲翁來了，和適之兄大談。我和大哥也在聽。談著，談著，仲翁道：「適之，你連帝國主義都不承認嗎？」適之兄生氣了，說：「仲甫，哪有帝國主義！哪有帝國主義！」拿起司的克來，在地板上連連的篤了幾下，說：「仲甫，你坐罷，我要出去有事哩。」一面只管下樓出去了。仲翁坐了一會兒，一句話也沒說，臉上有幾分氣惱。後來說：「我再來。」也去了。（引同上）

這個場面的胡適很傳神，也不多見。胡適留給人們的印象總是溫和理性且矜持，至少陳胡衝突中的胡適不是這樣。倒是易於激怒的陳獨秀

---

[184] 汪原放《亞東圖書館與陳獨秀》，第 96-97 頁，學林出版社，2006。

令人意外，他沒有發作，只是生悶氣。對比他年小且又是親自介紹進北大的胡適，陳獨秀看來比較容忍。

> 第二天，我的大叔知道了（筆者注：指汪孟鄒，亞東圖書館的創辦人），對著適之兄說：「適之，你怎麼連帝國主義也不承認呢？不對吧？」適之兄放下臉來，一把扯著我大叔的袖子，連連扯了幾下，說：「孟鄒，什麼是帝國主義？什麼是帝國主義？」又穿上馬褂只管出去了。（引同上）

這是一個讓胡適頗為激動的詞：帝國主義。在這個詞面前，胡適好像冷靜不下來。不過，如果從以上引文僅涉及的四個人來看，在對帝國主義的不同態度上，比例是 3:1，胡適是孤立的。這個孤立，可視為胡適在那個時代的處境。

1920 年代是一個反帝反封建的時代，剛剛過去的「五卅」，鼓蕩起全國人民反對帝國主義的熱潮。當時，正在奉行合作的兩個政黨，老牌的國民黨和年幼的共產黨，聯手推進「國民革命」，其首要任務，就是反帝。1923 年，共產國際給中國共產黨第三次代表會議發出指示，第三條就是：「……要堅持我們早先採取的立場，即『中國的中心任務是進行反對帝國主義及國內封建走狗的國民革命』。」[185]作為當時占主流地位的時代精神，胡適是自覺游離於它之外的。還是1922 年，胡適在《努力》上發表〈國際的中國〉，就表明他和這種意識形態格格不入。

嚴格地說，胡適並非不承認帝國主義（在上海和陳獨秀的爭執不妨視為胡適的率性），如果我們返觀胡適那個時期的文字，他沒有避

---

[185] 轉引謝幼田《聯俄容共與西山會議》上冊，第 104 頁，香港集成圖書有限公司，2001。

諱帝國主義這個詞，他反對的其實是，反對當時的輿論形勢把反帝視為時代任務的中心。也就是說，外交問題不是當時的首要，首要是自己的內政。針對當時流行的「弱國無外交」，胡適則指出「內亂之國無外交」。因為「外交問題不是孤立的，是和內政有密切關係的」，「四分五裂的中國，破產的財政，瘋狂穢污的政治，九個月換五個外交總長的外交，穢德彰聞的國會，」是沒有外交可言的，同時也「是外交失敗的最大原因」。

胡適的話指的是 1923 年的 3 月 25 日，這一天，上海舉行反日大遊行，參加者有 160 個團體，人數達五萬。次日，北京大雨，大雨淋漓中，也舉行了有幾千人參加的大遊行。這樣的連鎖大遊行，顯然不是自發，而是政治組織的。對此，胡適在《努力》「這一周」中以〈外交與內政〉為題，表示了自己的反對：「果然一個不愛管政治的民族，一聽得外交問題，也都感奮興起了！」然而，胡適的態度是「我們對於這種熱情的表示，不但不發生樂觀，只能發生感喟。」「我們老實承認，我們對於今日外交問題，實在鼓不起熱心來作激昂慷慨的鼓吹。我們只希望國人從這種失敗的外交狀況上格外感覺早早澄清內政的迫切。」[186]

胡適為什麼在反帝上「鼓不起熱心」？難道帝國主義不是一個事實的存在？

是的，對於中華民族來說，自 1840 年以來，帝國主義顯然是一個事實上的存在，即使到了 1920 年代，帝國主義依然是那個時代的問題。但，不得不指出這樣一個事實，就 1920 年代言，經過八十年的流變，因帝國主義而造成的侵略危機不是更嚴重了，而是逐步向好的方向轉化。

---

[186] 胡適〈這一周·65〉，《胡適文集》卷 3，第 469-470 頁。

　　帝國主義，基於它的政治主張或實踐，主要是通過奪取他國領土來建立自己的經濟、政治霸權。這種侵略危機自 1840 年始，至 1900 年的八國聯軍，已經基本告一段落。隨後簽署的《辛丑合約》，不排除其中俄國、日本對中國的領土要求，但由於該條約由美英主導，它們注重的是商業利益和「門戶開放」。因此，條約最終只是提出巨額賠款，並沒有割地訴求。就賠款言，1908 年，美國決定退還多收的庚子賠款，並明確希望以庚款興學，清政府回應，遂有了後來的清華學堂乃至清華大學。1922 年 12 月 1 日，英政府通知中國政府，表示從即日起，中國應付英國的庚款，英政府準備用於中英兩國互有利益的用途上（以後亦主要用於教育）。除了不平等的條約依然存在，整個國際形勢對中國來說，應當不壞。

　　1900 至 1922 年，唯一出現領土危機的是 1915 年日本提出的「二十一條」。第一次世界大戰爆發後，日本向德國宣戰，並出兵佔領屬於德國勢力範圍的山東半島。隨後，便向中國提出領土要求，試圖把德國在中國的權益轉到自己名下。1919 年第一次世界大戰結束，協約國在巴黎召開「和平會議」，結果「巴黎和會」不顧中國也是戰勝國之一，同意將德國在山東的權益讓與日本。五四運動即因此而起。當然，中國不是「巴黎和會」唯一的失敗者，失敗的同時還有美國總統威爾遜，因為他沒有兌現事前他對中國的承諾（這就導致了中國激進知識份子對他的失望，並把希望轉向了列寧）。然而，轉機在於，1921 年 11 月 11 日至 1922 年 2 月 6 日，美國、英國、日本、法國、義大利、荷蘭、比利時、葡萄牙、中國九國在美國首都華盛頓舉行國際會議（史稱「華盛頓會議」），其中議程之一，便是太平洋和遠東問題。按照胡適對這個會議的評價：「這個會議確不是為替中國伸冤而召集的，然而中國的國民外交和美國的輿論竟能使華盛頓會議變成一

個援助中國解決一部分中、日問題的機會」。[187]這個機會給中國帶來的益處是什麼呢？不妨看看國民政府時代的兩個蔣博士的回憶。一個蔣博士是當時還在美國留學的蔣廷黻，他有機會隨同中國代表與會，從而目睹了一些會議上的情形，這是他對會議的表述：

> 我敢說，中國代表在華盛頓會議中所表現的非常傑出。在恢復主權方面，也略有進展。例如：在關稅方面，中國雖未能恢復關稅自主權，但列強卻同意中國可以適度的調整稅率。華盛頓會議同意中國於改善法院和司法行政後，列強考慮廢除領事裁判權。還有，山東由日本交還中國。

蔣博士雖然不滿威爾遜的承諾並未在華盛頓會議中得到根本兌現，但他還是做出了這樣的結論：

> 儘管中國在關稅、租界、治外法權等方面收穫不大，但在恢復主權方面，華盛頓會議卻是重要的一步。[188]

另一個蔣博士是北大代校長蔣夢麟，這次他受國民黨的支持，以非官方觀察員的身份列席了「華盛頓會議」。蔣夢麟說：

> 美國因為不願捲入歐洲紛擾的漩渦，已經從多事的歐陸撤退而召開華盛頓會議；九國公約就是在這次會議中簽訂的。此項公約取代了英日同盟，所謂山東問題，經過會外磋商後，亦告解決，日本對華的二十一條要求終於靜悄悄地被放進墳墓。巴黎和會中曾決定把青島贈送給日本，所謂山東問題就是因此而起的。

---

[187] 胡適〈國際的中國〉，《胡適文集》卷3，第383-384頁。
[188] 蔣廷黻《蔣廷黻回憶錄》，第87頁，岳麓書社，2003。

和胡適對這次會議的看法有所不同,蔣還說:

> 巴黎和會的決定使同情中國的美國政界人士也大傷腦筋,終至
> 演化為棘手的政治問題。共和黨和民主黨都以打抱不平自任,
> 承諾為中國伸雪因凡爾賽和約而遭受的冤枉。因此,美國固然
> 從歐洲脫身,卻又捲入了太平洋的漩渦。二十年後的珍珠港事
> 變即種因於此。[189]

1922 年 2 月 4 日,中國和日本在華盛頓簽訂了〈解決山東問題懸案條約〉及其附約。條約規定,日本將德國舊租借地交還中國,中國將該地全部開為商埠;原駐青島、膠濟鐵路及其支線的日軍應立即撤退;青島海關歸還中國;膠濟鐵路及其支線歸還中國等。附約中規定了對日本人和外國僑民的許多特殊權利,但是中國通過該條約收回了山東半島主權和膠濟鐵路權益。

　　也就是說,1919 年五四運動,北大學生一邊火燒趙家樓,痛打章宗祥,一邊高呼「收回青島」,「還我山東權利」。所有這些,如果無果於「巴黎和會」,那麼這次卻在美國主持的「華盛頓會議」中有了果。這樣的結果,不得不承認,美國從中出了力。美國哪怕是有它自己的利益考量,比如要壓住日本,不能讓它在太平洋和中國的勢力坐大;但,客觀上,美國的做法有利於中國;同時,這裏還不能排除美國本身(尤其是民間)對中國的同情。所以,在〈國際的中國〉中,胡適接著上文說:「會議的結果雖未必能完全滿足我們的希望,但我們稍知當時情形的人,都該承認當日熱心援助中國代表團的許多學者,輿論家,並不是替『資本帝國主義』做走狗的。」[190]

---

[189] 蔣夢麟《西潮‧新潮》,第 263 頁,岳麓書社,2000。
[190] 胡適〈國際的中國〉,《胡適文集》卷 3,第 384 頁。

　　然而，就是在這樣一種背景下，中國國內的反帝運動如火如荼。其反帝所指，首先就是美、英（包括日）。陳獨秀 1922 年 10 月 4 日寫〈請看國際帝國主義怎樣宰製中東路〉，這個「國際帝國主義」的具體對象就是「英美帝國主義」。同一天，陳獨秀另有一文，題目是〈議員學者跑到美國帝國主義家裏討論憲法問題嗎？〉，批評北京的議員林宗孟和非議員胡適等到美國前公使芮恩施家中談憲法。陳獨秀敬告這些議員學者，「不要上美國帝國主義的當，」「不要於不知不覺中引導一部分人民或青年學子去親美國帝國主義才好」，而且直接把前此結束的華盛頓會議稱之為「宰割中國的華盛頓會議」。[191]

　　今天讀胡適的〈國際的中國〉，簡直就是一篇「開放的中國」，它比 1980 年代的改革開放幾乎提前了一個甲子。文章緣起於陳獨秀在告全國宣言中對國際國內形勢的基本判斷，在他們所作出的判斷的基礎上，提出了兩個目標：一是民主主義的革命，一是反抗帝國主義的侵略。胡適贊成第一項，反對第二項。他說：「我們並不想替外國的『資本帝國主義』作辯護……，我們要知道：外國投資者的希望中國和平與統一，實在不下於中國人民的希望和平與統一。」胡適這樣闡釋此問題：

　　　「投資者的心理，大多數是希望投資所在之國享有安寧與統一的。歐戰以前，美國鐵路的股票大多數在英國資本家的手裏。這種投資，雙方面全受利益；英國也不用顧慮投資的危險，美國也決不愁英國『資本帝國主義』的侵略。這樣的國際投資是不會發生國際問題的，因為這種投資就和國內的投資一樣。國際投資所以發生問題，正因為投資所在之國不和平，無治安，

---

[191] 陳獨秀〈議員學者跑到美國帝國主義家裏討論憲法問題嗎？〉，《陳獨秀文章選編》中，第 214 頁，三聯書店，1984。

　　　不能保障投資者的利益與安全，故近人說，墨西哥，中國，波
　　斯，近東諸國，可叫做『外交上的孤注，國際上的亂源』。」

在胡適看來，投資國要想被投資國和平與治安，只有兩條路，一是征服統治他們，一是讓本國人民早日做到和平與統一。胡適承認，十年以前（即辛亥以前）列強對中國是想走第一條路。而現在，經過巴黎和會和華盛頓會議，「老實說，現在中國已沒有很大的國際侵略的危險了。」「所以我們現在盡可以不必去做那怕國際侵略的惡夢。最要緊的是同心協力的把自己的國家弄上政治的軌道上去。」「我們覺得民主主義的革命成功之後，政治上了軌道，國際帝國主義的侵略已有一大部分可以自然解除了。」[192]

　　可以看出胡適在那個時代的基本思路。國際帝國主義基本不在他的視野內，他唯一關注的是國內政治。退一步，國際問題即使存在，但「攘外必先安內」，內的問題不解決，外才成為「外患」。

　　胡陳就中國問題的判斷如此大相徑庭，但，可以指出，在那個時代，輿論優勢不在胡適方而在陳獨秀方。即使把當時的問題放在今天，估計支持陳獨秀的要遠大於認同胡適的。帝國主義是中國 20 世紀的夢魘，1840-1900，已經構成國人難以擦抹的民族記憶。直到 21世紀的今天，這個記憶的裂口依然如此深大。胡適上面那句話放在今天依然生效，這幾年來，只要一碰到外交問題，這個民族馬上就「感奮興起」。

---

[192] 胡適〈國際的中國〉，《胡適文集》卷 3，第 384-385 頁。

二十五、「適之，你連帝國主義都不承認嗎？」II

「帝國主義」一詞為什麼會有如此神奇的力量？

作為一種話語，帝國主義不自本土而自蘇俄。它一旦進入本土，就為當時兩大政黨所共奉。這兩大政黨都具有群眾動員的性質，經由其廣泛宣傳，這一辭彙登堂入室，一直深入到國人的頭腦與血液，以迄於今。

1921 年下半年，剛成立不久的中國共產黨，接到共產國際的通知，派代表參加蘇聯舉行的遠東被壓迫民族國際大會。中共派出的代表是張國燾，不妨看看他自己的記述：「馬林曾正式通知我說，共產國際召集遠東被壓迫民族大會……，反對列強的華盛頓會議；定於華盛頓會議舉行之前一天（即十一月十一日）在伊爾庫茨克舉行（筆者注：實際是同一天。但，此會後來展期，地點亦改在莫斯科）。」這次會議的意義，與會後的張國燾表述得很清楚：

> 單就中國革命運動來說，它的影響確是相當重大的。最主要之點是：這次會議在正式的和非正式的商討中，確定了中國革命的反帝國主義的性質，換句話說，反帝國主義被視為中國革命的主要任務。

任務既明，便進入宣傳鼓動。還是張國燾的敘述：

> 其他代表們回國以後，對反帝國主義這一點意見是一致的。當時一般中國人還不知帝國主義為何物，甚至像胡適這樣著名學者也還認為反帝國主義是海外奇談。後來經過中共的宣傳和出

席這次會議代表們的多方介紹,「反帝國主義」這個名詞,不久就成為人所共知。不管後來中國革命起了一些什麼變化,但這把「反帝國主義」的火,放得確實不小,它燒遍了中國,也蔓延到了東方各地。[193]

插:張國燾回國後,向陳獨秀們作了彙報,後者「欣然接受」,便發佈了一個有關時局的主張和宣言。也正是這份宣言,導致胡適寫出了〈國際的中國〉。張國燾的記憶真好!他說胡適指反帝為「海外奇談」,這也正是胡適在該文中的措辭,只是誤了一個字。胡適原本是說這份宣言對形勢的觀察「很像鄉下人談海外奇聞」。

　　「莫斯科會議」是和「華盛頓會議」對著幹的,甚至連日期都要提前搶一天。這是 20 世紀美蘇對立在國際擂臺上的第一次表現。當「華盛頓會議」客觀上作出了對中國有利的某些議決時,中國本土卻掀起了反帝反美的聲浪。當然,必須指出,「反帝國主義」像冬天裏的一把火,執火者是中國人,點火者卻是蘇聯。這次反華盛頓的會議,國民黨也派代表(張秋白)參加。以上張國燾說反帝是由「出席這次會議代表們的多方介紹」,這個「們」其中就包括國民黨。當時,蘇聯的策略是同時伸出兩隻手,一隻手拉住年輕的張國燾們,另一隻手則伸向勢力更大的國民黨。它甚至能夠把反帝內容直接貫徹到國民黨第一次全國代表大會的黨綱中。比如,孫中山「三民主義」的第一條是民族主義,這一條過去是排滿。但新三民主義中的民族主義,卻按照蘇聯的意圖作了新解釋。當時人在中國的加拉罕就國民黨一大致信蘇聯領導人,談及民族主義時,說:「那裏民族主義是按照共產國際的聲明的精神解釋的,而且還發揮了關於民族鬥爭的兩個方面的意思,即一方面是同壓制中國民族獨立的帝國主義的鬥爭,另一

---

[193] 張國燾《我的回憶》,第 147、193、195 頁,東方出版社,2004。

方面是通過賦予中國境內各民族以自決權的辦法實現各民族的解放。」這「兩個方面」導致的直接結果，一是中華民族舉國反帝即反美，另一是蒙古從中國國土上分離出去，然而這正是蘇聯的意圖。對此，加拉罕志得意滿：「我現在要強調的是，正是國民黨處於我們的影響之下，正是國民黨對我們的威望充滿尊敬和崇拜，正是這個黨，它如此馴服地接受我們的指示和共產國際的決議。」[194]

於是，國民黨自一大始，出現了有史以來的振轉：反帝。有學者研究國民黨一大時指出：「如此明確的反帝主張，在孫先生是第一次」。雖然反帝就是反美，「但是在十幾天以前，孫先生剛剛與美國駐華公使舒爾曼做了既強硬又仍然抱著希望的談話，這談話，據鮑羅廷筆記，是很不高興的。」[195]鮑不高興的原因，是國民黨在美蘇之間依違不定，還對美國抱存希望。當然，在蘇聯經援和軍援的重諾下，孫中山對美國的希望最終破滅。還是這個鮑羅廷，在他後來向國內所作的《關於國民黨》的彙報書中，明確指出：「在孫逸仙的腦子裏對日本的幻想根深蒂固，他早就有建立中、日、蘇俄聯盟的思想。為此他經常說，必須使日本同英國疏遠，日本與美國已經決裂，現在只剩下英國了。」[196]

在陳獨秀和孫中山聯手打造中國大地上的反帝熱潮時，胡適的〈國際的中國〉當然不合時宜，或者說，是時宜不合他。然而，在他和時宜之間，誰更多地擁有歷史正確，這在今天都未必不是一道難題。不過，就當時而言，如果胡適僅僅代表他自己，那麼，無論陳獨秀還是孫中山，其力量都遠遠不是一個人。因此，正如上文所說，這

---

[194] 「加拉罕給契切林的信」，《聯共（布）、共產國際與中國國民革命運動》（1）（以下該書簡稱《聯共》，第412、414頁，北京圖書館出版社，1997。

[195] 謝幼田《聯俄容共與西山會議》上冊，第107頁，香港集成圖書有限公司，2001。

[196] 「鮑羅廷《關於國民黨》的書面報告」，《聯共》（1），第568頁。

樣一個比例，不僅決定了那個時代的走向，也決定了胡適在那個時代
的處境。

　　然而，胡適的主張還是引起了一定的關注，文章發表三個月後，
在越飛寫給國內的絕密信中，似乎可以看到他對胡適的某種回應：
「世界帝國主義始終企圖利用一切有利時機來更加殘酷地奴役中國，
在這種情況下，近來甚囂塵上的關於使中國『國際化』和『對中國財
政進行國際監督』的議論不可能是完全偶然的。」[197]其中「國際化」
和財政在胡文的論述中都有所涉及。胡適的「國際化」在陳獨秀那裏直
接就是「國際帝國主義」。針對陳文對國際帝國主義的七條控訴（包括
東交民巷公使團問題、領事裁判權問題、外幣流通問題、財政權操於
總稅務司問題、關稅問題等），胡適在文章最後做了這樣的回答：

> 這七項都是和國內政治問題有密切關係的。政治紛亂的時候，
> 全國陷入無政府的時候，或者政權在武人奸人的手裏的時候，
> 人民只覺得租界與東交民巷是福地，外幣是金不換的貨幣，總
> 稅務司是神人，海關郵政權在外人手裏是中國的幸事！至於關
> 稅制度，國內無數的商人小百姓困壓在那萬惡的厘金制度之
> 下，眼看一隻江西瓷碗運到北京時成本不能不十倍二十倍於遠
> 從歐洲、日本來的瓷碗；他們埋怨的對象自然不是什麼國際帝
> 國主義而是那些卡員拖子手了。所以我們很誠懇的奉勸我們的
> 朋友們努力向民主主義的一個簡單目標做去，不必在這個時候
> 牽涉到什麼帝國主義的問題。政治的改造是抵抗帝國主義侵略
> 的先決問題。[198]

---

[197] 「越飛對同孫逸仙合作的前景和可能產生的後果的看法」，《聯共》
　　（1），第219頁。
[198] 胡適〈國際的中國〉，《胡適文集》卷3，第386頁。

概言之，請民族主義讓位於民主主義，用民主制度解決民族問題，這就是〈國際的中國〉一文最基本的思想表述。

胡適雖然反對陳獨秀的反帝，但他並不會知道中國的反帝背後有一隻蘇聯的手。那麼，蘇聯為什麼熱衷於中國的反帝？這個問題，別說當時反帝的陳獨秀孫中山不知道，也別說「反反帝」的胡適不知道，就是今天的我們，欲知其見不得人的秘密，也得等到 1990 年代蘇聯解體後原蘇共中央大量檔案的解密與開放。

1917 年十月革命後，蘇聯在西方世界的地位極為孤立，它受到美英諸國的打壓，因此它的頭號敵人，就是以美國為首的協約國。在蘇聯向西歐擴張的意圖失敗後，它把目光轉向了東方，它需要把東方國家拉入自己的陣營，以改變自己在全世界的孤立地位。於是，中國首當其衝。其所以如此，不僅因為是近鄰，是它和日本的一個緩衝空間，而且在戰略上，「中國，毫無疑問是國際衝突的焦點和國際帝國主義最薄弱的地方」。[199]可以體味一下什麼叫「帝國主義最薄弱的地方」？在這個地方要點燃反帝的沖天大火，是不是要格外費一番心思。

這心思首先是從學生身上開始。1920 年蘇聯西伯利亞當局在向共產國際的彙報中，說：「我們的上海分部利用這種影響對學生革命運動實行思想上和組織上的領導，同時試圖使學生運動從思想上同資產階級知識份子團體和商人團體劃清界限，因為這些團體依靠民主美國來抵制日本的經濟政治影響。與這種依靠美國的方針對立，我們提出了社會革命、面向勞動群眾的方針，與最激進的一部分學生一起，同在美國受過教育的民主學生團體……，作思想鬥爭。」[200]由此可見，蘇聯策劃的中國反帝運動，首要目標就是反美。

---

[199] 「越飛給加拉罕的電報」，《聯共》（1），第 112 頁。

[200] 「關於俄共（布）中央西伯利亞局東方民族處的機構和工作問題給共產國際執委會的報告，《聯共》（1），第 53-54 頁。

　　由學生而政黨，由政黨而政府，這是蘇聯運作中國的一道「草蛇灰線」。不過，這個政府不是執政的北京政府而是反對北京政府的孫中山廣州政府。蘇方為什麼對這個政府感興趣，請看他們的自白：

> 主要是廣州政府可能被我們用作進行東方民族革命的工具，這場革命最終會把中國拋向協約國敵人的陣營。」[201]

把孫中山的中國作為反美的「工具」，以所謂民族革命，讓中國成為美國的敵人：這就是蘇聯向遠東伸出帶著長毛的「鹹濕手」的意圖，如此赤裸，又如此真實。但，長期以來，它的形象，一直是我們的「老大哥」。

　　歷史的詭異在於，蘇聯策動中國反帝，然而，1920 年代，蘇聯對中國來說本身就是最大的帝國主義。只是反帝被蘇聯先在地定義為反美、反英、反日，它自己反而蟬蛻了這個對它來說更加名副其實的惡號。即以美蘇而論，蘇俄從中國攫去了多大的版圖，而美國連一寸土地都沒有侵佔過。1900 年以來，除了歷史上遺留的不平等條約，帝國主義對中國領土的危機基本上不存在。日本的「二十一條」是歷史後遺，即使這個問題，在美國的斡旋下，亦於 1922 年基本化解。然而，戲劇性的是，正是這一年，蘇聯紅軍進入蒙古，使本來是中國的領土脫離中國從而成為蘇聯的殖民地。僅此而觀，赤白之間，誰更帝國主義？

　　讓歷史記住 1922！

　　這一年，中國在領土上回歸了山東（因為美國），又丟失了蒙古（因為蘇聯）。也是這一年，英國決定退還中國庚款，蘇聯在中國策劃反帝運動。應該說，是「華盛頓會議」使蘇聯人產生恐慌。1922年，在談及中國的工作問題時，蘇聯人的目標很明確：「華盛頓會議

---

[201] 「索科洛夫－斯特拉霍夫關於廣州政府的報告」，《聯共》（1），第 63 頁。

就在援助中國的幌子下，推行奴役中國的政策」，因此，「對於中國來說，最重要的政策是……揭穿某些自稱中國之友的國家（美國）的虛偽友誼。」[202]蘇聯人成功了，從 1922 年起，美國幾乎成為中國一個世紀的敵人。

案：1923 年，蔣廷黻從美國哥倫比亞大學獲哲學博士學位，他說：「當我離美返國時，我仔細回想沙費爾德教授的授課內容。當時，中國反帝國主義和不平等條約甚囂塵上，但我一直不能像其他的國人那樣仇恨帝國主義。」[203]蔣是留美學生，受美帝國主義毒害不淺，這正是美國對中國的危害之在。1924 年，陳獨秀有〈留美學生〉文：曰：「美國限制移民律，竟影響到中國赴美的留學生，以至未動身的不能動身，已動身的到了美國不能登岸，在普通感情上，我們應該憤恨美國，然而我卻十分感謝美國。因為在一般留美學生成績上看起來，幾乎無一人不反對革命運動，幾乎無一人不崇拜金錢與美國，這種人少一個好一個；若是美國簡直不許一個中國人去留學，那才是為中國造福不淺。」[204]立此存照。

二十六、1925 年 11 月 29 日《晨報》殃 I

1925 年 11 月 29 日下午 5 時左右，位於北京宣武門大街的《晨報》館被遊行群眾搗毀一空並焚燒……

---

[202]「關於我們在殖民地和半殖民地尤其是在中國的工作問題」，《聯共》（2），第 405-406 頁。

[203] 蔣廷黻《蔣廷黻回憶錄》，第 82 頁，嶽麓書社，2003。

[204] 陳獨秀〈留美學生〉，《陳獨秀文章選編》中，第 556 頁，三聯書店，1984。

　　事情發生在北京，但無形的火苗卻從北京延伸到上海。此刻，人在上海回避北大風潮的胡適有信給也在上海的陳獨秀，信中談論的就是他們兩人為北京《晨報》館被焚而引起的衝突。胡適對陳獨秀表示了自己的意見，陳獨秀卻反問：「你以為《晨報》不該燒嗎？」這一問，在胡適心中激起很大波瀾。儘管我們並不知道當時交鋒的情形，但，我們知道，這件事過去幾天了，胡適心中並沒有讓它過去。他索性把自己一些更完整的想法形諸筆墨，以書信的方式知會陳獨秀：「五六天以來，這一句話常常來往於我腦中。我們做了十年的朋友，同做過不少的事，而見解主張上常有不同的地方。但最大的不同莫過於這一點了。」[205]（下引此信不另注）

　　請注意「這一點」，胡適把它看得很重。他下面分明說：「如果連這一點最低限度的相同點都掃除了，我們不但不能做朋友，簡直要做仇敵了。」事實上胡適一生都沒有仇敵，以這樣的語氣說話，胡適也僅止一次。那麼，這到底是什麼樣的「一點」，以至胡適要向十年老友發出類似絕交的警告呢。

　　《晨報》，前身為《晨鐘報》，1916 年 8 月 15 日創辦，1928 年 6 月停刊。最初它是梁啟超、湯化龍為首的進步黨的機關報，但在後來辦報過程中，研究系背景仍在，但機關報的色彩褪去，逐步成為一個超越各黨派之上的公共媒體。《晨報》當時在北京有很大影響，發行量將近一萬。在每天的新聞正張之外，還有一個發表文藝與學術的附張，叫《晨報副刊》（它由魯迅命名），這是北京知識界自由言論的一個公共平臺。最初由李大釗主編，1920 年 7 月，由孫伏園接手。1924 年 10 月，因魯迅諷刺徐志摩〈我的失戀〉在發排時被代理總編輯劉勉己抽下，孫憤而辭職。直到 1925 年 10 月 1 日，《晨報》才請來徐

---

[205]「胡適致陳獨秀‧1925 年 12 月」，《胡適全集》卷 23，第 476-477 頁，安徽教育出版社，2003。

志摩。可是，徐主持副刊不到兩個月，《晨報》就燃發了沖天大火。這冬天裏的一把火，說起來，與徐志摩的「晨副」未必就沒有干係。

《晨報》被焚，《晨報》自有反省。1925 年 12 月 7 日，報紙復張後，在放火的幕後指使上，該報社論認為有三種情況。一是反共產說，因《晨報》反共產言論所致。一是黨派傾軋說，因《晨報》被視為研究系機關報所致。一是同業煽動說，因同業競爭所起。如果不論最後一點，當時作為進步力量的國共兩黨都是反對《晨報》的。還是在民初國會時，梁啟超的進步黨就是國民黨的對頭。及至現下，由於《晨報》的反蘇立場，更招致年輕的共產黨的反感。因此，當時一般人的看法，《晨報》被焚，主要是出於前兩種原因。中國青年黨的「醒獅派」撰文認為這次事件是該報反對聯俄而引起。在對該事的看法上，它說：在對方那裏，焚毀「當然是認為應該的，而在我們看來，雖《晨報》的主張，在根本上與我們大有不同，但以這種殺人放火的毒辣手段對付敵黨，是萬惡軍閥所不敢為的。」[206]是的，至少到 1925 年底，有著禮讓文人傳統的北洋軍閥雖然封過言論，但從未有過光天化日焚燒報館之舉。燒報館的卻是民間自己，是民間持不同時見的群眾和組織。至少這也是一件咄咄怪事。

既然這咄咄怪事的緣由之一是《晨報》的反俄傾向，那麼，就要看看剛上任的徐志摩到底在「晨副」做了些什麼。

徐志摩是在《晨報》總編輯陳博生的再三邀請下，於 1925 年 10 月 1 日在《晨報副刊》亮相的。他用以亮相的文字是一篇長長的開場白〈我為什麼來辦我想怎麼辦〉。徐志摩到底想怎麼辦這個幾易其手的副刊呢？「我愛登什麼就登什麼，萬一將來犯了什麼忌諱出了亂子累及晨報本身的話，只要我自以為有交代，他可不能怨我。」這個

---

[206] 轉引呂芳上《學生運動與運動學生》注釋 155，第 244-245 頁，中央研究院近代史研究所，1994。

「他」，就是陳博生，徐志摩好像預料到什麼，預先和陳博生打招呼。因為，徐志摩坦承：「我自問我絕不是一個會投機的主筆，迎合群眾心裏（理），我是不來的，諛附言論界的權威者我是不來的，取媚社會的愚暗與褊淺我是不來的」。[207]來了之後的徐志摩，用力做的第一件事，便是在副刊上連續展開蘇俄問題大討論。

《晨報副刊》每週一、三、四、日出刊，一週四張，由徐志摩負責。除此之外，每週還改出三個週刊，分別是《社會週刊》《國際週刊》和《教育週刊》，三刊則由《晨報》其他人負責。10 月 6 日，由劉勉己負責的《社會週刊》刊登了北大教授陳啟修的文章〈帝國主義有白色和赤色之別嗎？〉，10 月 8 日，徐志摩的副刊就有了回應，這就是清華教授張奚若的〈蘇俄究竟是不是我們的朋友？〉。以這兩篇文章為發端，《晨報副刊》包括它的《社會週刊》和《國際週刊》展開了針鋒相對的論戰，主戰場就是「晨副」，主持人就是徐志摩（以及劉勉己）。僅 10 月份，徐志摩就推出了兩個討論專輯「關於蘇俄仇友問題的討論」和「仇友赤白的仇友赤白」，而且徐都撰寫了前言。在不到近兩個月的時間裏，「晨副」及其週刊刊發了討論文章五十來篇（次），這是一個不小的數字。本來討論可以繼續下去，但 11 月 29 日的一把火，燒壞了晨報館，也燒掉了這次討論。

徐志摩為什麼花這麼大力氣討論蘇俄呢？不妨看他自己怎麼說：「中國對蘇俄的問題，……到今天為止，始終是不曾開刀或破口的一個大疽，裏面的膿水已經癰聚到一個無可再淤的地步，同時各地顯著和隱伏著的亂象已經不容我們須臾的忽視。」[208]因此，「這回的問題，說狹一點，是中俄邦交問題；說大一點，是中國將來國運問題，

---

[207] 徐志摩〈我為什麼來辦我想怎麼辦〉，《晨報副刊》1925 年 10 月 1 日。
[208] 志摩〈又從蘇俄回講到副刊〉，《晨報副刊》1925 年 10 月 10 日。

包括國民生活全部可能的變態……。」[209]這是一個詩人的洞察。與之相比，此時胡適在蘇俄問題上則不免短見。徐志摩始終以詩人名世，他給人的印象不過是東漂西蕩的浮淺才子。其實，他的詩才未若他的學才，前者窮盡發揮，不過爾爾。而後者，因他自己棄學從文，未能盡展。但他畢竟讀過哥倫比亞的政治學系，畢竟師從過拉斯基，又畢竟與羅素有過從；因此，偶涉時局，即見身手。這方面的感覺簡直好於詩的感覺。可惜這樣的機會不多，也可惜徐本人未必知道自己真正的長處在哪裡，更可惜他之這一面，不幸被他自己、也被後人遮蔽了。

陳啟修的文章本是為蘇聯辯誣，因為自 1922 年以來，蘇聯在中國大地上成功點燃了反帝運動的熊熊怒火。反帝聲浪在國內輿論呈壓倒之勢。但也有人指蘇俄為帝國主義，相對英美白色帝國主義而言，它是赤色帝國主義。陳文是要解構這個概念，其立論出發點：蘇聯儘管是赤，但不是帝國主義。然而，他的題目和立論卻對不上號。「帝國主義有白色和赤色之別嗎」？答曰：有。或，沒有。然而，無論有否，都無從導向蘇俄不是帝國主義。這位在中國第一個翻譯《資本論》的北大教授，年虛四十，其修辭水平，實在不然。至於文章的邏輯，則是教條式地從概念到概念，不究事實，只作推理。比如，蘇俄為什麼不是帝國主義，因為帝國主義的現代特徵，是擁有雄厚的財政資本。蘇俄恰恰資本匱乏，因此，稱它為帝國主義，「簡直可以說牛頭不對馬嘴了」。它的另一個邏輯更奇怪：「因為帝國主義是我們的敵人，我們即或不認蘇聯為友，也不應該因為不認其為友而失掉了我們真正的敵人。假如認蘇聯為赤色帝國主義，那就恰恰中了帝國主義

---

[209] 志摩〈「仇友赤白的仇友赤白」‧一，前言 記者的聲明〉，《晨報副刊》1925 年 10 月 22 日。

者轉移目標之計……」[210]一言以蔽，因為帝國主義是我們的敵人，所以蘇俄不是帝國主義。這個因果，不知道是屬於什麼樣子的形式邏輯？

因徐志摩之邀，張奚若已經在「晨副」上發表了〈副刊殃〉，正準備寫〈大學災〉。他憂憤於副刊和大學對青年學生在輿論和思想上的誤導，很想正本清源，把「判斷力薄弱的青年」拉出認知的迷津。讀罷陳文，他擱起了〈大學災〉，因為陳文在他看來就是一個現成的誤導之例。在行文中，張奚若繞開了蘇俄是否為帝國主義，轉從事實角度，判斷它是中國之友還是中國之敵。此後，這場討論便主要不在帝國主義的概念上兜圈，而是集中到「赤白仇友」這個問題上來。關於蘇俄，張的言論過於犀利，這裏不引。但不得不引的是有關他對《晨報》發表陳文的態度。這番話是張奚若對《晨報》說的：「一個報對於社會上的重大問題總要有一種一貫的主張，若是今日說東，明日說西，那就近於兒戲了。」以對蘇俄為例，「在今日人人對於這個重要問題不敢有所表示的時代，你們敢明目張膽的出來反對，不管你們的特別原因如何（或者是因為要反對你們老對頭國民黨），只那不為盧布所誘，不為俗見所屈的地方，已經令人非常可佩。」往下話頭一轉，「但我勸你們……」，「不要使敵人的宣傳品乘機混入」。因為，「蕭伯納說『打仗要打到敵人的營盤裏面去』，陳先生於此言可謂得其三昧了。」[211]張的意思是，《晨報》應該保持立場，不該刊發陳啟修那種「敵人的宣傳品」。

奚若差矣！固然，張奚若和徐志摩都是哥倫比亞的留學生，包括沒有捲入這次論戰的胡適之。但，英美自由主義的薰陶看來對三個人還是不一樣。張奚若彷彿忘了老伏爾泰的話：我可以反對你的觀點，但我誓死捍衛你說話的權利。《晨報》不是沒有自己的立場和傾向，

210 陳啟修〈帝國主義有白色和赤色之別嗎？〉，《晨報·社會週刊》第 1 號 1925 年 10 月 6 日。
211 奚若〈蘇俄究竟是不是我們的朋友？〉，《晨報副刊》1925 年 10 月 8 日。

比如它的社論。但，《晨報》又是一個公共平臺，社論之外，還必須給各種觀點提供平等的言論空間。編發陳啟修稿子的劉勉己，在價值取向上為反蘇，他並不同意陳文的觀點和結論。但，針對張奚若的批評，他這樣說：「……晨報是社會報，不是黨報，也不是營業報；他不必像黨報一樣，排斥一切異己的言論，所以他在正張上，廣闢時論一欄，博徵一切有價值的論著。」[212]。徐志摩也是這樣，他無法同意張奚若，他甚至表示，「我以做副刊記者的資格，也以我個人的資格，得在這裏聲明幾句話，」「我第一要聲明的是本副刊……決不是任何黨派的宣傳機關；」另外，在選稿標準上，徐志摩說：「我天天抓緊了拳頭問這時代要的只是忠實的思想，不問它是任何的傾向。」[213]而我們知道，徐志摩的個人傾向也是堅定的反俄。然而，在他手上，照樣編發友俄和學俄的稿子。對此，擁俄派的陳啟修也承認：「在大家起來討論友仇問題這一點上，覺得中國現在言論界還沒有被黨派的成見完全閉錮著」。[214]在《晨報》人的努力下，《晨報》本身，於不同黨派之間，真正做到了言論自由。這是中國 20 世紀 20 年代具有自由主義性質的一個媒體。

---

[212] 勉己〈應怎樣對蘇俄？〉，《晨報副刊》1925 年 10 月 10 日。

[213] 志摩〈「仇友赤白的仇友赤白」‧一，前言 記者的聲明〉，《晨報副刊》1925 年 10 月 22 日。

[214] 陳啟修〈中國對蘇聯政策應當如何？〉，《晨報‧社會週刊》第 4 號，1925 年 10 月 27 日。

二十七、1925 年 11 月 29 日《晨報》殃 II

　　然而，正是由於蘇俄討論，《晨報》遭受了一場猝不及防的火劫。討論開始後，劉勉己約請梁啟超做文字，誰知梁開頭就說了一段笑話：

> 晚明的智識階級最會拌嘴，那時講「良知」正是最時髦的名詞，有人說良知即「赤子之心」，有人說良知像一張白紙，於是發生「良知赤白問題」。朱舜水集裏頭有句話：「我不管良知是赤是白」就是由此而來。良知赤白沒鬧得清楚，滿洲人卻已經進關了。[215]

蘇俄赤白也沒鬧清，一把火就燒到了大門口。

　　點燃這把火的是國民黨，是國民黨北京執行部組織學生群眾所舉行的「首都革命」。這個革命集中在兩天，1925 年 11 月 28 日和 29 日。它的領導人是北京大學地質系教授兼德文系主任朱家驊。朱所領導的兩天革命，除了分別在神武門、天安門遊行集會外，就是放了兩把火。一是 28 日的一把火，燒了當時教育總長章士釗的家。第二天，再接再礪，又一把火燒掉了晨報館。

　　章士釗事後就自己家中 28 日的變故寫過〈寒家再毀記〉。謂其「再毀」，乃是 5 月 7 日學生已經毀過一次，被毀的多是字畫、碑帖和書籍，尤以書籍為最。此次再毀，又是何種情形？下午五時許，千餘眾團團圍住章宅，一擁而入，「遇物即毀，自門窗以至椅凳，凡木之屬無完者，自插架以至案陳，凡書之屬無完者。其處理諸物，先肆

---

[215] 梁啟超〈復勉己書論對俄問題〉，《晨報・社會週刊》第 4 號，1925 年 10 月 27 日。

其力而搗之，次盡其量而攫之，卒掃聚所餘，相與火之。」[216]好一節文言筆力（誰說文言不如白話，白話能有如此精彩），「搗」「攫」「火」，活畫出一幕「文革」原型。

　　29 日這一天，下午先在天安門廣場召集國民大會，與會學生和群眾約五萬人。會上，朱家驊和陳啟修都有發言和演說。會後照例示威遊行，但因國民黨內部左右派的激烈內訌，無以調解，不得已，朱家驊便宣告遊行解散。已而不得的是，其中一支隊伍徑往晨報館而去。這是上海《民國日報》的報導：「群眾遊行示威之際，有許多人手豎旗幟，大書打倒晨報及輿論之蟊賊等語，遂蜂擁至宣武門大街，將該館舉火焚毀，接待室火先成災，火焰突起，消防隊聞警趕到撲滅，結果已延燒他處，該報館房舍大半，業成焦燼，附近房舍，又以撲救關係，拆毀破損甚多……」[217]

　　兩把大火，胡適都不在北京，他是因北大政潮而赴滬治病的。但北京情形，他都知道，除了報紙，還有朋友來信。這是湯爾和給胡適的信，亦可見知識界部分人對國民黨這兩把火的態度：「京中狀況獰惡可怖，白晝縱火燒報館，此是何等景象？章行嚴縱犯彌天大罪，亦不應放火燒之」。說及這兩日的領袖人物朱家驊，湯的評價是：「朱騮先平時頗謹飭，亦中風狂。是足見非稍稍讀書，有相當修養者，無不從風而靡，人心如此，可畏哉。」[218]最後，湯還慶倖胡適此刻不在京中。

插：朱家驊後來嘗到了以其人之道還治其人之身的滋味。從革命黨到
　　執政黨，朱家驊也坐上了當年章士釗的位子──教育部長。1947
　　年，京津一帶，學潮風起浪湧，朱家驊從首都南京前去視察。我

[216] 章士釗〈寒家再毀記〉，《甲寅週刊》1 卷 21 號，1925 年 12 月 5 日。
[217] 轉引智效民《胡適和他的朋友們》，第 79 頁，雲南人民出版社。2004。
[218] 「湯爾和致胡適‧1925 年 12 月 2 日」，《胡適來往書信選》上冊，第 358 頁。

們可以在胡頌平為他編撰的年譜中看到這樣一幕：「先生（指朱家驊，筆者注）在北京大學教職員的歡迎茶會之後正要出門時，北平師範大學的學生湧了進來的三百多人。先生對學生說話之後，胡適先生接著說話了。他說：『朱部長今天是我們北京大學的客人，你們師大的學生到我們北大來虐待我們的客人，我們是不應許的。你們這種下流的行為，簡直是無恥。』」據胡所言，「胡適先生很嚴厲的責備了他們一番，最後才散去。」[219]然而，學生圍攻朱家驊的場面，以及這個場面緊接著在清華大學的重演，胡頌平隱而不揚了。只是，這一幕朱家驊不應該陌生。北平學生用來對付他的，不正類似他當年以學生運動的名義運動學生時的作為？

現在，可以把話題回到當時不在北京的胡適和陳獨秀上面。

這把火該不該燒？在陳獨秀那裏，簡單到一個字「該」，甚至「活該」！自「晨副」討論赤白友仇一個月下來，報館收到的稿件不可謂少，但，發出來的，十九都是反俄。徐志摩的解釋是擁俄的稿件大都是不連貫的議論。這樣，「晨副」雖有兩方面的聲音，但聲音不成比例，這本身也就呈現了報紙自己的傾向。這樣的傾向陳獨秀當然不能容忍。因為在那個時代，對蘇俄的態度，是一個大是大非的問題，它表明你是進步還是反動。這個問題在陳獨秀自己那裏當然不言而喻，但，《晨報》居然還作為問題討論，討論下來，結果反俄還占了上風。這種落後反動的報紙為什麼不該燒？燒報紙的邏輯乃是陳獨秀當年不准《新青年》發表反對白話文的繼續。因為此事「是非甚明，必不容反對者有討論之餘地」（陳獨秀語）。《新青年》是自己的，說不發就不發。《晨報》是異己的，必不容的話，最直接的辦法就是燒。

---

[219] 胡頌平《朱家驊年譜》，第65-66頁，臺灣傳記文學出版社，1985。

這裏有一個細節值得注意。遊行群眾是高呼著「人民有集會結社言論出版自由」的口號，來到宣武門大街燒掉《晨報》館的。事實上是，朱家驊們此刻正享有集會結社的自由，也享有出版言論的自由。怪異在於，這班新人物自己在享有自由的同時，卻不准別人自由。在那熊熊的大火面前，晨報的自由在哪裡？

> 你我不是曾同發表一個「爭自由」的宣言嗎？那天北京的群眾不是宣言「人民有集會結社言論出版的自由」嗎？《晨報》近年的主張，無論在你我眼睛裏為是為非，絕沒有「該」被自命爭自由的民眾燒毀的罪狀；因為爭自由的唯一的原理是：「異乎我者未必即非，而同乎我者未必即是；今日眾人之所是未必即是，而眾人之所非未必真非。」爭自由的唯一理由，換句話說，就是期望大家能容忍異己者的意見與信仰。凡不承認異己者的自由的人，就不配爭自由，就不配談自由。

胡適的聲音可謂擲地，但胡適的意見還可商榷。胡適是在異同是非的語境中談自由的，可是自由卻偏偏不能在這個語境中談。胡適主張容忍異己，是因為自己未必真是，而對方未必真非。和爭自由卻不懂自由的陳獨秀相比，胡適登堂。可是，爭自由的唯一原理，並非胡適以上的理由，因為言論自由與是非無關。言論自由的意義僅在於言論本身，而不在言論是非。就此一認識而言，堂奧其中的倒是詩人徐志摩，正如他上面的態度：「我天天抓緊了拳頭問這時代要的只是忠實的思想，不問它是任何的傾向。」只問思想，不問傾向；只問言論，不問是非：這才是爭自由的唯一原理。

這就是說，即使眾人之所非為非，非，亦有其言論自由，這是它的權利。是不能以是剝奪，更不能以暴力奪之。像《晨報》縱火案，分明是國民黨及其同謀還未執政時就先行施展的「文化法西斯」。這

種以非民主的方式求民主、以反自由的方式爭自由,結果只剩下蠱惑人心的口號,民主自由卻越去越遠。甚至,按照它的邏輯,失去自由的不僅是對方,同時也是自己。當對方認為自己是,並以相同的方式回敬時,自由便再也沒有可能。自由不是負負得正,而是相減為零。正是在這個意義上,胡適向陳獨秀亮出了他作為底線的「這一點」,即「容忍」。

容忍是 20 世紀中國最稀缺的價值資源,它的缺席給現代中國帶來了無盡的苦難。胡適在世紀早期就鼎力張揚,這使得這封信在 20 世紀書信史乃至思想史上佔有無以忽視的一席。在胡適看來,容忍不僅是自由的前提,沒有容忍便沒有自由;而且,胡適更預見容忍的缺席,將會給社會帶來什麼樣的災害。因此,胡適踩住容忍的底線向陳獨秀告警,甚至不惜以「仇敵」聲色俱厲。可是,這一切幾乎是與夏蟲語冰,一貫以己為是的陳獨秀哪裡聽得進去。因此,胡適把話說到最後,禁不住有些悲情:

> 但這幾年以來,卻很不同了。不容忍的空氣充滿了國中。並不是舊勢力的不容忍,他們早已沒有摧殘異己的能力了。最不容忍的乃是一班自命為最新人物的人。我個人這幾年就身受了不少的攻擊和誣衊。我這回出京兩個多月,一路上飽讀你的同黨少年醜詆我的言論,真開了不少的眼界。我是不會怕懼這種詆罵的,但我實在有點悲觀。我怕的是這種不容忍的風氣造成之後,這個社會要變成一個更殘忍更慘酷的社會,我們愛自由爭自由的人怕沒有立足容身之地了。

「這個社會要變成一個更殘忍更慘酷的社會」,胡適的話,不幸應驗。

附：1925 年 10 月-11 月《晨報副刊》關於蘇俄問題討論目錄

＊1925 年 10 月

〈帝國主義有白色和赤色之別嗎？〉陳啟修 《晨報·社會週刊》第 1 號 1925 年 10 月 6 日

〈蘇俄究竟是不是我們的朋友？〉奚若《晨報副刊》1925 年 10 月 8 日

〈應怎樣對蘇俄？〉勉己《晨報副刊》1925 年 10 月 10 日

〈又從蘇俄回講到副刊〉志摩《晨報副刊》1925 年 10 月 10 日

〈張奚若是我們「智識寡淺的學者」的朋友嗎？〉陳啟修《晨報·社會週刊》第 2 號 1925 年 10 月 13 日

〈關於蘇俄仇友問題的討論〉《晨報副刊》1925 年 10 月 15 日

　一、〈前言〉志摩

　二、〈來稿一〉陳均

　三、〈來稿二「友乎？仇也！」〉陳翔

〈蘇俄何以是我們的敵人〉奚若 《晨報副刊》1925 年 10 月 17 日

〈對俄問題的我見〉李璜《晨報·社會週刊》第 3 號 1925 年 10 月 20 日

「仇友赤白的仇友赤白」《晨報副刊》1925 年 10 月 22 日

　一、〈記者的聲明〉志摩

　二、〈聯俄與反對共產〉奚若

　三、〈來信〉江紹原

　四、〈蘇俄不是帝國主義嗎？〉抱樸

對俄問題討論號 《晨報·社會週刊》第 4 號 1925 年 10 月 27 日

〈復勉己書論對俄問題〉梁啟超

〈聯蘇聯的理由〉陳翰笙

〈中國對蘇聯政策應當如何？〉陳啟修

〈駁陳黃生之謬論並告愛國青年〉趙奉生 《晨報副刊》1925 年 10 月 31 日

＊1925 年 11 月

〈一篇不應該做的文章〉奚若 《晨報副刊》1925 年 11 月 2 日

〈對俄問題討論號（二）〉《晨報·社會週刊》第 5 號 1925 年 11 月 3 日

〈對於蘇俄的疑問〉陶孟和

〈對俄問題致勉己書〉錢端升

〈論對俄問題〉丁文江

〈請教勉己先生三點〉張榮福

〈論蘇俄〉開痕司 尉慈譯 《晨報副刊》1925 年 11 月 4 日

〈劉侃元先生來件前言〉志摩 《晨報副刊》1925 年 11 月 4 日

〈中國的建國策與對蘇俄〉（一）劉侃元 《晨報副刊》1925 年 11 月 4 日

〈中國的建國策與對蘇俄〉（續）劉侃元 《晨報副刊》1925 年 11 月 7 日

〈赤俄與反帝國主義〉抱樸 《晨報副刊》1925 年 11 月 9 日

〈中國的建國策與對蘇俄（續）〉劉侃元 《晨報副刊》1925 年 11 月 9 日

〈我也來談談蘇俄〉張慰慈 《晨報副刊》1925 年 11 月 12 日

〈中國的建國策與對蘇俄（續）〉劉侃元 《晨報副刊》1925 年 11 月 12 日

〈蘇聯的國際地位〉陳翰笙 《晨報‧國際副刊》第七號 1925 年 11 月 13 日

〈蘇俄是赤呢，還是白呢？〉佈施勝治 《晨報‧國際副刊》第七號 1925 年 11
月 13 日

〈論蘇俄（二）〉英國開痕斯 尉慈譯 《晨報副刊》1925 年 11 月 14 日

〈中國的建國策與對蘇俄（完）〉劉侃元 《晨報副刊》1925 年 11 月 14 日

〈共產主義與中國〉奚若 《晨報副刊》1925 年 11 月 16 日

〈我反對蘇俄的一個最大的理由〉常燕生 《晨報副刊》1925 年 11 月 16 日

〈對俄問題討論號（二）〉《晨報‧社會週刊》第 7 號 1925 年 11 月 17 日

〈國產之保護及獎勵〉梁啟超

〈讀對俄問題討論號的意見〉胡石青

〈共產主義與中國（續）〉奚若 《晨報副刊》1925 年 11 月 18 日

〈論蘇俄（三）〉開痕斯 尉慈譯 《晨報副刊》1925 年 11 月 19 日

〈聯俄排俄平議〉陳均 《晨報副刊》1925 年 11 月 23 日

〈國產之保護及獎勵（二）〉梁啟超《晨報‧社會週刊》第 8 號 1925 年 11 月 24 日

〈聯俄排俄平議〉陳均 《晨報副刊》1925 年 11 月 25 日

〈聯俄排俄平議〉陳均 《晨報副刊》1925 年 11 月 26 日

〈蘇聯的內政與外交〉佈施勝治 《晨報‧國際副刊》第九號 1925 年 11 月 27 日

〈聯俄排俄平議〉陳均 《晨報副刊》1925 年 11 月 28 日

二十八、「女師大風潮」和北大脫離教育部 I

> 豫才、啟明、通伯三位先生：
> ……………你們三位都是我很敬愛的朋友；所以我感覺你們三位這八九個月的深仇也似的筆戰是朋友中最可惋惜的事。我深知道你們三位都很自信這回打的是一場正誼之戰；所以我不願意追溯這戰爭的原因與歷史，更不願評論此事的是非曲直。我最惋惜的是，當日各本良心的爭論之中，不免都夾雜著一點對於對方動機上的猜疑；由這一點動機上的猜疑，發生了不少筆鋒上的情感；由這些筆鋒上的情感，更引起了層層猜疑，層層誤解。猜疑愈深，誤解更甚。結果便是友誼上的破裂，而當日各本良心之主張就漸漸變成了對罵的筆戰。[220]

豫才即魯迅，啟明即周作人，通伯即陳西瀅。這是胡適 1926 年 5 月 24 日在天津裕中飯店寫給他的三位北大同事的信。是一封勸和信。信中的三位主角在此前近一年的時間內發生過激烈的「對罵的筆戰」，人在外地的胡適看待不下去，於旅次中作調人，試圖以信勸阻。

　　這場筆戰——不，與其說筆戰，毋寧說對罵，其中一方罵得更比一方凶——主要是圍繞 1920 年代著名的「女師大風潮」而展開。對罵，無足道之，但，罵之所由的女師大風潮，卻頗能反映那個擾攘不安的時代。

　　北京國立女子師範大學，其前身是 1908 年創辦的京師女子師範學堂。1922 年至 1924 年，校長為許壽裳。許是浙江紹興人，留日出身，魯迅的同鄉、同學和摯友。他做校長時，處理問題比較優柔，同時也

---

[220] 「胡適致魯迅、周作人、陳源・1926 年 5 月 24 日」，《胡適來往書信選》上冊，第 380-381 頁。

很注重民主。雖然未曾留學英美，但自己卻給學生開杜威《教育與民主》的課，滿口「德謨克拉西」，因此學生送他一個雅號叫「德謨克拉東」（據周作人）。許在校長位上將近兩年，1924 年 2 月，他的職務由楊蔭榆接替。楊留學美國，讀的是哥倫比亞，學的是教育，後獲教育學碩士學位。但，就其長校的作派言，楊和許正好相反，她剛愎自用，處理問題鐵腕。這是她的性格，也造成了她的悲劇。至少「女師大風潮」是在她的任上發生，而且也導致她最終黯然去職，只當了一年零八個月的校長，比許壽裳短。

楊先是與部分教師處不好，導致十五個教員連袂要求辭職。後又與學生自治會搞不好，為開除三個學生——她們因江浙軍閥開戰而無法按期返校，因此楊要她們退學——致使風潮漸起。於是，當一次學生集會時，她不請自來，試圖主持，沒想到卻被學生轟下臺，並趕出會場。楊自然不會甘休，召集學校評議會，決定開除學生自治會的六名幹部，包括許廣平和劉和珍。可是，在那個時代，楊非但開除不了學生，幾天後學生自治會卻反過來議決驅逐楊蔭榆。學生封鎖了楊的校長辦公室，並派人看守校門，禁止其入內。正在雙方鬧得不可開交時，魯迅和陳西瀅以他們的文字出來助陣了，一個是支持學生，一個是支持校長。隨著他們的出現，女師大的校內風潮不但趨高，而且還擴展到北京教育界，以至讓北大也生出了風波。

以上胡適說陳魯之間「當日各本良心的爭論之中，不免都夾雜著一點對於對方動機上的猜疑」，這其實是誅心，善意的誅心。他們彼此是「各本良心」，還是誅心般的「不憚以最壞的惡意」，胡適其實並不知道。從他們彼此發表的文字看，越到後來，越每況愈下，文字糾纏加攻訐，已沒有什麼道理可言。其實，二三十年代發生多次的文化論戰，如果剝開所謂文化的外衣，也不過是文人罵架，把讀者當看客。首先是陳西瀅對女師大的狀況看不下去，他在《現代評論》發表「閒話」，開篇就說：「以前學校鬧風潮，學生幾乎沒有對的，現在

學校鬧風潮，學生幾乎沒有錯的。」[221]這開頭一句話，其實就是一篇大文章，它揭示了五四以來學校乃至社會所流行的一種普遍的狀況。這裏的「以前」和「現在」，是以五四為分界的。五四是學生運動的一次大勝利，勝利之後的學生讓北大校長蔡元培產生一種隱憂，認為「今後將不容易維持紀律，因為學生們很可能為勝利而陶醉。他們既然嘗到了權力的滋味，以後他們的欲望恐怕難以滿足了。」[222]這話由北大另一校長蔣夢麟轉述，其實這也是他自己的看法。接長北大，他認為「蔡校長和胡適之他們料得不錯，學生們在『五四』勝利之後，果然為成功之酒陶醉了。這不是蔡校長等的力量，或者國內的任何力量所能阻止的，因為不滿的情緒已經在中國的政治、社會和知識的土壤上長得根深蒂固。學校裏的學生竟然取代了學校當局聘請或解聘教員的權力。如果所求不遂，他們就罷課鬧事。教員如果考試嚴格或者贊成嚴格一點的紀律，學生馬上就要罷課反對他們。他們要求學校津貼春假中的旅行費用，要求津貼學生活動的經費，要求免費發給講義。總之，他們向學校予取予求，但是從來不考慮對學校的義務。他們沉醉於權力，自私到極點。」[223]

蔣夢麟一腔怨言，但他說的屬實嗎？在他舉的幾個例子中，和這裏有關的不妨就是學生解聘教員，不，解聘校長的權力。那麼，需要追問的是，公立學校的學生解聘校長，是權利，還是權力？應當承認，學生肯定有要求解聘校長的權利，但肯定沒有實施解聘校長的權力，因為校長不是學生委派的。就權利言，學生可以提出要求，甚至抗議；就權力言，學生難道可以擅自封條校長室、不准校長進出自己學校的大門嗎？是誰給了學生這種權力？這種情況，只有在一種情況

[221] 陳源《閒話（粉刷毛廁）》，轉引《恩怨錄——魯迅和他的論敵文選》，上，第67頁，今日中國出版社，1996。
[222] 轉引蔣夢麟《西潮·新潮》，第125-126頁，岳麓書社，2000。
[223] 蔣夢麟《西潮·新潮》，第131-132頁，岳麓書社，2000。

下發生，那就是文化大革命。可是，1920 年代的學界，情況恰如蔣夢麟所言。當時就有人這樣慨歎：五四以前的教員是老子，學生是兒子；五四以後，教員變成兒子，而學生變成老子了。

插：1928 年 3 月，湯爾和傳話說要邀請胡適出任清華校長，胡適當時回答：如果校長由董事會產生，自己不反對。如果是任命，則不能就。回家後，胡適仔細思量，決計不應。在寫給湯爾和的信中有這樣的句子：「……我實在不能做管理學校的事，尤不願服事今日的學生老爺們……」。[224]胡適尚且稱「學生老爺」，可見當時習氣如此。

1990 年代，臺灣學者呂芳上出版一本有關學運的專著，《從學生運動到運動學生》，此書以五四後十年間的學生運動為研究對象，其中一節專門談「學生與校長」。根據呂著統計，如果以 1922 年為例，發生學潮 123 件，其中學生 v 校長就占了 49 件。從 1919 年到 1922 年，僅以女校為例，先後就發生六起學生校長之間的迎拒糾紛。1919 年 8 月，南京女師驅逐校長呂氏，校方開除學生四人，但最後校長還是被迫辭職。次年廣東女師拒絕新校長上任，因為學生以四事考問，均不能回答。爾後，又有無錫女師、重慶省立二女師、湖北女師、安徽省二女師開除校長的之類的風波。學生開除校長，在學生看來是自己當仁不讓的權力。安徽第四師範的學生宣佈校長過惡時說得很清楚：「現在的教育是動的，不像從前那樣保守嚴格了。現在的教育是以學生為主體的，不是以校長為主體。從前教育的好壞，是責成教師的，現在的教育卻是不然了，要責成學生了。學生既有如許大的責任，將來教育的好壞，當然不得推辭。推翻不好的校長及一切教育的蟊賊，非特是應當的，而且也是義不容辭的。」[225]

---

[224] 曹伯言《胡適日記全編》卷 5，第 14 頁。
[225] 轉引呂芳上《學生運動與運動學生》，第 91 頁注 32，中央研究院近代史研究所，1994。

這就不難理解北京女子師範大學的學生們為什麼理直氣壯地驅逐楊蔭榆。不但不准進校門，街上碰見了，還老鼠過街人人喊打。這是當時還是學生的許廣平寫給魯迅的信，她向她的老師報功似地彙報了她和同學在遊行時巧遇楊蔭榆的一幕：

> 所可稍快心意的，是走至有一條大街，迎面看見楊婆子笑眯眯的瞅著我們大隊時，我登即無名火起，改口高呼打倒楊蔭榆，打倒楊蔭榆，驅逐楊蔭榆！同儕聞聲響應，直喊至楊車離開了我們。這雖則似乎因公濟私，公私混淆，而當時迎頭一擊的痛快，實在比遊過午門的高興，快活，可算是有過之而無不及。先生，您看這匹「害群之馬」簡直不羈到不可收拾了。這可怎麼辦？[226]

這一段文字殊可玩味，但雙方的衝突卻越形激烈。8 月下旬時，支持楊蔭榆的教育總長章士釗決定停辦女子師大並將其改為國立女子大學。原來女師大的 200 餘名學生有 180 餘名自動轉到了女子大學，但還剩下 20 多名學生堅持不離校。於是章氏教育部決定動用武力強行拆遷這 20 多名「釘子戶」。一出鬧劇上演了，一邊是員警，一邊是臨時雇來的老媽子，老媽子連拖帶拽，硬是把這 20 多名誓與學校共存亡的女生綁架般塞入汽車，揚長而去。這些女學生哭聲震天……。事情到了這個地步，應該說是彼此不妥協的結果。雙方不斷激化矛盾，最終導致事態惡化。幾個月的互鬥，讓人同時看到問題的兩面，一面是「暴君」化，一面是「暴民」化。其實兩面都相信自己是「正宜」的，至少在動機上。可是，正因為如此，往往才不憚採用任何手段，尤其是

---

226 「許廣平致魯迅・1925 年 6 月 5 日」，《魯迅全集》卷 11，第 85 頁，1981。

「暴」的手段。在手段的層面上，楊蔭榆和許廣平雖然權力懸殊但又未分彼此。

由於章士釗「處置乖張」，動用武力，輿論便一邊倒向了學生，何況五四之後就是一個「學生神聖」的時代。學生是不會錯的，但，學生也是簡單的，不簡單的，是在學生的後面。當時，屬於國家主義派的《醒獅》雜誌，本來也反章，但對這次風潮卻別具隻眼，以下這一段話頗能道出隱藏在學生之後的問題：

> 風潮的起點大多數的學生都是希望學校改良，確實抱著以讀書為目的的。如果該校的教職員，以學校為念，以教育為重，協助楊氏將學校改良，滿足學生的正當要求，則此次風潮無由發生。隨後學生對於楊氏的不滿意，如果沒有少數教員利用學生為打倒楊氏的工具，則此次風潮早已平息，並且楊氏也不致任用意氣，死守不去。此次章士釗登臺，如果沒有人利用學潮以鼓動政潮，頂著女師大為打倒章士釗的工具，則女師大的解散，無機暴發。所以女師大的風潮鬧到如此田地，學閥和利用學潮的名流委實不能辭咎。現在北京的輿論只攻擊章士釗，而未責及學閥和一班利用學潮的假名流，這是我認為失公正的地方。我以為這次風潮中的楊、章固然該攻擊，但學閥的傾軋，假名流的把持和利用，也是應該受攻擊的。[227]

這是一段持平之論，它揭櫫了那隻插進學生運動中的手，這隻手來自北大，是北大在女子師大兼課的幾位教授。他們主要是李煜瀛、李泰棻、沈尹默、沈兼士、周樹人、周作人、錢玄同等。需要說明的是，

---

[227] 轉引呂芳上《學生運動與運動學生》，第 236-237 頁，中央研究院近代史研究所，1994

周樹人不是北大教授，公職教育部的他同時在北大和女師大兼課。這次風波，與他無關，但他介入甚深。從公的角度，他是支持學生反壓迫，這符合他的性格。從私的角度，楊蔭榆取代了他的好友許壽裳，而他此時又正和學生許廣平暗渡感情之陳倉。因此，當他看到陳西瀅在《現代評論》上以「閒話」幫助楊蔭榆時，自然要以「並非閒話」來還擊。以後，隨著事態的發展，陳西瀅「閒話」再三，魯迅也亦步亦趨，「並非閒話（二）」、「並非閒話（三）」地接二連三起來，以至江河瀉地，不可收拾。

但，這並不僅僅是陳魯間的衝突，就像也不僅是楊蔭榆與許廣平等學生的衝突。在這兩層衝突的下面，更有盤根錯節的黨爭色彩。像李煜瀛、顧孟餘等北大教授俱屬國民黨，李煜瀛更是國民黨當時在北方的黨務負責人。他們的計畫就是驅逐楊蔭榆，使國民黨籍的易培基取而代之，後來他們果然做到了這一點。同時，李更是要借這次風潮，驅逐教育總長章士釗，亦讓易培基來取代，最後也做到了這一點。不但如此，李煜瀛他們乘風潮之便，試圖把北大拉進來，擴大事態，使北大脫離章士釗，從而拖垮教育部，更進一步，從而像多米諾骨牌那樣，拖垮北洋政府。這是北京國民黨一方的算盤，它已經不僅是黨爭而是具有全局性的政爭了。政爭的工具，就是學生。

從黨爭的角度，可以看出當時北京文化界的勢力分佈。驅楊逐章的勢力主要是北大兩波教授，一波是「某籍某系」的周氏兄弟等，一波是國民黨背景的李煜瀛、易培基等，國家主義的《醒獅》和《京報》也是反章楊的。相反，反對風潮支持章楊尤其是反對北大脫離教育部的主要是北大的另一波教授，如陳西瀅、李四光、丁燮林、皮宗石、張歆海等，這撥教授以留學英美為主，和「某籍某系」的留學日本正相對應也積不相能。這一面的媒體主要是《現代評論》和《晨報》。轉從政爭角度，情勢更為沉潛。國民黨籍的教授分明是把學運當作「國民革命」的一部分。當然，這裏也包括年輕的共產黨，但國

共合作時期，它是在國民黨的旗幟下工作，是國民黨左派。根據在台學者呂芳上的研究：「女師大風潮發生後，還在廣州的國民黨中央婦女部、廣州特別市黨部婦女部、上海執行部婦女部均曾馳電聲援女學生，號召女界同胞『共同打倒婦女解放運動的攔路虎』。上海《民國日報》（屬於國民黨，筆者注）除了詳細報導風潮外，還以社論抨擊楊、章的不當。在北京的國民黨，不論左右對風潮均有興趣，呂雲章的回憶就說，當時漢花園的右派負責人江紹模（姜紹謨），便曾鼓動學生們『製造慘案』。而『偏安』於宗帽胡同的女師大，支持的教授都是來自國民黨。可見國民黨在這次風潮中扮演了怎樣重要的角色。」[228]靠學運起家的北方國民黨（顯然不僅僅是它，這裏不遑詳論），從五四中得出了一個經驗，誰抓住了學生，誰就抓住了未來。儘管它最終尤其是在獲得權力後失去了學生，但在沒有獲得國家權力前，作為一個革命黨，這個心得對它來講極為管用。甚至更管用的是這一點：為了達到自己的政治目的，不惜製造慘案，讓學生流血。因此「女師大風潮」之後，在京兩黨彼此合作，又成功策劃了一次「三・一八」。女師大學生劉和珍、楊德群在這製造出來的慘案中亡命，她們用她們的血為「女師大風潮」劃上了句號。

案：關於國民黨在這次風潮中的鼓動學生，許廣平的回憶亦可一參。倒楊時，為了尋求支持，許廣平和劉和珍曾去某位國民黨人那裏請教，誰知「他卻這樣『鼓勵』我們：『你們幹，放膽地幹好了！你們看，黃花崗有沒有你們婦女在內？！』我當時即想：原來他認為我們鬧革命是為了要在黃花崗上爭一席之地！從此，我們對這位先生再不去請教了。」[229]這一位先生，許廣平並沒有道

---

228 呂芳上《學生運動與運動學生》，第 234 頁。

229 許廣平〈女師大風潮與「三一霸」慘案〉，《許廣平文集》第二卷，第 213 頁，江蘇文藝出版社，1998。

出他的名字，只是稱他為「國民黨的短視者」。這位短視者公然嗾使女學生送死，這才使許廣平明白過來。這也就未必不能理解許本人在三‧一八那天，魯迅要她留下抄稿子，她也就不違師命了。

複案：許廣平與三‧一八，她是這樣記述的：「我還記得『三‧一八』那天早晨，我把手頭抄完的《小說舊聞鈔》送到魯迅先生寓處去。我知道魯迅的脾氣，是要用最短的時間做好預定的工作的，在大隊集合前還有些許時間，所以就趕著給他送去。放下了抄稿，連忙轉身要走。魯迅問我，『為什麼這樣匆促？』我說：『要去請願！』魯迅聽了以後就說：『請願請願，天天請願，我還有些東西等著要抄呢。』那明明是先生挽留的話，學生不好執拗，於是我只得在故居的南屋裏抄起來。寫著寫著，到十點多鐘的時候，就有人來報訊，說鐵獅子胡同段執政命令軍警關起兩扇鐵門拿機關槍向群眾掃射，死傷多少還不知道。我立刻放下筆，跑向學校。」[230]

三案：關於三‧一八，胡適的同鄉、親戚、當時也是北大學生的石原皋有過一段文字，說：「次日（即三月一九日，筆者注），我到胡適家，恰值王世杰又在客廳高談闊論，我進去聽他談什麼。王大放厥詞，大罵國民黨左派和共產黨，誣衊愛國運動的領袖是有意叫學生去送死，並信口雌黃地說，青年學生是盲動的，受了欺騙，白白地送死了。胡適靜聽他說話，一聲不吭。」[231]不過，對這一節文字，筆者有所疑問，因為據筆者掌握的材料，三‧一八前後胡適人在上海不在北京。

[230] 許廣平〈女師大風潮與「三一八」慘案〉，《許廣平文集》第二卷，第218-219頁。

[231] 石原皋〈胡適的三朋四友〉，《閒話胡適》，第 72-73 頁，安徽人民出版社，1990。

二十九、「女師大風潮」和北大脫離教育部 Ⅱ

　　1925 年 8 月 26 日，胡適的學生顧頡剛致信胡適，云：「昨報載反清大同盟驅逐先生出京，閱之憤惋。此次北大內部欲借女師大學潮為黨爭之具，心地均不坦白，而一方面又拉先生為領袖，遂致反對者集矢於先生。我的意思以為先生不必與任何方面合作，要說話就單獨說話，不要說話就盡守沈默。未知先生肯見聽否？」[232]在整個女師大風潮中，胡適沒有說過一句話，尤其五卅之後，胡適的心思都用在學生的長期罷課上。但，胡適以前可以不說話，現在卻不能了，因為風潮已經被引進了北大。

插：風潮由女師大而北大，許廣平有過一段表述：「本來，女師大風潮不是單純的一個學校的事情。因為女師大的國文系，也就是我選課的一系，六位教員都是在北大國文系任教的，且又多是反對胡適的，所以鬥爭又牽涉到北京大學內部。」[233]

　　如果說女師大風潮是學生與校長鬥法，轉至北大，則是教授與教授鬥法。前者是用革命黨特有的運動的方式，後者主要是在程序上或通過程序針鋒相對。畢竟相對的雙方都是有身份的教授，同時大都受過歐風（如李煜瀛留法）美雨（如胡適留美）的沐浴。8 月 18 日，當章士釗準備用武力挾持女師大 20 多名學生出校前夕，北大這邊由北大教務長顧孟餘召集一次教授評議會。此刻北大代校長蔣夢麟回鄉探親，校務由顧代拆代行。這次評議會，顧未曾聲明事由，以至有些評議員到場才知道會議是為了女師大抗章而要北大脫離教育部。這個議案由李煜瀛提出，理由是章士釗如此對待女師大，實為教育界罪人。當時北大教授王世杰等就表示反對，於是教授們展開討論：是否因為

---

[232]「顧頡剛致胡適・1925 年 8 月 26 日」，《胡適來往書信選》上冊，第 344 頁。
[233] 許廣平〈女師大風潮與「三一霸」慘案〉，《許廣平文集》第二卷，第 215 頁。

女師大的問題而北大一定要對教育部有所表示。雙方議論不下，便訴諸投票，結果贊成與反對是 6：6（有兩教授退席未參加投票），這時擔任主席的國民黨籍的顧孟餘投下了贊成票，該議案由此成立。下面，按照程序進行第二輪投票，正式表決北大應否脫離教育部。投票前持反對態度的皮宗石教授退席，王世杰、王星拱兩位教授聲明評議會對此案沒有表決權，這麼重大的問題應交全體教授大會決定。但「二王」的提議沒通過，主持會議的顧孟餘堅持表決。表決的結果是，贊成與反對 7：6。於是北大宣佈不承認章士釗為教育總長，拒絕收授章簽署的檔。

在北大脫離案的事件終了後，胡適、王世杰等 20 位北大教授（以留學英美為主）發表了一篇〈這回為本校脫離教育部事抗議的始末〉。語稱「抗議」，可見失敗。但，回溯這個過程，卻又饒有意味。這裏，不妨根據該始末的敘述，用以廓清事件本身。

胡適不是本屆評議員，沒有參加評議會，但會後他就知道了會上的情形。次日，胡適、陳西瀅、陶孟和等五位教授向評議會發表聲明，表示抗議，抗議會議「不合手續」。胡適為什麼就手續抗議呢？在「始末」中，胡適等回溯了 1925 年 3 月 14 日北大評議會反對當時教育總長王九齡的議案。當時開會，事先亦未說明開會事由，所以出席者不及半數。與會後，方才知道是議決北大脫離教育部事。事後，胡適等即向北大校長蔣夢麟提出質問，蔣遂於 3 月 18 日召集評議會與教務會的聯席會議，做出一個表決：「議決：關於王九齡長教部事，維持十四年三月十四日的評議會原案；以後進行，隨時由本聯席會議決行之。」[234]實際上，蔣作了個折衷，既維持了評議會的議決，又表示下次改革，類似的事情不獨由評議會獨裁，而交與兩會聯席議決。可

---

[234] 胡適〈這回為本校脫離教育部事抗議的始末〉，《胡適文集》卷 11，第 124 頁。

是，剛剛過去幾個月，北大評議會故伎重演，再次突然襲擊，讓部分評議教授措手不及。這就是胡適所謂的不合手續。在胡適看來不合手續的還有，評議會後，顧孟餘未曾電告蔣孟麟校長有關評議結果，即令北大文牘課退回教育部公事三件，又在蔣返校的前一天，發公函與財政部，聲明北大已與教育部脫離，以後經費請財政部直接撥與北大。而胡適認為，根據上次聯席會議的議決，北大即使脫離，在評議會後，還須通過兩會再表決。所以，蔣夢麟回校後，8 月 23 日，胡適、陳西瀅、王世杰、皮宗石等 14 位教授聯名致信蔣，要求根據上次聯席會議的議決，就北大脫離事進行覆議。

胡、陳、王等要覆議，顧孟餘、李煜瀛、馬裕藻等人當然反覆議，而另一波教授朱家驊、張鳳舉等試圖居中調和，但沒有效果。收信後，蔣夢麟表示 26 日舉行評議和教務的聯席會議，但到 8 月 25 日仍沒有開會消息。是夜，胡適等人（除上次 14 名外，又增加 2 名）再次具名上書，要求蔣明示態度。在這樣的情況下，蔣 26 日下午通知 28 日上午召集聯席會議。與此同時，李煜瀛那邊也相應行動起來，他們八位評議員亦致信蔣，聲稱聯席會議無覆議之權，如果召集也只能是一次談話會。27 日，有愛國大同盟代表多人往各評議員家中訪問，要求不要推翻評議會原案。就是在 28 日開會前，又有北大學生會代表要求列席。

雙方你來我往，緊鑼密鼓，都在程序上作文章。看起來是程序之爭，但又不僅是程序。在其背後，乃是政治。這是不同政治立場之間的教授之爭。這兩派教授，一邊是「法日派」，一邊是「英美派」，他們長期合不攏來。查胡適本年 1 月 17 日日記，胡適晚上回家時路遇陳西瀅，兩人一同步行到胡適家中，相談甚久。日記最後寫到：「通伯談北大所謂『法國文化派』結黨把持，傾軋夢麟的情形，聞之一歎。夢麟方倚此輩為心腹朋友呢！我雖早窺破此輩的趨勢，但我終不料他們會陰險下流到這步田地！此輩者，李石曾、顧孟餘、沈尹默一

班人也。」[235]胡適如此不屑法日派，是否僅僅出於意氣和派系呢？至少就這次反對脫離教育部而言，胡適的態度和立場是一貫的，並非有多少意氣的成份。因為事情很明顯，從女師大的風潮，到北大的脫離，事態是向政潮發展。即使旁觀，也不難看出這一點。胡適的朋友、人在外地的朱經農就此事致信胡適等，信中的表述很明確：「這一次北大脫離教部關係，實在沒有道理。李石曾的政治行動，令吾人失望。女師大風潮久延不決，愈鬧笑話愈多。楊蔭榆腦筋固然太舊，女學生的舉動也未免太新奇了。現在北京教育界太沒有主持公論的人，Demogogue（這字或者拼錯）[應作 Demagogue，煽動者]利用青年，連馬友[幼漁]老先生也起了做女師大校長的心，可笑亦可歡。我想此時除解[改]組外，似亦無他法矣。你們這一次出來反對評議會，我極以為然，所以寫一信向你們表同情。」[236]

　　旁觀者清。朱經農的兩句話（「李石曾的政治行動」和「煽動者利用學生」）都擊中了問題的要害。因為後者，是以女師大風潮愈演愈烈；而沒有老師在後撐腰，20 多個學生是維持不下去的。至於前者，國民黨背景的法日派就是要把事情做大，以北大脫離教育部帶動其他國立大學跟進。事態如此，胡適為什麼要唱反調呢？一言以蔽之：使學校早日脫離一般的政潮與學潮。

　　這樣一個思想於胡適是由來已久，這個思想是出於他對五四和五四之後學運的觀察，更在於他發現有政黨在利用和操縱學運乃至學校，所以，他希望學校自己能從政潮脫離出來而回到原來的學術軌道。當然，對於政治黑暗，胡適並不反對教師的反對，但這種反對應當是個人的，亦即教師應以個人的名義活動而不要拖累學校。還是在 1923 年蔡元培校長不與北洋政府合作，宣佈辭職北大校長時，胡適就

---

[235] 曹伯言《胡適日記全編》卷 4，第 202 頁。
[236] 「朱經農致胡適、陶孟和、沈性仁等·1925 年 9 月 4 日」，《胡適來往書信選》上冊，第 346-347 頁。

公開發表意見，一則堅決支持蔡元培，一則表示：每個人「同情的表示盡可以採取個人行動的方式，不必牽動學校。如有贊成他的不合作主義的，盡可以自行抗議而去。如有嫌他太消極的，盡可以進一步作積極的準備：個人行動也好，秘密結合也好，公開鼓吹也好，但都不必牽動學校。」[237]這是胡適的一貫的主張，就這次脫離事件，如果法日派反對章士釗，那當然是他們的權利；但，他們卻沒有權力把整個北大也拖進去。女師大與北大何干？如果北大脫離教育部，北洋財政部以此為藉口不撥經費怎麼辦？這分明是連累全校的事。因此，評議會後，因為抗議無效，胡適等人於 8 月 21 日發表〈致北大同事公函〉，公函中的胡適等人的態度很明確：「我們認學校為教學機關，不應該自己滾到政治漩渦裏去，尤不應該自己滾到黨派政爭的漩渦裏去。」對於章士釗，「我們盡可用個人的資格或私人團體的資格去攻擊他或反對他，不應該輕用學校機關的名義；就令學校機關萬不能不有所表示，亦不當輕用妨害學校進行的手段。因為學校裏大部分的教員學生究竟是做學問事業的；少數人的活動，如果牽動學校全體，便可以妨害多數人教學的機會，實際上便是剝奪他們教學的自由。叫囂哄鬧的風氣造成之後，多數的教員學生雖欲專心教學，也就不能了。」因此，胡適等最後提出下列三條：

（一）本校應該早日脫離一般的政潮與學潮，努力向學問的路上走，為國家留一個研究學術的機關。

（二）本校同仁要做學校以外的活動的，應該以個人的名義出去活動，不要牽動學校。

---

[237] 轉引胡適〈這回為本校脫離教育部事抗議的始末〉，《胡適文集》卷 11，第 124 頁。

（三）本校評議會今後應該用其大部分的精力去謀學校內部的
改革，不當輕易干預其職權以外的事業。[238]

8 月 28 日上午，在北大代校長蔣夢麟的主持下，北大評議會和教務會
舉行聯席會議。會上，馬裕藻等教授堅持此會為談話會，聲稱聯席會
並無法律上的根據。胡適一方不願固執己見，同意讓步改此會為談話
會，但認為談話會仍可以投票表決，並且表決案只取建議書的形式，
對學校無約束力。但，馬裕藻、李煜瀛、沈尹默等堅持認為談話會沒
有表決權。雙方爭執既久，胡適聲稱，既然不許我們說話，我們只好
退席。說畢起身欲退，但被眾人挽留下來。這時對方也退了一步，李
煜瀛等始承認可用個人簽名的方式提出建議書。胡適一方接受了。會
上，胡適和王世杰各自提出建議書一件。胡適的建議書是：「同人建
議於校長請其對本月 18 日評議會議議決案斟酌情形停止執行。」[239]包
括胡適在內，簽名者有 12 人。王世杰的建議書是：「同人願建議評議
會請求議定：評議會凡對於政治問題，以及其他與本校無直接關係之
重大問題，倘有所議決，須經評議會之二度議決；或經由評議會與教
務會議聯席會議之複決；或經由教授大會之複決；方能執行。」（引
同上）連同王世杰，簽名者凡 22 人。此會於下午一時半散會。

　　這次聯席會議最終以胡適一方失敗為告終。9 月初，蔣夢麟在《北
京大學日刊》發佈〈蔣夢麟啟事〉：「本校同人公鑒：夢麟對於本月
本月十八日評議會議決案，斟酌情形，不得不繼續執行，其理由如
下。」蔣提出兩條理由，第一條理由是針對胡適的，「（一）二十八
日評教聯席會到會會員之建議案，簽名者十二人，未簽名者十二人。

---

[238] 「胡適等致北大同事公函‧1925 年 8 月 21 日」，《胡適全集》卷 23，第
　　470-471 頁。
[239] 胡適〈這回為本校脫離教育部事抗議的始末〉，《胡適文集》卷 11，第 128
　　頁。

是對於停止執行之建議，贊否各半，使麟難於適從。故以仍舊執行，較有根據。」可以看到，蔣夢麟有投票權卻沒有投票，他有他自己所說的「苦衷」。北大脫離教育部，固不知蔣的內心想法；但他屬於國民黨，不像胡適無黨派；因此，他在這個問題上是否受組織牽制，也只有他自己知道。蔣氏啟事的第二點針對的是王世杰：「同日同會會員二十人簽名提交評議會之建議案，已經三十一日之評議會依照原案精神修改後通過。是將來對於同樣舉動，必須慎密之手續後，始能發生效力。」[240]當然，這裏的「慎密之手續」依然在程序上含混不清。到底如何慎密，必須訴諸可操作的步驟，否則，還會發生類似這次「手續」上的爭執。

　　女師大風潮逐漸消歇，北大也終於暫時脫離了教育部。國民黨的易培基先出任女師大校長，後又執掌教育部。北方國民黨在 1925 年的教育界大獲全勝。到年底，國民黨左右派再接再礪又連續策劃了帶有「首都革命」性質的大遊行，遊行中發生了火燒《晨報》館的事件。1926 年 3 月，國民黨更有效地利用一次外交危機，釀成了震驚全國的三・一八事件。幾十名學生喋血執政府，血卻染紅了國民黨的「青天白日滿地紅」。拿學生的生命革命，逼北洋開槍，使它聲名掃地：這乃是學潮之後的政治圖謀，也是胡適為什麼堅持要學校避入政潮的緣由之一。胡適試圖防止這一切，卻無能左右這一切。甚至他的學生都不能理解，反而破口大罵。不妨看看一位老北大幾十年後對胡適的控訴：「1922 年夏，我畢業於江蘇海州中學，到北京升學，考進北大甲部（理科）預科學習。入學考試的國文題是『救國莫忘讀書』。這個題目是胡適出的，反映了他那時所倡導的要使青年學生脫離愛國運動、埋頭讀書、不問政治的反『五四』精神的思想。……文化敗類、

---

[240] 蔣夢麟〈蔣夢麟啟事〉，轉引韓石山《少不讀魯迅，老不讀胡適》，第 169 頁，中國友誼出版公司，2005。

帝國主義的走卒兼政客胡適，奉迎曹吳意旨，高唱『好人政府主義』、『多談問題，少談主義』、『學生應多讀書，少搞運動』等謬論。入學考試的國文題就是對新來北京應試的青年的一個當頭棒，企圖使他們在思想上先有一個深刻的印象，就是，在入學之後，必須做一個讀死書、不問世事的規矩學生，和革命運動絕緣。」[241]

北大獨立後，失敗的一方接受了這個結果。胡適們既沒有怨言、也沒有攻訐，而是盡可能客觀地寫了份抗爭始末，公之於眾，並回過頭來，試圖修補程序。「始末」最後，他們做了這樣的檢討：「我們這一回為了一個主張出來抗爭，起初即聲明完全以學校為前提，毫無固執個人成見之意。我們對於這回本校脫離教部的事件竟不能挽救，我們很慚愧。」然後，又提出了這樣的希望：「現在本校對於這一類的事件既議決了一層保障，以後本校同人若能嚴格的尊重該項議決的精神，充分運用這點點保障，使本校早日脫離一般的政潮與學潮，回向內部改革上多做一番努力，那末，我們這回所受的種種誣衊與毀謗，也就很值得了。」[242]胡適念茲在茲的還是這一點：讓學校早日脫離一般的政潮與學潮。

然而，事實上是，北大學生（包括北京學界）並沒有脫離學潮和政潮，反而越捲越深、越演越烈；倒是胡適自己因此事件而離開北京，繼而又脫離北大。1925 年 9 月，胡適因武昌大學邀請，赴鄂講演，後來短暫回京，旋又赴上海療疾，一待就是好幾個月。這期間他作出一個決定：脫離北大，專門從事著述。11 月時，胡適從上海寫信給蔣夢麟校長，正式請求辭職。辭職的原因固多，但胡適多少有點「此地無銀三百兩」：「我這回決定脫離北大，於上回爭獨立事件絕

---

[241] 程厚之〈回憶我在北大的一段學生生活〉，《北大舊事》，第 256 頁，三聯書店，1998。

[242] 胡適〈這回為本校脫離教育部事抗議的始末〉，《胡適文集》，卷 11，第 128-129 頁。

無關係，全不是鬧意氣，實在是我的自動的決心，這個決心的來源，雖不起於今日，而這回的南遊確與此事大有關係。」胡適語辭懇切：「這一次請你務必准我辭職，並請你把此信發表在日刊上，免得引起誤會的揣測。」[243]不必揣測胡適，當時北大風傳的是什麼呢？不妨參看 1926 年秋剛考上北大的一位學生（後來的著名托派人物王凡西）的敘述：「北大那時已經不是『五四』當年的舊樣子了，蔡元培掛冠而去，陳獨秀早就離開北京，以全力從事共產黨工作，胡適之據說與校中的國民黨系教授（李石曾、顧孟餘等）鬧意見，告了長假，在上海養病著書。」[244]從告假到辭職，後來胡適又被挑選為「中英庚款顧問委員會」的「中國訪問團」成員，不但在國內各地為庚款如何使用聽取意見，接著還要準備赴歐洲會議。雖然形式上沒脫離北大（蔣夢麟校長未批），但事實上已經和北大沒有關係了。從 1917 年回國到 1925 年底聲明脫離，胡適在北大時間長達八年。這是胡適一生和北大過從時間最長的一次，等他下一次進北大，則要等到五年後的 1930 年了。

案：回到開頭，胡適為英庚款到天津會議，旅次中讀了魯迅《熱風》中的文章，很受感動。想起這一年來三人的紛爭，忍不住寫信。信中就他們「對罵的筆戰」說：「我十月到上海時，一班少年朋友常來問我你們爭的是什麼；我那時還能約略解釋一點。越到了後來，你們的論戰離題越遠，不但南方的讀者不懂得你們說的什麼話，連我這個老北京也往往看不懂你們用的什麼『典』，打的什麼官司了。」陳魯之爭，事緣「女師大風潮」，但越爭到後來，正如胡適所說，「離題越遠」，甚至墮入人身攻擊。魯迅姑不論，就陳西瀅而言，他是越陷越深。和陳西瀅成比照的就是胡適，類似這樣的對罵，想把胡適拉下水都難。胡適可以為北大脫

---

[243]「胡適致蔣夢麟・1925 年 11 月 10 日」，《胡適全集》卷 23，第 475 頁。
[244] 王凡西《雙山回憶錄》，第 14-15 頁，東方出版社，2004。

離教部抗爭，但不會陷入這種水平線以下的「對罵的筆戰」。這正如胡適在信中自陳：

> 「我是一個愛自由的人，──雖然別人也許嘲笑自由主義是十九世紀的遺跡，──我最怕的……是一個猜疑、冷酷、不容忍的社會。我深深地感覺你們的筆戰裏雙方都含有一點不容忍的態度，所以不知不覺地影響了不少的少年朋友，暗示他們朝著冷酷、不容忍的方向走！這是最可惋惜的。」[245]

就胡適言，在公共領域中，他強調的是抗爭，面對私人，他體現的又是容忍。因此，對那些看似公、其實私，或者亦公亦私乃至以公挾私的筆戰之類，胡適既無時間也無興趣，一生如此。那麼，陳魯筆戰到底是公還是私呢？可以旁觀一下上述王凡西的觀察。王剛進北大時，是一個熱衷文學的「憤青」，他餓讀當時流行北京的「晨副」、「京副」、《現代評論》和《語絲》。在他看來，「這些副刊和期刊都是偏重文藝的，很少討論到嚴重的思想問題和政治問題。有時候爭論點非常瑣碎，譬如進行於魯迅和陳西瀅之間的筆戰，牽涉的竟往往是些『私事』」。[246]

複案：以上胡適信致魯迅、周作人和陳源，但涉及的卻是彼此不相干的兩段論爭。魯陳之爭如其上。另一論爭則發生在周作人和陳源之間，那是一次所謂的「流言」之爭，僅僅為了私人場合的一句話。在公共領域論爭，卻又與公共領域無涉，徒然佔用公共領域，這裏不遑置論。

---

[245] 「胡適致魯迅、周作人、陳源‧1926 年 5 月 24 日」，《胡適來往書信選》上冊，第 381 頁。

[246] 王凡西《雙山回憶錄》，第 16 頁，東方出版社，2004。

三十、〈我們對於西洋近代文明的態度〉I

1926 年 6 月 6 日，胡適應日本的《改造月刊》「中國特號」之請，完成了一篇他自己很看重的文字（後來他把它改寫為英文），該文字足以表徵胡適當時的思想狀況，這就是《改造月刊》發表之前先在《現代評論》刊出後又為《生活週刊》分期轉載的〈我們對於西洋近代文明的態度〉。

1917 年回國後的胡適是以自由主義名世的，而且終其一生都是自由主義者。這篇文字的重要，在於它給我們閃示了胡適思想上的另一側：社會主義。從這篇文章看，此時的胡適儼然是一個自由主義式的社會主義者了，或者，是一個社會主義式的自由主義者了。本來，這是兩種價值上並不相同的思想體系，現在胡適在自己身上把它們糾合起來。那麼，這兩種思想是否能夠走到一起，是否能夠互為定語呢？這是當時胡適面對的一個問題。

從題目上看，〈我們對於西洋近代文明的態度〉談的是文明問題，就此文，胡適的本意也不在闡釋自由主義或社會主義，而是勢在辨明什麼是西洋近代文明以及我們對它應持什麼態度。胡適是一個比較徹底的西化主義者，幾乎是不遺余力地在中國傳播西方文明。然而，第一次世界大戰以來，西方文明的地位在國內知識界的心目中有所搖動。文化保守主義更是借西方一些知識人士對東方文明的嚮往，大張東方文化的旗幟，以為以後只有東方文明才能拯救這個沉淪的世界。特別是 1918 年德國哲學家斯賓格勒出版了他的《西方的沒落》，不僅在西方世界名動一時，中國的文化保守主義更是對此垂青。1923 年 10 月《學衡》雜誌發表署名文章〈論文化〉，對斯氏學說有所介紹，吳宓甚至對斯氏其人有持續的關注。即使自由主義者，面對歐戰後的一片廢墟，也極易生（西方）文明衰落之歎。這裏不妨摘錄胡適日記片斷，看看新從美國回來的蔣夢麟對西方文明的態度：「夢麟談

歐洲情形，極抱悲觀。這一次大戰，真是歐洲文明的自殺，法國已不可救了；拉丁民族的國家──義大利，西班牙，葡萄牙──將來在世界上只有下山的前途，沒有上山的希望。德國精神還好；將來歐洲必有俄德英聯成一片的時候，歐洲將永永為日爾曼斯拉夫民族的世界。但世界的文化已在亞美兩洲尋得了新逃難地。……將來歐洲再墮落時，文化還有美亞澳三洲可以躲避，我們也不必十分悲觀。」[247]

　　西方的沒落未必就是東方的興起，何況一戰後的西方是否就此沉淪，這在西方也是一個有爭議的問題。然而，真正的問題在東方。1920 年代初，具有社會主義傾向的瞿秋白這樣描述過國內文化界的狀況：「『中國的印度文化』再生，托爾斯泰等崇拜東方文化說盛傳，歐美大戰後思想破產而向東方呼籲，重新引動了中國人的傲慢心。『西方文化與東方文化』，居然成了中國新思潮中的問題。」[248]那麼，東方人是如何傲慢的呢？西方文化和東方文化究竟有什麼問題呢？這是當時一種流行的說法：西方文明偏於物質形態，是為物質文明；東方文明側重精神形態，是為精神文明。而這兩種文明又不在一個層次上，精神文明當然高於物質文明。以自己的精神文明自傲西方的物質文明，在胡適看來十分可笑。因為兩種文明如此不可分割，在人類的物質文明形態中無不含有人類心思智慧的成份，這心思智慧即屬精神文明；而且人類的精神文明也總是建築在物質基礎之上，如果首先沒有物質文明，精神文明即凌空蹈虛。於是，胡適從兩種文明的關係入手，展開辨析，後來更把重點放在了對西方近代文明尤其是精神文明的陳述上。

　　讀罷胡適這篇文章，不難發現它是一個套裝結構。西方文明的討論是它的表層，而一個有關自由主義和社會主義的討論則是其深層。

---

[247] 曹伯言《胡適日記全編》卷 3，第 714 頁。
[248] 《瞿秋白文集・文學編・第 1 卷》，第 30 頁，人民文學出版社，1985。

由外入內，如果從思想史的角度，閱讀的注意顯然就不在外在的文明框架，而在這個框架中的自由主義和社會主義的糾葛（至於這兩種主義是否可以納入所謂精神文明的框架當然更可以商榷）。在胡適看來，西方近代精神文明的發展，可以歸納為一個從「理智化」到「人化」到「社會化」的三部曲。所謂「理智化」是相對於反對中世紀的神學信仰而言的，而「人化」在相對於上帝而言強調人的獨立的同時，顯然帶有「個人主義」的色彩，至於「社會化」，即從自由主義意義上的個人主義走向社會主義。社會主義作為胡適肯定的一個概念，胡適在文章中對它做出了正面的闡釋。這就決定了這篇文章在胡適思想史上的地位。以此文為標誌，自由主義的胡適在 1920 年代同時也是一個社會主義者。

這是胡適在該文中一段重要的表述：

> 二三百年間，物質上的享受逐漸增加，人類的同情心也逐漸擴大。這種擴大的同情心便是新宗教新道德的基礎。自己要爭自由，同時便想到別人的自由，所以不但自由須以不侵犯他人的自由為界限，並且還進一步要要求絕大多數人的自由。自己要享受幸福，同時便想到人的幸福，所以樂利主義（Utilitarianism）的哲學家便提出「最大多數的最大幸福」的標準來做人類社會的目的。這都是『社會化』的趨勢。」

在概括這個「社會化」趨勢的基礎上，胡適推導出這樣的結論：

> 十八世紀的新宗教信條是自由，平等，博愛。十九世紀以後的新宗教信條是社會主義。這是西洋近代的精神文明，這是東方民族不曾有過的精神文明（下引此文不另注）。[249]

---

[249] 胡適〈我們對於西洋近代文明的態度〉，《胡適文集》卷 4，第 10 頁。

在這個結論中需要注意的是，一、胡適把社會主義視為西方文明的最新發展，而且是在自由主義脈系上的發展。二、在胡適以上的推論和結論中，存在著這樣一道橫等式：社會化＝社會主義。

就其第一，西方自由主義是個人主義的同義語，這裏的自由首先就是個人的自由。從一個人的自由到每個人的自由，自由的擴展，在胡適的認知中，就是社會主義了。這有他的日記為證。同年八月，胡適在由波蘭往德國的列車上，進入德國境內時，這樣寫道：「充分的承認社會主義的主張，但不以階級鬥爭為手段。共產黨謂自由主義為資本主義之政治哲學，這是錯的。歷史上的自由主義的傾向是漸漸擴充的。先有貴族階級的爭自由，次有資產階級的爭自由，今則為無產階級的爭自由。」[250]等胡適把自己這個思路打通時，列車已經駛出德國了。雖然，車子在柏林停了半點鐘，但他還是錯過了這個兩種社會主義的發源地，一是已經發生的屬於馬克思的科學社會主義，一是將來發生的希特勒的國家社會主義（「納粹」）。此時的胡適，儘管試圖把社會主義和自由主義嫁接到一起，但從學理角度看，他對這兩種主義的根本分殊還看不出究竟。

可以用胡適熟悉的美國例子來說明這一點。無論從一個人的自由到每個人的自由，還是從貴族階級的自由到資產階級的自由再到工人階級的自由（這兩者是一回事），但都不存在胡適所認為的從自由主義到社會主義的發展。在美國，在法律的框架下，每一個人都是自由的，但這個國家肯定不是社會主義的。早在胡適赴美留學之前的 1906年，德國學者桑巴特在研究了美國和美國的工人階級狀況後，出版了他的《為什麼美國沒有社會主義》。在桑巴特那裏，恰恰是自由主義的充分發展導致了社會主義的不可能。像胡適這樣把自由主義的發展說成是社會主義，只能說明他在自由主義和社會主義的涇渭中兩不分明。

---

[250] 曹伯言《胡適日記全編》卷 4，第 239 頁。

　　胡適的迷誤需要從另一點上找原因，即他把「社會化」不言而喻地等同於「社會主義」。不妨看他在該文中的一系列舉例：「十年以來，工黨領袖可以執掌世界強國的政權，同盟總罷工可以屈伏最有勢力的政府，俄國的勞農階級竟做了全國的專政階級。這個社會主義的大運動現在還正在進行的時期。但他的成績已很可觀了。各國的『社會立法』（Social Legislation）的發達，工廠的視察，工廠衛生的改良，兒童工作與婦女工作的救濟，紅利分配制度的推行，縮短工作時間的實行，工人的保險，合作制之推行，最低工資（Minimum Wage）的運動，失業的救濟，級進制的（Progressive）所得稅與遺產稅的實行，……這都是這個大運動已經做到的成績。這也不僅僅是紙上的文章，這也都已成了近代文明的重要部分。這是『社會化』的新宗教與新道德。」這樣的舉例是眉毛鬍子一把抓，俄國勞農階級專政和英美累進制所得稅本質上就不是一回事，英國的工黨和蘇俄的布爾什維克也無以性質相同。自由主義的發展從古典形態的個人主義到 19 世紀邊沁的「最大多數人的最大幸福」，的確是一個社會化的過程；但正如邊沁不是一個社會主義者，自由主義的社會化和社會主義本身畢竟是兩個不同的價值系統。分辨這個不同，在那個時代，對並非以理論素養著稱的胡適來說，的確有點勉為其難。

　　1926 年 9 月 23 日，胡適從巴黎到倫敦，當晚，他忽然想動手寫一本書，「雜論西洋近代的文明。書名即叫做『西洋文明』」，甚至擬好了全書的子目：

　　1、引論（即用我的《西洋近代文明》一篇）

　　2、科學與宗教的戰爭。

　　3、科學的精神與方法（Pasteur[巴斯德]）

　　4、科學的世界（神奇的成績）

　　5、爭自由小史

　　6、自由主義（Mill&Morley[穆勒和莫利]）

7、女子的解放。

8、社會主義。

9、蘇維埃俄國的大試驗。

10、社會化的世界。[251]

從這個條目看，「自由主義」和「社會主義」兩條線，胡適把它合成一條了，並聯為串聯。第五、第六、第十是自由主義社會化；第八、第九則是社會主義國家化。這兩者並不能夠「化一」。

就其內核而言，〈我們對於西洋近代文明的態度〉並不是討論西方近代「精神文明」的問題，自由主義和社會主義不屬於精神文明而屬於（近代）政治文明或政治哲學。從時間的維度，自由主義發生在社會主義之前，這就給胡適一個錯覺，社會主義是自由主義的發展。但，後起者可以是發展，也可以是反動。如果說自由主義的社會化（即從一個人的自由到每個人的自由）是自由主義的發展，可以謂之胡適稱謂的「新自由主義」；但，社會主義從它誕生那天起就是自由主義包括新自由主義的反對力量。它們之間的對立很明顯，自由主義是個體本位，社會主義是群體本位，這兩者的價值立足點正好 180 度。

近代自由主義的早期代表是洛克。胡適雖然接觸過洛克，比如在北美留學時的日記中記載過洛克，後來在北大西洋哲學史的課堂上也講解過洛克，但他對洛克的政治思想卻未必有多少瞭解，至少根據現在能掌握到的資料，看不出他對洛克的自由主義思想有所把握。胡適在美國習得自由主義，主要資源是英國的密爾和美國的杜威。從 17 世紀的洛克到 19 世紀的密爾包括 20 世紀的杜威，是自由主義從古典到現代的發展，亦即自由主義從「一個人」到「每個人」的社會化過程。胡適在美國接觸到了這個過程，但對先於這個過程的古典自由主義卻相對陌生。比如在洛克那裏，人們所以需要成立政府，就是為了

---

[251] 曹伯言《胡適日記全編》卷 4，第 357 頁。

保護私有財產。這本是自由主義的重典，胡適顯然缺乏深入體味。否則，他不會這樣發言：「固然東方也曾有主張博愛的宗教，也曾有公田均產的思想。但這些不過是紙上的文章，不曾實地變成社會生活的重要部分。」這裏的公田均產和洛克的國家保護私產，正好就是這兩種主義的分野。要而言，國家的存在，如果是為了保護個人財產，這就是自由主義在經濟層面上個人本位。而國家動用權力把個人資產轉化為公產（公田），且又人人有份（均產），這就不是個人本位而是群體本位了。只是 1926 年的胡適看不出這之間的差別。

可以排查一下胡適在美國的思想家底。這是以前涉及過的胡適日記，時在 1914 年 7 月 12 日：「下所記威爾遜與羅斯福二氏本月演說大旨，寥寥二言，實今日言自由政治者之大樞紐，不可不察。威爾遜氏所持以為政府之職在於破除自由之阻力，令國民人人皆得自由生活，此威爾遜所謂『新自由』者是也。羅氏則欲以政府為國民之監督，維持左右之，如保赤子。二者之中，吾從威氏。」[252] 這裏的威爾遜和羅斯福，雖然同為自由主義，一個偏左，一個偏右。偏左的威爾遜主張擴大政府權力，從而擴大自由範圍，他所領袖的民主黨顯然是代表自由主義社會化的政治力量。羅斯福曾經是保守主義的共和黨，但後來脫離。他此刻的主張介於激進和保守之間。他在偏於激進的同時，還是強調了政府只監督社會而不過多干涉的一面。在威爾遜和羅斯福之間，重要的是胡適自己的態度，他的「吾從威氏」堪可表明他在價值認同上偏於「自由主義左派」。

案：也是以前涉及過的內容，胡適在康乃爾讀書時，曾做過一次留學生選舉總統的政治測驗。投票者來自 12 個國家的 53 名留學生。被選者有 4 名，他們是民主黨的威爾遜、共和黨的塔夫脫、介於兩黨之間的進步黨的羅斯福、最後是帶有社會主義性質的社會黨

---

[252] 曹伯言《胡適日記全編》卷 1，第 373 頁。

的德卜。其中參加投票的中國學生 15 人，他們 7 票給了威爾遜，6 票給了羅斯福，共和黨一票也沒給，剩下的兩票也是唯一的兩票給了更激進的社會黨。如果對照美國學生，他們分別把票給了威爾遜，給了塔夫脫，給了羅斯福，但沒有一個人給德卜。中美學生的不同選擇就是一個對比，它多少可以說明，為什麼以上的桑巴特可以聲稱美國沒有社會主義，而二、三十年代的中國知識界又為什麼會有較普遍的社會主義傾向。

至於胡適乃是這一傾向中比較複雜的個案。

三十一、〈我們對於西洋近代文明的態度〉II

胡適難以區分自由主義和社會主義的價值分野，主要原因是他在古典自由主義上的缺課。不妨再度徵引胡適 1914 年秋的留美日記：

> 九日晨，孫恒君（哈佛學生）來訪，與談甚久。孫君言中國今日不知自由平等之益，此救國金丹也。余以為病不在於無自由平等之說，乃在不知此諸字之真諦。又為言今人所持平等自由之說，已非十八世紀學者所持之平等自由。向謂「人生而自由」⋯⋯，果爾，則初生之嬰孩亦自由矣。又曰：「人生而平等」，此尤大謬，人生有賢愚能否，有生而癲狂者，神經鈍廢者，有生具慧資者，又安得謂為平等也？[253]

---

[253] 曹伯言《胡適日記全編》卷 1，第 469-470 頁。

以上內容，圍繞兩個否定而展開，一是胡適否定了「人生而自由」，二是否定了「人生而平等」。可是在古典自由主義那裏，這兩點毫無疑問都是成立的。這裏可以聽一聽胡適不熟悉的洛克的聲音。就第一點而言，洛克在《政府論》下篇第二章「論自然狀態」的第一節說：

> 為了正確地瞭解政治權力，並追溯它的起源，我們必須考究人類原來自然地處在什麼狀態。那是一種完備無缺的自由狀態，他們在自然法的範圍內，按照他們認為合適的辦法，決定他們的行動和處理他們的財產和人身，而毋需得到任何人的許可或聽命於任何人的意志。[254]（下同）

在洛克看來，政治權力出現以前的狀態是一種自然狀態，在自然狀態中，人生而自由。這種自由和社會無關，它是自然的，天賦的，並且不聽命於任何人。至於「人生而平等」，洛克在緊接著的第二節這樣說：

> 這也是一種平等的狀態，在這種狀態中，一切權力和管轄權都是相互的，沒有一個人享有多於別人的權力。極為明顯，同種和同等的人們既毫無差別地生來就享有自然的一切同樣的有利條件，能夠運用相同的身心和能力，就應該人人平等，不存在從屬或受制關係，除非他們全體的主宰以某種方式昭示他的意志，將一人置於另一人之上，並以明確的委任賦予他以不容懷疑的統轄權和主權。

---

[254] 洛克《政府論》下篇，第 5 頁，商務印書館，2003。

在胡適那裏，人由於身心能力等條件不同因而平等不起來。洛克不然，他的平等是指在自然法面前人人平等，他借一位英國神學家之口：「人類基於自然的平等是既明顯又不容置疑」。

因此，當胡適在這篇日記中聲稱「今之所謂自由者，一人之自由，以他人之自由為界」時，他其實不知道，洛克早就做過這樣的表述：「……自然法，教導著有意遵從理性的全人類：人們既然都是平等和獨立的，任何人就不得侵害他人的生命、健康、自由或財產。」[255]也因此，當胡適根據他自己的表述這樣總結：「今日西方政治學說之趨向，乃由放任主義（Laissez faire）而趣干涉主義，由個人主義而趣社會主義」。他其實也不知道，洛克已經有言在先：「雖然這是自由的狀態，卻不是放任的狀態。在這種狀態中，雖然人具有處理他的人身或財產的無限自由，但是他並沒有毀滅自身或他所佔有的任何生物的自由……」（同上）。同樣，當胡適認為人生而不平等，只有在法律之下人類才能做到平等。殊不知，在洛克那裏，問題是這樣解決的，人類的法律從根本上是來自自然法，人人在法律面前平等就等於在自然法面前平等。

對洛克的評論不是這裏的任務，關鍵在於胡適如何對待古典自由主義。以上言論與其說是胡適對古典自由主義有不同認知，毋寧說是他對這些思想不瞭解不熟悉，甚至不知曉。在不熟悉這些思想的情況下，便把它當作 18 世紀以前的陳跡而欲超越，這就是胡適的問題。問題在於，胡適作為一個自由主義者，他是密爾式的（包括杜威），不是洛克式的。固然，密爾是洛克的發展，但對自由主義的把握卻不能撇開洛克而密爾而杜威。如果缺乏從洛克到密爾和杜威的「路徑依賴」，就很容易走到自由主義以外的一條路上去。

---

[255] 洛克《政府論》下篇，第 6 頁。

胡適正是如此。他反對人生而自由與平等，意在強調自由平等非天賦乃人為（胡適稱「人治之力也」）。既然靠人的力量來實現自由平等，這個力量一則是民間，一則是政府。前者不論，後者就是上述威爾遜的主張：政府的職能在於破除自由之阻力。而破除自由的阻力，離開政府的權力是辦不到的。這就觸及到自由主義的吊詭。在古典自由主義那裏，人類所以離開自然狀態，所以需要政治權力，正是需要它來保護人的各種自然權利；可是，它也清楚地知道，權力是一把雙刃劍，它本身有其擴張的本能，同樣可以侵害人的自然權利。「成也蕭何，敗也蕭何」，那麼，如何對待這個「蕭何」，就成為自由主義的棘手之處和精緻之處。以後自由主義的發展，分為激進和保守兩途：屬於保守方面的，力主限定政府權力，亦即把權力控制在對權利的保護上，除此以外不作為。因此這個權力是消極的，守夜式的。激進自由主義不然，它試圖努力發揮權力的積極作用，不斷在全社會拓展權利的對象和範圍。這就是以上所謂的「自由主義社會化」。至少美國式的自由主義，就在這激進與保守的兩種力量博弈中，維持自己的平衡。威爾遜式的民主黨，雖然屬於激進之維，但美國自由主義畢竟有古典的根基，因此，對權力的使用，總是受到古典自由主義的限制。

胡適不然。古典自由主義的缺失，使美國自由主義的社會化，到他這裏就變成了社會主義。「自由主義社會化」與「社會主義」的界限的確比較微妙，把握這兩者之間的度，既需要明晰自由主義，也需要明晰社會主義。那麼，當胡適 1914 年聲稱今日的政治哲學是「由個人主義而趣社會主義」，1926 年又聲稱「十八世紀的新宗教信條是自由，平等，博愛，十九世紀以後的新宗教信條是社會主義」時，他所認同的社會主義，又是一種什麼情形呢？

社會主義是西方工業化過程中的產物，它後出於自由主義，又形成了對自由主義的批判。正如《布萊克維爾政治學百科全書》中的「社會主義」詞條所介紹的那樣：

> 社會主義者對自由主義者的批判是出於其自身思想體系的緣故。自由主義者普遍要求承認人的基本權利，諸如自由、平等，但是由於他們對私有財產的依賴，使其無法提出制度上的變革以實現上述要求。社會主義者認為，公民權利和政治權利只能產生形式上的平等。這些權利需要擴展到社會和經濟權利的平等上（實質上的平等）。法律面前人人平等還需伴之以更加廣泛的機會均等和收益平等。私有財產限制了美國革命和法國大革命理想的實現，因此，為了追求社會正義，就必須排除私有權所形成的障礙。[256]

自由主義和社會主義的緊張主要不在自由上而在平等上。社會主義認為，自由主義在自然狀態中的平等並不足取，因為那是形式上的平等而實質上卻不平等。如果一個健全的人和一個殘疾的人在自然資源的獲取上不可能相同，而他們的各自的勞動結果也不可能相同，那麼，實質上的平等又體現在哪裡？彌補這個缺陷——這是自由主義的缺陷，就成了社會主義的努力。它的努力集中體現在上述文字的最後一句，就是打破私有制。唯有打破私有制，把生產資料公有化（國有化），然後通過國家權力對全社會進行有計劃的分配（包括勞動分配和產品分配），這個社會才能做到實質上的平等。這樣的平等，就是社會主義。

---

[256] 大衛‧米勒編《布萊克維爾政治學百科全書》，第 769 頁，中國政法大學出版社，2002。

　　由此可以看到社會主義和自由主義那種曲折複雜的關係。在表面上，它們有相輔相成的一面，在內深處，它們又有相反不相成的一面。說相輔相成，指社會主義是對自由主義的完善。因為自由平等在自由主義那裏只是形式上的，從形式推向內容，於是社會主義幫助自由主義實現了真正的自由平等。說相反不相成，是指社會主義對自由主義的擯棄。因為社會主義要實現真正的自由平等，就必須擯棄私有產權（私有制是萬惡之源），而財產權問題又正是自由主義的禁臠，在自由主義的語境中，誰都不能突破這道底線。因此，表面上社會主義和自由主義的相輔相成最終難以掩蓋內深處的相反不相成。這個相反，無以回避地體現在財產權上。而圍繞財產權的糾葛，就成了自由主義和社會主義最深刻的衝突。

　　落實到胡適，從美國留學到回國十年，他看到的是社會主義和自由主義相輔相成的一面，所以，他把社會主義看成是自由主義的發展乃至西方文明的發展。這時他尚未認識到這兩種主義在財產問題上不相成的一面，就這一面言，社會主義非但不是自由主義的發展，它毋寧是直接推翻。那麼，對於財產，胡適自己是什麼態度呢？他是認同國家對私有產權的維護，還是認同破除私有，使產權公有和國有呢？

　　此刻的胡適走在自由主義之外的一條路上。在 1914 年的那篇日記中，胡適聲稱：「以平等為人類進化之鵠，而合群力以赴之。法律之下貧富無別，人治之力也。」[257]在法律面前人人平等，到胡適這裏又進化為法律之下貧富無別。平等，已經走向平均。且問，是一隻什麼樣的手才能做到天下平均？不是自然之手，不是市場之手，而是以「分配正義」為訴求的國家權力之手。所以留美時的胡適認同遺產稅，認同累進制所得稅。而稅本身，如果不是用來保護自己的權利和安全，而是國家通過它來調節社會貧富；那麼，這樣的稅課已經觸動

---

[257] 曹伯言《胡適日記全編》卷 1，第 470 頁。

到財產權這一自由主義的敏感區了。對此，胡適並不敏感，他在〈我們對於西洋近代文明的態度〉中態度十分明確：

> 西洋近代文明本建築在個人求幸福的基礎之上，所以向來承認「財產」為神聖的人權之一。但十九世紀中葉以後，這個觀念根本動搖了，有的人竟說「財產是賊贓」，有的人竟說「財產是掠奪」。現在私有財產制雖然還存在，然而國家可以徵收極重的所得稅與遺產稅，財產久已不許完全私有了。

以認同的態度表述，表明了胡適理論上的含混。把產權視為神聖人權之一，顯然是古典自由主義，把財產視為罪惡，顯然是社會主義，至於對財產和遺產課以重稅，倒是走向社會化的新自由主義，儘管它和社會主義頗接近。胡適顯然把這個頗接近社會主義的新自由主義視為社會主義了（就像把美國的民主黨視為社會主義黨一樣）。這是胡適的淆混。但，胡適的混淆在於他本人具有一定的社會主義內傾。因為以課稅的方式觸動財產權，有超越古典自由主義的一面，還有未超越自由主義現代形態的一面。社會主義不然，它並非以課稅的方式，而是直接把財產從私有轉化為國有，以國有的方式組織生產，再以國有生產部門上繳利潤的方式來組織社會分配。正是在這一點上，胡適可以說是一個「半拉子」的社會主義者。

　　插：讀胡適的〈我們對於西洋近代文明的態度〉不得不讀胡適寫於 1922 年的〈王莽（一千九百年前的一個社會主義者）〉。這篇文章對胡適來說是一篇翻案文字，它是為一個在歷史上被唾罵的人翻案。案底則是，受了近兩千年冤枉的王莽，原來是一個早產的社會主義者，今天要還他作為一個社會主義者的公道。王莽其人其事到底如何，需要另外研究，這裏可以看到的是，胡適通過為王莽翻案，表明了自己的社會主義態度。文章中，胡適以積極的口吻評價了王莽執政

時的「三大政策」和「六筦之令」。這「三大政策」是「『土地國有』，『均產』，『廢奴』」。「六筦之令」是鹽、鐵、酒、名山大澤、錢布銅冶、五均賒貸等六項內容一律「歸國家管理」。胡適的認同是：「這些政策，都是『國家社會主義』的政策。他們的目的都是『均眾庶，抑並兼』。」尤其是後面的「六筦之令」，「六筦都是民間的『公共用具』，私人自做，勢必不能；若讓少數富賈豪民去做，貧民必致受他們的剝削。社會主義者所以主張把這種『公共用具』一切收歸社會（或國家）辦理。」[258]這就不是以上自由主義如何課稅的問題，而是把生產資料收歸國有，讓國家來計畫社會經濟生活了。這樣的社會形態是標準的社會主義。

因此，此時胡適的思想狀況，應該是這樣一個形象：舉起他的右手，他是一個自由主義者，舉起他的左手，他又是一個社會主義者。用他的左手去握他的右手，使自由主義和社會主義結合起來，這就是他的努力。人在歐洲時，胡適這樣表述了自己的想法：「採用三百年來『社會化』（Socializing）的傾向，逐漸擴充享受自由享受幸福的社會。這方法，我想叫他做『新自由主義』（New Liberalism）或『自由的社會主義』（Liberal Socialism）。」[259]胡適的主觀動機雖好，但正是在方法上，兩者融合不起來。一個要國家保護私產，一個則通過國家把私產化為國產，這是針尖對麥芒的事。胡適把自由主義三百年的「社會化」（即「新自由主義」）徑直等同於不到一百年的社會主義，而不遑過問兩者在所有制上的不同質，這既是他作為自由主義者在自由主義理論上的迷茫；也反映了他作為社會主義的傾向者對自由主義的內核欠瞭解。

---

[258] 胡適〈王莽（一千九百年前的一個社會主義者）〉，《胡適文集》卷 3，第 19-24 頁。
[259] 胡適〈歐遊道中寄書〉，《胡適文集》卷 4，第 47 頁。

補：如上所說，〈我們對於西洋近代文明的態度〉是在西方文明的框架下談自由主義和社會主義的。如果我們由內出外，再度回到那個東西對比中的西方文明，可以看到，胡適對自由主義和社會主義的態度如果是試圖調和的話，那麼，在東西文明之間，胡適的價值傾向就不是調和，而是一種堅定的西方文明的立場。此文發表之際，胡適出國伊始。到歐洲的下一步，就是計畫赴美。人在巴黎的胡適寫信給韋蓮司，說起到美國的打算，又談及自己對東西文明的看法。因該信於上文是一個補充，同時於胡適的文化思想（而非社會思想）又具相當的資料意義，特錄如下：

要是我去美國，我不想作公開演講。我唯一的目的是去看老朋友，我沒有任何東西可以告訴美國人民。到目前為止，我還沒找到我要在英國演說的合適題目。過去九年來，差不多只為中國人思考的這個經驗，似乎使我沒法子再為其他國家設想。你聽了這個也許覺得奇怪，但卻是事實。要是我發現自己假裝有什麼真知灼見要帶給西方世界，我覺得那是可恥的。當我聽到泰戈爾的演說，我往往為他所謂東方的精神文明而感到羞恥。我必須承認，我已經遠離了東方文明。有時，我發現自己竟比歐美的思想家更「西方」。一個[東方]演說者面對美國聽眾時，[聽眾]所期望於他的，是泰戈爾式的資訊，那就是譏諷物質的西方，而歌頌東方的精神文明。我可沒有這樣的資訊。相反的，我寫了一篇文章（離開中國前剛發表），在這篇文章裏（筆者注，即〈我們對於西洋近代文明的態度〉），我指責東方文明是完全唯物而沒有價值的，我讚揚現代西方文明能充分滿足人類精神上的需要。誠然，我所給予東方文明的指責，比任何來自西方[的指責]更嚴苛，而我對西方現代文明的高度評價，也比西方人自己所說的更好。

> 這樣出乎常理的意見，一定會讓那些對泰戈爾這種人趨之若
> 鶩，而又期望聽到所謂「東方」資訊的人感到失望和震驚。正
> 因為這個理由，我覺得自己向歐美聽眾演說是不合格的。目前
> 我避免作公開演講。[260]

就文化思想而言，胡適此信不免偏頗，但它觸及到胡適身後很久才由
薩伊德揭櫫的「東方主義」，可見胡適敏銳。長期以來，胡適的西化
立場被視為「洋奴」「買辦」，這種立場非但在中國受抨擊（胡適要
求學習的西方文明在當時一般新少年那裏被時髦地視為「文化侵
略」），就是在西方也不討好（西方人所欣賞的東方肯定不是要向西
方學習的東方，而是帶有東方審美情調的泰戈爾式的東方）。相比某
些學者在東方說西方好、在西方說東方好的兩頭討巧，胡適顯然沒有
這份「聰明」。但，胡適的兩頭碰壁卻正好顯示了他一生所慣有的精
神獨立。

三十二、兩個人的莫斯科 I

　　據胡適日記，1926 年 7 月 17 日，「下午出京」。此番出京，目的
地是英國倫敦，任務是赴英參加「中英庚款顧問委員會」會議。這是
胡適第一次去歐洲，也是胡適 1917 年回國近十年來的第一次出國。從
日記中看，胡適出國的路線是從北京到哈爾濱，再到滿洲里，然後取
道西伯利亞至莫斯科，在莫斯科逗留三天後，經波蘭、德國、法國，
最後抵達倫敦。

---

[260] 「胡適致韋蓮司・1926 年 9 月 5 日」，周質平《胡適與韋蓮司》，第 56-57
頁，北京大學出版社，1998。

從北京到倫敦，這一長途旅行，胡適的心思似乎並不在將要出席的會議上，倒是莫斯科成了胡適注意的中心。如果讀過胡適臨行前發表在《現代評論》上的〈我們對於西洋近代文明的態度〉，便不難理解胡適為什麼如此關心莫斯科。當胡適把社會主義視為西方近代文明的最新發展時，而蘇俄又是社會主義革命的發源地；那麼，當胡適有機會親臨其境，他怎能不投以相當的關注，而且是肯定性的關注。可以看到的是，胡適在莫斯科一共待了三天（從 7 月 29 日下午到 8 月 1 日下午），天天都有日記。之前和之後，亦逐日日記，所記內容，幾圍繞莫斯科這一蘇俄政治中心而展開。日記之外，還有五封書信。前三封寄給了留美學政治出身的張慰慈，張把它們發表在《晨報副鐫》上。發表時，徐志摩手癢，寫了一個比三封原信還要長的「編後」，連同胡適的信題名為〈一個態度及案語〉，對胡適的蘇俄傾向有所問疑。接下來，在倫敦的胡適又寫給徐志摩兩封信，（後一封信）為自己辯護。《晨報副鐫》的編輯瞿菊農以「新自由主義」為題將其刊出。

胡適的歐洲行旅也是一次思想旅行，自由主義的胡適隨著人到蘇俄，其價值傾向亦側向蘇俄。為了測繪出胡適向左轉的弧度，這裏不妨把徐志摩作為比較對象。這不僅因為胡適和徐志摩都是自由主義者，有著共同的思想底色；也不僅因為徐志摩對胡適的蘇俄轉向有所批評；還在於徐志摩本人在胡適之前也有過蘇俄之旅，他對莫斯科有他自己的感受，這種感受和胡適卻那麼大相逕庭。因此，把這兩個人和這兩個人文字中的莫斯科並置在一起，不僅可以看出同為自由主義者的胡適和徐志摩的思想色差，還可以看出那個逝去了的時代的知識份子的精神地圖。

兩個人的莫斯科，實在有著太多的相似性。比如，兩人都是從北京出發，目的地都是英國。胡適是開會，徐志摩是為了見泰戈爾。他們的路線是一樣的，都走西伯利亞，都路過蘇俄，都在莫斯科待了三天。圍繞莫斯科（或蘇俄），兩人都有專門的文字，胡適是《歐洲日

記》和〈歐遊道中寄書〉，徐志摩是十三篇的〈歐遊漫錄〉，他們的
書信和漫錄先後都發表在《晨報副鐫》上。不同的是，胡適出行是
1926年7月17日，夏天。徐志摩提前一年多時間，他是1925年3月10
日離京，蘇俄那時還是殘雪未消的冬天。另有一點不同，徐志摩除莫斯
科外，比胡適多去了一個彼得堡，因此又多了一個旁觀蘇俄的機會。

　　胡適是學人，徐志摩是文人，他們的俄遊文字，一個重學思，一
個偏感覺，質地頗不同；但對今天來講，都是那個時代很好的思想材
料。讀胡適日記，胡適在途中，好像是和飛轉的車輪比速度，還債一
般看書、寫信、寫書評，忙得不亦樂乎。以至一路上的景觀，都是扼
要幾筆，或一筆，如車過貝加爾湖時，胡適只一句：「車行貝加爾湖
邊，風景絕佳」。餘如是。可是到了徐志摩筆下，整個西伯利亞就成
了一個描寫的對象，還有心情，文字色彩非常豐富。特別是車行道
中，除了自然景致的欣賞外，還有對遠東俄國人的觀察，而胡適一筆
也沒有。事實上他也沒有過留意的觀察，他是在思考——給張慰慈的
政治信就是在西伯利亞途中寫出的。那麼，就讓我們從徐志摩眼中欣
賞一下那些遠東俄國人吧。

　　　（3）入境愈深，當地人民的苦況益發的明顯。今天我在赤塔站
　　上留心的看。襤褸的小孩子，從三四歲到五六歲，在站上問客
　　人討錢，並且也不是客氣的討法，似乎他們的手伸了出來決不
　　肯空了回去的。不但月臺上，連站上的飯館裏都有，無數成年
　　的男女，也不知做什麼來的，全靠著我們吃飯處的木欄，斜著
　　他們待頓的不移動的注視看著你蒸氣的熱湯或是你肘子邊長條
　　的麵包。他們的樣子並不惡，也不凶，可是晦塞而且陰沈，看
　　見他們的面貌你不由得不疑問這裏的人民知不知道什麼是自然
　　的喜悅的笑容。笑他們當然是會的；尤其是狂笑，當他們受足
　　了 vodka 的影響，但那時的笑是不自然的，表示他們的變態，不

是上帝給我們的喜悅。（以下凡引〈歐遊漫錄〉只隨文說明篇名，不另注）[261]

這樣的描寫其實不僅是自然的觀察。俄國人的笑給徐志摩印象太深，後面在記述莫斯科人時，還有一段笑的表述可與這裏互補：「莫斯科人的神情更是分明的憂鬱、慘澹，見面時不露笑容，談話時少有精神，彷彿他們的心上都壓著一個重量似的。……俄國人的笑多半是 vodka 入神經的笑，熱病的笑，瘋笑，道施妥奄夫斯基的 idiot 的笑！那都不是真的喜笑，健康與快樂的表情。」（〈莫斯科〉）從俄國人的皮面的笑容，徐志摩似乎讓我們看到了這笑容後面的精神狀況乃至社會生存狀況，這又豈是一般的文學筆法。

　　車過烏拉爾山，便進入歐洲了，胡適似乎無動於衷，埋頭飽讀十五年前就想讀直到今天才嘗願的《奧德賽》。7 月 29 日下午二時許，列車誤點一會，終於來到了莫斯科。連續十日在車上不曾洗浴，胡適到旅館的第一件事，便是沖熱水浴，又用冷水收場，「痛快之至」。然後出門就去莫斯科的中山大學。胡適當日日記，記事粗陳梗概，除了一段教堂的文字，無有什麼新來乍到的感受，彷彿是莫斯科的常客一般，今日又到了。詩人不然，十三篇中的〈莫斯科〉一章，可謂做足文章。文章一開頭，徐志摩就來了一個「阿」，然後便對莫斯科大抒其情。云謂：羅馬是個破爛的舊夢，愛尋夢的人就去羅馬。紐約是個 Mammon，拜金的人就去紐約。巴黎是個肉豔的大坑，愛荒淫的人就去巴黎。倫敦是一個煤煙市場，羨慕文明的就去倫敦。那麼，莫斯科呢？胡適當然沒心思給我們介紹莫斯科，要想讀到它，只能看在徐志摩的筆下。

---

[261] 徐志摩《歐遊漫錄・西伯利亞》，《徐志摩全集》4，丁集，第 40-112 頁，香港商務印書館，1983。

　　徐志摩到莫斯科的第一天，是去克里姆林宮散步，在那裏，他「心頭湧起雜感的一斑」：「這裏沒有光榮的古跡，有的是血污的近跡；這裏沒有繁華的幻景，有的是斑駁的寺院；這裏沒有和暖的陽光，有的是泥濘的市街；這裏沒有人道的喜色，有的是偉大的恐怖與黑暗……」。在徐志摩眼裏，莫斯科是一個「偉大的破壞的天才，一手拿著火種，一手拿著殺人的刀。」接著，徐志摩敘述了 19 世紀初亞歷山大火燒拿破崙的故事，其實不是火燒拿破崙，而是火燒克里姆林宮。當年拿破崙一路東進，俄國人誘敵深入，拿破崙順利進入空城莫斯科。當他在克里姆林宮愜意地躺下休息時，俄國人開始行動了。他們東一把火，西一把火，火燒連營，還有北風助勢。拿破崙趕緊外撤，又吃了哥薩克的丈八長矛，結果慘敗而歸。但，俄國人呢？「一把火竟化上了整個莫斯科的大本錢連 kremlin（皇城）都烏焦了的」。徐志摩很刻意：「我在這裏重提這些舊話，並不是怕你們忘記了拿破崙，我只是提頭（應為「提醒」，筆者注）你們俄國人的辣手，忍心破壞的天才原是他們的種性，所以連拿破崙聽見 kremlin 冒煙的時候，連這殘忍的魔王都跳了起來──『什麼？』他說，『連他們祖宗的家院都不管了』！正是：斯拉夫民族是從不希罕小勝仗的，要來就給你一個全軍覆沒。」於是，徐志摩告警：「這決不是偶然，旅行人！快些擦淨你風塵眯倦了一隻眼，仔細的來看看，竟許那看來平靜的舊城子底下，全是炸裂性的火種，留神！回頭地殼都爛成齏粉，慢說地面上的文明。」

　　徐志摩差矣。你叫別人擦淨風塵眯倦了的眼，也許別人認為你的眼就被風塵眯住了。每個人的眼看見的都是自己心裏想要看見的。即使同一個對象，如果兩個人的價值框架不同，這個對象在他們眼裏的色彩就不一樣，評價更是截然。在徐志摩那裏，莫斯科的地底下，全是炸裂性的火種，它要炸碎地殼，包括地面上的文明。可是，在胡適這裏，莫斯科就是一種新文明，而且是西洋文明的最新發展。這是胡

適還未出國時在〈我們對於西洋近代文明的態度〉中所抱持的看法，有了這個態度的先見，他非但看不到徐志摩所能看到的一切，就是看到了也會做出不同的解釋。在莫斯科的第三個晚上，胡適給張慰慈寫了第二封信，信中他這樣為莫斯科辯護：「我的感想與志摩不同。此間的人正是我前日信中所說有理想與理想主義的政治家；他們的理想也許有我們愛自由的人不能完全贊同的，但他們的意志的專篤（Seriousness of purpose），卻是我們不能不十分頂禮佩服的。他們在此做一個空前的偉大的政治新試驗；他們有理想，有計劃，有絕對的信心，只此三項已足使我們愧死。我們這個醉生夢死的民族怎麼配批評蘇俄！」[262]

　　這就是兩個人的莫斯科，胡適的莫斯科和徐志摩的莫斯科。同一個莫斯科，在徐志摩那裏是一個批評的對象，在胡適那裏，卻是我們不配批評；因為徐志摩認為莫斯科是在毀滅文明，而胡適認為它是在創造新文明。

三十三、兩個人的莫斯科 II

　　胡適和徐志摩在莫斯科都是三天，這三天他們都做了些什麼呢？

　　胡適是帶著蘇俄駐中國政府代表加拉罕的介紹信來莫斯科的。胡適動身前，曾去過加拉罕那裏，隔了一天，加拉罕也請胡適吃了午飯。看來是胡適主動對加拉罕有所要求，他是有心借此好好瞭解一下他未曾去過的蘇俄。到莫斯科後，他首先要找的人是莫斯科中山大學校長拉狄克。7 月 29 日日記，胡適洗浴過後，「旅館中有浪人名 Dobbin[多比]的能說英國話，願替我作翻譯。我帶了他出門，先訪

---

[262] 胡適〈歐遊道中寄書〉，《胡適文集》卷 4，第 41-42 頁。

Radek[拉德克]，到中山大學時，他已走了，學生皆在鄉間歇夏，我想把 Karakham[卡拉克罕]的介紹信留下，恰有中國學生一人出來，我問他，他對我一望，說：『是胡先生嗎！』此人名周達文，曾在北京聽我演說，故認得我。我把信交給他，就走了。」[263]這一天（7 月 29 日），胡適沒有見到拉狄克。直到 31 日，胡適在國民黨人於右任的寓處和共產黨方面的蔡和森、劉伯堅等談話辯論時，拉狄克才在胡適日記中出現。

關於胡適和拉狄克，卻有過這樣兩段有意味的風傳，值得一錄。

> 一九二六年夏，胡適出席在英國倫敦召開的「中英庚款」全體委員會議，取道西伯利亞鐵路抵達莫斯科。那時在中山大學、東方勞動大學的中國留學生，以及中國駐蘇聯大使館的工作人員，齊集莫斯科車站迎接他，人山人海，盛況空前。胡適下車伊始，我們中山大學的同學，又復邀請他來校作一次講演，校長拉狄克主持其事。胡適登臺之後，首先盛讚蘇聯一九一七年革命的成功並表示佩服。不料他說到國際形勢時，立論卻突變了，竟說美國對華政策是親善的，首先退還庚子賠款，為中國培養科學與文化的人才，改變舊中國為新中國云云。其時有一同學，寫一張紙條遞上講臺，質問胡博士看過中美望廈條約沒有？胡適隨即作答：「那是美國過去的歷史，現在美國對華的政策確是親善的。」弄得同學們啼笑皆非，大家都很不愉快。校長拉狄克作結論時，高舉手杖，大聲疾呼：「我要教導我的學生，學成歸國，奮鬥！革命！」[264]

263 曹伯言《胡適日記全編》卷 4，第 234 頁。

264 汪菊農〈胡適二三事〉，《胡適研究叢錄》，第 20 頁，三聯書店，1989。

這段文字的作者汪菊農，是胡適的安徽同鄉，後來在亞東圖書館編輯所就職，和胡適有所接觸。胡適到莫斯科時，汪正是中山大學的學生，但因患病，到黑海之濱養病去了。以上情節是汪的同學告訴他的，出入很大。首先胡適沒有享受以上迎接的盛況，其次，胡適也未曾在中山大學講演，沒有這個機會。這都有胡適日記為證。至於胡適那段話，卻畢肖其口，在這個問題面前，胡適肯定會這麼說，也只能這麼說，這可參看他的〈國際的中國〉。至於實情如何，卻也不像完全編造。如果真有其事，那當是另外一個場合，或許就是胡適日記中和蔡、劉等辯論的場合，至少那時拉狄克後來也在場。

另一段風傳則來自 1926 年隨同馮玉祥訪蘇時馮的秘書毛以亨。當年在中山大學做學生的盛岳從毛的《俄蒙回憶錄》中錄出這一段文字：

> 一九二六年五月他陪同馮玉祥赴俄之行中，他聽說胡博士早些時候訪問過中大。據他說，胡適博士路徑俄國時訪問了中山大學。中山大學校長拉狄克問他對蘇聯得出了什麼印象，胡幽默地回答：「一夥人為了他們的理想而在勤奮工作！」至於他們努力的結果如何，他說，那只有將來才能說明，而他並不是預言家。[265]

從時間上看，這又是一個莫須有。馮玉祥訪蘇是 1926 年 5 月，胡適過莫斯科則是該年 7 月底，時間對不上。有意思的是，上述胡適到達莫斯科時的盛況，其實是馮玉祥初抵莫斯科時的場景，張冠李戴了。毛聲稱上述文字是一個中大同學告訴他的，這個同學敘述時還表達了他對胡適的憤怒，因為胡適居然不相信蘇聯能幹得好。其實胡適已經對蘇俄做了很大的肯定，這個肯定不是敷衍的，它頗符合胡適當時的心志。

---

[265] 盛岳《莫斯科中山大學和中國革命》，第 148 頁，東方出版社，2004。

　　接下來，胡適在莫斯科的三天，大致過程是這樣。不遇拉狄克，從中山大學出來，胡適轉步中國駐蘇使館，晚上回去後看到了于右任給他留的條子。次日（30 日）上午，辦理下一步旅行手續，到書店買書，然後去莫斯科「國際文化關係會」，在這裏遇見兩個來自芝加哥大學的左派教授梅里姆和哈伯斯，這兩個美國人對蘇俄的看法影響胡適很深。下午胡適去蘇俄革命博物館。晚上寫了很多信。31 日，再到「國際文化關係會」，又遇見那兩位芝加哥教授，與梅里姆交談甚久。讀蘇俄教育部有關材料，態度認同。中午 11 點，和這兩個美國人去參觀莫斯科第一監獄，日記記載頗詳，多肯定處。下午去于右任處，遇見蔡和森等，聊天，辯論，從下午三點開始，九點左右，拉狄克來，復去。夜，寫給張慰慈的第二封信。8 月 1 日，料理行裝，蔡和森和劉伯堅來，試挽留胡適多住一些時日，可惜不能。然後出去理髮、吃飯，下午兩點半離開旅館，三點半開車。莫斯科三天遂結束。

　　徐志摩寫的不是日記是遊記，時序不詳。莫斯科三天，除了第一天在克里姆林宮盤桓外，他還去了大教堂，去了托爾斯泰故居，去了莫斯科的一個著名的墓園，那裏有他去瞻仰的契訶夫和克魯泡特金兩個人的墓，又去了一個猶太人的戲院，看戲，還去了紅場，在冰天雪地排了半小時的隊，看列寧遺體。

　　都是三天。胡適更多是和那兩個美國人在一起，然後和中國人辯論。所去又是官方的機構，或官方安排的去處，比如監獄。莫斯科，他其實沒有看到什麼，連起碼的名勝都無暇光顧。徐志摩的去處多在民間，他和蘇俄官方沒有關係，純然憑著自己的興趣，又和若干俄人有過交談，所去之處，無不留下自己的感受。因此，和莫斯科接觸，他的面顯然要比胡適廣，印象也比胡適更感性、更豐富。

　　還是在西伯利亞的路上，徐志摩從報紙上看到莫斯科有哈姆雷特、青鳥等名劇的預告，便高興自己三個晚上可以不寂寞了。可是，到得莫斯科，情況卻有了戲劇性的變化：

我是禮拜六清早到莫斯科，禮拜一晚上才去的，本想利用那三
天功夫好好的看一看本地風光，尤其是戲。我在車上安排得好
好的，上午看這樣，下午到那裏，晚上再到那裏，那曉得我的
運氣叫壞，碰巧他們中央執行委員那又死了一個要人，他的名
字像是叫什麼「媽裏媽虎」──他死得我其實不見情，因為為
他出殯整個莫斯科就得關門當孝子，滿街上迎喪，家家掛半
旗，跳舞場上不跳舞，戲館不演戲，什麼都沒了，星期一又是
他們的假日，所以我住了三天差不多什麼都沒看著，真氣，那
位「媽裏媽虎」其實何妨遲幾天或是早幾天歸天，我的感激是
沒有問題的。（〈莫斯科〉）

調侃和揶揄，其實，這是一種態度。

那麼徐志摩到底看沒看成戲呢？當然，而且就在第一天晚上。功
夫不負，那天晚上打聽到一家猶太戲院有戲，趕緊請了一個會說俄語
的先生，就跳上了馬車。到了戲院門口，票房沒人，問了一下，才知
道今晚不賣票，全院都給共產黨當俱樂部包了請客。那位會俄語的很
會說好話，說動了主人，結果一個錢不曾花就進去了。裏面清一色的
猶太人，清一色的共產黨。那是一出斯特林堡式的現代戲，滿台是
鬼，寓言意味。徐志摩抻足筆墨去寫，然而，更有趣的不是戲，而是
前戲：

我們入座的時候，還不曾開戲，幕前站著一位先生，正在那裏
大聲演說。再要可怕的面目是不容易尋到的。那位先生的眼眶
看來像是兩個無底的深淵，上面凸著青筋的前額，像是快翻下
去的陡壁，他的嘴開著說話的時候是斜方形的，因為他的牙齒
即使還有也是看不見。他是一個活動的骷髏。但他演說的精神
卻不但是飽滿，而且是劇烈的，像山谷裏烏雲似的連綿的湧上

來，他大約是在講今晚戲劇與「近代思想潮流」的關係，可惜
我聽不懂，只聽著卡爾馬克思、達司開關朵兒、列寧、國際主
義等，響亮的字眼像明星似的出現在滿是烏雲的天上。他嗓子
已快啞了，他的憤慨還不曾完全發洩，來看戲的弟兄們可等不
耐煩，這裏一聲噓，那裏一聲噓，滿場全是噓，骷髏先生沒法
再嚷，只得商量他的唇皮掛出一個解嘲的微笑，一鞠躬沒了。
大家拍掌叫好。戲來了。（〈猶太人的怖夢〉）

這其實也是一種態度，何況還有這麼精彩的描寫。

　　比較胡徐兩個人的莫斯科，幾無相同，除了一處外。這一處，就
是教堂。莫斯科教堂之多，讓這兩個東方無神論者心有所動，兩人都
為此落筆。尤其胡適，三天日記可謂惜墨，但對莫斯科的教堂，卻不
吝留下這麼一段：

　　早間所過城鎮村落，遠遠可望見者皆金頂之禮拜堂也。其數目
　　之多，建築之佳，均是驚人。及到莫斯科，所在皆見絕偉大弘
　　麗之禮拜堂。此間人有一句俗話說「四十個四十」，謂
　　Moscow[莫斯科]有一千六百所禮拜堂。「南朝四百八十寺」，
　　此意可想。[266]

諸般感觸，僅以「此意可想」四字了結，用筆省簡。轉至徐志摩筆
下，渲染也就不免了。

　　莫斯科像一個蜂窩，大小的教堂是它的蜂房；全城共有六百多
　　（有說八百）的教堂，說來你也不信，紐約城裏一個街角上至

---

[266] 曹伯言《胡適日記全編》卷4，第234頁。

少有一家冰其淋沙達店，莫斯科的冰其淋沙達店是教堂，有的真神氣，戴著真金的頂子在半空裏賣弄，有的真寒傖，一兩間小屋子，一個爛芋頭似的尖頂，擠在兩間壁幾層屋子的中間，氣都喘不過來。據說革命以來，俄國的宗教大吃虧。這幾年不但新的沒法造，舊的都沒法修，那波羅蜜做頂那教堂裏的教士，隱約的講些給我們聽，神情怪淒慘的。

寫到興起，徐志摩索性把中國拉進來，做了個東西方文化的中俄對比：

這情形中國人看來真想不通，宗教會得那樣有銷路，彷彿禱告比吃飯還起勁，做禮拜比做麵包還重要；到我們紹興去看看——「五家三酒店，十步路九茅坑」，廟也有的，在市梢頭，在山頂上，到初一月半再去不遲——那是何等的近人情，生活何等的又分稱；東西的人生觀這一比可差得太遠了。（〈莫斯科〉）

在宗教觀察或宗教感受之外，胡適徐志摩便形同兩路了。且不說，觀察的對象便有不同，即使相同，又會如何呢？此刻，對象本身並不重要，重要的是看對象的那雙眼。比如，從徐志摩的眼裏看出去：莫斯科街上的「小學生的遊行團常看得見，在爛污的街心裏一群乞丐似的黑衣小孩拿著紅旗，打著皮鼓瑟東東的過去」。（〈莫斯科〉）這一景象，徐志摩的語境中側重的是「爛污的街心」和「乞丐似的小孩」。可是，在認為莫斯科充滿新氣象的胡適眼裏，又為什麼不會是孩子們「拿著紅旗」「打著皮鼓」，還「瑟東東」呢。精神與物質的反差，其實，在眼睛還沒看它之前，就已經作出了選擇：或者出於心，或者出於觀念。徐志摩的眼睛後面，是一顆酷愛著自由的和人道主義的心，他是用他的這顆心感受莫斯科的一切，並作出判斷。這判斷不是獨立的，而是更多融在他的感受表述中。胡適不然，他的眼睛

的後面，蹲著一個冷靜的觀念，即社會主義是自由主義的一個發展，而蘇俄正在為這個發展進行著理想的試驗。出於這種觀念，胡適對莫斯科的一切，寧願抱以甚至是委曲地抱以「同情之理解」。

因此，兩個人的莫斯科，一個是人道主義自由主義眼中的莫斯科，一個是社會主義自由主義眼中的莫斯科。

三十四、兩個人的莫斯科 Ⅲ

胡適給張慰慈寫第三封信時，人早已離開莫斯科了。但有關莫斯科的問題，依然掛懷於心。信中，胡適回憶了去年的一段往事。1925年 10 月-11 月，徐志摩在《晨報副鑴》上推出一個「關於蘇俄仇友問題的討論」。這個討論雖然熱烈，但它的被視為反俄的傾向，引來一場大火。報館燒掉了，副鑴上的討論也戛然而止。其時，胡適人不在北京，沒有參與討論。但就火燒晨報館事件，卻和陳獨秀髮生過爭論，並給他寫下了那封著名的談寬容的信。胡適當時為什麼不參與討論呢？人不在京並非理由。這次，胡適自己攤牌了：「去年許多朋友要我加入『反赤化』的討論，我所以遲疑甚久，始終不加入者，根本上只因我的實驗主義不容我否認這種政治試驗的正當，更不容我以耳為目，附和傳統的見解與狹窄的成見。」然後，胡適筆頭一轉，「我這回不能久住俄國，不能細細觀察調查，甚是恨事。但我所見已足使我心悅誠服地承認這是一個有理想，有計劃，有方法的政治大試驗。我們的朋友們，尤其是研究政治思想與制度的朋友們，至少應該承認蘇俄有做這種政治試驗的權利。」[267]

---

[267] 胡適〈歐遊道中寄書〉，《胡適文集》卷 4，第 42-43 頁。

「蘇俄有做這種政治試驗的權利」，這是胡適對蘇俄的一個總態度，太緊要，要打住。

胡適不但是一個自由主義者，作為杜威的弟子，他還是一個哲學上的實驗主義者。實驗主義的要義在於「實驗」本身，它不迷信任何先在的理論，而是先做起來再說。這個實驗主義，用胡適最文雅的語言就是「嘗試」，用他最直白的語言（在徐志摩看來也是「最不斯文」的語言）就是「幹」，甚至「幹、幹、幹」（見胡適的「炸彈詩」和「後努力歌」）。在「知行」關係上，實驗主義不是以知控行，行不逾知，而是行字當頭，知在其中。所以，胡適在前幾年的「問題與主義」的討論中，反對任何主義先行，主張直接面對問題，以嘗試的態度去做去幹去解決。應該說實驗主義和馬克思主義有著一定程度上的「家族相似性」，兩者都強調「行」（即實驗主義的「實驗」和馬克思主義的「實踐」），認為「行」是檢驗「知」（真理）的標準或試金石。不僅如此，通過「行」（亦即胡適的「幹」），人類社會才能得以改變。由於這「行」的過程，不需要恪守任何教條，因此它也可以比喻地說成是「摸著石頭過河」。實驗主義還有一個精彩的比喻：實在不是一個固定的對象，而是一塊大理石，就看你能把它雕刻成什麼像。

正是有著這樣的思想底因，胡適便不輕易在那場蘇俄討論中發言，及至他來到蘇俄以後，看到蘇俄的變化，方才正式表態，承認它有做這種政治試驗的權利。這個態度和胡適的實驗主義精神當然是自洽的，但它和自由主義卻不融洽，只是胡適沒有意識到。因為胡適這時已經把蘇俄所試驗的社會主義視為自由主義的一個發展。所以，一邊是發展了的自由主義，一邊又是「幹」字當頭的實驗主義，雙管齊下，就決定了他對蘇俄的態度。

插：實驗主義自新文化運動以來對中國思想界有著相當的影響。在胡
　　適、徐志摩去蘇俄之前的前幾年，年輕的瞿秋白已經有過莫斯科
　　之旅，並出版了他的《餓鄉紀程》和《赤都心史》。也是在西伯
　　利亞道中，瞿秋白這樣寫道：「來俄之前，往往想：俄羅斯現在
　　是『共產主義的實驗室』，彷彿是他們『布林塞維克的化學家』
　　依著『社會主義理論的公式』，用『俄羅斯民族的原素』在『蘇
　　維埃的玻璃管裏』，顛之倒之試驗兩下，就即刻可以顯出『社會
　　主義的化合物』。」然而，西伯利亞沿途看到的一切，使瞿秋白
　　更深入地認識到：「『只有實際生活中可以學習，只有實際生活
　　能教訓人，只有實際生活能產出社會思想，──社會思想不過是
　　副產物』。[268]這樣的表述即帶有明顯的實驗主義的思痕。

　　那麼，蘇俄是否有這種試驗的權利呢？蘇俄不免太大，而權利又
總是落實在個人。因此這裏不妨以胡適自己為案例。就胡適而言，實
驗固然是一種權利，但，這到底是一種什麼樣的權利，卻不能不細
厘。假如胡適做了一個烏托邦的夢，胡適當然有實驗他這個夢的權
利。然而，權利在這裏意味著或僅僅意味著，沒有人可以干涉胡適的
實驗。但，問題還有另一面，胡適也不能因為他的實驗而干涉別人。
假如胡適因為他的夢是美好的，便要徐志摩跟著實驗，否則不行，胡
適就超越權利了，而權利逾界就變成了權力。胡適作為自由主義者，
他應該知道，一個人的自由應以別人的自由為界。那麼，大規模的政
治實驗是否會超過這個權利邊界呢？是不是每個人都自願地從事這種
實驗呢？如果有人不願意，也得實驗，或被實驗，那麼，這是不是權
力對權利的強制呢？在實驗主義的邏輯面前，這些有關自由主義的問
題，胡適未遑深思。可以觀察到的是，胡適蘇俄之行，身上有兩種主

<hr>

[268]《瞿秋白文集‧文學編‧第一集》，第 93 頁，人民文學出版社，1985。

義在衝突，一是實驗主義，一是自由主義，結果是實驗主義的強勢踏破了自由主義的底線。

可以具體地看一看蘇俄共產制的實驗。蘇俄社會主義革命的第一個目標就是推翻舊政權，然後建立起自己的國家所有制。胡適出行之前，對這種所有制的變革或實驗有著一種內在的肯定，這種肯定在他更早為王莽翻案時就可見一斑，在他到蘇俄後為廢止私有財產的辯護亦可見一斑。那麼，這種所有制的變革是一種什麼樣的試驗呢？《赤都心史》中的瞿秋白講述的一個故事，可以移錄過來，儘管它也是一斑：

> 德維里省的一奶牛廠主謝美諾夫，閒坐在辦公室裏，一手撚紙煙，待待的想著。忽然門響，進來兩人：「哼！請上蘇維埃去！」謝美諾夫聳然站起來，突然問道：
> ——蘇維埃？蘇維埃？什麼樣的蘇維埃？
> ——去罷！不要多話了！
> 舊時王爵的邸宅裏，短衫破襖，軍帽氈靴，顏色憔悴，精神奮發的大群人，正在開會呢。謝美諾夫進來，大家都回頭瞧看，人影簇動幾分鐘，又復靜下。主席命謝先生，當眾宣讀議決案：
> ——德維里勞農兵蘇維埃決議：宣告謝美諾夫之工廠，財產，房屋，一律沒收，充作德維里省勞農地方政府公有。凡剝削者，
> ——當勞農以革命之偉力取得政權時，當然一概剝奪權利，對於謝美諾夫工廠主自當遵例照辦。[269]

不妨問問適之先生，是不是「一概剝奪權利」，也是一種政治實驗的權利？瞿秋白在結束這段故事時說：「這是革命時期的逸事，一德維

---

[269] 《瞿秋白文集・文學編・第一卷》，第200頁，人民文學出版社，1985。

里人所告訴我的」。顯然，瞿秋白把這個有關財產權的故事當「逸事」看了。

財產權是自由的基礎，如果喪失了財產權，自由很可能是空中樓閣。胡適一則稱讚蘇俄人是有理想和理想主義的政治家，一則也承認：「他們的理想也許有我們愛自由的人不能完全贊同的」。[270]後來到英國，胡適特地拜訪了羅素，交談中，羅素認為狄克推多的辦法比較適合像蘇俄中國這樣的農業國，如果採用民治，反而會搞得亂糟糟。胡適表示：「那我們愛自由的人卻有點受不了」。羅素很乾脆：「那只好要我們自己犧牲一點了」。胡適只有表態的份：「此言也有道理，未可全認為不忠恕」。[271]

案：徐志摩到莫斯科的時候，一見人便打聽托爾斯泰的消息，後來是使館中一位官員的太太介紹，徐得以見到了一位會說英語和德語的六十來歲的老太太，她是托爾斯泰的大小姐。那是在她的家，也是老托爾斯泰在該市的舊居，其時已經成了一個托氏陳列館。還是在沒有出京前，徐志摩在《東方雜誌》上看到一條新聞，大意是：蘇俄某領導人死後，他的太太到法庭上去起訴，被告就是早已死了的老托爾斯泰。起訴他什麼呢？原來這位領導人臨死前交待，一定要取締托爾斯泰的書，因為它代表資產階級的人生觀，對蘇維埃有危險。法庭判這位太太勝訴，於是托爾斯泰的書被毀版，不准再印。徐志摩看了後，和朋友很起勁地討論過，是不是美國在造謠？話雖這麼說，心中卻不免忐忑：「我們畢竟還有些『波淇窪』（筆者注：「資產階級」的音譯）頭腦，對於詩人文學家的迷信，總還脫不了，還有什麼言論自由，行動自由，出版自由，那一套古董，也許免不了迷戀，否則為甚麼單單托爾

---

[270] 胡適〈歐遊道中寄書〉，《胡適文集》卷4，第41頁。
[271] 曹伯言《胡適日記全編》卷4，第394頁。

斯泰毀版的消息叫我們不安呢？」這個不安，徐志摩一直帶到了莫斯科。當他見到了托爾斯泰的女兒時，當然要問起那條新聞。「但她好像並沒有直接答覆我，她只說現代書鋪子裏他的書差不多買不著了，不但托爾斯泰，就是屠格涅夫、道施妥奄夫斯基等一班作者的書都快滅跡了」。徐志摩接著問莫斯科還有哪些重要的作家呢，老太太說：「全跑了，剩下的全是不相干的」。（〈托爾斯泰〉）托爾斯泰等人的書快要滅跡了，這是不是羅素所說的，只好犧牲一點了的那個自由呢？

以前徐志摩在英國時，也和羅素有過對話。用他自己的話說：「羅素批評了蘇維埃，我批評了羅素」。為什麼，因為羅素說：他到俄國去的時候是一個布爾什維克，但……，言下之意，一旦去了俄國，便取消了紅色信仰。對此，徐志摩說自己「挖苦了他」。而能夠挖苦，是因為徐志摩也去過蘇俄，但卻不曾取消什麼信仰，因為對蘇俄那一套，他從來就沒信仰過。在這裏，胡適比徐志摩距離羅素更近一些。他聽得進羅素的說辭，但徐志摩卻不領羅素那一套，就像他也不領胡適那一套一樣。其所以如此，在於他這樣解釋向後轉的羅素（其實就是在解釋他自己）：「怕我自己的脾胃多少也不免帶些舊氣息，老家裏還有幾件東西總覺得有些捨不得——例如個人的自由」。「假如有那一天你想看某作者的書，算是托爾斯泰的，可是有人告訴你不但他的書再也買不到，你有了書也是再也不能看的——你的感想怎麼樣？」在徐志摩看來，中國別的事情不說，個人自由還比別的國家多些。「假如這部分裏的個人自由有一天叫無形的國家權威取締到零度以下，你的感想又怎麼樣？」[272]（〈血〉）整個〈歐遊漫錄〉，徐志摩都是用感受和感想來說話，這一點和胡適都是用觀念說話正好相映。但，在這些感和感想之下，卻有著樸素的思想底蘊。說它樸素，是因為徐志摩踩住的是個人自由的底線，並以此來直覺俄國所發

---

[272]《徐志摩作品集》，第404頁，人民文學出版社，2006。

生的一切。是的，如果一部分人有做大規模政治實驗的權利，那麼，其他的人有沒有讀托爾斯泰的權利？如果後者的權利因為前者而不存在，那麼，無論前者符合什麼理想、也無論它有多少高明的理由，至少，它是可以懷疑的。這就是徐志摩的基本態度。

三十五、兩個人的莫斯科 IV

　　胡適和徐志摩對蘇俄的態度不同，在蘇俄問題上分歧也不少。當胡適戴著觀念的眼鏡打量莫斯科新變化的時候，徐志摩正在北京為《晨報》編稿，對胡適的精神奮興，徐志摩顯得冷靜。當胡適三致張慰慈的信到了自己手中，徐志摩覺得有話要說，便寫了那個〈一個態度及案語〉。態度是胡適的態度，案語是徐志摩的案語。胡徐之間，人隔萬里，圍繞莫斯科卻展開了爭論。爭論的焦點之一乃是如何看待莫斯科的新教育。

　　已經說過，在莫斯科時的胡適，深受那兩個芝加哥教授的薰陶。畢竟胡適和徐志摩一樣愛自由，因此他問詢對方，像蘇俄這樣的狄克推多（「專制」的音譯）究竟何時終了。這個問題和他到倫敦後請教羅素的問題一樣，可見胡適在力圖理解蘇俄新實驗的同時，也念念不忘自由。對方的回答像是給胡適吃了顆定心丸。M 教授的看法是：這樣一個空前的政治試驗自不容沒有保障，因此專政是可以原諒的。儘管獨裁者都希望愚民以自固權力，但蘇俄的一切設施，尤其是教育設施，都注意努力造成一代新國民。此一輩新國民造成之日，就是專政終止之時。胡適接受了這樣的觀點，並認為說得很公允。其時，他又翻閱了蘇俄教育部編制的所謂「公家教育」，深感這些年來蘇俄教育成績很驚人，他們的教育方針也是根據最新的教育學說。因此，在當晚給張慰慈的第二封信中，胡適就轉述了白天 M 教授的意思，說：

「蘇俄雖是狄克推多，但他們卻真是用力辦新教育，努力想造成一個社會主義的新時代。依此趨勢認真做去，將來可以由狄克推多過渡到社會主義的民治制度。」當然，胡適後來又補充，「可惜此時各學校都放假了，不能看到什麼實際的成績。但看其教育統計，已可驚歎。」[273]

對胡適的驚歎，徐志摩「未敢苟同」。他抓住「新教育」說事，是因為「當代最博通俄國情形的大學者捷克的總統馬沙里克（Masaryk），那位『中歐的智慧老人』，曾經對人說過：『頂重要的事情是去悉心研究蘇俄的學校。俄國問題的秘密全在那裏。（下引此文不另注）」[274]在洞悉這個秘密以前，徐志摩很善意地諷刺了一下胡適之。胡適在北京時不肯對蘇俄發言，因為不願意以耳代目。現在到了蘇聯，可以動眼了。然而，胡適一個學校都沒有去過，就開始「驚歎」，讓他驚歎的居然是他在紙上看到的「教育統計」。「紙上得來終覺淺」，志摩因此發話：「我們誰不知道這句成語：『數目是不說瞎話的，但說瞎話的人可以造數目』；並且統計即使是可靠的，統計表並不告訴我們實際的情形是怎麼一回事。」說完，徐志摩便不客氣地指出他眼裏的蘇俄教育是怎麼一回事：

> 就我所知道的，他們的教育幾乎完全是所謂「主義教育」；或是「黨化教育」；他們側重的，第一是宣傳的能力；第二是實用的科目。例如化學與工程，純粹科學與純粹文學幾乎占不到一個地位；宗教是他們無條件排斥的，那也許是好事，但他們卻拿馬克思與列寧來替代耶穌，拿資本論一類書來替代聖經，……這也許是適之先生所謂世界最新教育學說的一部吧。

---

[273] 胡適〈歐遊道中寄書〉，《胡適文集》卷 4，第 42 頁。
[274] 徐志摩〈一個態度及案語〉，《徐志摩全集》3，乙集，第 253 頁。香港商務印書館，1983。

在給蘇俄教育的秘密點穴之後，徐志摩聲稱他並不是批評蘇俄的教育政策，因為在他們懸定的理想目標下，這個教育政策是最有效的。你只要贊成他們的目標，你就得接受他們的教育；反之，你接受了這種教育，也就得接受他們的目標，這兩者得統一。只是——徐志摩的老毛病又犯了——只是：「我們一般人頭腦也許是陳腐，在這年頭還來抱殘守缺似的爭什麼自由，尤其是知識的自由，思想的自由」。

〈一個態度及案語〉發表後，就蘇俄新教育，《晨報副鐫》收到了相應的來稿，有不怎麼贊同胡適的（瞿菊農），有為胡適辯護的（張象鼎）。徐志摩抓住為胡適辯護的張象鼎做了回覆，以〈關於黨化教育的討論〉為題發了出來。後來，胡適又從歐洲來信自辨。一時間，晨副似乎又接上了去年被大火燒掉了的「關於蘇俄仇友赤白」的討論。

瞿菊農是瞿秋白的遠房之叔，這叔侄倆有著不同的求學之旅。瞿秋白選擇的是「餓鄉」，他行前瞿菊農有詩相送，併發在《晨報》上。而瞿菊農燕京畢業後選擇了留美，1926 年他新從哈佛大學獲得哲學博士學位回來，是哈佛大學第一個獲得哲博的中國學生。他對俄國新教育發表的意見是：「不教人受教育固然是愚民政策；用力的辦一種主義化和黨化的教育，也是愚民政策。……教育史上國家為國家的目的辦教育，最有系統的是斯巴達。但斯巴達的成功在那裏？對於文化的貢獻在那裏？有多少樣趕得上愛自由的雅典人？」[275]

張象鼎是認同黨化教育的，認為這就是一種新教育。因為「如果你贊成『政黨制度』，贊成凡一黨者，都應確信本黨的政策為好政策，而努力其實現，那你便不能不贊成『黨化教育』！」否則「『懷其寶而迷其邦』，這種高唱不黨不偏的清流政客，只是自私自利的人

---

[275] 瞿菊農〈註胡適之先生的「態度」〉，《晨報副刊》1926 年 9 月 15 日。

啊！」[276]張象鼎還以當時的國民黨為例，它也是主張黨化教育的，雖然它還未得到政權。

徐志摩不能夠認同這種說法。政黨只涉及人的活動的一部分，它固然可以宣傳自己的主張，但它的教育不能滲透到人生的所有部分，否則會妨害思想自由。徐志摩眼中的黨化教育，「那簡直是『劃一人生觀』訓練，」談不上什麼教育；因為它「不容你辯難，不容你疑問」，「你只能依，不能異」。在宗教化其目的，武力化其手段的政治面前，這樣的教育只能是灌輸。在徐志摩看來，人類歷史上只有兩個黨化教育的時期，一個是蘇俄，現在的，一個是歐洲，中世紀的。如果再往前，那就是古希臘的斯巴達。就中世紀言，那是「歷史上有名的『不容時期』（Age of Intolerance）」。有幸生在自由已經爭得幾百年後的歐洲人，回望那個黑暗時代的嶙峋，止不住要打寒噤。徐志摩很擔心「不容時期」再度到來，因為你儘管可以有這樣那樣的自由，就如在中世紀一樣；但，「你的唯一的自由——思想的自由——不再是你的了。」（引同上）

編發了胡適致張慰慈的三封信，又收到了胡適給自己的信，徐志摩應該是把他的〈一個態度及案語〉當信寄給了胡適。到了 10 月份，胡適回了封長信，作答徐志摩提出的問題，其實也是自辯。就蘇俄新教育，胡適說他正好在英國見上了蘇俄科學院的永久秘書，得知蘇俄政府每年津貼科學院四百萬盧布。因此，胡適說：「我們只看見了他們的『主義教育』一方面，卻忽略了他們的生活教育的方面。蘇俄的教育制度，……『遍地是公民教育，遍地是職業教育』。他的方法完全採用歐、美最新的教育學說，如道爾頓制之類，養成人人的公民程度與生活能力，而同時充分給予有特別天才的人分途專習高等學問的

---

[276] 張象鼎徐志摩〈關於黨化教育的討論〉，《晨報副刊》1926 年 9 月 20 日。

機會。」[277]是的，「主義教育」避而不談，而「理工科大學總是要辦的」。胡適確很聰明。

　　插：胡適也沒說錯，1921 年，瞿秋白等三人曾去「俄羅斯社會主義聯邦蘇維埃共和國的教育人民委員會」，去拜訪委員長盧那察爾斯基。盧氏的辦公室在克里姆林宮，進得辦公室，談話只有十分鐘，衣著樸素的盧氏，談吐非常風雅。面對瞿的提問：最近教育上的設施，「他的談話大約如下：『革命後我們即日促學校教育上的革新，扶植無產階級文化的基礎。然而初行非常困難，因為教員教授之非共產黨者──立憲民主黨，甚至於還有更右於立憲民主黨的──都以怠工反對政府；好容易設了種種方法，現在這種怠工總算消滅了。……最近幾年來學術上的發明也還不少，比如 X 光線，化學原子鋰的成分，醫學上癌病治療法等。因此歐美各國對於俄國革命後學術文化上的進步，非常之引為有趣而大家想來研究。』」[278]

　　教育問題探討如此。那麼，狄克推多是否可由教育哪怕是新教育過渡到民治呢？如其上，芝加哥的 M 教授是這樣勸服胡適的，胡適也是這樣接受的，徐志摩不相信地說：這是美國式的樂觀，那麼，上面那個新從美國回來的瞿菊農卻是這樣貢獻他的分析：

> 我總以為狄克推多與民治主義是根本不相容的。狄克推多是以一人的意志，壓迫大多數人的意志，侵犯大多數人的自由。凡個人都應當看本身有無限價值，不應當看做工具。狄克推多是以他人做工具的。假如他們「努力辦新教育」，辦得不得當，最可怕的是為少數人造就新工具。民治主義的一個根本原則，用倫理的話說，是確認個人的價值，用法律哲學的話，是確認

---

[277] 胡適〈歐遊道中寄書〉，《胡適文集》卷4，第 50 頁。
[278] 《瞿秋白文集·文學編·第一卷》，第 125 頁，人民文學出版社，1985。

> 各個人都有不可侵犯的「權分」。因此我不大相信適之先生信
> 上那美國人 Merriam 的話。[279]

瞿菊農一生的精力主要放在教育哲學上，他還是商務館出版的洛克
《政府論》的翻譯（之一）。《政府論》正是胡適相對陌生的自由主義
原典，以至胡適到了蘇俄便認為蘇俄走的正是美國的路，蘇俄社會主義
正是美式自由主義的發展，並把這種自由主義字為「新自由主義」。

三十六、兩個人的莫斯科 V

　　1926 年 8 月 27 日，胡適日記只有簡短的兩行字：「上午寫了幾封
信，下午與顧蔭亭夫婦等[赴]□□□□邀宴。」[280]

　　上午幾封信中就有一封是給徐志摩的。其時，胡適人不在倫敦在
巴黎。英國之行，胡適對英國的感覺如何呢？還是在出國前，胡適抽
空回了一趟睽別不少時日的北大，作一次告別講演。胡適低調，開頭
就說：我已經 9 個月沒到大學來了，現在想到歐洲去。去，實在就不
想回來了。能夠在那兒找個地方吃飯讀書就好了。但是我的良心是否
能准我這樣，我尚無把握，那就要看哪方面的良心戰勝了。（據白吉
庵《胡適傳》）後來到英國，胡適並沒有去找什麼吃飯讀書的地方，
只是在各個大學作了一連串的講演。一次，在利物浦大學的講演中，
胡適說過這樣一段話：「有一個現象很奇怪：儘管中英兩國交往甚
久，在中國英語的地位僅次於母語，但是兩國之間缺乏一種真正的理
解。中英知識份子之間的交流也不如中美。」[281]中英交流不如中美，

---

[279] 瞿菊農〈註胡適之先生的「態度」〉，《晨報副刊》1926 年 9 月 15 日。

[280] 曹伯言《胡適日記全編》卷 4，第 263 頁。

[281] 曹伯言《胡適日記全編》卷 4，第 437 頁，注釋①。

胡適當然說的不是自己，當然也包括自己在內。人在英國，胡適對英國的感覺並不見佳，至於心情，從國內錢端升給他的信可見一斑：「這回英國對華態度驟然變更，使得你在英國的興頭一落千丈，多麼不幸！我們本來希望你在英國大學界中占一地位，替中國從文化方面表揚表揚，間接也可以收一點政治上的效果。誰知道英國方面的面孔又變長了呢？」[282]因此，給徐志摩的信中，胡適上面談過蘇俄給自己的刺激，接下來就批評英國，說：「英國不足學；英國一切敷衍，苟且過日子，從沒有一件先見的計畫；名為 evolutionary，實則得過且過，直到雨臨頭方才做補漏的工夫。此次礦工罷業事件最足表現此民族心理。」[283]

無獨有偶。兩個月後的 10 月 4 日，胡適日記是就他讀到的敦煌卷子，作了一則長長的筆記。日記最後，胡適從古代跳到今天，說：「慰慈與志摩在北京發表了我路上寄的信，志摩並且加上了很長的批評（指〈一個態度及案語〉：筆者注）。今晚我寫了一封長信答他，寫的我手酸眼倦。」[284]在這封長信中，胡適用去了比上次更長的一個段落，再次批評英國政治，聲稱「英國不足學」。並表示「這種敷衍的政治，我最反對。我們不幹則已；要幹政治，必須要有計劃，依計畫做去。這是方法，其餘皆枝葉耳。」[285]

胡適留美未曾留英，對美國極富好感，一生幾乎就是跟著美國走。徐志摩不然，既留美又留英，他對美國印象一般，對英國則感情甚深，否則當年也不會連博士學位都顧不上，就急急忙忙從美國「轉會」英國，固然那是衝著羅素去的。在徐志摩短暫一生的眾多詩文中，有多少是寫他在大不列顛留下的屐痕，那裏記錄了他對英國的濃

---

[282] 「錢端升致胡適・1926 年 11 月 4 日」，《胡適來往書信選》上冊，第 409 頁。

[283] 胡適〈歐遊道中寄書〉，《胡適文集》卷 4，第 44 頁。

[284] 曹伯言《胡適日記全編》卷 4，第 375 頁。

[285] 胡適〈歐遊道中寄書〉，《胡適文集》卷 4，第 48 頁。

濃的感情。這次胡適赴歐，一邊力挺蘇俄，一邊排斥英國，徐志摩自不以為然。因此在那個「案語」中，徐志摩忍不住說：「即使蘇俄這次大試驗、大犧牲的結果，是適之先生所期望的社會主義的民治制度，我們還得跟在懶惰的中庸的英國人的背後問一聲：『難道就沒有比較平和比較犧牲小些的路徑不成？』」[286]躲在英國人的背後發問，明顯是價值立場在英國人這邊。胡適鄙薄英國政治，緣於他對英國政治的不瞭解，正像他其實也未必就瞭解他路過的蘇聯一樣，兩者都是「下車伊始」。徐志摩不然，他對英國政治有較為豐富的感性經驗，他曾經寫過一篇饒有意趣的〈政治生活與王家三阿嫂〉，就是專門向國人介紹英國政治的。徐志摩在評價英國政治之前，先抑後揚，竟把各國政治否定了一大片：

> 不但東方人的政治，就是歐美的政治，真可以上評壇的能有多少。德國人太蠢，太機械性，法國人太淫，什麼事都任性幹去，不過度不肯休；南歐人太亂，只要每年來因河兩岸的葡萄豐收，拉丁民族的頭腦永沒有清明的日子；美國人太陋，多數的飾制與多數的愚暗，至多只能造成一個「感情作用的民主政治」……。

那麼，英國呢？

> 英國人可稱是現代的政治民族，這是大家都知道的。英國人的政治，好比白蟻蛀柱石一樣，一直醬入他們生活的根裏。在他們（這一點與當初的雅典多少相似），政治不但與日常生活有

---

[286] 徐志摩〈一個態度及案語〉，《徐志摩全集》3，乙集，第 255 頁。香港商務印書館，1983。

極切極顯的關係，我們可以說政治便是他們的生活，「魚相忘乎江湖」，英國人是相忘乎政治的。英國人是「自由」的，但不是激烈的；是保守的，但不是頑固的。自由與保守並不是衝突的，這是造成他們政治生活的兩個原則；唯其是自由而不是激烈，所以歷史上並沒有大流血的痕跡（如大陸諸國），而卻有革命的實在，唯其是保守而不是頑固，所以雖則「不為天下先」，而卻沒有化石性的殭。

和英國政治相比，美國政治有其激進的一面；和徐志摩相比，胡適的政治觀也有其激進的一面。

就英國政治中的自由一面，徐志摩的介紹是：

天主教與統一教與清教；保守黨與自由黨與勞工黨；贊成政府某政策與反對政府某政策的；禁酒令與威士克公司；自由戀愛與鮑爾雪微主義與救世軍：──總之種種相反的見解，可以在同一的場地上對同一的群眾舉行宣傳運動；無論演講者的論調怎樣激烈，在旁的員警對他負有生命與安全與言論自由的責任，他們決不干涉。

這是例子：

有一次，蕭伯納（四十年前）站在一隻肥皂木箱上冒著傾盆大雨在那裏演說社會主義，最後他的聽眾只剩了三四個穿雨衣的巡士！[287]

---

[287] 徐志摩〈政治生活與王家三阿嫂〉，《徐志摩全集》3，乙集，第 206-208 頁，香港商務印書館，1983。

插：很有意思的是，胡適「英國不足學」也就罷了，在學蘇俄之外，胡適給志摩信中竟聲稱要學墨索里尼：「我們應當學 Mussolini 的『危險地過日子，』甚至「我們應當學德國；至少應該學日本。至少我們要想法子養成一點整齊嚴肅的氣象。」[288]中國政治的沉迷腐朽，使得胡適病急亂投醫。他要學的居然是 20 世紀左右兩種極權主義。是的，極權主義政治，也只有這種政治，才能在舉國造成一種「整齊嚴肅」的氣象。好在胡適很快就有所改口，這封信是 1926 年 8 月 27 日寫的，信中說傅孟真（斯年）幾天之內就到巴黎，兩人可以好好談談。9 月 18 日胡適日記，「晚上與孟真論政治」。傅孟真希望中國有一個有能力的獨裁者，這樣可以整飭秩序，再造文明。再造文明可謂胡適的夢想，多年前他在〈新思潮的意義〉中提出他的十六字經「研究問題，輸入學理，整理國故，再造文明」，前三者都是手段，後者才是目的。現在，學蘇俄也好、學義大利也罷，自由主義、社會主義、實驗主義，主義雖然拼盤，目的還是一個：再造文明。可是，面對傅孟真的話，胡適遲疑了。他說：「此與唐明宗每夜焚香告天，願天早生聖人以安中國，有何區別？況 Dictator[獨裁者]如 Mussolini[墨索里尼]之流，勢不能不靠流氓與暴民作事，亦正非吾輩所能堪。」胡適表示「德國可學，美國可學，他們的基礎皆靠知識與學問。此途雖迂緩，然實唯一之大路也。」[289]胡適這個人很有意思，除了自身的思想不穩，有相當的擺幅外，碰到比他右的（徐志摩），他就顯得左，碰上比他左的（傅斯年），他又右了。當然，他要學的德國，不是納粹德國，其時希特勒還沒上臺。

---

[288] 胡適〈歐遊道中寄書〉，《胡適文集》卷 4，第 44 頁。
[289] 曹伯言《胡適日記全編》卷 4，第 339 頁。

　　胡適推崇蘇俄政治、反對英國政治，都是以中國政治為出發點的。英國政治的陳陳相因和中國政治的衰腐之氣頗有相近處，胡適批評它不奇怪，只是胡適忽略了這兩種政治在性質上的根本不同。相反，和中國政治的死氣沈沈相比，蘇俄政治在表象上卻符合胡適的〈努力歌〉和「幹、幹、幹」，所以他對莫斯科投以相當的好感。在給徐志摩的第一封信中，胡適說得很清楚：「我在莫斯科三天，覺得那裏的人有一種 seriousness of purpose，真有一種『認真』『發憤有為』的氣象。我去看那『革命博物館』，看那 1890-1917 年的革命運動，真使我們愧死。我想我們應該發憤振作一番，鼓起一點精神來擔當大事。」[290]胡適這裏說的「革命博物館」，在他的日記中有對應的記載。這是胡適到莫斯科的第二天，「下午到革命博物館，館中用史料表現革命史的各時期，……最後為 Lenin corner[列寧廳]，表現列寧之一生歷史及著作。凡他的手澤，遺物，皆搜羅陳列；中有他變服為鐵匠時的假髮，飯鍋，護照等。他死後的各國代表團體之花圈也陳列在此。」[291]革命博物館中，胡適看得最仔細的是「列寧廳」，記憶也最深。直到 1935 年的一篇文章中，胡適還沒忘記：「我們到莫斯科去看了那個很感動人的『革命博物館』，尤其是其中展覽列寧一生革命歷史的部分，我們不能不深信：一個新社會、新國家，總是一些愛自由愛真理的人造成的，決不是一班奴才造成的。」[292]

　　〈血〉是徐志摩十三篇〈歐遊漫錄〉中的最後一篇。這一篇是徐志摩「謁列寧遺體的回想」。胡適和徐志摩在莫斯科都去看了列寧，但他們去的地方不一樣。胡適是在「革命博物館」中看列寧遺物，而徐志摩則去紅場看列寧遺體。當徐志摩踏進列寧遺體陳列室的時候，迎面而來的是什麼呢？「進門朝北壁上掛著一架軟木做展平的地球模

---

[290] 胡適〈歐遊道中寄書〉，《胡適文集》卷 4，第 44 頁。
[291] 曹伯言《胡適日記全編》卷 4，第 235 頁。
[292] 胡適〈個人自由與社會進步〉，《胡適文集》卷 11，第 587 頁。

型；從北極到南極，從東極到西極（姑且這麼說），一體是血色，旁邊一把血染的鐮刀，一個血染的槌子。那樣大膽的空前的預言，摩西見了都許會失色……」信奉英國政治中自由和保守的徐志摩當然更大驚失色。因此，當胡適聲稱世界政治舞臺上從不曾有過這樣大規模的烏托邦試驗時，徐志摩的持論是「他們相信天堂是有的，可以實現的，但在現世界與那天堂的中間隔著一座海，一座血污海。人類泅得過這血海，才能登彼岸，他們決定先實現那血海。」徐志摩這幾句，尤其最後一句，有似新舊約中經文般的語言。就此，胡適認可的是烏托邦試驗，徐志摩看到的是天堂前那一座血污的海。這之間的差別，一個偏於理想主義的高蹈，一個偏於人道主義的悲憫。如果說前蘇聯人曾經這樣表述：打破雞蛋才能做蛋糕。胡適看到的是那還沒有做出來的金黃色的蛋糕，徐志摩卻盯著那已經被打碎的雞蛋。問題更在於，雞蛋打碎後，是否就一定能做出蛋糕。於是，徐志摩連連發問：一，「那個『烏托邦理想』在學理上有無充分的根據。在事實上有無實現的可能……」。二，「認清了他們的目標，……可以再進一步研究它們的方法的對不對？這經程中所包含得犧牲的值得與否」（句子不通，原文如此，筆者注）。三，「蘇維埃制在俄國有成效這件事實（假使有）是否就可以肯定這辦法的普遍適應性。」[293]

可以看看胡適是怎麼回應的。

「什麼叫做『學理上的充分根據』？他們根本上就不承認你心裏所謂『學理』，這卻也不是蠻勁。」。胡適不是「蠻勁」是負氣。不是「他們」不承認學理，而是胡適在這裏不承認學理。他甚至更負氣地說：「資本主義有什麼學理上的根據？國家主義有什麼學理上的根據？政黨政治有什麼學理上的根據」。[294]其實，哪一種主義沒有它學

---

[293] 徐志摩〈一個態度及案語〉，《徐志摩全集》3，乙集，第 252 頁。香港商務印書館，1983。

[294] 胡適〈歐遊道中寄書〉，《胡適文集》卷 4，第 48 頁。

理上的依據，就是胡適此刻鬥嘴，也有學理依據可循，這就是實驗主義。是的，實驗主義是排斥學理的，尤其是它有可能成為教條的時候，它強調的是去做、去幹、去嘗試、去實驗，所謂逢山開路，遇水搭橋。胡適的話，正含有這層實驗主義的底因。只是，胡適不願意正面回答徐志摩提出的問題：那種理想的烏托邦到底能否實現。但，徐志摩的發問，已經隱然觸及哈耶克多年後提出的一個命題：通往天堂的路是用地獄鋪就的。

插：胡適一味強調嘗試而不講學理，不僅使他在一個重大事件的認知
　　上吃了虧，而且在一些小事上比如打牌也吃過不講「理」的虧
　　（儘管不是學理），且看梁實秋筆下胡適打麻將這一段：

　　　胡適之先生也偶然喜歡摸幾圈。有一年在上海，飯後和潘光
　　旦、羅隆基、饒子離和我，走到一品香開房間打牌。硬木桌上
　　打牌，滑溜溜的，震天價響，有人認為痛快。我照例作壁上
　　觀。言明只打八圈。打到最後一圈已近尾聲，局勢十分緊張。
　　胡先生坐莊，潘光旦坐對面，三副落地，單吊，顯然是一副滿
　　貫的大牌。「扣他的牌，打荒算了。」胡先生摸到一張白板，
　　地上已有兩張白板。「難道他會吊孤張？」胡先生口中念念有
　　詞，猶豫不決。左右皆曰：「生張不可打，否則和下來要
　　包！」胡先生自己的牌也是一把滿貫的大牌，且早已聽張，如
　　果扣下這張白板，勢必拆牌應付，於心不甘。猶豫了好一陣
　　子，「冒一下險，試試看。」啪的聲把白板打了出去！「自古
　　成功在嘗試」，這一回卻是「嘗試成功自古無」了。潘光旦嘿

> 嘿曰笑，翻出底牌，吊的正是白板。胡先生包了。身上現錢不
> 夠，開了一張支票，三十幾元。那時候這不算小數目。[295]

連牌都講個牌理，哪有主義不講學理？適之活該。

　　至於蘇俄那一套是否具有普遍性，徐志摩是話裏有話的。胡適認
為蘇俄正在走美國的路，徐志摩的疑問是，中國是否要走蘇俄的路。
這其實是兩種不同的路徑判斷，很可以看出一個人眼力（就中國是否
要走蘇俄的路，徐志摩的表述委實更精彩也更精警，可惜這裏無邊再
引也不便再引）。胡適的回答依然是任性的：「什麼制度都有普遍
性，都沒有普遍性。這不是笑話，是正經話。我們如果肯『幹』，如
果能『幹』，什麼制度都可以行。」[296]不講制度只講幹，大概牌還沒
有輸夠。但，這可不是個人手中的十三張，而是一幅社會大牌。如果
可以任意出張，那麼請問什麼不是幹。史達林主義是幹，法西斯主義
是幹，納粹主義也是幹，這些主義當時都被視為積極的。適之先生，
您認為哪一種是可以普世的呢？

　　幾乎，徐志摩提出的問題，胡適都沒有認真回答。這真可惜了那
些問題本身，因為它們切關中國後來的命運。胡適當然是關注中國命
運的，否則也不會一味強調幹幹幹。只是當「幹」本身也成為一個主
義而不顧其他時，那麼，就讓適之先生看看徐志摩在莫斯科看到的那
一齣戲吧，那也是一種「幹」：

> 他們行動了，在空虛無際的道上走著，各樣奇醜的屍體；全爛
> 的，半爛的，瘡毒死的，餓死的，凍死的，瘐死的，勞力死
> 的，投水死的，生產死的（抱著她不足月的小屍體），淫亂死

[295] 梁實秋〈從梁啟超胡適打牌說起〉，臺灣《傳記文學》第436號，1998年9月。
[296] 胡適〈歐遊道中寄書〉，《胡適文集》卷4，第48頁。

的，吊死的，煤礦裏悶死的，機器上軋死的，老的，小的，中
年的，男的，女的，拐著走的，跳著走的，爬著的，單腳竄
的，他們一齊跳著，跟著音樂跳舞，旋繞的迎賽著，叫著，唱
著，哭著，笑著──死的精靈欣欣的在前面引路，生的影子跟
在後背送行，光也滅了，黑暗的光也滅了，墳墓的光，運命的
光，死的青光也全滅了──那大群色彩斑斕的屍體在黑暗的黑
暗中舞著唱著，……死的勝利（？）（〈猶太人的怖夢〉）

是的，死的勝利，這「死的跳舞」。

三十七、「兩個人的莫斯科」附

　　上個篇幅言及人在英國的胡適對英國無有好感，但，英國佬有一
件事深深地感動了他。這件事需要追記，因為是它使胡適對這個民族
獲得了一個公正的體認。這其實是一個細節，胡適一直藏住沒說。直
到 1934 年，離開英國已經 8 年，胡適才在一篇文章中披露：

　　1926 年 11 月 11 日，我到英國康橋大學去講演。那天是歐洲大
　　戰的「停戰紀念」（Armistice day），學校並不停課。向來的紀
　　念方式是上午十一點鐘，一切工作全停止一分鐘。在最熱鬧的
　　街上，鐘敲十一點時，教堂敲鐘，一切汽車行人全停住，男人
　　都脫下帽子，一切人都低下頭來，靜默一分鐘。這是每年在參
　　戰各國處處看得見的莊嚴的紀念。

查胡適該日日記，這一天，胡適上午準備講演稿，下午拜會一位 81 歲
還依然很健旺的老教授。講演是下午 5 點開始的，地點是劍橋大學的

藝術學院。聽的人很多，還有人坐在地上。胡適講演的題目據胡適日記是〈近百年來中華之復興〉（筆者注：胡適此題疑為筆誤，根據講演內容，實際上是中國近千年來即唐以來的文化復興）。就在這一天，就在講演前，胡適說他「看見了一件平常不容易看見的更莊嚴的停戰紀念禮。」

> 我到了康橋，住在克賴斯特學院裏，院長薛勃萊先生（Sir Aithur Shipley）把他的書房讓給我預備我的講稿，他說：「我不來驚擾你。不幸這天花板上的油漆正在修理，有個匠人要上去油漆，他不會打擾你的工作。」我謝了他，他走出去了；我打開我的手提包，就在那個歷史悠久的書房裏修改我的稿子。那個工人在梯子上做他的工作。房子裏一點聲響都沒有。

整個上午就是這樣靜悄悄……

> 到了十一點鐘，我聽得外面鐘樓上打鐘，抬起頭來，只見那個老工人提了一桶油漆，正走上梯子去。他聽見了鐘聲，一隻手扶住梯子，一隻手提著漆桶，停在梯子中間，低下頭來默禱。過了一分鐘，鐘樓上二次打鐘，他才抬起頭來，提著油漆桶上去，繼續他的工作。

這一切都被胡適看在眼裏。胡適不是歐洲人，他沒有在桌前站起來一道低頭默禱。他只是「抬起頭來」，坐著、看著、注視著、感動著：

> 我看見那個穿著油污罩衣的老工人停住在梯子半中間低頭默禱，我的鼻子一酸，眼睛裏掉下兩滴眼淚來。那個老工人也許是在紀念他的戰死的兒子，也許是在哀悼他的戰死的弟兄。但

　　是他那「不欺暗室」的獨自低頭的默禱，是那全歐洲同一天同
　　一時間的悲哀的象徵，是一個教育普及的文明民族哀悼死者的
　　最莊嚴的象徵。五十萬陸軍的大檢閱，歐洲最偉大的政治家的
　　紀念演說，都比不上那個梯子半中間的那個白髮工人的低頭一
　　剎那間的虔敬的莊嚴！[297]

這的確「是一個教育普及的文明民族」。七十多年後，筆者展卷至
此，眼亦為之熱而心亦為之動。

　　不過，胡適當時是否意識到，自己也該站起來，和那位老工人默
哀同致呢？

三十八、「歐遊」過了是「漫遊」

　　自胡適 1917 年從美國學成海歸，到 1927 年初，已經是第十個年
頭。1926 年的最後一天，胡適從倫敦登上去紐約的海船（American
Banker 號），重返睽違十年的美利堅。經過 12 天的航行，登上美洲大
陸時，時間已是 1927 年的 1 月 11 日。

　　至少有一個人是不願意胡適到美國去的，這就是北大時的朋友李
大釗。「我的老朋友李大釗先生在他被捕之前的一兩月曾對北京朋友
說：『我們應該寫信給適之，勸他仍舊從俄國回來，不要讓他往西去
打美國回來。』但他說這話時，我早已到了美國了。」[298]還是胡適在
莫斯科的第二天，就巧遇共產黨方面的朋友蔡和森，不僅彼此「縱談
甚快」，而且辯論起來，「從三點直到九點」。第三天，按計劃胡適
要離開，可是料理行裝時，蔡和森來了，他是來挽留胡適的，希望胡

---

[297] 胡適〈整整三年了！〉，《胡適文集》卷 11，第 477-478 頁。
[298] 胡適〈歐遊道中寄書〉，《胡適文集》卷 4，第 34-35 頁。

適在莫斯科多住些時日,多考察一下蘇俄。胡適並非不願意,但行程是排定的,英國的會也是按時要開的,因此他慨歎「不幸我此時不能留了」。到得英國後的胡適其實可以像李大釗說的那樣從莫斯科回。還是在 8 月,胡適給徐志摩的信中表示,會議開完後,打算往瑞士住一個冬天,然後作歸計。可是,9 月時,胡適計畫改變了,他給韋蓮司寫信,想要到美國去看老朋友。從歐洲回國,不是水路就是陸路,不是印度洋,就是西伯利亞,後者必經莫斯科。可是從美國回,只有水路,勢必無法取道俄國。因此,胡適到了美國後,不知道的李大釗還希望他能從莫斯科回來。然而,當胡適從美國回來還在路上時,說這話的李大釗已經為自己心中的蘇俄事業殉難了。

關於美國和蘇俄,李大釗和胡適的看法是不一樣的,他不希望胡適到美國,完全有他的理由。胡適把蘇俄和美國都視為西方,都視為西方近代文明,都視為西方近代文明的發展,而蘇俄是這個文明發展的最新形態,因此胡適認為蘇俄其實是走美國的路。李大釗不然,雖然都是西方,但西方不是一個。蘇俄是蘇俄,美國是美國,這是兩個截然不同的社會路徑,而且正在彼此衝突。因此他希望他的朋友和能自己一樣,走上蘇俄的路而不是美國的路。當然,明察俄美大勢,不止李大釗一個,至少胡適的朋友任鴻雋也很清楚。他看了歐游道中的胡適在《晨報》上的信,便致信這位老朋友,三言兩語就分析出蘇俄「底克推多」和美國「德謨克拉西」的制度衝突,很清晰地指出:「……現時俄國式的勞農專政,正與美國式的『德謨克拉西』決勝於世界的政治舞臺」。[299]1926 年時說的話猶如提前 20 年為 1945 年以後的冷戰作預言。比較之下,此時胡適的頭腦確實單一,既不如屬於社會主義的李大釗,亦不及自由主義色彩的任鴻雋。

---

[299]「任鴻雋致胡適·1926 年 12 月 8 日」,《胡適來往書信選》上冊,第 413 頁。

　　胡適二次到美國，這是他的精神故鄉。相隔十年，十年後的美國會給胡適留下什麼樣的印象，這就要看胡適回國後寫作的〈漫遊的感想〉。本來胡適想就自己的環球遊作上幾十條遊記，播揚西方文明，這是一組難得的好題材，但因趕寫《白話文學史》而無暇，最終就寫了六條，先後三次登載在《現代評論》上。這六條感想大體屬於美國行的文字，基本圍繞美國而展開，它和前此關於蘇俄的〈歐遊道中寄書〉（包括《歐洲日記》）先後呼應，如同姊妹篇。不過，「歐遊」過後是「漫遊」，從蘇俄到美國，雖然歷經兩種社會形態，但這兩組文字又都可以視為胡適出國前〈我們對於西洋近代文明的態度〉的續文。「態度」篇是一個總的態度，它是對西方文明的肯定。在這個態度下，胡適到蘇俄便稱讚蘇俄（「歐遊」篇），到美國又肯定美國（「漫遊」篇），他並不感到這其中有什麼裂痕，反正都比中國好。可以看到的是，到了美國的胡適繼續保持他對蘇俄的好感。1927 年 2 月，他在哥倫比亞大學講演時，和幾位西方教授聊天。來自巴黎大學的一位教授說起他幾年前在俄國賑災時的事，胡適不以為然他「把俄國說的真不成人世界」，而且認為「他似不很信俄國近年的進步」。[300]胡適當然相信蘇俄是進步的，但說到美國時，就更不吝推崇：「我可以武斷地說：美國是不會有社會革命的，因為美國天天在社會革命之中。這種革命是漸進的，天天有進步，故天天是革命（以下引此文不再注，只隨文注明其中篇目，筆者注）」[301]。當然，胡適這裏的「革命」乃是「改良」。

　　進步與革命，以上分配給美俄的辭彙其實應該互換。美國是「進步」的，蘇俄則是「革命」。胡適前此和徐志摩的爭執之一，就是為了理想為了進步，「難道就沒有比較平和，比較犧牲小些的路徑不

---

[300] 曹伯言《胡適日記全編》卷 4，第 503 頁。
[301] 胡適〈漫遊的感想〉，《胡適文集》卷 4，第 33 頁。

成」。在胡適看來，這樣的路徑有兩種：一是蘇俄的方法，通過無產階級專政，消滅資產階級。一是避免階級鬥爭的方法，採用三百年來「社會化」的傾向，逐漸擴充自由和幸福。胡適把這後一種方法稱為「『新自由主義』（New Liberalism）或『自由的社會主義』（Liberal Socialism）。」[302]他的價值認同顯然是後一種（但這並不排除他雖然不認同蘇俄的方法，卻能接受由這種方法所達至的他所認為的「進步」）。此時的俄美在胡適心中都是進步的，只是蘇俄用激進的社會革命的方式，而美國則是用「比較平和」的漸進的方式。

這種「比較平和」的方式亦即近三百年來的「社會化」的方式，胡適把它稱為「新自由主義」，同時又稱為「自由的社會主義」。從概念角度來說，前一個稱謂自然沒有問題，後一個則問題不小。新自由主義是從古典自由主義發變而來。在古典自由主義那裏，它的價值核心是「個人」和「個人權利」。在個人權利中，最重要的就是財產權。正是出於保護個人財產的需要，人們組成了國家（政府）。這就註定國家（政府）的存在就是為了保護私人財產，除此之外，別無所用。新自由主義不然，它除了保護個人財產，還有新的功能，即保證和維持社會平等。而欲做到這一點，就不能像古典自由主義那樣，國家僅僅是一個消極的「守夜人」。在「守夜」之外，它需要有其他作為，比如以稅收的方式，進行社會貧富間的第二次分配。這就是胡適所謂的自由主義「社會化」，即通過政府之手，調節社會平等，使社會中的貧困者，獲得免於貧困的自由。如果說自由主義的「新」，就在於這種「社會化」，但這種社會化卻不能等同於「自由的社會主義」。畢竟自由主義和社會主義是兩種不同的價值體系。以美國為例，你可以說美國是新自由主義的國家，也可以說是自由主義社會化的國家，但不能說它是社會主義國家，哪怕這種社會主義是自由的。

---

[302] 胡適〈歐遊道中寄書〉，《胡適文集》卷4，第47頁。

德國學者桑巴特在胡適留美之前，有過一本著名的《為什麼美國沒有社會主義》，其中就觸及這類問題。這本書無論在歐洲，還是在美洲，也無論當時，還是在今天，影響都很大。看來那時的胡適沒有接觸過它，否則，就不會出現這種概念的錯舛。

　　在桑巴特那裏，社會主義發源於資本主義的母腹，它是對資本主義的一個反應。這個反應，在歐洲表現得可以很劇烈，但在美國，卻找不到它發生的土壤。為此，桑巴特特意列了一份表，統計 1900-1905 五年間美國紐約、芝加哥等七個州社會主義政黨在選民中的得票和得票率。以 1900 年為例，紐約市區和芝加哥城沒有一票給社會主義政黨的總統候選人。阿拉巴馬州有 928 票，得票率為 0.6%，科羅拉多州 684 票，得票率為 0.3%，賓夕法尼亞州 4831 票，得票率為 0.4%，德克薩斯州 1846 票，得票率為 0.4%。得票最高的是麻塞諸塞州，9716 票，得票率也不過為 2.3%。[303]

　　那麼，為什麼美國沒有社會主義呢？在桑巴特看來，這一條很重要，即「美國就缺少那種基於資本主義基礎的社會結構中總是很明顯的一個特徵——那就是，貧富的極端對立。」[304]對此，胡適認識得也很清楚，他在「漫遊」中指出：「從前馬克思派的經濟學者說資本愈集中則財產所有權也愈集中，必做到資本全歸極少數人之手的地步。」（〈漫遊的感想・一個勞工代表〉）這樣，資本主義從資本的自由競爭到壟斷，使得無產階級從相對貧困化到絕對貧困化，必然導致社會革命。可是，正如胡適觀察到的那樣：「美國近年的變化卻是資本集中而所有權分散在民眾」。也就是說，「一個公司可以有一萬萬的指標，而股票可由雇員與工人購買，故一萬萬元的資本就不妨有一萬人的股東。」當「工人收入既豐，多有積蓄，往往購買股票，逐

---

[303] 桑巴特《為什麼美國沒有社會主義》，第 23 頁，上海世紀出版集團，2005。

[304] 桑巴特《為什麼美國沒有社會主義》，第 12 頁。

漸成為小資本家」。這時胡適認為：「人人都可以做有產階級，故階級戰爭的煽動不發生效力。」（引同上）胡適的觀察，在桑巴特那裏也有相應的表述，他是在徵引其他學者的話來表述自己的觀點：「『大公司的股東，多元的小股票持有者，被引導著逐漸從雇主的角度考慮經濟問題了。』『衝突的機會……將會消失……當他們之間的差異被一種共同的業主身份結合起來的時候……』。總之，工人開始沉浸於資本家的心態。」[305]

無論國家以各種稅收的方式調節社會平等，也無論有產者以發售股票的方式，使無產者逐漸成為有產者，這都屬於自由主義社會化的過程。對這個過程的觀察和描述，胡適無疑是準確的、到位的，但他一旦訴諸理論概括的時候，就出現了概念上的偏差。追究這種偏差倒不是要玩弄概念，而是概念的混淆勢必導致俄美兩種社會制度的淆混。1920 年代的胡適便是這樣一個理論邊際（包括自由主義理論邊際）不清晰的淆混者。

在〈漫遊的感想〉中，〈一個勞工代表〉是需要引起注意的一篇。勞工階級即無產階級，按照歐洲的社會主義理論，他們受剝削受壓迫，充滿對這個時代和這個社會的階級仇恨。可是，在美國，「任何對於『現存社會秩序』的不滿，都很難紮根於工人的思想意識裏，尤其是他們尚可忍受的——事實上很舒適的——生活水平似乎是永遠有保證的；至少到目前為止他們能夠很確定這一點。我們不應忘記美國創下的持續進步的『經濟繁榮』，除了短時間的中斷已經持續了兩代，期間有人會覺得社會主義不應該紮不下根。但顯然這種繁榮不是推翻資本主義，而恰恰是源於資本主義。」[306]桑巴特的話，我們可以

---

[305] 桑巴特《為什麼美國沒有社會主義》，第 156 頁。
[306] 桑巴特《為什麼美國沒有社會主義》，第 145-146 頁。

從胡適的「勞工代表」中獲得佐證。這個勞工代表就是胡適給我們講述的他在紐約親歷的一個故事。

在紐約時的胡適，有一次被邀請參加一個「兩周討論會」。討論的題目是「我們這個時代應該叫什麼時代」。如果說十八世紀是「理智的時代」，十九世紀是「民治的時代」，那麼 20 世紀應該叫什麼時代呢，這是胡適很好奇的一個問題。這次討論會，一共請了六個客人。一個是胡適，一個是俄國克倫斯基革命政府時的交通總長，一個是印度人，一個是有名的「效率工程師，是一位老女士，還有一個是紐約有名的牧師，另一個就是勞工代表。胡適很風趣地說：「有些人的話是可以預料的。那位印度人一定痛罵這個物質文明時代；那位俄國交通總長一定痛罵鮑爾雪維克；那位牧師一定是很悲觀的，我一定是很樂觀的；那位女效率專家一定鼓吹他的效率主義。一言表過不提。」胡適特意提到的亦即給他印象最深的就是那位勞工代表了。胡適眼中的他身穿晚餐禮服，挺著雪白的硬襯衫，頭髮蒼白了。他站起來，一手向裏面衣袋裏抽出一卷打字的演說稿，一手向外面衣袋裏摸出眼睛盒。取出眼鏡戴上後，這位勞工代表開始發言：

> 他一開口便使我詫異。他說：我們這個時代可以說是人類有歷史以來最好的最偉大的時代，最可驚歎的時代。這是他的主文。以下他一條一條地舉例來證明這個主旨。他先說科學的進步，尤其注重醫學的發明；次說工業的進步；次說美術的新貢獻，特別注重近年的新音樂與新建築。最後他敘述社會的進步，列舉資本制裁的成績，勞工待遇的改善，教育的普及，幸福的增加。他在十二分鐘之內描寫世界人類各方面的大進步，證明這個時代是人類有史以來最好的時代。

這是出自一個工人之口的美國讚美詩，胡適聽著聽著，忍不住感慨：「這才是真正的社會革命。社會革命的目的就是要做到向來被壓迫的社會分子能站在大庭廣眾之中歌頌他的時代為人類有史以來最好的時代。」

見過蘇俄式的社會主義，又見過美國式的自由主義社會化，儘管在胡適看來兩種社會形態都是進步，但畢竟蘇俄所謂的「進步」代價太大，流血太多。因此，回國途中，在日本，胡適訪問過一位著名的日本經濟學家（福田德三），兩人交談時，曾有過「第三條道路」的說法。這位日本著名的經濟學家新從歐洲回來，胡適問他思想主張有什麼改變。對方說：「從前我主張社會政策；這次從歐洲回來之後，我不主張這種妥協的緩和的社會政策了。我現在以為這其間只有兩條路：不是純粹的馬克思派社會主義，就是純粹的資本主義。沒有第三條路。」胡適認為這位經濟學博士只去了歐洲，不瞭解美國的情形；因此他建議對方到美國去看看，「也許可以看見第三條路」（〈漫遊的感想・往西去〉）。從歐洲過來的胡適，雖然並未親身無產階級和資產階級的對立，但他的直覺卻讓他感到，美國正是歐洲式的社會主義和資本主義兩者間的「第三條路」。這條路充分承認社會主義的主張，但不以蘇俄式的階級鬥爭為手段，也不主張蘇俄式的專政，而是通過不流血的自由主義社會化的方式，不但地擴大自由，讓自由從貴族階級擴展到資產階級再擴展到無產階級。正是出於這樣的認知，歐洲時的胡適衝動之下，甚至想出來組建一個「自由黨」。在這裏，胡適除了混淆「社會化」的自由主義和「自由」的社會主義之間最隱秘的界限外，他的「第三條路」其實就是後來的社會民主主義，而樣板就是美國。

有意思的是，當胡適建議那位日本學者去美國看看後，他的回答居然是：「美國我不敢去，我怕到了美國會把我的學說完全推翻了。」胡適當即答道：「先生這話使我頗失望。學者似乎應該尊重事

實。若事實可以推翻學說，那麼，我們似乎應該拋棄那學說，另尋更滿意的假設。」這是實驗主義的理論。但，那位學者很固執：「我不敢到美國去，我今年五十五了，等到我六十歲時，我的思想定呢，不會改變了，那時候我要往美國看看去。」

學者的固執，一至於此。

三十九、朱墨難斷「博士」謎

1927 年的美國行，對胡適來說，還有一個很個人的意義，即他借此機會解決了拖延十年之久的博士學位問題。但，隨著這個問題的解決，倒出現了新的問題或風波。這場風波遲至五十年後的 1970 年代才「風乍起，吹皺一池春水」，風源則來自胡適的「好好學生」唐德剛。

1917 年胡適從美國哥倫比亞大學回國出任北大教授時，雖然考過博士學位的論文答辯，但並沒有拿到博士文憑，這個文憑一直稽延到 1927 年胡適再度返美時才獲得解決。因此，哥大的校方記錄上，胡適博士學位的時間不是 1917 而是 1927。這個事實 1950 年代時被發現，一是哥大的圖書館長林頓，一是前北平的圖書館長袁同禮。後者在編一本《中國留美同學博士論文目錄》時，感到其中有些問題存在（包括胡適的博士時間），他託請時在哥大的唐德剛幫助複查，唐氏受人之託，終於搞清了胡適正式獲得學位的時間。1977 年 8 月至 1978 年 6 月，唐德剛在臺灣出版的《傳記文學》上連載他的「回憶胡適之先生與口述歷史」，共十章。其中 1977 年第 10 期登載的是第三章〈七分傳統·三分洋貨〉，正是在這個篇幅中（15-17 節），唐氏把 20 多年前的發現予以披露。

1978 年上半年，美國紐約左派性質的中文報紙《星島日報》（後改名《北美日報》）先後發表三篇文章，就胡適的博士學位發難。

1978 年 4 月 17 日是署名潘維疆的文章〈胡適博士頭銜索引〉，5 月 13 日又發表胡祖強的〈從胡適博士頭銜被考據說起〉，5 月 29 日該報再次發表潘維疆的〈胡適博士頭銜索引補述〉。這一期報紙的大字標題是「胡適博士非真博士」。該報把這個問題視為自己的獨家報導，特地用特大字體將其作為該報的要聞頭條，以驚動視聽。該報出版的第二天，唐德剛以〈胡適乃真博士〉為題寫信給《星島日報》，該信於 6 月 7 日發表。它主要針對潘的第二篇文章，為胡適的博士學位辯護。[307]

　　1978 年下半年，該問題的討論從北美轉移到了臺灣。臺灣的《傳記文學》先後發表兩篇為胡適辯護並批評《星島日報》的文章，一篇是 1978 年 7 月號上的〈胡適博士學位的風波〉，作者湯晏，是台大歷史系出身的留美學人。文章發表時，《傳記文學》在前面加了個的「編者按」，說明事情原委，後面又附了個唐德剛在美國發表的〈胡適乃真博士〉。1978 年 11 月，雜誌又發表夏志清的長文〈胡適博士學位考〉，不僅批評星島日報，也否定了前面湯文對胡適學位拖延十年的假設。在湯、夏二位看來，北美《星島日報》對胡適的發難，都來自唐德剛那篇〈七分傳統‧三分洋貨〉。

　　那麼，作為風波的始作俑者唐德剛呢，在連載《回憶胡適之先生與口述歷史》（即今天大陸出版的《胡適雜憶》）之後，《傳記文學》又連載他翻譯的《胡適的自傳》（即今天大陸出版的《胡適口述自傳》）。1978 年 12 月號刊登的是該自傳第五章〈哥倫比亞大學和杜威〉。按照該連載慣例，唐德剛在每一篇傳文後都有長長的注釋。這次注釋的第一條，乃是唐德剛針對胡適博士學位疑點的再度發言，它完全可以視為一篇獨立的文章。就自己一手引發的博士風波，唐德剛把《星島日報》稱為「疑胡」，把《傳記文學》上的夏志清等稱為

---

[307] 此情況出處可參見臺灣《傳記文學》總第 194 號湯晏文和總第 198 號夏志清文。

「衛胡」，而他自己呢，卻跳踉於這雙方之間，既疑且衛，兩出風頭。他當然不懷疑胡適是個「真」博士，這是衛；但卻追究胡適為什麼晚十年才解決博士問題，是為疑。

唐德剛的疑點在哪裡呢？在博士論文答辯這一關節上。唐德剛自己也是哥大博士，他率先介紹了獲得哥大博士學位需要經歷的幾個環節。首先是通過課堂完成規定的必修學分，然後是參加主修副修的有關考試。考試過了，便可以登記為博士候選人。接著就是自己撰寫博士論文。論文完成後舉行論文答辯。就答辯而言，有這樣三種情況：一是「小修通過」，即簡單的修改論文，二是「大修通過」，即對論文大加修改，然後重新答辯；三是「不通過」。[308]（以下引文出此，不另注）只是答辯通過後，還不能立即授博，因為哥大有一個自己的規矩，即論文需要正式出版。博士候選人將出版後的論文一百本繳給學校，校方才頒發博士文憑，而博士學位的時間也就從這時起算。

在夏志清那裡，包括在夏志清請出為胡適作證的美國哥大教授富路得那裡，胡適耽誤十年，就是論文繳遲了。胡適是 1922 年亦即回國第五年才在亞東圖書館出版他的英文博士論文《先秦名學史》，又過了五年，胡適從英國到美國，才有機會把這一百本繳給哥大。所以胡適博士的延誤，夏志清認為，僅僅是一個「手續」問題。然而，夏的看法在唐德剛那裡被認為是「有疑處不疑」。胡適為什麼不及時印他的論文呢？如此，最快到 1917 年年底就可以拿到學位了。於是，唐德剛不但有疑處就疑，而且大疑特疑，說：「事實上胡氏在 1917 年口試上所遭遇的困難略同於後來的『二柱』。考入『第二柱』在普通情況之下，便非返校補考不可了。」而胡適已經返回國內，既不想修改論文，也無從再赴美補考，只好一拖就是十年。應該說，唐德剛的懷疑是可以的，這的確也是一個常態下難以理解的謎。可是，唐氏是學歷

---

[308] 唐德剛《胡適口述自傳》，第 104-105 頁，廣西師範大學出版社，2005。

史的人，他犯了一個歷史人不該犯的錯誤，他不該把懷疑當事實。因為這裏只有假設，沒有事實。唐氏這段話，張口就是「事實上」，請問唐氏，事實的證據在哪裡？讀這個注釋，可以看到的是，唐只有大膽假設，無有小心求證。非但如此，甚至極不負責地用文學手法來想像一個事實：「所以，胡適之於 1917 年 5 月 22 日上『法場』的情況真不難想像。當大家七嘴八舌挑剔起來，有心替胡氏分憂的夏德，自知分量不夠。……口試考畢，面如死灰的胡適（Suh Hu）和當時其他的『支那曼』並無兩樣啊！」以「戲筆」代「史筆」，只逞一時筆頭之快，卻不曾想這對傳主是否負責任。好在唐氏對自己的私淑之師皮裏陽秋慣了，陽捧過後，總有陰損，反之亦然。殊不知，「法場」即現場，既不在場，又沒有在場的材料，公開以「想像」為文，還聲稱「不難想像」。唐氏文字的可信度，實在是給他自己折沒了。

有意思的是，在這篇注釋中，唐氏還提供了另外一個現場，這不是「想像」的，但卻是「據說」的：

> 富老先生在 1927 年已任哥大的中文系主任。是年胡適自英來美便是他籌款請來的——公開講演六次。胡是 3 月份正式取得學位；6 月初的畢業典禮上，胡公接受「加帶」（hood）和領取文憑時的「儐相」（escort，這是那時的制度），便是富先生。據說當胡氏披著無帶道袍應召向前接受加帶時，他 1917 年的老同學，斯時已是哥大哲學系的資深教授的施納達（Herbert Schneider），曾鼓掌戲弄他，弄得胡博士哭笑不得。

插：這裏的「富老先生」，就是夏志清為弄清胡適博士問題專門去信請教的哥大退休教授富路得。富教授是個「中國通」，1894 年出生於中國河北省，1927 年已經在哥大的中日文系任教。他早在 50年代便同唐德剛講過胡適博士學位的事，60 年代也同夏志清講過

（據夏志清）。1978 年夏志清去信再問此事，年邁 84 的富教授乾脆回了夏一封信，夏把這封信翻譯並複印在自己發表的〈胡適博士學位考證〉中。

不幸，就唐氏提供的這個現場，也有明顯的「硬傷」。唐氏說是富教授籌款請來胡適講演，與實情不符。不妨看看富教授自己怎麼說的：「當我獲悉胡將返美時，即徵得教務長武德布立奇的同意，約請他在哥大作九次講演（六次中文系，三次對一般聽眾），他接受了約請。到那年畢業典禮時，他順理成章的獲得哲學博士學位。我也有幸，陪他一同走上講臺。」[309]可見，不是富教授請胡適「自英來美」講演，而是得知胡適要來美，才請他來哥大講演。因此，富教授不需籌款，只需付款。此為失真一。另一更大的失真是胡適根本沒有參加「6 月初的畢業典禮」，因為他於 1927 年 4 月中旬就從太平洋上回國了（胡適在該年 8 月底寫的一篇文章中說：「……，我的船是 4 月 12 日離開西雅圖的」[310]），6 月時，人在上海的胡適已經在極司斐爾路 49 號租房住下，一直住到 1930 年底重返北大前。

唐德剛在〈哥倫比亞大學和杜威〉中的注釋文字既不可信，是否就表示這裏的謎團不復存在呢？非然。正常的博士學位一拖十年，肯定有讓人懷疑的原因，只是它不能靠唐氏的「想像」和「據說」來解決，也不能靠推測。推測未必不可，但須實諸證據，否則推測只是推測。唐氏的問題在於推測有理，證明無據，只好借重文學刀筆，這是他的失當處，過此不提。但，胡適自身的問題卻依然是個謎，迷就迷在胡適為什麼不及時解決而要拖上十年。

這個問題如果不能直攻，是否可以側取？

---

[309] 轉引夏志清〈胡適博士學位考證〉，臺灣《傳記文學》第 198 號。
[310] 胡適〈薩各與樊才第的案件附記〉，《胡適全集》卷 21，第 357 頁。

　　這裏可以馮友蘭為例。馮友蘭和胡適一樣，也是就讀哥倫比亞研究院，也是杜威弟子，最後也獲得了哲學博士學位。他們兩人有一定的可比性。根據馮的年譜，他是北大畢業後，1919 年底達到紐約的，至於進哥倫比亞大學的時間是 1920 年元月。1923 年 6 月，馮通過了以〈天人損益論〉為題的博士論文答辯。和胡適一樣，馮友蘭答辯過後就束裝就道。回國後，赴任河南中州大學的文科主任。唐德剛曾經推測胡適答辯受挫的原由之一是胡適在哥大時間太短，甚至不足兩年（1915‧9-1917‧5），而其他人比如包括馮友蘭在內的那些華裔名校友都是四年以上。可以看到，馮友蘭讀完博士滿打滿算也只有 3 年半。而胡適 1913 年就在康乃爾完成了本科課程，只是按定例到 1914 年 2 月才得到學士學位。接下來就是研究院課程。雖然胡適於 1915 年 9 月才從康乃爾轉入哥倫比亞，但，康乃爾的課時哥倫比亞是承認的。這樣一算，胡適讀研的時間也就不比馮短，甚至更長（如果從 1913 年本科課業完成算起）。注意的是，馮答辯完成，也沒有立即獲得博士學位，直到 1924 年底，商務印書館出版了他的《人生理想之比較研究》，他才拿到哥大的文憑。[311] 可以看到的是，馮友蘭沒有像胡適那樣，等到第二次赴美再補繳論文，那要等到 1946 年。因此，也可以反過來問的是，胡適為什麼不像馮，回國後立即將論文出版，然後寄一百本過去呢？難道這裏果然有唐德剛的懷疑：論文既要大修，還要重新補考，印出來也沒用。這個推測未必不可能，只是缺乏證據。

　　這是否可以成為一個證據呢，儘管也是側面的。不妨看看唐德剛〈七分傳統‧三分洋貨〉第 17 節開頭第一段的文字：

　　　　大凡一個人的一生總歸會有幾件「平生憾事」的。如果胡適之
　　　　先生也有的話，上述小事可能也就是胡先生自認的「平生憾

---

[311] 《馮友蘭自述‧馮友蘭年譜》，第 169-170 頁，河南人民出版社，2004。

事」之一。當我替袁先生「複查」之時，禮貌上我是不能向胡
先生這位長輩直說的，但是道義上我又非向他報告不可。所以
我只有在適當的場合和氣氛裏，慢慢委婉地向胡先生透露；胡
先生也就逐漸地向我說明其中原委。每次向我解釋時，他老人
家都有點苦笑的表情。他的尷尬的情況，反而使我對他益發尊
敬其為人。

順著唐德剛的筆勢去看，胡適還真的心有所慮。可是，這個側證也有
致命的軟肋。唐德剛與其給我們說胡適如何「苦笑」、如何「尷
尬」，還不如讓我們看到胡適親口道出的「原委」是什麼。事實上，
到現在為止，我們只聽到唐德剛單邊敘事，當事人卻成了「沈默的他
者」。即使可以相信唐氏敘述的場面是真實的，但，盤馬彎弓箭不
發，不知道他為什麼執意不讓我們聽到胡適自己的聲音。

　　讓胡適自己說話吧，讓我們聽聽他的聲音。唐氏和我們兜圈，好
在袁同禮在編目時，一則請唐德剛幫助複查有關材料，另則也寫信給
胡適，請求資金幫助。經由胡適的推薦，臺灣中基會將袁書列為計
畫，撥款相助。事妥後，袁同禮寫信向胡適道謝，信中也問及胡適榮
譽博士學位的問題（據周質平）。1960 年 10 月 11 日，人在美國的胡
適覆信袁同禮，不但回答了榮譽博士的問題，緊接著又有一段，專談
自己的博士學位：

　　　　又我的 Ph.D.，論文考試是 1917 年完畢的，故我列在 1917；但
　　當時規矩需要一百本印本論文，故我在 1917 年回國時沒有拿
　　Ph.D.文憑。我的論文是 1922 年在上海印行的，我沒有工夫送一
　　百本給哥大，直到五年後，一九二七年我在哥大講學，他們催

我補繳論文印本百冊，我才電告亞東圖書館寄百冊去。我的文憑是 1927 年發的。[312]

這裏有唐德剛筆下的那種苦笑和尷尬嗎？審其辭氣，平靜坦然（整封信都如此）。胡適據實而陳，根本不像藏著什麼不可示人的秘密。那麼，上面唐氏筆下的胡適，和這裏胡適筆下的胡適，我們更相信哪一個呢？當然，嚴格地說，胡適的信並非無暇，不是「我在哥大講學」，才電告亞東圖書館，而是人還在英國（1926 年 12 月 26 日），就「寫信給郭鴻聲，給頡剛。發電給亞東，請他們寄《名學史》一百冊到 Dena（迪納）處。」[313]挑剔這個小疵，是因為緊要處，一個細節都不能差池，否則細節決定成敗，沒問題的他處也會引人置疑。比如，論文既然印了，又為何不寄？什麼叫「我沒有工夫送……」？除非胡適壓根就沒把這張文憑當回事。

　　胡適果真就那麼瀟灑？按常情也不太像，尤其是在頂戴某種壓力時。1919 年 2 月，商務印書館出版了胡適的《中國哲學史大綱》卷上，封面署有「胡適博士著」的字樣。這一署就來事了。該年 6 月，胡適好友朱經農致信胡適：「今有一件無味的事體不得不告訴你。近來一班與足下素不相識的留美學生聽了一位與足下『昔為好友，今為讐仇』的先生的胡說，大有『一犬吠形，百犬吠聲』的神氣，說『老胡冒充博士』，說『老胡口試沒有 pass[通過]』，說『老胡這樣那樣』。我想『博士』不『博士』本沒有關係，只是『冒充』兩字決不能承受的。……只有請你把論文趕緊印出，謠言就沒有傳佈的方法了。」[314]大約隔了一年，還是這個朱經農，舊話重提：「你的博士論文應當設法刊佈，此間對於這事體，鬧的謠言不少，我真聽厭了，

---

[312] 「胡適致袁同禮・1960 年 10 月 11 日」，《胡適全集》卷 26，第 507 頁。

[313] 曹伯言《胡適日記全編》卷 4，第 473 頁。

[314] 「朱經農致胡適・1919 年 9 月 7 日」，《胡適來往書信選》上冊，第 66 頁。

請你早早刊佈罷。」[315]兩年後的 1922 年，胡適刊佈了他的《先秦名學史》。

朱墨難斷「博士」迷。「胡案」審查到此，不是更清楚了，而是更測不准。博士學位延緩十年，是純粹的論文緩交，還是另有他情，在現有的材料下，不同的判斷都不能有效地說服對方，儘管各自都有理由。那就讓理由的雙方「自由心證」吧，或者，就讓它成為一個真相之迷也未必不好。歷史真相未能破解的，多了去，何況一紙文憑。不過，就此文憑而言，還有一個謎需要破解，這裏不妨順勞。

1927 年，胡適在美國，到底舉行過畢業典禮沒有？

以上的材料顯然有矛盾處。首先是唐德剛給我們敘述了 1927 年的畢業典禮現場，還附有一個繪聲繪色的細節；其次是富路得給夏志清的信，他以親歷的身份從旁支持了唐德剛，因為他說他自己在那年畢業典禮時，「有幸」作陪胡適之。可是，我們已經知道，按照那個時間，胡適分明人在上海，他又沒有分身術。因此，這個矛盾，頗讓編纂《胡適之先生年譜長編初稿》的胡頌平先生感到為難，最後他的判斷是：「唐君這個『據說』恐怕只是『毫無根據』的聽說；可能是唐君腦海中偶然有這樣一種幻想，唐君便以為曾有人這樣說的。」[316]但，「這樣說的」胡頌平卻肯定缺乏說服力。

多年之後，余英時先生試圖為之解。他認為「唐先生此說確實得之於富路得，不過他聽錯了故事，誤將胡適 1939 年 6 月胡適在哥大得榮譽法學博士學位的經過搬移到 1927 年來了。」余英時舉出的證據是胡適自己在 1939 年 6 月 6 日的日記：「下午 Columbia 畢業典禮，我得一個法學博士學位。此為我做大使後得的第一個名譽學位。（今年有五個大學要給我學位，因醫生的訓誡，我只能出門接受兩個。）」然

[315] 「朱經農致胡適‧1920 年 8 月 9 日」，《胡適來往書信選》上冊，第 111 頁。
[316] 胡頌平《胡適之先生年譜長編初稿》第二冊，第 682 頁。

後還有一句「Prof.Goodrich 做我的 Escort。」，這個「Prof.Goodrich」就是富路得，「Escort」就是陪伴。於是，余英時據此結案，不僅「老同學『鼓掌戲弄』當然出於善意，這最後一點疑團便煥然冰釋了」；而且「胡適的『博士學位問題』除了因『論文緩交』延遲了十年之外，別無其他可疑之處。」[317]

余先生論證精彩，結論卻不免用力過猛，它如果可以為 1927 年的畢業典禮結案，卻不足以為為什麼延遲到 1927 年結案。就前者言，余的推斷頗有說服力，事過多年，且又年高，富路得有記錯的可能（目前只能說是「可能」）。但，這裏有一個旁證可以佐證余英時，那就是沈有乾在《傳記文學》1988 年 12 月發表的〈我為胡適博士領博士文憑〉。下面是沈有乾寫給雜誌主編劉紹唐的信：

> 前在一本已經停刊的《新土》雜誌，見有人說，據他調查，胡適並未在哥倫比亞大學得有博士學位。按適之先生的學問，其是否得有博士學位，並不重要。但既有人做了疏忽的調查，下了謬誤的結論，其真相也有披露的必要。查哥倫比亞大學，規定博士學位條件之一，是必須繳出論文一百本。適之先生返國前未將論文印出，直到一九二七年，應哈佛大學邀請講學之時，始將印出的論文從中國帶來。那時恰巧我在華美協進社服務，代適之先生到哥倫比亞大學，把論文一百本換了一張文憑。文憑上的姓名拼法，我當時並未注意。但我確知適之先生在留學時期用「Suh Hu」，「Hu Shih」是後來才通用的。哥倫

---

[317] 余英時《重尋胡適歷程》，第 11-12 頁，廣西師範大學出版社，2004。

　　比亞大學檔案中，當然僅有註冊的姓名。《新土》雜誌作者的
　　假設如此大膽，其求證何以這樣不精細！[318]

沈有乾是著名心理學家，清華出身，1922 年至 1929 年留學北美，著有
留美回憶錄《西遊記》。既然由他代領胡適的文憑，畢業典禮之說便
可休矣。如果採信這個材料，1927 年的胡適只是用論文換文憑，其他
概免。從這個角度看，胡適對這張文憑，確實沒有看得太重。讓人感
歎地是，到了 1980 年代末期，胡適的博士真身居然還讓人懷疑不已。

補：夏志清為排查胡適博士問題，拔出蘿蔔帶出泥。在他檢點的袁同
　　禮的《中國留美學生博士論文目錄》中，他發現同樣是哥倫比亞
　　大學的哲學博士，金岳霖的名字也找不到。他查的是 Chin、King
　　兩姓，都沒有。夏這樣解釋「可能他洋名拼法特別，或者袁同禮
　　把他的著作漏掉了。」[319]

補二：然後，夏志清查到了馮友蘭和他在滬江大學的老師徐寶謙（徐
　　也是哥大的 Ph.D.）。這兩本書都注明是「哥大論文」。夏志清
　　認為，這是「胡適想出一條妙法，在國內印英文論文，馮、徐
　　二氏有前例可循，想來也是返國後把書印好，再寄給哥大一百
　　本的。」然後，夏志清開始尖刻，「這兩本論文我在滬江大學
　　時都已讀過。馮著比較孔、老、亞里斯多德三人的人生觀，英
　　文極劣，當時我就覺得發表這種論文是很丟人的。但馮友蘭不
　　繳進一百本論文，博士學位那能到手？」（引同上）

　　　　馮友蘭「英文極劣」是否酷評？但他的英文不太理想也並
　　非不可能。馮晚年寫回憶錄時曾這樣比較過當時在美的北大和
　　清華留學生：「我們這些北京大學畢業的……，對於中國的東

[318] 沈有乾〈我為胡適博士領博士文憑〉，臺灣《傳記文學》第 319 號。
[319] 夏志清〈胡適博士學位考證〉，臺灣《傳記文學》第 198 號。

西知道得比較多一些，對於中國政治和世界局勢比較關心。缺點是英文比較差，社交比較差，穿戴比較隨便。」至於清華來美的，「不僅專業學得好，英語也流利，社交活躍，衣冠整齊，但對於中國的東西知道得比較少。對於政治不大感興趣。」[320]馮友蘭出身北大，說北大留學的英文不大好，應該包括他自己吧。

補三：既然筆墨從胡適牽涉到了馮友蘭，索性讓它再延伸一下。胡馮二位同為哥大的 Ph.D.，某種意義上，他們也是一對冤家。胡適自 1919 年出版了《中國哲學史大綱》上卷後，便再沒有下文。若干年後，這個中哲史的未盡工作，讓馮友蘭給完成了。1930年馮先出《中國哲學史》上卷，1933 年，又一氣呵成在商務印書館同時出版了上下卷。於是兩人就不免相頡頏。

　　1947 年夏，留學北美的何炳棣去哥大附近一家旅館看望馮友蘭，聊天中，何提及一位女士正在寫的碩士論文，題目是〈1927 年以前胡適對中國文化界的影響〉。「馮先生聽了，急不能待，口吃地以極純濃的河南腔說：『這……這……這個題目很……很……很好，因為過了 1927，他也就沒……沒……沒得影響啦！」巧的是，也是何氏的何兆武 1940 年代在西南聯大讀書，也聽過馮友蘭同樣的表達，他在〈聯大七年〉中有一段回憶：「有些老師喜歡在課堂上胡扯，甚至於罵人，但我非常喜歡聽，因為那裏有他的風格、他的興趣，有他很多真正的思想。比如馮友蘭在課堂上罵胡適，說：『胡適到二七年就完了，以後再沒有東西了，也沒起多大的作用。』」[321]不過，以上何炳棣說完這一節，不偏不倚，筆墨一歪又落到了胡適頭上：「相形之下，馮之譏胡要比胡之譏馮溫和多了」。　胡如何譏馮，如何更不「溫

---

[320] 馮友蘭《三松堂自序》第 56-57 頁，三聯書店，1986。
[321] 何兆武《上學記》，第 109-110 頁，三聯書店，2006。

和」，何放了個空頭卻未曾落墨，筆者不妨試為補。1930 年代，錢穆在燕京大學任教，一天顧頡剛約他一道去胡家。那天他們三人從胡適書齋一直坐到院中石凳，「盡談了些老子問題。適之謂天下蠢人恐無出芝生右者」。[322]「芝生」是馮友蘭的字。胡馮二人在老子孔子誰先誰後的問題上，觀點相左，積不相容，故胡適一時失雅，唐突此言。

四十、對國民黨的態度 I

　　這是一個巧合，胡適從美國回國是 1927 年 4 月 12 日（「我的船是 4 月 12 日離開西雅圖的」），這一天也正是蔣介石在上海「清黨」的日子。

　　如果還有一個巧合的話，那就是胡適離開英國到美國的日子。胡適是 1926 年 12 月 31 日晚從英國啟程的，也就是在這一天，他的好朋友，人在上海實施「大上海」計畫的淞滬商務督辦總辦丁文江向屬於直系北洋軍閥的孫傳芳遞交辭呈。

　　把這兩個時間剪到一起，其實並沒有什麼特殊關係，只是巧合。胡適這一趟環球遊，從歐亞大陸經蘇俄到英國，然後穿越大西洋到美國，最後從太平洋上回國，用他自己的話「此次繞地球兜了一個小圈子」[323]，前後歷時十一個月。還是在胡適出國的半個月前，國民黨開始北伐，這是 20 世紀中國歷史的一個變季，胡適當時並未意識到。及至胡適在倫敦巴黎間來回徜徉時，北上的國民黨已是節節勝利，有望統一了。丁文江辭去辦理「大上海」的職務，已經反映人心（包括士人心）的向背，北洋落日為期不遠。蔣介石清黨，是北伐基本完成，國民黨騰出手來整理內部，它以血洗的方式向曾和自己合作並又鑽入

---

[322] 錢穆《八十憶雙親 親友雜憶》，第 152 頁，三聯書店，2005。
[323] 「胡適致吳稚暉·1928 年 3 月 6 日」，《胡適來往書信選》上冊，第 471 頁。

自己腹中的共產黨下逐客令。一挫北洋，二逐共產，天下政權，當入國民黨一家殼中。這是一個歷史的大變局，也是定局，人在海外的胡適持什麼態度呢？

　　可能時間需要放遠一點，看看留學回國後胡適對國民黨的態度。胡適是個廣為結交的人，國共兩黨都有朋友。但在 20 年代上半期，胡適和共產黨朋友的關係要超過國民黨，至少在國民黨中沒有像陳獨秀、李大釗這樣的朋友。胡適和國民黨的關係，乃是國民黨先向胡適伸出示好的手，當然緣於他在新文化運動中的袖領地位。1919 年 7 月 11 日，廖仲愷致信胡適，稱：「適之先生大鑒：前月承孫先生命，寄上新版書五本，未審收到否？孫先生擬煩先生在《新青年》或《每週評論》上對於此書內容一為批評，蓋以為學問之道有待切磋，說理當否，須經學者眼光始能看出也。」[324]孫中山託請胡適寫書評，還要發在《新青年》上，當然不是為了「切磋」，而是想借重這個人和這個雜誌的時望。胡適友好照辦，7 月 20 日就在《每週評論》上登出了〈《孫文學說》之內容及評論〉，無非鼓吹。8 月 2 號，廖仲愷來信致謝，說「中山先生在《每週評論》上讀尊著對他學說的批評，以為在北京地方得這種精神上的回應，將來這書在中國若有影響，就是先生的力量。」同時又客氣地說：「還望先生於書裏不很完全的地方，指示指示，第二版付印的時候可以修正，請先生不要客氣。」[325]信後，還附了份孫中山寄胡適的計畫書。

　　這是一個友好的開始，可惜好景不長。1924 年 8 月 1 日國民黨的《民國日報》登載孫中山的《民權主義》。但在同一版面的右上方有個〈響影錄〉，裏面登了篇〈少談主義〉的短文。從題目上看，就是胡適多研究問題少談主義那一套。孫中山看到報紙，怒下批文：

---

[324] 「廖仲愷致胡適・1919 年 7 月 11 日」，《胡適來往書信選》上冊，第 61-62 頁。

[325] 「廖仲愷致胡適・1919 年 7 月 11 日」，《胡適來往書信選》上冊，第 65 頁。

> 編者與記者之常識，一至於此！殊屬可歎！汝下段明明大登特
> 登我之民權主義，而上面乃有此〈響影錄〉，其意何居？且引
> 胡適之之言，豈不知胡即為辯護陳炯明之人耶？故謂陳之變亂
> 為革命。著中央執行委員會將此記者革出，以為改良本報之一
> 事。文批[326]

這個「文批」非但不「文」，而且聲色俱厲，全無當年請胡適寫書評時的禮貌與恭敬，甚至恨屋及烏，要敲掉那個編輯的飯碗：這倒是孫中山的一面本色。五四時代，「民權」一詞殆同「民主」。大張民權旗幟的孫中山卻不容本報上有不同的聲音，正如伸張「民主」的陳獨秀亦不容本刊發表關於白話文的不同意見。這民主和民權在自己的一張報紙和一本雜誌上都難以兌現，一屋不掃又何以掃天下？

據孫的說法，胡適是在陳炯明事件上得罪了孫中山，他居然公開為陳辯護，同時還批評國民黨有江湖會社的性質。當然，開罪國民黨，並非這一條。他如公開鼓吹針對北洋的「好政府」，參加國民黨抵制的「善後會議」，主張國民黨反對的「聯省自治」，反對國民黨主張的「武力統一」。1920年代前半段，胡適和國民黨越走越遠，國民黨對胡適也越來越反感。

即以這次為例，胡適遠道歐洲，還受到國民黨方面的騷擾。1926年9月18日晚，胡適在巴黎，和傅斯年、梁宗岱等約好在華人開的一家飯館萬花樓吃飯。胡適去遲了，門口遇到萬花樓的老闆，他低聲告訴胡適，樓上有人發傳單罵你。他叫胡適不要進去了。胡適說不要緊，我要吃飯，也要看傳單。進去後，傅斯年等人已經等候。胡適並未見到什麼傳單，吃飯時大家也沒提起。飯後，幾人來到一家咖啡攤閒談，胡適才問此事。原來他們怕胡適不高興，把傳單全收了起來。

---

[326] 轉引胡明《胡適傳論》下卷，第645-646頁，人民文學出版社，1996。

這些傳單是「中國旅歐巴黎國民黨支部」印製的，上面充滿了對胡適
的謾罵：

> 請注意孫傳芳走狗胡適博士來歐的行動！僑胞們，我們都曉得
> 各國帝國主義者利用了它們的走狗如張作霖、吳佩孚、孫傳芳
> 輩才能來侵略我們中國的。而這些軍閥之下更有許多掛名學者
> 的小走狗，主要的我們一向曉得有梁啟超、章太炎等。最近丁
> 文江又替孫傳芳做了走狗，這是無可諱言的。不幸我們最近又
> 發現了胡適博識亦做了同樣的勾當！…………
> 此次胡適來歐，假名辦理退還英國庚子賠款事，實銜了孫傳芳
> 的命令，來與英國、法國等帝國主義國家協商勾結陰謀。並且
> 到處肆口狂言，為孫傳芳虛張聲勢。……胡氏的人格行為真可
> 謂卑鄙已極了。因此敝黨支部同人發此宣言，敬告於旅歐華僑
> 同胞們，請注意這個孫氏走狗胡適的一切行動，並嚴密探察他
> 來歐所幹的勾當，我們將宣告於國內同胞群起而攻之。[327]

胡適到英國參加庚款會議，和國民黨無關，英國這時和中國對話的是
北洋而非國民黨。在這一點上，國民黨對胡適沒有好感不難理解，甚
至是可以把他罵為北洋走狗。但罵胡適為孫傳芳走狗就沒一點道理，
胡適和這個人素無接觸，況且孫屬直系北洋卻不是當政的北洋政府，
他們之間還有矛盾。可以說胡適是無辜受罵，連累他的不是別人，應
該是他的好友丁文江。

　　胡適和丁文江同為中英庚款委員會的中方委員，他們一共三個人
（還有一個叫王景春）。1926 年 2 月丁從天津到上海，參加中英雙方
會議，5 月份，五省聯軍總司令孫傳芳請他出任淞滬督辦的總辦，籌畫

---

[327] 曹伯言《胡適日記全編》卷 4，第 340-341 頁。

「大上海」事宜。孫自己任督辦,但他督而不辦,把「大上海」的事權全部交給丁文江,因此丁叫總辦。丁文江徵求了胡適和王景春的意見,又請教了來華開會的英方首席衛靈頓子爵,遂決定接過這個「大上海」計畫。後來中英之間的庚款會議,丁等於退出,該去英國也不去了。當胡適在歐洲往來,他卻在上海大顯身手,且頗具聲色。丁文江才幹一個多月,國民黨就從廣東北伐了。他的舉動等於和北洋合作,不但惹怒了國民黨,就是連在歐洲的傅斯年都憤怒不已,向胡適表示,回國後第一件事就是要殺丁文江。

　　丁文江和胡適一樣,是個主張改良而反對革命的人,而國民黨當時則是一個革命黨,在那個時代,不主張革命就是反革命。丁對國民黨沒什麼好感,特別是他上任淞滬總辦時,又做了很得罪國民黨的事。當胡適把他在萬花樓獲致的謾罵傳單寄給國內的張慰慈,張回信幫胡作了分析,認為胡適的「走狗」名頭得之於丁文江。原因在於丁對國民黨做了動作:「聽說在君近來非常厲害,封了十五個國民黨的機關,大概你的新名稱是靠了在君的福得到的。」[328]這個推測看來沒錯,胡丁實在也走得太近。至於丁在君封國民黨的上海機關,可見他自己寫給胡適的信。「國民黨方面則完全取一種急進的政策,在上海方面造謠式的宣傳,無意識的暴動,不一而足。」丁甚至「預料他就是能將孫打倒,內部必有問題」(果然後來就有了四一二)。丁很不屑地說:「至於國民黨那一套,我真不敢佩服。我所檢查到的信很多,其中最重要的主張,是學生應該『少讀書,多做事』!你想這班青年,就是握了政權,有多大的希望呢?」[329]在青年問題上,丁胡一樣,都主張學生以讀書為主,所謂「救國不忘讀書」。可是國民黨為了運動學生,總是以救國的名義鼓勵學生走出課堂,他們的「多做

---

[328] 「張慰慈致胡適・1926 年 10 月 15 日」,《胡適來往書信選》上冊,第 406 頁。
[329] 「丁文江致胡適・1926 年 11 月 28 日」,《胡適來往書信選》上冊,第 412-413 頁。

事」就是從事政治活動。因此，學生罷課就像習慣性流產。在一個現代社會，年輕學生不認真學習現代知識，只是一味從事政治運動，即使運動成功了，這個社會就是現代的嗎？國民黨不久就「握了政權」，可是，它「有多大希望呢」？它真的就勝過前此的北洋？至少，丁並非無稽地持一種必要的懷疑。

多年之後，胡適在為丁文江所作的傳記中，向我們敘述了孫傳芳治下試圖建設「大上海」的藍圖：「就是要建立一個行政總機構，把租界四周圍的中國地區——南市、閘北、滬西、浦東、吳淞，——向來沒有統一的行政中心的，完全統一在這個新的行政總機構（淞滬商埠督辦公署）之下；要使這個行政中心機構有全權可以改善整個區域的市政，可以計畫一個新港，可以解決許多外交懸案，——如越界築路、如越界收房捐、如會審公堂等等。總而言之，那個『大上海』的理想是『要使上海租界四周圍的中國地區成為一個模範城市，其結果應該成為我們要求取消外國租界的基礎。』」（下引同）[330]

丁文江要做的事，其實就是上海市長的事，他的總辦職權，亦類同上海市長的權力。丁在總辦任上只有八個月，「他在那短時期內，做了不少的事。在三十年後回看過去，有兩件事是最值得記載的。第一是他建立了『大上海』的規模。那個『大上海』，從吳淞到龍華，從浦東到滬西，在他的總辦任內才第一次有統一的市行政，統一的財政，現代化的公共衛生。他是後來的『上海特別市』的創立者。第二是他從外國人手裏為國家爭回許多重大的權利。傅孟真說，在君爭回這些權利，『不以勢力，不以手段，只以公道。交出這些權利的外國人，反而能夠真誠的佩服他。』『他死後，《字林西報》作一社論，題曰『一個真實的愛國者』……」（同上引）

<hr>

[330] 胡適《丁文江的傳記》，《胡適文集》卷7，第477-478頁。

　　可是就是這樣一個腳踏實地的「愛國者」卻被國民黨等罵為帝國主義的走狗。事實上，《字林西報》由英國人辦，英國人贊自己的對手是「愛國者」不失為公允。所以丁文江去世後，考古學家李濟意味深長地說「在君的德行品質，要讓英美人去瞭解」，亦即國人理解不了。（據傅斯年）。其實國民黨罵人為走狗，卻不照鏡看自己。它自己當時就是一個有奶就是娘的黨，誰給錢，誰給它軍火，誰給它辦軍校，它就和誰合夥。就連北伐的這支軍隊都是按照人家模式建立起來的，所謂「黨軍」。當丁文江以談判的方式從帝國主義手裏收回許多權利，尤其是租界會審公堂的權利時，北伐的槍聲打斷了一切。這是丁文江給在英國的胡適的信，介紹自己在上海的作為：「大體講起來，事體總算順手。會審公廨的積案，居然可以解決了。唱高調的人固然攻擊我，然而我細細考察上海的真正輿論，對於此事的確十分贊成。市政的計畫如果一時無戰事，可以有相當的辦法。我總相信天下事誠能動人，拙能勝巧，堅忍能制油滑。我只好用我所長，藏我所短，一步一步做去。」[331] 只是逼近的戰事已不容丁一步一步做去了，革命打斷改良。

　　在巴黎聲稱要殺丁文江的傅斯年後來成了丁文江不是一般的好朋友。1936 年丁文江煤氣中毒生命垂危，是傅斯年受胡適等人之命從北平趕去湖南，幫處一應事務。丁去世後，傅斯年長文以紀念，說：「在君的一生，最為一般有革命性或冒充有革命性所最不瞭解或責備的事，就是他之就任淞滬總辦。在君常把這件事的動機及下臺情景告我，……他認為改良中國的政治（他的政治大體上是行政）決不能等到所謂時機成熟，有機會不可失機會。」[332] 這是丁文江所以接受孫傳芳邀請的最好的表白，而且還道出了政治的根本道理，同時也揭櫫了

[331]「丁文江致胡適‧1926 年 11 月 28 日」，《胡適來往書信選》上冊，第 399 頁。
[332] 傅斯年〈丁文江一個人物的幾片光影〉，《獨立評論》第 189 號。

胡適丁文江等自由主義知識份子在一定程度上能夠同當局合作的心理基因。政治本質上就是行政，就是處理社會公共事務，這在民主國家，大率如此。倒是極權政治和威權政治的國家，則習慣把政治首先視為意識形態。既然政治是行政，在北洋體制下，以行政造福社會有何不可，為什麼要遭罵？丁文江上任坦坦蕩蕩，他只有公心沒有私利，抓住機會，時不我待。他以他那傑出的行政才能，短短時間內，就為國民黨後來的「上海特別市」打下了基礎。可是當時國民黨叫囂得凶，不僅把他罵到了歐洲，還捎上了他的朋友胡適之。

案：當胡適 1926 年最後一天離英赴美時，丁文江於此日從總辦的位子上辭職了。他前後只有八個月的時間推進「大上海」。北伐黨軍逼近，孫傳芳決定倒向奉系，丁文江等勸說無效，又不能接受孫的決定（因為奉系是北洋的末流，且土匪（鬍子）出身，丁一直就看不慣，他最擔心的一件事，就是「土匪式的奉軍」得勢），所以只有辭職一途。辭職後的丁文江返回北京，曾寫信給胡適談自己的感受：「當革命的時代，如我這種人實在不適用。我不大會說謊話，而且嫉惡過嚴，又好管閒事。行政方面，我自信頗有能力，在上海的試驗，尤足以堅我自信，但是目前不是建設的時代，不妨留以有待。」[333]

四十一、對國民黨的態度 II

胡適在歐洲，從他日記看，庚款會議於他，好像是例行公事，副業卻幹得很順手。這個副業，就是查閱唐代的禪宗史資料，亦即輪流在倫敦和巴黎讀敦煌卷子，一共讀了一百五十卷（巴黎讀了五十卷，

---

[333] 「丁文江致胡適·1926 年 11 月 28 日」，《胡適來往書信選》上冊，第 436 頁。

倫敦讀了一百卷）。除此之外，國內發生的一切，自然也在胡適掛懷
中，這多表現在他在英國各大學所作的有關中國局勢的講演。遭到國
民黨旅歐巴黎支部的攻擊，胡適並未在意，這些年來，挨罵多了，見慣
不驚。相反，他倒是處處都在為國民黨和它正在進行著的北伐辯護。

　　胡適在倫敦時，《每日新聞》曾以〈覺醒的中國──新國民精
神〉為題發表他的一次講演。面對歐洲人對中國「赤化」的擔心：國
共兩黨合作，又在蘇俄的幫助下北伐，胡適寬解說「目前，民族主義
是中國的真正的『紅色』，而不是蘇俄共產主義。」胡適告訴歐洲人，
今日中國的問題在於民族自決權。國內三個主要政黨：國民黨、共產黨
和國家青年黨在兩個問題上取得一致：一，打倒軍閥；二，打倒入侵
者。因此，胡適提醒歐洲人：中國的問題不應由外國勢力來評頭品足，
歐洲人似乎忘記了一次大戰的教訓。他們必須理解中國民眾的心理，
修改有關條約。這樣，或許能夠改變目前這種混亂的局面。[334]

　　這是胡適的一貫的作派，在國內，他可以寫〈國際的中國〉，呼
籲國人打開國門，向西方學習，讓中國國際化，不要把西方文明當作
帝國主義，更不要當作「文化侵略」。可是轉對西方人時，他雖然認
為國內的大患是「民族主義」，但仍然站在民族立場說話，提醒西方
人中國民族意識的覺醒，修改那些不平等的條約。但，胡適對國內的
判斷仍然需要分析。國內三黨的目標是一致的：打倒入侵者，就是打
倒帝國主義；打倒軍閥，是因為它們是帝國主義的代理人。那麼，用
什麼打倒這兩者呢，就是蘇俄那一套。事實也正如此。沒有蘇俄，沒
有蘇俄對國民黨的扶持，就沒有黃埔軍校，也就很難順利北伐。因
此，刪繁就簡，當時國內的局勢可以這樣概括：看起來是國民黨 VS 北
洋，但其實是兩種帝國主義在中國對決：一種是紅色的蘇俄帝國主義
（然而時人很少認蘇俄為帝國主義者），一種是白色的英美帝國主義

---

[334] 曹伯言《胡適日記全編》卷 4，第 379 頁。

（北洋政府被視為英美代理，而且歷屆北洋都不與蘇俄合作）。這兩種帝國主義都試圖以自己的制度影響中國，一個是極權主義制度，一個是議會性質的制度。可以看到的是，20世紀中國，唯一有議會存在的就是北洋時期，儘管它有種種弊病，典型如曹錕賄選。但，這個時期也有過前無古例後無來者的驚豔一槍。宋教仁被刺殺後，屬於江蘇省的上海地方檢查廳向當時國務總理（趙秉均）發傳票公開傳訊。然而，取代北洋的國民黨，已經是個威權主義的政權，不但議會制度為它所不取，反而在蘇俄影響下，開啟了中國通往極權主義的黨治大門。

在蘇俄與英美、國民黨與北洋這樣一個矩陣中，胡適的價值認同在國民黨而不在北洋，但你卻不能說他的認同在英美而不在蘇俄。此刻的胡適，英美蘇俄是一家，都叫西方，儘管事實上西方已經分裂成兩個。而且剛離開莫斯科不久的胡適，對蘇俄還充滿著好感。所以，胡適可以擔心民族主義的排外，把它視為「紅色」，而真正是紅色的蘇俄，倒在他可以接受的視野中。也就是說，只要不排外，不搞民族主義就行，「蘇俄走的正是美國的路」，[335]中國也未必不可以走蘇俄的路。至少，蘇俄人為其理想而煥發的沖天幹勁，正是國人需要學習的。一時患有政治色盲症的胡適似乎不清楚，那時的民族主義並非一概排外，它恰恰是專門針對英美等國而言的，就像和民族主義對應的「帝國主義」，也是針對英美等國度身訂制的，而蘇俄因其加拉罕那兩個欺騙性的聲明，早已從「帝國主義」的身份中金蟬脫殼。

在倫敦時，一次宴請，胡適遇見了剛從廣州回來的一個英國人。談話中，這人自云見過鮑羅廷、蔣介石、宋子文等人。胡適問起鮑羅廷，對方竭力稱讚，說此人「極有見地，極有勇氣，廣州人士談及他，無不豎起大拇指稱讚他。」胡適又問蔣介石如何，這位英國人說只見過蔣六分鐘，但他問過鮑羅廷，鮑說蔣是一個好的革命家。胡適

---

[335] 曹伯言《胡適日記全編》卷5，第681頁。

插言：好革命家我是承認的，但他可算是一個好的政治家嗎。廣州的領袖人才，胡適自稱只有鮑羅廷和蔣介石沒見過，對於蔣的軍事才能，胡適不懷疑，「但他有眼光識力做政治上的大事業嗎」？胡適還在疑問中。他很擔心廣州諸人無一人能繼鮑羅廷之後，同時評價自己在哥倫比亞大學的同學宋子文，認為他「近年似大有長進」。[336]鮑羅廷是蘇聯派給國民黨的政治代表，他的任務就是把蘇聯那一套灌輸給了國民黨。在鮑的指導下，應該說國民黨在相當程度上已經蘇俄化。即使它不久後因清黨和蘇俄斷裂，但蘇俄那一套於它來說也已經淪肌入骨。以上即使在一個英國人的眼中，都不難看出國民黨和鮑羅廷的關係密切以及鮑在廣州的影響，而胡適顯然已把政治希望寄託在廣州這一干人身上。

一邊是廣州北伐勢如破竹，一邊是英國朋友邀約胡適談談他對國內局勢的看法。此時胡適住在一個英國朋友 Silcock[西爾科克]的家，正在為劍橋大學的一次講演做準備。當朋友約了幾位英國社會中的要人請胡適開誠佈公地談談他的見解時，胡適表達了這樣幾層意思：

1、關於「紅色」和「反紅色」的新聞報導並不符合歷史事實：吳佩孚和孫傳芳打著「反奉」的旗號參戰。

2、據權威觀察人士的觀察，南方政府是中國最好的、最有效率的政府。

3、由於理想的激勵，並受勝利戰果的鼓舞，南方軍隊終將獲勝。

4、奉系張作霖的力量將被削弱，孫傳芳的軍事實力也將被削弱。

5、南方革命軍的北伐贏得了人民的同情和支持。但它不是紅色政權。

---

[336] 曹伯言《胡適日記全編》卷4，第391-392頁。

6、蘇俄對中國各派軍事力量都有一定的影響。歐洲方面提出了
一種十分有趣味的和十分具體的政策來控制少年中國的情緒
和想像力嗎？

7、蘇俄宣佈將廢棄一些條約，並作出一定的讓步，當這些承諾
都兌現時，一味責備蘇俄的宣傳是無用的。[337]

這是胡適第一次為北伐辯護，同時也在為蘇俄辯護。他的用意是要打
消英國人對國民黨的疑慮。英國慣支持吳佩孚，它很怕國民黨成功使
得中國赤化。胡適告訴英國人，吳佩孚出兵不是反紅色，他的參戰是
針對張作霖，而張則代表中國最落後的力量。胡適一則指出北伐必
勝，南方政府必勝，另則指出它不是紅色政權。胡適當然不拒絕歐洲
對中國施加影響，可是英國人得拿出一個具體的方案，否則一味責備
蘇俄也沒用。

台大前歷史系主任、文學院長沈剛伯有一段文字可以和胡適上面
的話相參：

我第一次見胡先生是民國十五年在倫敦郊外一個英國朋友，名
叫 Silcock 家中（即以上胡適日記中的「西爾科克」。筆者
注），我們賓主三人（主婦未參加）在飯後長談，幾至夜半，
那時候正是北伐的初期，多數英國人都以為國民黨排外、仇
英、傾向共黨。Silcock 先生深愛中國，然亦深以此為慮，胡先
生卻毫不保留底說這是中國的一大轉機，因為要使中國近代
化，就非除掉割據的軍閥，讓國民黨完成統一的工作，來實行
三民主義的政治不可。他並且鄭重聲明這是全國民意之所歸，
因而斷定國民黨必可迅速順利的成功。此後，他在英國各大學

---

[337] 曹伯言《胡適日記全編》卷 4，第 419-420 頁。

　　公開講演，也隨時發揮這種議論，當時英國的知識份子因此而改變其對華態度者頗不少。我有一天到 Tavistoek 看胡先生，座無他人，我就大膽的問他：『您這幾次講演的話是否有意宣傳？』他回答我的大意是說他本來反對武力革命同一黨專政，但是革命既爆發，便只有助其早日完成，才能減少戰爭，從事建設。目前中國所急需的是一個近代化的政府，國民黨總比北洋軍閥有現代知識，只要他們真能實行三民主義，便可有利於國，一般知識份子是應該加以支持的。」[338]

沈剛伯的文字寫在胡適去世四天後，他的文章題目是〈我所認識到的胡適之先生〉，這一段回憶和胡適第一次見面的情形，正是他年輕時在英國倫敦大學求學之際。兩個人的文字相互印證，足可以看出胡適在那個時期對局勢的基本想法和態度。

　　可以看到，對國民黨的評價，胡適超出了私人恩怨而能出以公心。1930 年代，胡適曾批評「人權論戰」時一道並肩的羅隆基，說他對國民黨的批評有私怨的成分，認為不合適。胡適的意思是，在公共領域發言，一定要把私人成見去掉，純然出以公心，然後才能公正。胡適不但是這樣說的，也是這樣做的。「外舉不避怨」，國民黨對他的醜詆不足影響他對國民黨的肯定。可是，似乎也只能在胸襟這一點上肯定胡適，因為胸襟畢竟無關識見。胡適對國民黨的肯定，從識見上來說，問題大在。

　　胡適是一個改良主義者，素反對暴力革命，反對戰爭解決問題。而這次北伐恰恰走的是戰爭路線。1990 年代由臺灣拍攝的抗戰專題片《一寸河山一寸血》，其中有國民黨元老陳立夫回憶北伐的鏡頭。提起幾十年前的戰爭慘烈，陳的表情依然那麼動容，因為死的人實在太

---

[338] 轉引胡頌平《胡適之先生年譜長編初稿》第二冊，第 664-665 頁。

多，慘不忍睹。國民黨是用無數的屍骨，才把天下變成自己的。可是
這樣一個巨大的代價，得到好處的也僅是國民黨一家。整個社會，特
別是社會制度，並未從北伐中獲得進益。北洋曾經的議會一去不復，
代之而起的是蘇俄黨治。中華民國雖然號稱「民國」，但民國卻變成
了黨國，就像北伐甚力的黃埔軍校，軍隊也成了黨軍。蘇俄本土化，
這都是北洋時代不曾有的「新」氣象。

　　胡適也許沒看那麼遠，人的眼界也往往受到時代的限制。在當時
南北兩個政權中，胡適對北方政權已趨絕望，這是他轉而認同國民黨
的一個很重要的緣由。1925 年，聞一多從美國回國，對北洋治下的社
會狀況厭惡之極，遂用「死水」以象徵：「這是一溝絕望的死水，清
風吹不起半點漪淪。不如多扔些破銅爛鐵，爽性潑你的剩菜殘羹。」
「死水」的感覺肯定並非聞氏一人所有，胡適在蘇聯的感奮，就包含
了死氣沈沈的北京和充滿生氣的莫斯科之比較。尤其北洋自段祺瑞下
臺後，權柄落入張作霖之手（吳佩孚考中過秀才，段祺瑞留過德，張
卻是「鬍子」出身），這個政權的聲望在新知識份子心中已經降至為
零。至少就胡適本人而言，他對北洋的態度是以段張交替為界的。張
之前，他可以出席段的「善後會議」；但，段之後，胡適在精神上已
經把北洋視為「反動」。因此，1926 年 11 月 26 日，在曼徹斯特維多
利亞大學講演時（〈處在十字路口的中國：新與舊的衝突〉），胡適
很明白對英國人說：「十五年來，我們一直在進行共和國的試驗，但
是我們得承認，這是一次失敗的試驗。」[339]

　　北洋的試驗失敗了，國民黨的試驗就成功嗎？可歎胡適在當時，
不是兩難選擇，而是只有在一個二元對立中選擇：非北洋即國民黨。
英美的制度試驗在北洋可謂「播下的是龍種，收穫的是跳蚤」，最終
讓人們失卻了耐心，聲稱英美的路在中國走不通。於是，中國就開始

---

[339] 曹伯言《胡適日記全編》卷 5，第 439 頁。

走蘇俄的路。對此中國知識界不是沒有疑慮，徐志摩在《晨報》上展開「蘇俄仇友赤白」的討論即是一例。針對胡適的蘇俄來信，徐志摩甚至追問「蘇俄的制度是否有普遍性」。胡適針鋒相對：「什麼制度都有普遍性，都沒有普遍性。這不是笑話，是正經話。我們如果肯『幹』，如果能『幹』，什麼制度都可以行。」至於蘇俄的「共產制實在不成什麼真問題」。[340] 蘇俄的理想、蘇俄的幹勁、蘇俄的效率、蘇俄的新氣象，無一不給胡適好感。相形之下，中國死水一潭，缺乏的正是幹勁、理想、效率，當然也就不會有新氣象。這樣一種境況，好像人在冰凍的北極，不管你往哪個方向走，都是朝南。胡適類此。面對朽腐，病急亂投，他無別法，只好鼓吹一個字「幹」。只要幹，只要努力，且不管哪個方向、哪種制度，都比這「死水」好。於是，在接受了蘇俄人的幹勁、理想、效率和新氣象的同時，也一併接受了蘇俄的制度，同時也接受了正在聯俄的國民黨。

和胡適相比，倒是和梁啟超走得近的一些人要清醒些，比如徐志摩，比如徐新六，在某種意義上也包括丁文江。徐新六是個銀行家，比胡適大一歲，浙江人。胡適從歐洲寄英鎊請其代存銀行，徐在回信時就他對蘇俄的態度提了個醒：「兄西遊後，政治思想頗多更變，在各處通訊中所見，兄之議論，弟贊成者甚多……」，客氣一番，筆鋒一轉，「但是俄國革命對於舊式之社會雖有震撼摧拉之力，我輩亦不能見其力大而即以為是」。在徐看來，「俄國革命之特色，一為政治上黨治之試驗，一為經濟上共產之試驗。共產未能成功，而行其所謂新經濟政策，然不能謂其說即可廢」。因此，徐新六認為：「我輩當平心靜氣研究此二點之是否，以及對於我國此時是否為對症之良藥。」[341] 然而，已經輪不到「我輩」平心靜氣去研究了。徐新六話音

---

[340] 胡適《歐遊道中寄書》，《胡適文集》卷 4，第 48-49 頁。
[341] 「徐新六致胡適‧1927 年 1 月 12 日」，《胡適來往書信選》上冊，第 421-422 頁。

落地不久，國民黨即上臺，未行其共產，先行其黨治。北洋的議會試驗失敗，黨治試驗卻在中國成功了。

胡適支持國民黨，認同其北伐，除了他身上內潛很深的激進主義，就是他在他那個時代礙難倖免的對「現代」和「現代化」的偏讀。激進主義的草蛇灰線可從胡適留美時高歌「沁園春‧俄京革命」始，回國後的形跡是「努力歌」和「炸彈詩」，再後便是這對俄蘇的態度。此後，胡適便告別了激進主義。然而，比激進主義更難告別的是那種「進步」意識和「現代」理念。

馮友蘭曾經表述過這樣一個看法，中國文化和西方文化的關係，不是空間關係而是一種時間關係，亦即西方文化是現代的，中國文化則是中世紀的。中世紀，在當時又被士林視為價值上的貶義。因此，中國是落後的，為了改變落後，改變因落後而導致的挨打，追求進步與現代，便成為 20 世紀國人心中難以釋懷的「意締牢結」。從上面胡適應答沈剛伯的話可以看到，胡適所以棄北洋而選擇國民黨，就是因為國民黨比北洋現代，他們有「現代知識」，而中國正需要一個「近代化」（即「現代化」）的政府，只要它實行三民主義政治，就一定能救中國。無獨有偶，胡適的朋友丁文江在批評北洋時，就愛用缺乏現代知識這句話。這是胡適舉的例子，丁文江雖然幫助孫傳芳籌畫「大上海」，而且在丁看來，「孫在軍人中，很有才，很愛名譽，很想把事情辦好。只是有一個根本的缺陷，就是近代知識太缺乏了。」胡適還特別補充一句「注意，這句話是在君慣用來批評一切中國歷年來當政的軍人的。」[342]

以今天的眼光來看，「現代」「現代化」「現代性」並非是一個完全肯定的對象，而是需要仔細分疏的價值混合體。現代中有人類文明的長進，也有摧殘人類文明的罪惡，而這些都屬於「現代」。人權

---

[342] 胡適《丁文江的傳記》，《胡適文集》卷 7，第 482 頁。

無疑是現代的，但極權也是現代的，比如奧斯維辛，比如古拉格。對這一點，胡適的老師杜威有所感知，1926 年 9 月 30 日，杜威有信給正在英國的胡適，信中有這樣一段以至到今天都需要我們深思不止的文字：

> 去年夏天，我對比較政治學頗感興趣。我曾在墨西哥國立大學的夏校演講政治學，歷時兩個月。當然，我對政治學並沒有多少真正的研究；兩年前我在土耳其演講時，就注意到這兩個國家以及中國，存在一些共同的傾向，例如，革命，民族主義，排外，害怕外來勢力的侵略，極端的現代主義以及極端的中世紀主義等……[343]

杜威對第三世界國家的觀察是相當敏銳的，他排舉的幾種傾向對 20 世紀中國來說，的確是症候所在。尤其是這個「極端的現代主義」，儘管杜威只是「一名之立」，還未加描述和定義，但在我看來，這個「極端的現代主義」即把現代推到極端，它毋寧就是極權主義。雖然這只是筆者個人的讀解，但，無論如何，極權主義是中世紀所不曾具有的一種現代形態。1950 年代，美國兩位學者研究極權主義，曾歸納出它的若干特徵，其中第一種「一個極權意識形態，由涵蓋生活各方面的官方學說構成，每個人必須遵從，而其設計了一個最終的人類美好狀態。」[344]以某種「主義」為表徵的意識形態，就是極權主義特有的一種統治形式，這種統治滲透到生活的各個方面，而它出具的理由是，自己所做的這一切，都是為了實現人類最美好的理想。

　　看來胡適沒有好好體會乃師的信，至少他在認為國民黨比北洋現代時，缺乏深思國民黨的現代到底是什麼「現代」？在北洋和國民黨

---

[343] 曹伯言《胡適日記全編》卷 4，第 385 頁。
[344] 勞倫斯・邁耶等《比較政治學》，第 247 頁，華夏出版社。2001。

之間，北洋未必是「極端的中世紀主義」，但取法蘇俄的國民黨卻未必不是「極端的現代主義」。儘管國民黨本身始終未能走到那個極端，但它卻打開了後來由其他力量走到極端的「潘朵拉之盒」。這個盒子恰恰就是已經走到極端的蘇俄北極熊的饋贈。對此，胡適視而不察。他甚至認為國民黨的現代就在於它有「主義」，而它真能實現這個主義，便能有利於國。這就牽涉到一個比較，國民黨執政時是主義政治，但北洋政治卻沒有主義一說。換言之，北洋沒有意識形態，國民黨卻有。後者的弊端不難從中華民國國歌的第一句看出：「三民主義／吾黨所宗」。這樣的歌詞應該是黨歌而不是國歌。把「吾黨所宗」變成「吾國所宗」，這就是意識形態，這就是以上美國學者指出的「一個極權意識形態，……每個人必須遵從」。不知胡適考慮過沒有，正是因為沒有意識形態，北洋時代方可以有讓自己大出風頭的新文化運動，而自國民黨黨治時代始，新文化運動就永遠成為一種歷史過去時。然而，胡適卻認同這種同樣具有現代面目的「主義政治」，而且是在和北洋作出比較後的認同。在這個意義上，胡適甚至未如丁文江，丁氏在一定程度上是把政治視為公共行政的。北洋的公共行政到張作霖時代固也是一團糟，但北洋和北伐相比，就是一個議會時代和黨治時代的比較。如果前者糟得很，後者在效率上卻可能好得很。那麼，前者就是舊，後者就是新；或著，前者就是反動，後者就是進步？新的、進步的不就是現代嗎？然而，正像西方不是鐵板一塊，有英美式的西方，也有蘇俄式的西方；現代也不是一塊鐵板，它亦有美英俄蘇之分。在某種意義上，蘇俄完全可以表現得比英美更現代。可以說，維「現代」是求，而不違析問「現代」的不同價值，是 20 世紀國人追求進步的一個通病，作為那個時代的通人胡適也未能倖免，以至生生讓「現代」迷了一隻眼。

案：杜威的「極端的現代主義」即 ultra-modernism，ultra 有過激、極端之意。1926 年 11 月 25 日，胡適從倫敦給丁文江寫信，云：「今日之事只有三條路：一是猛烈向前，二是反動的局面，三是學術思想上的大路。（緩進）我們即不能加入急進派，也決不可自己拉入反動的政治裏去。」[345]猛烈向前是北伐，反動的局面是北洋，緩進的學術思想大路是自己。胡適是否在提醒丁文江，不能再給屬於北洋的孫傳芳做事了，這是一個政治正確的問題。三天後，丁文江從上海寫信給胡適，他當然沒有收到胡適的信，但他離辭職孫傳芳也為期不遠了。信中的丁文江有這樣一種慨歎：「無奈過激派與極端反動派倒可以聯合，溫和派的人反是孤立，這也許是歷史上公例，不能避免的。」[346]這裏的過激派是指國民黨，反動派是指北洋軍閥張作霖，溫和派當然是指自己。為了獲得北京政權，可以看看國民黨和張作霖的密切往來，僅僅汪精衛就六上奉天，暗中勾結，密謀北京。「極端的現代主義」和「極端的中世紀主義」原本是很容易走到一起的。

四十二、第二次過日本

　　1927 年 4 月 12 日，胡適從西雅圖上船，離開美國。在船上度過了 12 天，於 4 月 24 日到達日本橫濱，先後遊歷了東京、箱根、京都、奈良、大阪等地，於 5 月 17 日從神戶上船往上海。

　　此番胡適過日本，已是第二次光臨。前一次是 17 年前的 1910 年，那時是胡適路過日本到美國。當時日本給他留下的印象極為糟糕，這在以前的「路線圖與時間表」一節中已有記述。17 年後，舊地

[345] 曹伯言《胡適日記全編》卷 4，第 436 頁。
[346]「丁文江致胡適・1926 年 11 月 28 日」，《胡適來往書信選》上冊，第 412 頁。

重遊，日本的變化使胡適驚訝，他說：「日本給我的印象深刻極了。如此巨大的進步在過去十年中完成！在東京和其他現代的城市裏，人力車已經不見了。這既不是佛教，也不是孔教，也不是基督教所造的福——這只是物質進步的一個自然結果！這是何等的一個教訓！」[347]

不僅日本的物質進步給胡適印象很深，日本的霸權力量更給胡適難以磨滅的印象。據胡適自述，他在 4 月 12 號橫濱上岸時，就接到丁在君由輪船公司轉來的信，大意是，國內黨爭正烈，胡適的脾氣又不好，最好暫時留在日本，多做點研究日本的工作。丁文江說自己最近就在研究日本（此時他因為和北洋合作而得罪國民黨，正被國民黨通緝）。丁深切感到中國存亡安危的關鍵在日本，他勸胡適千萬不要放過這個可以多多觀察日本的機會。[348]

胡適的確沒有放過這個機會。1927 年 3 月 23 日，北伐的國民革命軍江右軍抵達南京。從次日上午 8 時許起，在某種政治力量的策劃下，南京城內突然爆發大規模的搶劫外國人的排外風潮。南京城內和下關的外國領事館、教堂、學校、商社、醫院、外僑住宅均遭到侵犯和洗劫。金陵大學副校長文懷恩（Dr. J. E. Williams，美國人）和震旦大學預科校長（義大利人）遇害，此外英國僑民死亡 2 人，日本僑民死亡 1 人，法國僑民死亡 1 人。在襲擊中，英國和日本領事館成為襲擊的首要目標，英國駐南京領事被槍擊傷，正在生病臥床的日本領事也遭到槍擊，但是沒有受傷。下午 3 時，被圍在下關一座小山上的美國領事大衛斯向停泊在長江上的英國和美國軍艦發出開火援救的信號，英美軍艦開始炮轟南京。江右軍司令程潛一方面制止搶劫，一方面委託紅十字會代表同英美軍艦聯絡，請其停止炮擊。英美軍艦炮擊持續約 1 小時後結束，搶劫風潮於下午 5 時左右逐漸平息。當時在南

---

[347] 「胡適致韋蓮司‧1927 年 5 月 17 日」，轉引周質平《胡適與韋蓮司深情五十年》，第 71 頁。

[348] 參見胡頌平《胡適之先生年譜長編初稿》第二冊，第 676 頁。

京附近江面沒有法、意軍艦，有的只是英美和日本的軍艦。英艦一艘，美艦兩艘，日艦則有四艘。但這四艘驅逐艦沒有參加英美的炮擊行動（據維基百科）。

日本是南京事件中的首要襲擊目標之一，所受損失也比較大，同時在下關江面上日本的軍艦也最多，為什麼英美聯合炮擊而日本卻不放一彈呢？這個迷，胡適在 10 年後的 1937 年給我們作出了回答，那已是盧溝橋事變前夕了。胡適回憶說：

> 民國十六年，我從紐約啟程回國，路上忽然看到三月廿四日「南京事件」的惡消息，那時全美國的輿論都很興奮憤慨。我上船時，已是四月中，四月底到日本。我在東京住了兩個禮拜。有一天，外務省的岩村成允先生陪我去看東京《朝日新聞》的新屋，樓上有一層正開著一個「新聞事業展覽會」，岩村先生帶我去看一間特別展覽。我進去一看，只見牆上掛滿了無數薄紙條子，是日本的電報紙，足足有兩三千條。岩村先生對我說：「這是三月廿四南京事件那一天一晚東京《朝日新聞》一家接到的緊急電報。那天南京日本領事館被攻擊了，日本人也有被傷的，據說還有國旗被侮辱的事。那一天一晚，日本各報紙發了無數的號外。人心的憤激，先生請看看這些電報就可想而知。但幣原外相始終主持不用武力。駐下關的英美炮艦都開炮了，日本炮艦始終沒有開炮。」[349]

日本是個好戰國，但並非所有的日本人和日本政治家都是好戰分子，就像中國並非好戰國，卻未必缺乏至少是口頭上的好戰分子一樣。好

---

[349] 胡適〈日本霸權的衰落與太平洋的國際新形勢〉，《胡適文集》卷 11，第 751 頁。

戰分子主政，局勢不堪設想。非好戰分子主政，或可盡力居間調停。幣原外相就是這樣一個人。可惜，待胡適到東京時，這位外相已經抗不住壓力下臺。緊接著便發生了 1927 年 5 月的「濟南事件」。兩個事件相比，胡適不但感慨足多，也替日本指出，正因為日本濫用霸權和武力，造成了自己在國際地位的衰落。胡適當然不僅指 1927 年的「濟南事件」，更是指 1937 年「蘆溝橋事件」爆發前的緊張局勢。當然，胡適的用心只能白費了。

四十三、「這也可能意味著『新文化』運動
的倒退」

從 1927 年 4 月 24 日到 5 月 17 日，胡適在日本一共盤桓了 23 天。

應該說國內的局勢對胡適極為不利。還在紐約時，胡適的學生顧頡剛就寫信給他，言辭懇切：「有一事我敢請求先生，先生歸國以後似以不作政治活動為宜。如果要做，最好加入國民黨。」學生勸先生入黨，想來此例不多。除了顧氏自己認同當時的國民黨外，一個重要的原因，是他替老師設身處地：「現在國民黨中談及先生，皆致惋惜，並以好政府主義之失敗，丁在君先生之為孫傳芳僚屬，時加譏評。民眾不能寬容：先生首唱文學革命，提倡思想革命，他們未必記得；但先生為段政府的善後會議議員，反對沒收清宮，他們卻常說在口頭。如果北伐軍節節勝利，而先生歸國之後繼續發表政治主張，恐必有以『反革命』一名加罪於先生者。」[350]在顧頡剛的勸告外，商務印書館的高夢旦也致信人剛到日本的胡適，他建議胡適「如在日本有講授機會或可研究哲學史材料，少住數月，實為最好之事」，因為國

---

[350]「顧頡剛致胡適・1927 年 2 月 2 日」，《胡適來往書信選》上冊，第 428 頁。

內四一二剛過,「時局混亂已極,國共與北方鼎足而三,兵禍黨獄,幾成恐怖世界,言論尤不能自由。吾兄性好發表意見,處此時勢,甚易招忌」。[351]

高夢旦信後,緊接著就是顧頡剛的第二封信。顧誤以為胡適四月底已回上海,中心惕屬,這可見諸信中的辭態:「我以十年來追隨的資格,摯勸先生一句:萬勿回北京去。現在的北京內閣,先生的熟人甚多,在這國民革命的時候,他們為張作霖辦事,明白是反革命。先生一到北京去,他們未必不拉攏,民眾是不懂寬容的,或將因他們而累及先生。這幾年中,周氏兄弟假公濟私,加以伏園、川島們的挑撥,先生負謗亦以甚矣,在這國民革命的時候,萬不可再使他們有造謠的機會,害了先生的一生。這是我和淚相勸的一件事,請先生聽我罷!」[352]彷彿是輪番,顧氏信後一周,又是高夢旦的信。從這封信的內容看,情勢有所舒緩。高的一個在國民黨內任高職的同鄉告訴他,國民黨內有人主張請胡適出任上海市宣傳部主任,徐志摩為副,而且已經形成了決定。高擔心在此情況下,胡適似乎無法不任事,何況胡適和屬於國民黨的吳稚暉蔡元培的關係也很近,他們也不會放手,因此他信勸胡適:「故弟以為稍緩歸國為得策,尚祈再酌。」[353]

胡適是否聽從了朋友們的勸告呢?5月17日,胡適還是從神戶上船回國了。上船當天,他寫了封信給美國的韋蓮司,說:

> 經過在日本二十三天的停留,我今晚就要起程航向上海了。
> 所有我在上海的朋友都打電報或寫信告訴我,勸我不要在此時
> 回中國。我已經盡可能試著在日本多留幾天。但是這種動盪的
> 情形對我是很不好的。我覺得緊張,有時甚至失眠。所以我決

---

[351] 「高夢旦致胡適‧1927年4月26日」,《胡適來往書信選》上冊,第429頁。
[352] 「顧頡剛致胡適‧1927年4月28日」,《胡適來往書信選》上冊,第430頁。
[353] 「高夢旦致胡適‧1927年5月5日」,《胡適來往書信選》上冊,第433頁。

> 定回到上海，要親眼看看到底是怎麼回事。要是情況[很糟]，打
> 破了我的樂觀主義，我會回到京都，定下來工作。
> 我想上海朋友的看法並不正確。他們過分考慮到我自身的安
> 危，他們只是不要我捲入政治的漩渦。他們也許是過多受了眼
> 前局勢的影響，因而看不清事情的真相了。[354]

這封信還是顯示了胡適樂觀主義的態度。此時的胡適在精神上已經和
北洋了斷，他出國期間對國民黨的評價都是正面的、積極的，甚至有
宣傳的嫌疑。這是胡適在日本時對中國留學生的一次講演，它出自和
胡適後來有過交往當時卻是一位學醫的年輕學生：「國民革命成功，
國民政府成立後不久，胡適之先生自美返國，途經日本東京，中國青
年會請他來講演，那廣大的健身房（同時也是籃球場）擠滿了留學
生，青年會總幹事馬伯援先生介紹他登臺時，那時候的他不過四十來
歲，個子雖然不高，但英俊挺拔，神採飛揚，演講時不但聲音洪亮，
姿態尤佳，時常揮動右臂，加強語氣，堪稱演說名家。這次的演說內
容，無非是讚揚國民政府，無論軍政經濟，皆有專人，尤是對宋子文，
說他學有專長，胸有成竹，中國的經濟改革，必能成功云云。」[355]胡
適對國民黨究竟瞭解多少，至於這樣為它背書。可以肯定，胡適對蘇
俄的態度便決定了他對國民黨的態度。他希望國民黨能夠通過類似蘇
俄十月革命那樣的國民革命即北伐，建立一個現代政府。為此，他不
惜改變自己一貫的反對暴力革命的態度，只是希望它早點完成，減少
戰爭。

　　然而，就在胡適從美國動身那天，國民革命發生了巨變，1927 年
4 月 12 日，蔣介石以殺戮的方式開始清黨，接著便是「寧漢分裂」。

---

[354]「胡適致韋蓮司・1927 年 5 月 17 日」，轉引周質平《胡適與韋蓮司深情五
　　十年》第 69-70 頁。
[355] 葉曙〈我所認識的胡適之先生〉，臺灣《傳記文學》第 293 號。

那麼，胡適對清黨又是什麼態度呢？如果說胡適是以認同蘇俄而認同國民黨的，清黨恰恰又是和蘇俄的決裂。當然國民黨在觀念與政策上和蘇俄決裂，但它仍然襲用的是蘇俄的「黨國體制」。這次，胡適依然站在了南京政府這一邊，不過，他選擇支持蔣介石的原因並不在蔣介石而在支持蔣介石的三位國民黨元老（吳稚暉、蔡元培、張靜江）。在日本滯留時，胡適偶遇從上海出來的哈佛大學法學院教授赫貞，談起清黨，赫貞教授轉用宋子文的話，說這是一次大反動。胡適追問所以。赫貞依然用宋子文的話回答：國民革命的主旨是以黨治軍，就是以文人制裁武人。現在完了，文人制裁武人的局面被推翻了。胡適不以為然，他對赫貞教授說：「這個新政府能得到這一般元老的支持，是站得住的。」「蔡元培、吳敬恒不是反動派，他們是傾向於無政府的自由論者。我向來敬重這幾個人。他們的道義力量支持的政府，是可以得著我們的同情的。」[356]

　　這是典型的愛屋及烏。支持蔣是因為蔡吳，支持蔡吳是因為他們是無政府的自由論者。自由，難道是胡適此番選擇的一個拐點？其實，自打胡適出國，就大幅度偏離了他素所堅持的自由主義，儘管他聲稱這是「新自由主義」。無政府的自由是絕對意義上的自由，和自由主義的有限度的自由不可同日而語。在自由之外，便是胡適對蔡元培在道義上的信任，這其中當然也包含他們多年的交情。因此，胡適在以上給韋蓮司的信中這樣說：「四月的政變似乎是走向一個對的方向。國民黨似乎有意振作一下。但是代價太大了！這也許會大大減緩革命的進程：這也可能意味著『新文化』運動的倒退。但是無論代價多高都是值得的。我的許多老朋友都站在南京政府的那一邊。這個政府代表溫和派和自由派。」

---

[356] 參見胡頌平《胡適之先生年譜長編初稿》第二冊，第 677 頁。

　　未能忘情自由卻又在自由的迷途中，這就是當時的胡適了。當然胡適也並非一味的簡單，至少他還有一點懷疑精神，同時也在打量：從新文化運動到國民革命以及這個四一二，是歷史的進步，還是倒退。這個問題，要在看你從什麼角度切入。如果切入點是自由主義，只需問一句：北伐後的國民政府時代和後國民政府時代，還可能再發生 1917 年那種諸子式的新文化運動嗎？歷史可以以前進的方式延伸自己，也可以以倒退的方式延伸自己。更深的問題在於，20 世紀的中國到底是以什麼方式走完它的歷程。如果這是作為進步論者的胡適在當時無以回答的問題，那麼，這個問題在今天已經不難回答了。

> 在輪船上，我曾見到一位鼓吹中國現代化的人。他以介紹白話文代替古文而聞名。他說，這樣做使普通人也能學習知識。然而，在政治上他不是一個革命者。他是一個典型的知識份子，他被農民和工人提出的不可理解的「粗暴」要求所困擾。他相信謠言：共產黨人正在煽動湖南農民，「農民要把每一個有大學學位的人都殺掉」等等。他的朋友曾經勸他不要回中國，繼續在外國避難，講授中國的民族主義。

這個人是誰？不用說，他就是胡適。說這話人的又是誰？她是「中國人民的老朋友」安娜・路易士・斯特朗。斯特朗年高八十五，一生分為三段，年輕時生活在美國，中年生活在蘇聯，晚年生活在中國。用她自己的話講，她一生中經歷了三種文明：美國文明、蘇聯文明和中國文明。作為記者、作家出身的知識左派，她當然討厭她出生所在的美國文明，即資本主義文明，所以要去蘇聯，而且一住就是三十年。然後繼續往東。她一生中六次採訪中國，1958 年 72 歲時，乾脆定居北京，直到 1970 年逝世。1927 年 5 月，是斯特朗第二次來華，她是為了正在發生的中國革命，她要作這場革命的見證。在太平洋漫長的旅程

中，她居然從船上得不到任何有關中國的消息。直到船接近日本橫濱時，迷底才揭曉。當船上的乘客問及船長為什麼沒有來自東方的新聞，「船長笑笑說：『我們收到了消息，但沒發表。我們的船員是中國人。這幫叫花子對政治問題很激動。如果我們公佈有關中國的新聞，他們就會不做工作而在一起討論中國革命了。由於同一原因，我們不把日本的消息編集，藉以製造一種印象，我們和東方沒有無線電聯繫。我們的船員主要是這幫好激動的廣東佬。如果他們為了南京——漢口的事打起來了……好吧，晚安！」船長的不恭激怒了斯特朗，她說「我們的船長竟以如此無情的美國效率對待他的中國船員和他們的革命。」

　　由此可知，胡適從神戶回國，上的是從美國來的船，他和斯特朗同船共渡，而且還有過交談。斯特朗是一個徹底的革命左派，胡適則是從自由主義暫時逸出去的一個同情革命的左傾。此時的胡適已經是一生中最大限度的同情革命了，但在斯特朗的眼裏——這一點她並沒有看錯——胡適不是一個革命者。

　　　　他說：「有些事正難以理解。我的朋友們多數是站在南京方面的，它似乎會贏得這場鬥爭。然而他們充滿懷疑，對前途很不樂觀。在這個國土上，到處都有內亂。據說某些省屬於南京，另一些省屬於武漢，在所有這些省中都有集團間的鬥爭。他告訴我，在日本停留的十天中，許多人來向他打聽中國情況，來訪者的名片多達五公分厚。「日本人十分同情中國國民黨，以至他們迫使他們的政府採取不干涉政策。」他這樣說，似乎也相信這一點。

這些都是轉述，然後，斯特朗開始結論胡適，以下的文字便表明了她對胡適的態度：

這位美國化的中國教授認為，中國唯一的希望寄託在三位老人
參加南京政府。他們是無政府主義哲學家和學者，有得到公眾
信任所需的「道義影響」。三人之外，再加上蔣介石的軍事才
幹，以及他認為有把握立即參加南京政府的宋子文的理財能
力，就有可能形成中國的有權威的「重心」。他隻字不提解決
農民的饑餓問題，也不談滿足操勞過度的工人的要求；這不是
他熟悉的生活過的世界。但他強調那三位老人都是「年逾花
甲」的學者，在中國知識份子中有威信。從以上情況可以看
出，這位元教授雖然是文壇上掀起的一場革命的倡導者，但他
總的來說顯然不是渴望革命的變革，而是希望效忠於一個穩固
的、堅定的、可敬的政府。他說，除非這樣一種「重心」能在
南京成立，中國至少要亂十年。[357]（上引斯特朗的話俱同此）

這或許是穩定壓倒一切的歷史版，斯特朗的觀察和判斷是很準確的。

從根本上來說，胡適還是一個自由主義者，但在某些特殊歷史時
期，胡適是把大局放在個人自由之上。刻下胡適所希望的就是盡快建
立一個威權政府，用以結束亂局。以上曾引沈剛伯在英國和胡適的對
話，他在聽了胡適的解釋後，說「這番犧牲個人主張以顧全大體的議
論，感我至深，令我至今難忘。」

船到上海，斯特朗上岸。她說，在上海登陸比我們預料的簡單得
多，我們這些外國人是上帝的寵兒，海關官員甚至連護照都不打開，
只望一眼美國護照的紅皮封面，就揮手放行了。中國人不然，他們擔
心會遭到扣留，調查他們有無激進傾向。胡適呢，他正處他一生中的
激進時期，好在他上岸也不會遇上什麼麻煩。如果有麻煩，那也是上

---

[357] 斯特朗〈千千万万中国人〉，《斯特朗文集》2，第 28-31 頁，新華出版
社，1988。

岸以後。以後,迎接他的將會是一種什麼樣的情況呢?有一點可以肯定,在國民黨的黨治下,文化情勢只能是胡適所擔心的「新文化運動的倒退」。胡適上岸後,將會更深刻地感受到這一點。那麼,在感受到之後,胡適又將以什麼樣的方式面對?

　　「瞧,這人」──胡適以後的一切,還要拭目以待。

2005 年 9 月—2007 年 3 月一年有半

後記——理性思考　感性表達

後記也就是個交待。

《二十世紀的兩個知識份子——胡適與魯迅》完成後，大約半年時間，又開始這本書的工作。這次是把筆墨都集中在胡適一人身上，因為前一本書的框架是胡魯比較，有許多胡適的材料在那個框架中無以採用。當然，另寫胡適，不僅僅是材料富餘，更在於對 20 世紀來說，胡適是一個文化座標，一種精神象徵，一條思想脈絡。即使放在 21 世紀的今天，胡適和他所代表的思想顯然也是普世意義上的一種價值選擇。基於此，本書試圖從資料本身形塑胡適，重在挖掘、梳理和呈現胡適一生的思想脈絡，把握其思想的形成、發展、變化，更關注在他的思想語境中，作為知識份子的他對社會事務的關懷，同時，以人帶史，由此折射其所身處的那個時代。至於胡適的其他方面，比如他的私人生活乃至情感生活等，就不在本書視野之內，因為本書的初始定位就不是全傳。

近幾年的寫作中，我對自己的要求是八個字「理性思考，感性表達」。由於本書側重胡適思想，更需要在思考上用功。拓深其思想含量和學術含量固我所欲，但，表達卻力求可讀。向來人不遠文字，是文字遠人。感性些，再感性些，至少我不想我的文字拒人千里。至於本書是否能夠做到這八個字，到此為止，我只敢說這是我的努力。再多說，也許會暴露我的不自信。

本來想把胡適的一生一氣呵成，但很快發現在篇幅上有困難。胡適一生經歷豐富，其生平貫穿晚清、北洋、中華民國等，他的晚年還要面

對海峽這邊的大陸中國。如果以人帶史，份量將會更大，它超出了一本書的承載。因此，決定把胡適生平一分為二，這本書專門寫胡適的前半生，時間截止到 1927 年。是年，胡適 36 歲，按他享年近 72 歲計，正好是人生的一半。另外，1927 年是現代中國出現大變局的年份，胡適又正好第二次從美國回來。此前此後，這個國家和二次回國的胡適都發生了很大的變化；進一步說，那個時代和胡適本人都面臨著一個歷史性的轉折。因此，以這個轉捩點的 1927 年劃界，是個相對合適的年份。

本書在大陸出版，名為《瞧，這人》，書名借自尼采的同名書，那是 1980 年代風行的一本書。在《瞧，這人》的譯名外，該書的另一種譯稱是《看那，那人》。那是尼采的精神自敘，而尼采在德意志是那個時代的精神風向標。同樣，胡適也是他那個時代的一種精神風向，儘管他的思想在那個時代沒能成為主流，或者說，是我們在那個時代錯失了「胡適」——歷史走錯了房間。也正如此，今天，我們更需要穿過歷史的煙塵，好好打量一下這人和這人的思想。

本書的構想在寫作前曾和馮克力先生交流過，他當時就很認同我的這次寫作。書稿完成後很自然地交給了他，這是出於信任，也是出於友誼（儘管這裏有個小插曲）。感謝馮克力先生為出版此書所做的繁瑣細緻的工作！感謝朋友范泓先生慷慨提供相關資料！感謝南京大學圖書館陳遠煥、劉松建二位先生在我需要時所提供的圖書幫助！感謝欣然同意出版此書的廣西師大出版社劉瑞琳女士和曹凌志先生！還要感謝亦願出版此書並為之做出相應付出的席雲舒先生！最後，我更要感謝願意拿起這本書的每一個人！它原本就是獻給你們的……

邵建謹志

國家圖書館出版品預行編目

胡適前傳 / 邵建著. -- 一版. -- 臺北市：
秀威資訊科技, 2008.04 (史地傳記類；PC0048)
面； 公分.

ISBN 978-986-221-008-6 (平裝)

1.胡適 2.臺灣傳記

783.3886 97006971

 史地傳記類 PC0048

胡適前傳

作 者 / 邵 建
發 行 人 / 宋政坤
主 編 / 蔡登山
執行編輯 / 賴敬暉
圖文排版 / 郭雅雯
封面設計 / 李孟瑾
數位轉譯 / 徐真玉 沈裕閔
圖書銷售 / 林怡君
法律顧問 / 毛國樑 律師
出版印製 / 秀威資訊科技股份有限公司
台北市內湖區瑞光路 583 巷 25 號 1 樓
電話：02-2657-9211 傳真：02-2657-9106
E-mail：service@showwe.com.tw
經 銷 商 / 紅螞蟻圖書有限公司
台北市內湖區舊宗路二段 121 巷 28、32 號 4 樓
電話：02-2795-3656 傳真：02-2795-4100
http://www.e-redant.com

2008 年 4 月 BOD 一版
定價：480 元

讀 者 回 函 卡

感謝您購買本書，為提升服務品質，煩請填寫以下問卷，收到您的寶貴意見後，我們會仔細收藏記錄並回贈紀念品，謝謝！

1.您購買的書名：_____

2.您從何得知本書的消息？

　□網路書店　□部落格　□資料庫搜尋　□書訊　□電子報　□書店

　□平面媒體　□ 朋友推薦　□網站推薦　□其他_____

3.您對本書的評價：(請填代號　1.非常滿意 2.滿意 3.尚可 4.再改進)

　封面設計____　版面編排____　內容____　文/譯筆____　價格____

4.讀完書後您覺得：

　□很有收獲　□有收獲　□收獲不多　□沒收獲

5.您會推薦本書給朋友嗎？

　□會　□不會，為什麼？_____

6.其他寶貴的意見：_____

_____

_____

_____

讀者基本資料

姓名：_____　年齡：_____　性別：□女 □男

聯絡電話：_____　E-mail：_____

地址：_____

學歷：□高中(含)以下　　□高中　□專科學校　　□大學

　　　□研究所(含)以上 □其他_____

職業：□製造業 □金融業 □資訊業 □軍警 □傳播業 □自由業

　　　□服務業 □公務員 □教職　□學生 □其他_____

To：114

台北市內湖區瑞光路 583 巷 25 號 1 樓

秀威資訊科技股份有限公司　　　收

寄件人姓名：

寄件人地址：□□□

(請沿線對摺寄回,謝謝!)

秀威與 BOD

BOD（Books On Demand）是數位出版的大趨勢，秀威資訊率先運用 POD 數位印刷設備來生產書籍，並提供作者全程數位出版服務，致使書籍產銷零庫存，知識傳承不絕版，目前已開闢以下書系：

一、BOD 學術著作—專業論述的閱讀延伸
二、BOD 個人著作—分享生命的心路歷程
三、BOD 旅遊著作—個人深度旅遊文學創作
四、BOD 大陸學者—大陸專業學者學術出版
五、POD 獨家經銷—數位產製的代發行書籍

BOD 秀威網路書店：www.showwe.com.tw
政府出版品網路書店：www.govbooks.com.tw

永不絕版的故事・自己寫・永不休止的音符・自己唱